零陵年鉴

（2017）

中共永州市零陵区委
永州市零陵区人民政府 主办

永州市零陵区党史地方志编纂办公室 主编

方志出版社
Publishing House of Local Records

图书在版编目（CIP）数据

零陵年鉴.2017/零陵年鉴编纂委员会编.–北京：方志出版社，2017.12

ISBN 978-7-5144-2844-5

Ⅰ.①零… Ⅱ.①零… Ⅲ.①永州–2017–年鉴Ⅳ.①Z526.43

中国版本图书馆 CIP 数据核字（2017）第 322608 号

零陵年鉴（2017）

编　　者：零陵年鉴编纂委员会
责任编辑：顾　洁
出 版 人：冀祥德
出 版 者：方志出版社
地址　北京市朝阳区潘家园东里 9 号（国家方志馆 4 层）
邮编　100021
网址　http://www.fzph.org
发　　行：方志出版社发行中心
电话（010）65260310
经　　销：各地新华书店
印　　刷：湖南湘潭霞城社会福利印刷有限公司
开　　本：889×1194　1/16
印　　张：20.5
字　　数：400 千
版　　次：2017 年 12 月第 1 版　2017 年 12 月第 1 次印刷
印　　数：0001~800 册

ISBN 978-7-5144-2844-5　　定价：180.00 元

零陵年鉴编纂委员会

名誉主任 唐　烨　区委书记
主　　任 吴恢才　区委副书记、区人民政府区长
副 主 任 龙　军　区委常委、常务副区长
　　　　　彭江辉　区委常委、区委办主任
委　　员
　　　　　黎忠广　区史志办主任
　　　　　胡旭辉　区委办副主任
　　　　　吕祝庆　区人大办公室主任
　　　　　蒋军民　区政府办主任
　　　　　崔斯文　区政协秘书长
　　　　　黄辉宏　区财政局长
　　　　　王增荣　区档案局长

零陵年鉴编辑部

主　　编 黎忠广
副 主 编 陈顺国
编　　辑 蒋海清　陈　熳
特邀编辑 毛激流

编 辑 说 明

一、《零陵年鉴》是由中共永州市零陵区委、永州市零陵区人民政府主办，零陵区史志办主编的综合性地方年鉴，自 2017 年起，逐年编辑出版。

二、《零陵年鉴（2017）》主要系统记载 2016 年 1 月 1 日至 12 月 31 日永州市零陵区自然、政治、经济、文化、社会等各方面的基本面貌和发展情况，为各级领导、决策者和管理者提供准确情况，为社会各界了解、研究零陵提供基本信息，并为编修地方志书积累资料。

三、本卷采用分类编辑法，分为特载、大事记、零陵概貌、中共永州市零陵区委员会、永州市零陵区人民代表大会常务委员会、永州市零陵区人民政府、政协永州市零陵区委员会、中共永州市零陵区纪律检查委员会、社会团体、军事公安消防、法治、综合经济与管理、城建环保、农业和农村工作、工业、园区经济、交通通讯、贸易、旅游业、财政税务、金融保险、科技教育文化、卫生计生、社会建设、乡镇街道等 25 个大部类，并设类目、分目、条目三个层次，部分分目下设副分目，以字体、字号等版式设计区别不同层次。条目为记述的基本单位，其标题用色彩加【】表示。

四、本卷资料由各单位撰稿人提供，供稿单位负责人审核，最后由编委会定稿。统计资料由统计部门提供，有些地方性、部门性数据由于统计口径不同等原因，与统计部门公布的数据不尽一致，请读者在查阅和引用时注意。

五、干部名录由区委组织部提供，“新任区级领导”收录 2016 年被任命为永州市零陵区区级领导的人员。所录区直各部门、各单位和各乡镇领导干部名单，原则上以 2016 年 12 月 31 日在职者为准。

六、本卷年鉴的编辑出版，得到各级领导、各单位和各乡镇、街道办事处及撰稿人的大力支持，零陵区新闻网、区文联陶旭日提供了部分图片，在此表示感谢。

前　言

《零陵年鉴（2017）》是在中共永州市零陵区委、永州市零陵区人民政府的领导下，区直各部门通力协作，由永州市零陵区党史地方志编纂办公室主编，重点反映2016年度零陵区政治、经济、文化、社会建设情况的综合性资料工具书，全书约40万字。

国务院颁布《地方志工作条例》，要求县级以上行政区域必须编纂出版地方综合年鉴。湖南省地方志编纂委员会、永州市史志办要求，在2018年前地方综合年鉴必须达到全面覆盖。2016年7月，零陵区史志办起草年鉴编纂方案报请区委、区政府批准。同年10月，区委办、区政府办联合下文印发开展和启动年鉴编纂工作的通知。2017年2月，召开全区年鉴编纂工作动员大会暨培训会议，省、市年鉴专家进行辅导讲课，全区年鉴编纂工作由此全面展开。区史志办作为主编单位，积极指导全区各部门、各单位、各乡镇街道办事处撰写年鉴资料。同年5月底，各承写单位基本如期完成资料的编写，区史志办组织人员对来稿进行资料整理和编辑。区史志办数易其稿后，形成送审稿，10月报区委、区政府，市史志办审核。11月书稿送方志出版社编审。12月，根据方志出版社编审意见，又进行了反复修改完善，最终交付印刷厂付梓印刷。

由于本年鉴是零陵区第一部综合性年鉴，部分单位撰稿人未能很好地掌握撰写方法，存在不少问题，在编审时，删除一些繁琐的公文化用语，精练了文本的文字，尽量符合年鉴的体裁。

区直各部门选出有一定写作基础的同志参与本书的撰写工作，付出了辛勤的劳动，正是有了这个基础，本年鉴才得以顺利出版。在此，我们谨向参与本书编写工作的单位和个人表示深深的谢意。

本书系资料性书籍，旨在为各级领导干部，从事经济、科教、文化等领域的同志，全方位了解零陵区2016年度的各项工作情况，分析研究其社会经济发展的优势与劣势，为制订今后的战略规划、政策措施时作依据参考；对热心和关心零陵区经济、文化、旅游等工作的爱好者，也有裨益。本书资料来源较广，具有一定的权威性。年鉴统计数字，由区统计局提供。

我们是初次编写这样一本涉及面广、内容丰富的资料性工具书，时间仓促，自身没有经验，编写水平有限，错误纰漏不足在所难免，恳请读者批评指正。

编　者

零陵区行政区划图

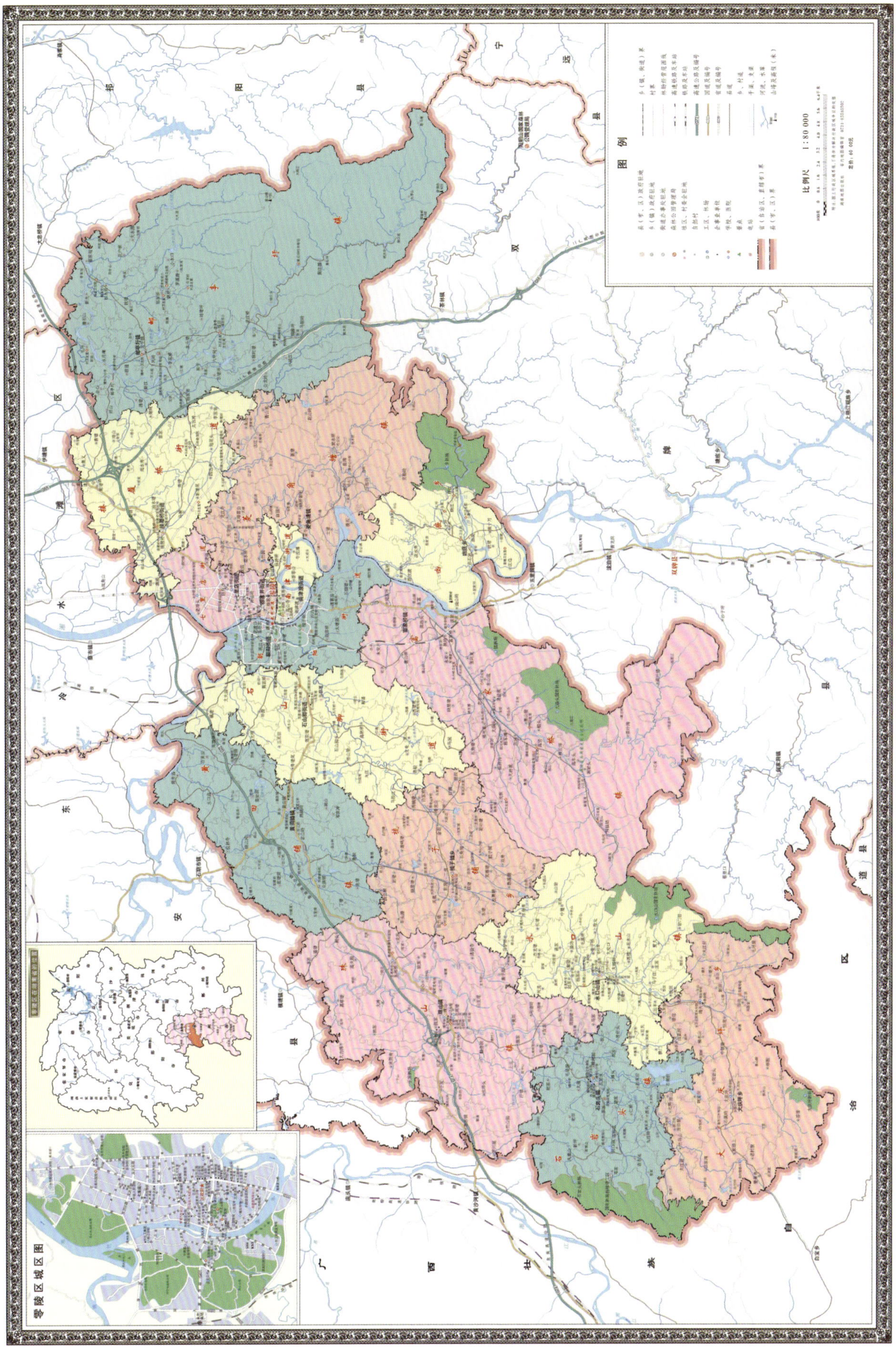
图例
比例尺 1:80 000
零陵区城区图
永州市零陵区人民政府编制
湖南省民政厅监制
地图审图号：湘S(2017)149号
书号：
湖南省行政区划系列图编号：
湖南地图出版社制作
二〇一七年十月

永 州 八 景

朝阳旭日

山寺晚钟

恩院风荷

绿天蕉影

永州八景

蘋州春涨

愚溪眺雪

香零烟雨

澹岩秋月

文 化 零 陵

柳子街

柳子庙

永州武庙

周家大院

零陵文庙

文化零陵

蘋岛古桂

朝阳岩

柳子庙“三绝”碑

石棚

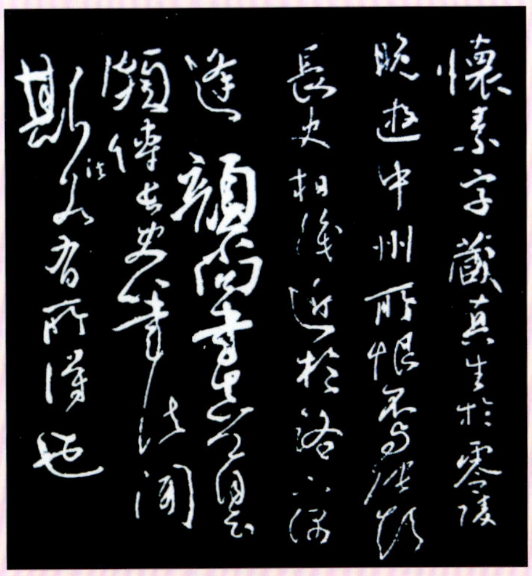

怀素书帖

文化零陵

零 陵 新 貌

竹城标志

南津路

法华寺

零　　陵

新　　貌

“零陵古城”文化旅游项目

零 陵 新 貌

东山景区

"零陵古城"文化旅游项目

零 陵 新 貌

现代住宅小区

现代住宅小区

零 陵 新 貌

潇湘汽车城

萍洲大桥

永州大道

零 陵 新 貌

零陵楼夜景

府正街夜景

零陵城区夜景

零 陵 新 貌

樟树脚党建文化公园局部

樟树脚党建文化公园局部

樟树脚党建文化公园入口处

零 陵 新 貌

宽阔的永州大道

横跨潇水的东风大桥

领 导 视 察

2016年2月3日，省委常委、常务副省长陈向群（前排右二）到零陵调研农村淘宝工作

时任市委书记陈文浩（左一）到零陵慰问困难群众

领 导 视 察

市委书记李晖（前排正中）调研“零陵古城”建设

市委副书记、市长易佳良（中）到零陵调研

中共永州市零陵区委员会

区委书记 唐烨

2016 年，在市委、市政府的坚强领导下，区委在唐烨书记的带领下，深入贯彻落实党的十八大和十八届三中、四中、五中、六中全会精神、习近平总书记系列重要讲话精神，扎实开展“两学一做”学习教育，凝聚党心民心，统筹协调各方，团结带领全区人民顽强拼搏、攻坚克难，顺利实现了“十三五”开门红，多项工作走在全市前列。其中 10 项工作获得国家级荣誉，27 项工作获得省级先进。成功申报国家历史文化名城、潇水国家湿地公园。在全市率先进入国家义务教育基本均衡（县）区，荣获全省综治工作先进县区、全省粮食生产标兵县区、全省两项教育（义务教育和职业教育）督导评估考核优秀单位、全省计生协会先进单位、全省打击“两非”工作先进县区等称号。

从左至右依次为：唐会国、蒋诚、蒋映群、龙军、李祥军、盘志元、唐烨、吴恢才、唐荣成、唐建明、周润润、彭江辉、唐清林。

中共永州市零陵区委员会

中共永州市零陵区第八次代表大会第一次会议

时任区委书记严兴德（右三）调研城市建设

区委书记唐烨（左三）调研美丽乡村建设

中共永州市零陵区委员会

区委书记唐烨（左四）指导美丽乡村建设

区委副书记盘志元（前排）主持袁家碣路开工仪式讲话

区委常委、宣传部长唐建明（右二）调研精准扶贫工作。

区委常委、纪委书记周润润（前排居中）检查互联网+惠民资金平台建设。

中共永州市零陵区委员会

区委常委、统战部长蒋映群（左三），区委常委、区委办主任彭江辉（右一）为朝阳街道办事处揭牌。

区委常委、人武部政委蒋诚（前排）带头为灾区募捐。

区委常委、组织部长唐清林（居中）调研党建工作。

区委常委、政法委书记唐会国（居中）研究政法工作。

永州市零陵区人大常委会

区人大常委会主任 唐荣成

永州市零陵区人民代表大会常务委员会在区委的坚强领导下，认真贯彻落实党的十八大和十八届三中、四中、五中、六中全会精神，围绕全区发展战略，服务大局，关注民生，维护民利，认真履行宪法和法律赋予的职权。

在行使重大事项决定权方面，围绕全区工作大局和人民群众普遍关注的热点问题，深入开展调研，依法作出决议、决定。在行使监督权方面，扎实开展工作监督、司法监督、法律监督和专项监督，创新开展工作审议，不断增强监督实效。在行使人事任免权方面，坚持党管干部原则，严格按照工作程序依法进行人事任免，为国家机关顺利运转提供了有力保障。持续改进代表工作，加强代表培训、搭建履职平台、拓宽履职渠道、大力督办代表建议，保障代表依法履职。注重加强自身建设，始终坚持廉洁自律，大力倡导求真务实的工作作风。主动服务中心工作，为促进全区经济社会发展，保障和改善民生，维护社会和谐稳定，推进民主法治建设进程，不断做出积极贡献。

从左至右依次为：金长青、胡自力、徐海英、唐荣成、胡乃湘、邓建国、卿镇平

永州市零陵区人大常委会

区十届人大一次会议

组织人大代表培训

区人大常委会主任唐荣成参加选举投票

区人大常委会党组民主生活会

永州市零陵区人民政府

区委副书记、区长 吴恢才

2016年，永州市零陵区人民政府贯彻落实“生态立区、开放活区、工业强区、旅游旺区”总战略、“建园区、创名城”总要求和“三创一管”的决策部署，牢牢把握稳中求进、改革创新的工作总基调，以加快全面小康零陵建设为主线，突出稳增长、调结构、促改革、打基础、惠民生，全区经济社会实现平稳发展。

全区实现地方生产总值208.25亿元，财政总收入达到14.1亿元，规模以上工业增加值41.9亿元，固定资产投资199.3亿元，社会消费品零售总额87.9亿元，城乡居民收入分别达到24572元、16064元。保持全省粮食生产先进县区、生猪调出大县称号，成功创建省级出口食品农产品质量安全示范区。

“零陵古城”全面开工建设，东山景区，东山文化广场、武庙保护展示工程基本完工，周家大院、子岩府修缮工程全部完工，已正式对外开放。潇湘汽车城年销售额达到15亿元，成为湘南地区规模最大、功能最全的汽车展销中心。新增停车位2100个、城区学位4300个、公交站场34个、医院床位676个。南津路提质改造提前9个月全线贯通，城区面积达33平方公里，城镇化率提高至55.5%。国家历史文化名城获国务院批准，园区面积达10平方公里。不动产统一登记发证全市率先实行，社区网格化全面覆盖，农村网格化全面推广，在全市起到较好的引领作用。

区委副书记、区长吴恢才（前排居中）调研国家历史文化名城。

区委副书记、区长吴恢才（居中）与群众亲切交谈

永州市零陵区人民政府

区委常委、常务副区长龙军（居中）调研工业园路网建设

副区长王小会（居中）检查消防安全生产

副区长汤安权（居中）检查公租房建设

副区长何锋（右三）在建设工地现场

副区长彭定国（右一）调研精准扶贫

政协永州市零陵区委员会

区政协主席 李祥军

2016 年，区政协深入学习贯彻党的十八大和十八届三中、四中、五中、六中全会精神和习近平总书记系列重要讲话精神，牢牢把握团结民主主题，围绕中心、服务大局，认真履行政治协商、民主监督、参政议政职能，为促进全区改革发展稳定做出积极贡献。

积极践行基层协商民主，竭力为全区改革发展增共识、聚力量。深入开展专题协商，为促进党政部门科学决策提供重要参考。

围绕南津路和 207 国道改造工程议题，组织开展委员视察活动，推动全区重点项目建设和有关民生问题的解决。通过引导委员精心选题、充分调研、认真撰写、严谨立案，不断提高提案质量。对区食品药品监督管理局开展民主评议工作，对被评议单位改进作风、提升效能发挥积极作用。围绕党政重视、群众关注的热点难点问题，为促进经济发展建言献策。重点围绕培育发展零陵文化旅游产业，组织开展专题调研活动，提出新构想、新思路，全年撰写高质量调研报告 8 篇，深入调研走访，积极建言献策，所提意见和建议受到区委、区政府和有关部门的高度重视与积极采纳。

积极争取区委重视支持，制订下发规范性文件，有力推进政协工作的“三化”进程。深入开展委员“五个一”履职活动，涌现出一大批委员履职先进典型。深入开展“两学一做”学习教育，进一步提高区政协机关党员干部的政治觉悟和服务意识。组织机关干部和委员赴清华大学进行学习培训，提升履职能力。精心编辑出版《潇湘源声》、《零陵文史》，加强政协宣传，扩大政协影响。

十届政协领导合影

（从左至右依次为：崔斯文、柏文生、蒋晓娟、李祥军、杨时隽、周军松、欧阳永衡）

政协永州市零陵区委员会

政协永州市零陵区第十届委员会第一次会议

区政协举办第十届委员会委员培训班

区政协召开第十八次常委会议

俯瞰零陵城区

目　　录

永州市零陵区人民政府

区人民政府办公室

电子政务

政务服务和政务公开

机关事务

政协永州市零陵区委员会

中共永州市零陵区纪律检查委员会

社 会 团 体

区总工会

共青团零陵区委员会

区妇女联合会

区归侨侨眷联合会

区科学技术协会

区文学艺术界联合会

区工商联合会

区残疾人联合会

军事·公安消防

区人民武装部

公安消防

法　　治

政法及综治

公安

检察

法院

司法行政

法治政府建设

网格化管理

综合经济与管理

工　业

园区经济

交通　通信

地方税务

金融　保险

金融

中国农业发展银行永州市零陵支行

中国工商银行零陵支行

中国农业银行零陵支行

农村信用合作联社

邮政储蓄银行零陵区支行

中国人保财险零陵支公司

科技　教育　文化

科技

卫生计生

卫生

计划生育

区计划生育协会

市第四医院

区中医院

社会建设

民政工作

乡镇街道

大庆坪乡

水口山镇

石岩头镇

梳子铺乡

珠山镇

黄田铺镇

富家桥镇

凼底乡

菱角塘镇

附录

一、干部名录

二、统计资料

三、文件选编

彩版顺序

第一帖

第二帖

特 载

全力奋战五年 决胜全面小康
为建设开放文明富裕幸福的新零陵而努力奋斗

——在中国共产党永州市零陵区第八次代表大会上的报告

唐 烨

（2016 年 8 月 29 日）

现在，我代表中国共产党永州市零陵区第七届委员会向大会作工作报告，请予审议。

这次大会的主题是：全力奋战五年，决胜全面小康，为建设开放文明富裕幸福的新零陵而努力奋斗。确定这一主题，是历史发展的必然选择，是时代赋予的神圣使命，更是全区人民的共同心愿。

一、总结辉煌五年，坚定决胜全面小康信心

五年来，在市委、市政府的坚强领导下，全区上下深入贯彻落实科学发展观，坚定不移实施“四化三城”发展战略，圆满地完成了区第七次党代会既定的目标任务，零陵的经济社会发展呈现出深度而有品质的变化。

经济实力大幅提升。主要经济指标实现翻番。2015 年，全区地方生产总值达到 193.3 亿元，比 2010 年增长 83%，年均增长 10.6%;财政总收入达到 12.1 亿元，是 2010 年的 3 倍;固定资产投资完成 182 亿元，是 2010 年的 2 倍。新型工业化加速推进。新增规模工业企业 14 家，新能源新材料、电子信息、生物医药等新兴产业初具规模，全区规模工业增加值达到 61 亿元，比 2010 年增长 60%。现代农业稳步发展。农业综合生产能力、农业产业化水平逐步提高，农业机械化水平提高到 60%，粮食年产量实现十二连增，市级以上农业龙头企业发展到 27 家，比 2010 年增加 15 家。第三产业快速升温。柳宗元文化旅游区、萍洲书院成功创建国家 AAAA 和 AAA 景区，“农村淘宝”迅速推广，潇湘汽车城建成为湘南地区规模最大、功能最全的汽车展销中心。2015 年实现社会消费品零售总额 79 亿元，比 2010 年增长 1 倍。

改革开放纵深推进。重点领域关键环节改革取得重大突破。政府机构改革、乡镇区划调整、国有林场改革全面完成，行政管理体制、农村产权制度、社会治理机制、商事制度改革走在全市前列，不动产统一登记发证全市率先实行。社区网格化实现全覆盖，农村网格化全面推广。对外开放迈出坚实步伐，零陵工业园扩园提质，面积扩大到 10 平方公里，新建标准厂房 45 万平方米，新增入园企业 63 家，投资过亿元企业 23 家，零陵工业园被评为全省最具投资潜力的园区和湖南省新型工业化示范基地。

城乡面貌焕然一新。大力实施“六城同创”，整区推进农环治理，城乡功能日益完善，品位形象持续提升。实施城建项目 150 多个，新建改造

永州大道、沿江大道、潇湘大道、芝山北路等城市主干道26公里，萍洲大桥建成通车，形成“六纵六横”路网框架，城市建成区面积从22平方公里扩大到33平方公里，城镇化率提高到54%。城市供水、供电、供气和污水处理、垃圾处理设施逐步健全完善。大力推进城乡基础设施互联互通、公共服务共建共享，新建城乡公路806公里，全区公路通车总里程突破3000公里。石山脚、富家桥评为国家级生态乡镇，黄田铺、邮亭圩等7个乡镇评为省级生态乡镇，竹园背、涧岩头等103个村评为省、市生态村。

民生事业蓬勃发展。投入民生支出93亿元，占财政总支出的70%。建档立卡贫困对象脱贫1.1万人，全面小康实现程度达到85.8%。社会保障体系日益完善，城乡居民养老保险、医疗保险实现全覆盖，城乡救助标准逐步提高，新农合参合率稳定在98%以上，新增城镇就业3.1万人、农村劳动力转移就业3.7万人。新增城区学位1.2万个，率先在全市完成农村合格学校建设，高考二本上线率连年位居全市前列。区乡村三级卫生服务网络逐步健全，医疗卫生条件不断改善，人口计生工作连续五年保持全省先进。新增保障性住房5155套，改造棚户区4081户、农村危房2950户，新建农村安全饮水工程93处，解决15.7万人饮水不安全问题。新增公交线路5条、公交车辆98台，有效缓解群众出行难的问题。竞技体育连续五年综合排名全市第一。精神文明建设不断加强，公民道德素质和文明程度不断提高。其它各项社会事业全面进步。

社会大局和谐稳定。全面推行区级领导“大接访”“大处访”，成功化解一大批信访积案；常态推进干部夜巡，深入开展“打黑除恶”、惩治“两抢一盗”，开展“命案必破”等专项行动，公众安全感大幅提升，综治民调全省排名进类进位。实行最严格的安全生产、最严格的食品安全监管，安全生产连续三年被评为省市先进，成功创建全省药品安全示范区。铁腕整治网吧，杜绝未成年人到网吧上网，群众普遍点赞。

党的建设全面加强。扎实开展党的群众路线教育实践活动、“四深入两结对一测评”“三严三实”专题教育，大力推行在职党员进社区、软弱涣散基层党组织整顿、“一进二访”等活动，群众观念、纪律规矩意识明显增强，群众反映突出的问题得到有效解决。率先在全市推行廉政保证金制度，铁腕整治“四风”问题，旗帜鲜明反对腐败，共查处案件435件，党纪政纪处分529人。坚持区委统揽全局、协调各方，全力支持人大、政协依法履职，切实做好统战、民族、宗教、侨务、对台和工会、共青团、妇联、工商联、科协、残联、老科协等工作，凝聚起了推动零陵经济社会不断发展的强大合力。

“有付出，就会有收获。”回首过去，这是科学跨越的五年。GDP、固定资产投资、财政总收入实现翻番，财政收入增幅连续五年保持全市领先；投资过10亿元、年税收过千万的产业项目实现零的突破，“零陵古城”、梁山岐风力发电等一批大项目、好项目成功落地建设。这一串串发展的成果，铭刻了零陵经济发展大步跨越的清晰轨迹。这是开拓奋进的五年。农村环境污染治理、社会治理机制改革、房地产税费清理等工作创造了“零陵经验”“零陵模式”，政务中心“两集中、两到位”改革得到中央电视台“新闻联播”栏目宣传推介。这一项项创新的举措，体现了零陵人民敢为人先的时代精神。这是和谐共享的五年。“3+X”信访听证让群众诉求更好表达，电视问政让群众有更多的话语权，背街小巷改造让群众出行更加便利，社保扩面提标让群众得到更多实惠，广场“月月乐”让零陵充满欢声笑语。这一件件惠民实事，诠释了发展成果人人共享的生动内涵。这是坚定自信的五年。五年来获得市级以上荣誉300多项，成功创建国家卫生城市、国家森林城市、省级文明城区、省级园林城市，成功迈入全省小康快进县（区）行列，国家历史文化名城申报已经国家部委通过、报送国务院审批。这一枚枚闪耀奖牌，展示了零陵文明进步的良好形象。

各位代表，同志们，这些成绩的取得，是中央、省市委坚强领导和上级部门大力支持的结果；

是历届区四大家班子务实进取、团结协作的结果；是全区各级党组织、广大党员干部和人民群众团结奋斗的结果；是历届老领导、老同志，各人民团体和社会各界人士关心支持的结果。在此，我代表中共永州市零陵区第七届委员会，向全区广大党员干部和人民群众，向驻区武警部队、消防官兵、公安民警，向所有关心支持零陵改革发展的同志们、朋友们，表示衷心的感谢并致以崇高的敬意！

成绩来之不易，经验弥足珍贵，五年的成功实践主要得益于：始终坚持党要管党、从严治党，为零陵的发展提供了坚强保障；始终坚持解放思想、改革开放，为零陵的发展指明了努力方向；始终坚持全面协调、科学发展，为零陵的发展增添了坚强定力；始终坚持团结拼搏、勇于担当，为零陵的发展注入了强劲动力；始终坚持民生为本、和谐进步，为零陵的发展夯实了群众基础。对此，我们务必加倍珍惜，始终坚持，大力弘扬。

在充分肯定成绩的同时，我们也必须清醒地看到存在的困难和问题，主要是：经济结构不优，体制机制不健全，释放经济发展的内生动力不强；产业集聚不够，主导产业不突出，产业层次不高，转型发展难度大；扶贫帮困步子不快，农民增收办法不多，部分群众生活还比较困难；社会治理深层次问题有待解决，影响社会和谐稳定的因素还比较多；党的建设还存在一些薄弱环节，部分党员干部思维方式僵化，担当精神不够，执行力不强，能力、素质、作风与发展要求还有差距，等等。对此，我们必须清醒认识，认真对待，切实改进。

二、展望美好未来，绘就全面小康宏伟蓝图

各位代表，同志们，当前零陵发展正处在率先建成全面小康的决胜期、全面深化改革的攻坚期、转变发展方式的机遇期和奠定城市格局的关键期。综观大势，机遇叠加的宏观环境已经形成。从国家层面看，我国仍处于重要战略机遇期，经济长期向好的基本面和经济韧性好、潜力足、回旋余地大的基本特征没有改变，“一带一路”、长江经济带等战略的深入实施，为转型发展、扩大需求、创造供给预留了巨大空间；从省市层面看，省委实施“一带一部”战略，促进“三量齐升”，推进“五化同步”，确保如期建成全面小康社会；市委加快推进“四个三”，全速打造“品质活力永州”，力争在新一轮大发展中走在全省前列，这些不仅给我们发展树立了更高标杆，也为谋求更高层次跨越注入了强劲动力。展望未来，无限美好的发展前景不容置疑。一切伟大的事业都是在承前启后、继往开来中不断推进。改革开放以来，特别是通过“十二五”期间的艰苦奋斗，全区综合实力和发展水平有了很大提升，已经具备了转型发展的现实基础，厚积薄发、再创辉煌势不可挡，零陵发展前景越来越好。时不我待，决胜全面小康的神圣使命激励我们奋勇前行。全面建成小康社会是实现中华民族伟大复兴的第一个百年梦想。当前全区上下心齐气顺，对美好未来更是无限憧憬、满腔热情，这股难能可贵的高昂士气，是我们决胜全面小康的动力之源和底气所在。全区上下一定要牢牢树立大有可为、理应有为、必有作为的信念，以更加鲜明的发展导向、更加强烈的进取意识、更加饱满的创业激情，在千帆竞渡的时代挺立潮头，奋力开启转型发展的新征程。

今后五年工作的指导思想是：高举中国特色社会主义伟大旗帜，全面贯彻党的十八大和十八届三中、四中、五中全会精神，以马克思列宁主义、毛泽东思想、邓小平理论、“三个代表”重要思想、科学发展观为指导，深入贯彻习近平总书记系列重要讲话精神，协调推进“四个全面”战略布局，坚持发展第一要务，以“五大发展理念”为引领，保持战略定力，坚持稳中求进，突出转型发展，统筹推进“五个建设”，按照“创名城、建园区”的工作要求，实施生态立区、开放活区、工业强区、旅游旺区战略，全面建设开放、文明、富裕、幸福新零陵，努力在全面建成小康社会进程中走在全市前列。

根据这一指导思想，今后五年全区经济社会

发展，必须要围绕“一个目标”，推进“两个统筹”，强化“三个引领”，实施“四大战略”，遵循“五个坚持”。

“一个目标”：就是全面建成小康社会。努力实现“两快一翻番”，即经济增速快于全省全市平均水平，城乡居民收入增速快于经济增速，财政总收入实现翻番。到2020年，全区地方生产总值突破300亿元、年均增长9%以上；城乡居民收入年均增长10%以上;固定资产投资、社会消费品零售总额、规模工业增加值分别年均增长17%、12%和10%；财政总收入年均增长15%，在2015年的基础上翻一番。

“两个统筹”：一是统筹城乡发展。就是推进城乡规划建设、基础设施、公共服务、产业发展、生态环境和管理体制一体化，促进基础设施向农村延伸、生产要素向农村流动、公共服务向农村覆盖、现代文明向农村辐射，城乡建设一体化发展，城乡差距逐步缩小。二是统筹经济社会发展。就是在以经济建设为中心的同时，统筹经济发展与人口增长、科技进步、生态保护、调节分配等领域的协同发展，以经济发展推进社会进步，以社会和谐保障经济快速发展。

“三大引领”：一是“党建+”引领。就是要切实增强党的领导意识，紧紧围绕发展抓党建，突出党建在经济发展、民生改善、社会治理、效能提升等方面的引领作用，推动党建工作与经济社会发展深度融合。二是“改革+”引领。就是要进一步解放思想，用改革的手段打破思想的僵化、体制的束缚、制度的弊端，向改革要动力、向改革要速度、向改革要活力。三是“互联网+”引领。就是要借助互联网的创新引领作用，促进资源要素的充分流动和自由组合，催生新业态、新产业、新模式不断涌现，增强各行各业创新能力和发展活力。

“四大战略”：一是生态立区。就是要坚持生态优先发展，坚定不移走绿色发展之路，把山青水秀的生态优势、后发优势转化为产业优势、经济优势，推动绿色发展、绿色崛起，努力建成全国生态文明示范区。二是开放活区。就是要树立与开放型经济相适应的市场意识、开放意识、创新意识，以开放的思想、开明的胸怀，创新开放的制度环境和服务体系，提升开放开发水平，为经济社会发展提供源源不断的活力。三是工业强区。就是要坚定不移地推进新型工业化，促进各种要素最大程度向工业集中，推动主导产业上规模、产业集聚上台阶、园区平台更坚实，打造经济发展第一推动力。四是旅游旺区。就是要按照以文兴旅、以旅兴业、文旅融合的思路，加快发展以零陵古城为龙头的全域旅游，打造具有历史文化特色的文旅新城，聚集人流、物流、资金流，促进经济转型发展。

“五个坚持”：一是坚持党的领导。党的领导是实现全区经济社会持续健康发展的根本保障，要不断增强党总揽全局、协调各方的能力，提高领导经济社会发展的能力与水平，确保全区经济平稳健康发展和社会大局和谐稳定。二是坚持“五大发展”理念。五大发展理念是未来发展思路、发展方向、发展着力点的集中体现，在建设全面小康零陵过程中，要以新的发展理念引领发展方式转变，推动发展质量和效益同步提升。三是坚持“十三五”既定目标。“十三五”规划是全区经济社会发展的顶层设计，必须要一张蓝图干到底，一以贯之抓落实，保持定力、深度用力、精准发力，全力实现既定发展目标。四是坚持项目统揽。项目建设是经济社会发展的强大引擎，要牢固树立“大项目大发展，小项目小发展、无项目难发展”的理念，策划包装项目、引进争取项目、大干快上项目，以项目增投资，以项目促发展，以项目惠民生。五是坚持依法治区。依法治区是全面建设小康零陵的必然要求，要增强法治思维和法治意识，坚定不移走中国特色社会主义法治道路，努力营造公平正义的法治环境、优质高效的服务环境和安全稳定的社会环境。

三、决胜全面小康，加快建设品质活力零陵

全面建成小康社会，必须进一步解放和发展生产力，着力构建现代产业体系、民生保障体系，

打造产业强、百姓富、城乡美、人文明的全面小康新零陵。

（一）决胜全面小康，必须进一步解放思想，推动深化改革大突破。

改革是发展的开路先锋，改革力度越大，发展道路就越宽。必须要以思想的大解放，促进改革大深入、开放大突破、经济大发展，充分释放发展新动能。

深化行政管理体制改革。要继续深化行政审批制度改革，建立健全“三张清单”动态管理机制。突出“互联网+政务服务”，积极实施并联审批，变“多头受理”为“一口受理”，变“群众来回跑”为“数据网上走、部门协同办”。深化市场综合监管和综合执法改革，推进执法重心和执法力量下移。加快户籍制度改革，统筹推进文化、教育、科技、卫计等改革，促进社会和谐稳定。

深化农村产权制度改革。要加快农村土地征收、集体经营性建设用地入市、宅基地制度改革为代表的“三块地”改革试点。全面完成农村土地承包经营权确权登记颁证，放活农村土地经营权。规范农村土地流转服务平台，建立完善区、乡、村三级网络体系，引导土地有序流转。鼓励和引导农户自愿互换承包地块，实现连片耕种，发展适度规模经营。鼓励社会资本投向农业农村，盘活农村闲置资产、优质资源，发展多种经营，促进三产融合发展。

深化供给侧结构性改革。按照优化存量、引导增量、有效减量的要求，加快去产能、去库存、去杠杆、降成本、补短板，推进结构性改革，努力增加有效供给。要强力推进企业重组、“僵尸企业”市场出清，加大力度淘汰锰冶炼、化工、农产品加工等领域的落后产能。要坚持把房地产去库存与棚户区改造、征地拆迁货币化安置相结合，促进房地产市场健康发展；要加大闲置土地清理处置，提高土地集约节约利用水平。要通过降费、让利、清理中介服务机构等措施，降低企业生产经营性成本、制度性成本、社会交易性成本。要创新投融资机制，积极运用PPP、资产债券化等融资模式，拓宽城建投、交建投、旅建投、农建投融资渠道，保障重点领域、重点产业、重点项目建设。

扩大开放引进。要充分利用“湘南国家级承接产业转移示范区”金字招牌，围绕主导优势产业，瞄准国际国内市场，加快高端承接，全方位引资、引智、引项目，引进一批国内外知名企业落户，提升产业集聚水平。要进一步优化发展环境，坚持“马上服务、跑步服务、满意服务、精准服务”，营造良好的发展环境。

（二）决胜全面小康，必须以精准扶贫为抓手，实现农业农村大发展。

坚持把解决好“三农”问题作为全区工作的重中之重，举全区之力、集全民之智，坚决打赢脱贫攻坚战，补齐“三农”短板。

决胜扶贫攻坚。要建立健全定目标任务、定责任单位、定脱贫对象、定考核奖罚、包如期脱贫的“四定一包”干部联点帮扶责任制，坚决做到群众不脱贫，队伍不撤退，责任不脱钩，干部不调动。要全面落实“1+X+部门”政策文件，用好社会保障托底政策，因地制宜推进重点产业扶贫项目，积极推广温氏养殖、四季青苗木“公司+合作社+农户”“公司+扶贫公司+农户”等产业扶贫模式，帮扶困难群众精准脱贫。大力支持贫困村集体经济发展，开展好贫困家庭劳动力实用技能、劳务就业等方面的培训，引导和支持有劳动能力的人通过创业就业实现脱贫。要对建档立卡贫困家庭中的“两后生”全面帮扶到位，绝不让一个贫困学生因贫辍学。要把建强农村基层党组织同脱贫攻坚有机结合起来，建好“领头羊”队伍。到2019年，全面完成易地扶贫搬迁1949户6739人，医疗救助4667人，保障兜底2336人，教育助学7663人，确保42个省定重点贫困村如期摘帽，确保现有3.2万贫困人口如期脱贫。

打造现代农业。以产业扶贫为突破口，用好用活用足金融扶贫政策，发挥小额扶贫信贷的“催化剂”作用，撬动农业产业大发展，带动农民大增收。要大力发展适度规模经营，引导要素资源向农业新型经营主体倾斜，重点抓好“优质稻、无公害蔬菜、杂交制种、油茶、生猪、水果、花卉苗木”七大特色产业基地，打造一批农业“万字号”基地、“国字号”品牌。要积极推进农业标准化建设，健全农产品溯源体系，着力提升农产品质量和品牌，加快发展农业“三品一标”，争创“全省农业标准化生产示范县（区）”“全国出口食品农产品质量安全示范县（区）”。要大力发展农产品包装、精深加工为主体的农业第二产业，以农业观光、农村电商为代表的农村第三产业，推动农业“接二连三”发展。按照“项目跟着产业走、项目跟着基地走、项目跟着能人走”的原则，整合项目、整合资金，集中投向优势产业、基地农业，整体推进区域基础设施建设。到2020年，全区农业总产值达到93亿元，农村居民人均收入达到23000元。

建设美丽乡村。突出把美丽乡村建设与精准扶贫、乡村旅游、危房改造、异地搬迁、产业发展相结合，按照“整洁有序、经济活跃、生态优美、特色鲜明、乡风文明”的要求，实施“五大计划”，建设美丽乡村。要以农村改厕为突破口，持续推进农村环境治理提升计划，实现农村生活垃圾全治理、生活污水全处理、卫生厕所全普及；以“三好农村路”为重点，实施农村公路提质改造计划，完成通村公路窄改宽1000公里以上；以农村电商发展为抓手，实施网络宽带普及计划，实现行政村广播电视、网络宽带村村通，农村淘宝全覆盖；以主要聚居地和村级活动场所为重点，实施“点亮乡村行动计划”，完成村庄主干道、群众公共活动场所亮化工程；以方便群众办事为出发点，实施农村网格化管理全覆盖计划，构建农村便民服务体系。要充分发挥乡规民约作用，积极开展“文明”创建评比，提高广大群众文明素养。

（三）决胜全面小康，必须始终坚持工业强区，推进新型工业大跨越。

按照“盘活存量、引进增量、做大总量、提升质量”的思路，突出创新驱动、转型发展、绿色发展，加快建设新型工业强区。力争到2020年全区工业总产值达到280亿元、增加值达到140亿元以上，年均分别增长15%和12%以上。

改造提升传统产业。实施产业改造提升计划，做大做强一批“老字号”品牌。锰产业要绿色发展，支持现有锰加工企业兼并重组、技改升级，推动初加工向中高端迈进。要加强与战略投资者的合作，大力引进新工艺、新技术、新产品，促进锰资源集约利用和锰产业集群发展，把零陵锰产业打造成“绿色发展”的典范。异蛇产业要整合发展，积极申请“永州异蛇产品”国家地理标识，规范质量管理，壮大产业规模，提高产品知名度和竞争力，打造独具特色的“驰名品牌”。竹木加工业要精深发展，充分利用资源优势，大力培育引进有技术含量、市场优势的大型龙头企业，进一步延伸产业链条。

培育壮大新兴产业。以壮大“零陵制造”为目标，制定完善促进战略性新兴产业发展的政策措施，大力吸纳优质资本、技术、人才、品牌等要素，立足生物医药、电子信息、新材料新能源等三大产业基础，加大项目引进开发，建好三大专业园区。生物医药业要以时代阳光为龙头，扶持企业加大产品研发力度，推进药材种植、加工、营销一体化发展，支持时代阳光加快上市。电子信息产业重点抓好永和一电子材料建成投产和德福隆电子二期建设，加大上下游产品的开发，壮大产业规模。新材料产业要以远达新材料、湘科软磁等骨干企业为依托，引进和研发一批关键核心技术，加快形成新的增长点。力争到2020年，新兴产业产值达到80亿元。

做大做强工业园区。牢固树立抓园区就是抓工业、抓工业就是要抓园区的思想，按照“工业新城、城市新区、产城融合”的要求，举全区之力加强工业园区建设，壮大园区规模和体量。要创新园区体制机制，加大对园区的放权和授权，释放园区发展内生动力。要加大园区配套设施建设，促进城市公共服务向园区延伸，努力把园区建成新城区、新社区、新景区，提高园区吸纳和承载能力。要加快发展园区产业，按照“政策向园区倾斜、资源向园区集聚、项目向园区集中”的要求，帮助现有企业降低生产和经营成本，支持企业做大做强；要围绕优势企业开展产业链招商，促进入园企业集群发展。要深入实施创新创业计划，完成创新创业大厦建设，大力推进产学研用结合，努力把工业园区打造成开放开发的示范区、创新创业的新高地、经济发展的增长极。力争到2020年，园区规模工业总产值突破200亿元。

（四）决胜全面小康，必须加快发展全域旅游，推动转型发展大提速。

把文化旅游产业发展作为调整经济结构、转变发展方式的主攻方向，深度推进文化与旅游融合发展，以文化旅游产业发展引领、催生经济转型升级。

建好一座古城。要按照“全城区、大景区、大旅游”的思路，将零陵作为功能完整的全域旅游城市来规划、建设和运作。策划规划上，要突出“古城”文化旅游品牌，凸显文化底蕴，打造独具特色的潇湘文化体验旅游，力争用5年时间，把“零陵古城”建成为湘粤桂旅游圈的黄金驿站、国家全域旅游示范区。建设特色上，要依托古迹、体现古色、展示文化、促进融合，在保护性开发历史古迹的基础上，深入挖掘文化内涵，打造一批富有古文化特色的精优产品，促进文化旅游融合发展。建设重点上，要先点后面、以点带面，加快建设零陵古城文化旅游综合保护开发项目这个“核心”，完成潇水沿江风光带建设，建好东山怀素景区重点景点和西山柳子景区，完善大零陵古城路网和旅游设施配套，带动黄溪河康体运动游、贤水河民俗风情游、观音山宗教文化游，加快构建“一核一带两区三组团”的“1123”旅游发展空间格局。2017年“零陵古城”项目一期工程建成开街，2020年创建为国家5A级景区，零陵古城成为全市旅游“龙头”，零陵旅游实现从景区旅游向全域旅游转变。

打造三种体验。要立足于零陵的资源优势、区情实际，努力打造出具有鲜明特色的“进城”、“下乡”和“入水”三种体验。“进城”，就是走进零陵古城体验厚重的历史文化。要以零陵古城历史文化为核心，整合周边古城遗址、庙宇商街、书法碑刻等历史文化资源，大力发展历史文化展示、研学访古、历史风情体验等旅游产业，发展民俗文化体验、市井文化消费、养生休闲度假等旅游业态，吸引游客进城体验零陵厚重的历史文化。“下乡”就是要发展乡村旅游，让游客体验农耕之趣、休闲之乐、乡村之美。充分利用丰富的乡村旅游资源，按照“建点、连线、扩面”的思路，着力打造乡村旅游精品线。要办好“点”，选择基础较好、特色突出、群众积极性高的村庄作为示范点，带动全区乡村旅游发展。要突出“线”，依托乡村资源链，串联沿途风景点，构建乡村旅游线，重点打造“永州之野”为主题的乡村旅游精品线路，即以“零陵古城”为起点，以“香零山、异蛇科技生态园、富家桥魅力小镇、人民桥水上世界、贤水河沿河风光带、周家大院古村落、仙姑故里”为节点的乡村旅游精品线路。力争用2—3年时间，将这一旅游精品线打造成全域旅游的示范线。要拓展“面”，结合精准扶贫、美丽乡村、产业发展、古村落保护与开发，打造乡村旅游特色景区。“入水”，就是打造好潇水、贤水风光带，发展水上观光体验游。潇水风光带要串联蘋岛、廻龙塔、柳子街、朝阳岩、香零山、乌沙洲及“零陵古城”等沿河景点，打造一条名胜古迹与现代景观融合的风光体验带；贤水风光带重点发展水上泛舟观光旅游，打造集滨水观光、田园观光、特色漂流于一体的旅游体验带。

带动三产繁荣。按照“全域旅游、全面配套”的思路，全面加强旅游配套项目、配套产业发展，拉动消费需求，带动第三产业发展。要加大星级酒店、特色餐饮、特色购物、文化娱乐设施建设，提高旅游综合接待能力。要加快发展商贸服务业，重点打造三大商贸物流中心，以潇湘汽车城为龙头，规划新建大型工程机械、车辆交易服务市场，打造湘粤桂省际区域汽车、机械及配件销售服务中心;以红星美凯龙、卜蜂莲花等重点项目为龙头，加快配套项目的引进培育，打造湘粤桂省际区域商贸流通中心；以四季青花卉苗木市场建设为龙头，辐射带动邮亭圩、富家桥、梳子铺等乡镇花卉苗木产业发展，打造湘粤桂省际区域花卉苗木交易中心。要加强金融保险、建材家电消费平台建设，规划建设好一批专业市场，完成农贸市场改造。大力发展电子商务、文化娱乐、健康养老等新型消费业态，支持阿里巴巴、八实万等互联网企业，扩大运营规模，争创省级互联网产业园示范基地。到2020年，第三产业增加值达120亿元。

（五）决胜全面小康，必须推进以人为核心的新型城镇化，促进城市品质活力大提升。

要按照市委、市政府“一主三副”“南北联城”的城市发展思路，科学谋划零陵文化旅游城市“成长坐标”，加快完善城市基础配套，深入推进城市品牌创建，全面提升城市品质活力。

强化规划引领。坚持先策划后规划，加强对城乡的整体策划、全域规划，统筹推进城区、景区、园区、社区融合建设，增强规划的科学性、前瞻性、严肃性和连续性。要加强规划编制，认真做好城市总体规划修编，用2年时间完成小城镇建设规划和村庄规划编制，实现规划全覆盖。要完善规划体系，加强产业发展规划、土地利用规划、大零陵古城规划、名城保护规划等与城市总体规划的深度对接，抓好城市片区控制性详规修编，编制好城镇规划和各类专项建设修建性详规。要提高设计水平，对具体建设工程要高水平、高标准设计精品之作，努力使单体建筑各具特色、群体建筑和谐美观、城市总体形象大气高雅。

完善城市功能。按照先地下后地面再地上的建设原则，滚动实施“中心城区提质改造计划”，完善城市公共服务配套。加快城市路网建设。完成“日升路—绿影路—萍洲西路—潇湘大道—朝阳大道—康济大道—阳明大道”环城道路节点连接，打通城市外环线；完成旭日路、桃江路、萍阳北路、河东沿江大道和城区桥头匝道建设，畅通“七纵道路贯南北、三桥飞架连两岸”的城市内环线；加强背街小巷改造，打通城市断头路，疏通城市微循环，打造“外成环、内成网”的畅安交通体系。加强公共服务配套建设。实施市民广场、停车场、农贸市场“三场”工程，推进学校学位、医院床位、厕所蹲位、公交站位“四位”建设，完善便民、惠民、乐民服务设施配套。推进智慧零陵建设。加强信息综合运用平台建设，对接开发智慧交通、智慧旅游、智慧医疗、智慧教育，完善城市“天网”工程，提高公共服务、社会治理、数字城管智能化水平。加快融城步伐。按照“公共服务连城、基础设施连城、高端产业连城”的思路，在城北生态新城区加快布局一批文化娱乐、商贸物流和公共服务项目，完成BRT快速公交、潇湘汽车城、公检法司业务用房、幼师高等专科学校等重点项目建设，推动城市向北发展，加快零冷两区连城。加强小城镇建设。按照“一乡一品”“一镇一特色”的思路，分类推动小城镇发展，打造一批区域中心镇、边贸口子镇和特色小城镇，构建“城区为核心、城镇为节点”的新型城镇格局，促进农村转移人口就地城镇化。到2020年，城镇面积扩大到70平方公里，城镇人口达到36万人，城镇化水平提高到60%。

提升城市品质。全力实施“城市+”工程，塑造城市特色风貌，彰显零陵独特的山水之美、人文之美、城市之美。实施“城市+”景观工程。要加强城市道路景观建设，加大城市节点改造，营造“一街一景、处处皆景”的城市道路景观。要推进以“潇水为轴、道路为带”的夜景亮化，对沿河沿路的楼宇、桥梁、岛洲和植被实施亮化美化，打造“潇湘不夜城”。要加快南津路、潇水路等城市主干道立面改造，加强古城核心区立面风貌改造，完成潇水两岸棚户区改造，改出特色、改出精品、改出景观。实施“城市+”生态工程。深入开展规划造绿、见缝插绿、拆墙透绿，加强“点、线、面、体”的城市绿化建设，全面提高城市绿化覆盖率、人均绿地率，加强山体、水体、绿地、湿地保护，建设好潇水湿地公园，维护好“山、水、洲、城”完美融合的城市格局，创建国家园林城市和国家生态文明示范区。实施“城市+”文化工程。坚持在开发中保护、在保护中利用，深入挖掘历史文化资源，加快东山文化广场、潇水文化长廊建设，修缮文物古迹，保护传承零陵渔鼓、花鼓戏等非物质文化遗产，定期举办“柳文化研讨会”“怀素书艺节”等重大节庆活动，让零陵处处彰显国家历史文化名城的特色，唤起文化的记忆，弥漫文化的气息。实施“城市+”文明工程。突出“以人为本、创建为民”的城市理念，综合运用教育、经济、行政和法治手段，引导广大市民破除陈规陋俗，养成文明生活习惯，塑造零陵开放包容、诚信友善、热情好客、文明卫生的良好形象。巩固提升“国卫”创建成果，全力创建全国文明城市、国家交通管理模范城市，彰显现代城市文明，提高城市首位度、美誉度。

（六）决胜全面小康，必须加强社会和民主法治建设，促进社会发展大和谐。

牢固树立执政为民的理念，高度关注民情，改善民生，维护民安，努力建设和谐幸福零陵。

切实改善民生。坚持民生至上，加强民生保障，建立健全社会保障制度，让城乡居民共享发展成果。要努力实现城乡居民医保、社保全覆盖。加大棚户区改造、危房改造，不断改善城乡居住条件。稳步提高城乡低保、五保供养等群体救助水平，切实做好被征地农民养老保险、社会救助、养老设施建设等工作。坚持“教育优先”发展战略，深入实施“三名工程”，强力推进学位建设，建成永州七中、七里店小学、富家桥小学，把原商校改造成九年一贯制学校，加快民办教育发展，建好民办日升学校，从根本上解决“大班额”“大校额”问题；落实乡村教师支持计划，加大乡村教育投入，合理配置教育资源，促进教育公平、均衡。要深入推进医疗卫生体制改革，完善覆盖城乡的基本医疗卫生体系，提高公共卫生和医疗保障水平；扎实推进乡镇卫生院和村级卫生室标准化建设，让群众在家门口享受到优质的医疗服务；要坚持计划生育基本国策，促进人口均衡发展。整合执法队伍力量，强化食品药品安全监管，严厉打击食品安全犯罪，确保群众“舌尖上的安全”。加强群众体育“三边”工程建设，不断提高全民身体素质。加大对社会弱势群体和困难家庭的帮扶力度，统筹推进各项社会事业，不断提升群众获得感。

创新社会治理。以群众需求为导向，以普惠共享为目标，突出社会管理体制创新，全面提升社会管理水平和能力。突出党建引领，加强网格化建设，实现城乡网格全覆盖，做到“小事不出网格、大事不出乡镇（办事处）、矛盾不上交”。持续推进“3+X”信访听证模式，畅通信访渠道，切实解决好信访重点问题。健全完善立体化防控体系，加大矛盾排查化解，加强社会治安综合治理，严厉打击“两抢一盗”、黄赌毒、非法集资等各类违法犯罪活动。加强重点领域、重点行业的安全隐患排查整治，落实企业安全生产主体责任，强化安全生产监督管理，实行党政同责、一岗双责、失职追责，坚决遏制重特大安全事故发生，保障人民生命财产安全，确保社会大局稳定。

加强精神文明建设。要积极培育和践行社会主义核心价值观，大力弘扬传统美德和主人翁精神。要深入开展文明创建，不断提高全社会文明程度，促进文明成果社会共创、人民共享。要全面推进乡镇村文明创建，大力开展乡风文明建设，倡导好家风、好家训。加强城乡公共文化服务网络建设，广泛开展广场“月月乐”“送戏下乡”等文艺创作和文化惠民活动，率先建成广覆盖、普惠型的公共文化体系。

加强民主法治建设。支持人大及其常委会充分发挥国家权力机关作用，依法行使监督、决定、任免职权。支持政协履行政治协商、民主监督、参政议政职能，更好地发挥凝聚人心、汇集力量、建言献策、服务大局的重要作用。深入推进“七五”普法，切实增强全民法治意识。确保审判机关、检察机关依法独立、公正行使审判权、检察权，维护司法权威，促进司法公正。要建立健全社会信用体系，扎实推进“诚信零陵”建设。认真做好统战、对台、民族、宗教、侨务工作，充分发挥工会、共青团、妇联、工商联、科协、残联、关工委、老科协等群团组织的桥梁纽带作用，形成干事创业的强大合力。要加强国防、人防和民兵预备役建设，巩固和发展军政民团结的大好局面。

四、加强党的建设，铸就全面小康领导核心

做好一切工作，关键在党，核心在人。全区各级党组织务必进一步强化党建引领意识，实施

“党建+”工程，最广泛地凝聚发展合力，不断提高党领导全面建成小康社会的能力和水平。

（一）加强思想政治建设，拧紧理想信念“总开关”。思想政治建设是建党、强党、兴党的生命线，各级党组织和广大党员必须把思想政治建设贯穿于党建工作始终，做到爱党、忧党、兴党、护党、跟党。要不忘初心，坚定中国特色社会主义道路自信、理论自信、制度自信、文化自信，用马克思主义中国化最新成果武装头脑、指导实践、推动工作。要规范党内政治生活，深入开展“两学一做”学习教育等活动，把学习教育各项要求落实到每个支部、每名党员，不断强化党员“四个意识”，做“四讲四有”的合格党员。要进一步解放思想、与时俱进，破除无所作为、小进则满的思想，树立先行先试、创先争优观念，保持干事创业、开拓进取的饱满热情，在全面建设小康社会的伟大进程中矢志奋斗、建功立业。

（二）加强基层组织建设，夯实基层基础“压舱石”。要注重加强各级党组织的执政能力和发展能力建设，打牢基层基础。要选好用好带头人。一个书记，就是一面旗帜。要选派综合素质高、自愿投身村（社区）工作的优秀党员干部担任党组织“第一书记”，积极探索农村支部书记专职化的问题，把一批党性强、综合素质好、群众公认度高、带领致富能力强的支部书记选出来、用起来，带领群众脱贫致富奔小康。要配齐配强班子。一个党支部，就是一个堡垒。要以村党支部换届为契机，持续推进软弱涣散基层党组织整顿转化，不断夯实党的执政基础；要以推进“基层组织建设年”为契机，强化农村、社区、学校、医院、“两新组织”等基层党组织的政治功能和服务功能，全面规范基层工作制度，推进服务型党组织示范点创建，打造坚强堡垒。要育好建好党员队伍。一名党员，就是一个先锋。要认真做好党员发展和管理工作，把符合条件、向组织靠拢的各类精英吸收到党员队伍中来，对不合格党员要加强教育、限期整改、严肃处理，保持队伍的纯洁性和先进性。要关心关爱基层。加大投入和政策倾斜力度，抓好村级组织活动场所、乡镇“五小”设施、便民服务中心建设，逐步提高在职村干部基本报酬，全面落实优秀村干部考录乡镇公务员政策，让基层党员干部既有“干头”、又有“奔头”。

（三）加强党员干部队伍建设，锻造干事创业“主力军”。坚持党管干部原则，努力建设一支想干事、肯干事、能干事、干成事的高素质党员干部队伍。要树立正确的选人用人导向。严格执行干部选拔任用制度，坚持凭实绩用干部，注重在脱贫攻坚主战场、改革发展第一线和服务群众最前沿，大力选拔任用政治强、懂专业、敢担当、作风正的干部，让“崇尚好干部、争当好干部”在全区上下蔚然成风。要加强干部教育培训。针对新常态下领导班子和干部队伍“能力恐慌”等突出问题，着力抓好干部执行力培训，不断提升全区广大干部调查研究能力、科学决策能力、驾驭复杂局面能力、创新创业能力以及抓工作落实的能力。要在领导干部中开展“提升三种能力建设”主题活动，不断提升领导干部推动发展、维护稳定、廉洁自律的能力。要深化干部人事制度改革。完善从严管理干部队伍制度体系和全方位的政绩考核体系，以执行力、发展力、群众满意度为考核标准，构建有利于推动工作、有利于科学发展的考核奖惩机制，在广大党员干部中形成“平常时亮出身份、接受监督，关键时站得出来、模范带头，危难时豁得出去、敢于作为”的良好氛围。畅通干部能上能下、能进能出的渠道，完善干部跨部门、跨乡镇交流机制，同时要重视发挥老同志作用，进一步激发干部队伍活力。

（四）加强作风效能建设，提振担当有为“精气神”。担当是党员干部的职责所在、立身之本。全区各级各部门和广大党员干部要把担当作为一种责任、一种追求、一种境界，提升担当精神。要发扬“火车头”精神，各级领导干部要牢固树立“领跑意识”，处处作表率、当示范，在各个领域、不同岗位、具体工作中带头联系群众、带头改进作风、带头破解发展难题、带头清正廉洁，以强烈的带头意识，带领带动全区党员干部改进作风、主动作为、提升效能。要发扬“推土机”

精神，各级领导干部要以“功成不必在我、建功必须有我”的责任担当，带领广大党员干部以不折不扣的执行力推动各项工作，敢于攻坚克难，善于赢取胜利，在落实上见实招，以实绩论英雄，用抓落实的成效，博得群众的掌声，赢得干部的尊严。要发扬“钉钉子”精神，以咬定青山不放松的执着精神抓落实，不断增强党员干部专注发展的定力，攻坚克难的韧力，蹄疾步稳的耐力，持之以恒，锲而不舍，久久为功，干一件成一件，推动工作大落实。

（五）加强党风廉政建设，营造风清气正“好环境”。要深入贯彻《中国共产党廉洁自律准则》《中国共产党纪律处分条例》及作风建设系列规定，深化巩固教育实践活动和巡视工作成果，盯住“关键少数”，扎实开展“纠四风、治陋习”“雁过拔毛”式腐败问题整治，着力整治“为官不为、为官乱为、廉而不勤”等问题，严防“四风”反弹回潮。要聚焦全面从严治党，压紧压实党委（党组）主体责任和纪委（纪检组）监督责任，用好问责利器，严惩责任缺失。要以零容忍、斩立决的态度惩治腐败，严格纪律审查，严格依纪依规办案，始终保持惩治腐败的高压态势。要把纪律规矩挺在前面，切实加强纪律教育，强化党章党规党纪意识，提升拒腐防变能力。积极开展“乡镇纪委在行动”,有效遏制基层“小官大贪”等侵害群众利益的事件发生。要加强制度建设，坚持用制度管权管事管人，把权力关进制度的笼子，形成不敢腐、不能腐、不想腐的有效机制。

各位代表，同志们，实干出精彩，奋战创辉煌。一个新五年拉开大幕，一个新征程盛大启航。我们一定要以更加振奋的精神，更加务实的作风，更加有力的举措，全力奋战五年，决胜全面小康，为建设开放文明富裕幸福的新零陵而努力奋斗！

附：

相关名词解释

1.“四化三城”发展战略：推进新型工业化、新型城镇化、旅游产业化、农业现代化，将零陵建设成为经济强城、文化名城和旅游靓城。

2.“三证合一”“一照一码”：企业登记时依次申请，由工商部门核发工商营业执照、质监部门核发组织机构代码证、税务部门核发税务登记证，改为一次申请、由工商部门核发一个加载法人和其他组织统一社会信用代码营业执照的登记制度。

3.“六城同创”：创建国家历史文化名城、国家森林城市、国家卫生城市、国家交通管理模范城市、省级园林城市、省级文明城区。

4.“四深入两结对一测评”：即深入群众、深入村社、深入项目、深入企业，机关与村、企业结对子，机关干部与贫困户、困难职工结对子，群众对机关的满意测评。

5.“三严三实”：严以修身、严以用权、严以律已，谋事要实、创业要实、做人要实。

6.“一进二访”活动：湖南省在“三严三实”专题教育中，开展的领导干部“进村入户、访困问需、访贫问计”活动。

7.“四风”问题：形式主义、官僚主义、享乐主义和奢靡之风。

8.“3+X”信访听证模式：“3”即代表必须参与信访听证的3个组成部分:区信访联席办；“两代表一委员”；律师。“X”系变数：不同信访人及其家属；涉访相关职能部门工作人员和包案工作人员；信访人所在村（社区）组干部等。这样保证不同群体利益代表及相关利益人参与听证，听证评议意见更具有代表性，处理结果更有说服力。

9. 国家“一带一路”战略：“丝绸之路经济带”和“21世纪海上丝绸之路”。

10. 湖南“一带一部”战略：东部沿海地区和中西部地区过渡带、长江开放经济带和沿海开放经济带结合部。

11.“五化同步”：服务化、工业化、信息化、城镇化、农业现代化同步发展。

12.“四个三”：全市实现新型工业化、中心城市建设、基础设施建设“三大突破”，推进行政管理体制、农村产权制度、社会治理机制“三项改革”，坚持生态、教育、就业“三项优先”，抓好城镇与农村、当前与长远、经济与社会发展“三项统筹”。

13.“四个全面”：全面建成小康社会、全面深化改革、全面依法治国、全面从严治党。

14.“五大发展理念”：创新、协调、绿色、开放、共享的发展理念。

15.“五大建设”：经济建设、政治建设、文化建设、社会建设、生态文明建设。

16.“三张清单”：权力清单、责任清单、负面清单。

17.“PPP”模式：公共私营合作制。

18.“两后生”：初、高中毕业未能继续升学的贫困家庭中的富余劳动力。

19.“三品一标”：无公害农产品、绿色食品、有机农产品和农产品地理标志

20.“一核、一带、两区、三组团”旅游发展空间格局：“一核”即“零陵古城”旅游核，重点建设零陵古城文化旅游区、怀素书法文化旅游区、潇湘文化旅游区、异蛇生态文化旅游区四大支撑点。“一带”即潇水休闲度假体验带。“两区”即西山柳子景区、东山怀素景区。“三组团”即黄溪康体运动旅游组团、贤水民俗风情旅游组团、观音山宗教文化旅游组团。

21.“一主三副”：全市确定的中心城区发展格局。其中，“一主”指中心城市新中心，范围包括滨江新城和冷水滩河东片区，“三副”指零陵古城—永州文化副中心、东部新城—永州活力副中心、凤凰产业园—永州产业副中心。

22. 群众体育“三边”工程建设：即群众身边的场地设施建设、群众身边的组织建设、群众身边的活动开展。

23.“两学一做”：学习党章党规、学习贯彻习近平总书记系列重要讲话精神，做合格党员。

24.“四个意识”：政治意识、大局意识、核心意识、看齐意识。

25.“四讲四有”：讲政治、有信念，讲规矩、有纪律，讲道德、有品行，讲奉献、有作为。

26.“两新组织”：新经济组织和新社会组织的简称。新经济组织，是指私营企业、外商投资企业、港澳台商投资企业、股份合作企业、民营科技企业、个体工商户、混合所有制经济组织等各类非国有集体独资的经济组织。新社会组织，是指社会团体和民办非企业单位的统称。

27. 乡镇“五小”设施：小食堂、小厕所、小澡堂、小图书室、小文体室。

政府工作报告

——在永州市零陵区第十届人民代表大会第一次会议上的报告

区人民政府代区长　吴恢才

（2016年11月26日）

各位代表：

现在，我代表区人民政府，向大会报告本届政府任期以来工作，对今后五年和2017年工作提出建议，请予审议，并请各位政协委员和其他列席人员提出意见。

一、五年务实奋进，零陵再创辉煌

区九届人大一次会议以来，面对经济下行压力、发展转型“阵痛”和城市创建重任，我们在市委、市政府和区委的坚强领导下，干在实处、走在前列，各项事业再攀新高，零陵的综合竞争力、城市美誉度、干部精气神、群众获得感大为增强，开启了全面建成小康社会的新征程。

——五年来，经济实力在转型发展中大幅提升。经济总量日益扩大。2016年实现地方生产总值209亿元（预计数，下同），比2011年底增加80亿元，年均增长10.1%。财政收入13.9亿元，是2011年的2.5倍，年均增长20.3%。规模工业增加值65亿元，比2011年增长40%。实现社会消费品零售总额88.9亿元，是2011年的1.9倍，年均增长14.7%。五年累计完成固定资产投资772亿元，年均增长25.1%。经济结构日益优化，三次产业结构调整为19.2：44.8：36.0。新型工业化取得突破。新增规模工业企业46家，淘汰落后产能企业23家。引进远达新材料、德福隆电子、永禾一电子、金翼堂医药等过亿元企业31家，新能源新材料、电子信息、生物医药等新兴产业初具规模，新兴产业产值达到40亿元，是2011年的5倍，占规模工业产值的比重提高到33.8%。现代农业加速推进。农业综合生产能力逐步提高，农业机械化水平提高到60%。优质稻、无公害蔬菜、油茶、生猪、花卉苗木、异蛇等产业基地不断壮大，连续五年被评为全省粮食生产先进县区，成功创建省级出口食品农产品质量安全示范区。新增“三品一标”产品26个，新增市级以上农业龙头企业13家。第三产业快速升温。房地产、商贸物流、健康养老等生产生活服务业快速发展，“农村淘宝”整区推广，红星美凯龙、卜蜂莲花等商贸项目成功落地，潇湘汽车城建成为湘南地区规模最大、功能最全的汽车展销中心。文化旅游业破题发展，“零陵古城”开工建设，东山景区、周家大院、异蛇科技生态园加快建设，柳子景区、萍洲书院成功创建国家AAAA景区和AAA景区，香零山、何仙姑、甸尾头、大木源、金牛岭成为乡村旅游新亮点。

——五年来，城乡面貌在品牌创建中焕然一新。大力开展“六城同创”，城乡面貌发生了从色彩到内涵的显著变化，零陵成功创建国家卫生城市、国家森林城市、省级文明城区、省级园林城市。城市品质快速提升。实施城市重点项目150多个，萍洲大桥建成通车，新建改造瑞翔大道、潇湘大道、芝山北路等城市主干道27公里，城区形成“六纵六横”路网框架，城区面积由25.8平方公里扩大到34平方公里，城镇化率由51.1%提高到55.5%。高标准改造城区主要节点，新建小游园15处，城市绿化覆盖率由34.8%提高到41.7%，人民公园、东山广场成为市民休闲健身的乐园。新建改造供水管道46公里、纳污管道70公里，城北二级供水加压泵站建成使用，城区配套不断完善。安置小区建设、背街小巷改造和城中村整治取得质的突破。清理闲置土地83宗1441亩，整治小区102个、补办“两证”2万多本，市民呼吁多年的历史遗留问题基本得到解决。基础设施全面加强。永蓝高速建成通车，G322改线全面完工，零陵至双牌一级公路、朝阳大道加快推进，新建通乡、通村公路806公里，全区公路通车里程突破3000公里。加强土地综合整治和高标准农田建设，新增高标准农田15万亩，140座小型以上水库除险加固全面完成，治理中小河流71公里，改造大型泵站10座，完成行政村电网改造420个，新建农村安全饮水工程107处，解决了18.4万人饮水不安全问题。农村发展活力迸发。“品质活力乡镇”和“美丽乡村”建设风生水起，石山脚、富家桥被评为国家级生态乡镇，黄田铺、邮亭圩等10个乡镇被评为省级生态乡镇，干岩头村、芬香村入选中国传统村落名录，竹园背、香零山等103个村被评为省市生态村。

——五年来，改革开放在重点突破中深入推进。重点领域关键环节改革取得重大突破。行政管理体制改革不断深入，“三清单一目录”管理制度基本确立，政府机构改革全面到位；全市率先实施“先照后证”“三证合一”“一照一码”改革，激发了市场活力。农村产权制度改革走在全市前列，率先完成农村土地承包经营权确权登记。林权发证确权到户。社会治理机制改革全市领先，率先实现城市网格化管理全面覆盖，农村网格化管理全面铺开。投融资体制改革卓有成效，组建了城建投、交建投、旅建投、农建投等投融资平台，五年融资61.2亿元，有力保障重点领域、重点项目建设。国有林场改革被全省典型推介。并乡合村工作全面完成，接履桥镇、石山脚乡调整为街道办事处，全区507个行政村合并为299个。财税体制改革成效明显，房地产税费一体化管理模式全市推广。不动产统一登记发证全市率先实行。开放承接成效显著。大力推进园区扩园西移，零陵工业园面积扩大到10平方公里，“135”工程建设成效明显，新建标准厂房45万平方米，新增入园企业63家，园区配套更为完善，成为全市产城融合的典范，2014年零陵工业园被评为湖南省新型工业化示范基地。五年共引进内资项目182个，实际利用内资64亿元，是上五年的1.6倍；引进外资项目14个，实际利用外资3.8亿美元，是上五年的1.8倍。

——五年来，人民生活在小康建设中明显改善。投入民生支出93.2亿元，占财政总支出的70.2%。居民收入大幅提高。2016年，城乡居民收入分别达到24640元和16060元，年均分别增长10.3%和12.5%。全区储户存款余额137.3亿元，比2011年增长136.1%。减少贫困人口2.2万人，减少贫困村15个，易地扶贫搬迁217户。全面小康实现程度达到91.5%，比2011年提高34.6个百分点，2014年荣获湖南省“全面小康经济快进县区”称号。就业优先不断加强。五年新增城镇就业30948人，农村劳动力转移就业28529人，城镇“零就业”家庭实现动态清零。社会保障更加有力。城乡居民养老保险、医疗保险全面覆盖，失业、工伤、生育保险覆盖面持续扩大，“五项保险”参保人数达95.5万人次，新农合参保率稳定在98%以上。城乡低保实现应保尽保，社会救济救助水平逐步提高。积极推进安居工程建设，新增保障性住房5055套，改造棚户区5968户、农村危房2500户。新建区社会福利中心，改扩建农村敬老院13所，实现“一乡一院”目标。生态环境有效治理。整区推进农村环境污染治理，在全市率先禁止水库投肥养鱼，水库水质全部达到三类以上标准，农村垃圾处理率达到95%。强力推进矿山整治整合，全区300多个锰矿开采点整合成32个工区，锰矿开采秩序全面规范。加强湘江保护与治理，落实最严格水资源管理制度，实施南电工业集聚区和石期河流域重金属污染治理，完成养殖场退养260家，河道生态环境得到有效保护，湘江出境水质全面达标。节能减排任务全面完成。大力推进“三边”造林、荒山披绿工程，治理石漠化 1.2 万亩，矿山复绿 0.8 万亩，造林 13.3 万亩，森林覆盖率提高到 55.7%。

——五年来，社会事业在共建共享中全面进步。科技创新能力不断提升。实施省级以上科技项目 27 项，共获专利授权 672 件，科技对经济的贡献率达到 53.6%。教育优先深入推进。投入资金 5.7 亿元，在全市率先完成 56 所农村合格学校建设，新建、改造千秋岭、神仙岭、荷叶塘等城区小学 7 所，新增城区学位 1.2 万个；完成农村学校“改薄”38 所，新建农村公办幼儿园 5 所，农村专用校车全面覆盖，教育“三通两平 ”全面完成。“三名工程”成效明显，乡村教师待遇大幅提高，教育质量稳步提升，五年共输送 6200 多名学生到二本以上高校深造。2016 年在全市率先接受全国义务教育均衡发展评估。工商职业中专被评为国家中等职业教育改革发展示范学校。卫生计生服务日益改善。县级公立医院改革深入推进，国家基本药物制度全面实施，第四人民医院综合楼建成竣工，新建改造乡镇卫生院、社区卫生服务中心 9 个，新增村卫生室 113 个，医疗卫生服务水平大幅提升，成功创建省级慢性病综合防控示范区。二孩政策全面实施，人口计生工作连续五年保持全省先进。文化体育事业蓬勃发展。全面实施广播电视“户户通”“村村响”、农家书屋、乡镇综合文化站建设等文化惠民工程，常态开展广场“月月乐”“送戏下乡”活动，丰富了群众文化生活。新增国家级文物保护单位 5 处，零陵渔鼓进入国家非物质文化遗产保护名录，柳子街入选全国第一批历史文化街区，历史文化名城通过国家专家组考察评估。铁腕整治网吧，杜绝了未成年人网吧上网。全民健身活动蓬勃开展。民主法制不断加强。“六五”普法全面完成，七里店司法所被评为全国模范。创新“3+X”信访听证模式，实行领导包案化解积案，信访秩序明显好转。大力加强社会治安综合治理，加强智慧公安建设，有效打击各类违法犯罪。常态推进干部夜巡，公众安全感大幅提升，综治民调排位进入全省一类县区行列。实行最严格的安全生产和最严格的食品安全监管，安全生产连续三年被评为省市先进，成功创建全省食品药品安全示范区。健全落实公共应急救援机制，处置突发事件能力得到增强。统计、质监、供销、水文、气象、移民、保密、档案、史志、住房公积金、民族宗教、对台、外事侨务、老龄、残联、民兵预备役、工会、共青团、妇联等各项工作取得新进步。

——五年来，政府形象在作风建设中展现新貌。始终把作风建设作为政府建设的关键环节，塑造了高效廉洁的政府形象。权力运行进一步规范。坚持依法行政，建立和执行重大决策调查研究、专家论证、公开听证、评估审查、集体决策制度，推行了行政执法公示制、评议制、责任制和裁量权基准制。认真落实区委决策部署，自觉接受区人大及其常委会的法律监督、工作监督和区政协的民主监督，主动听取各方面的意见建议，五年共办理人大代表建议 467 件、政协委员提案 574 件，解决一大批实际问题。行政效能进一步提升。大力加强政府热线、公共资源交易、电子政务平台建设，全面推行“两集中两到位”和重大投资项目联合审批制度，取消行政审批事项 18 项，审批效率不断提高。政府权力清单、责任清单和涉企收费清单全面公布。大力治理“三强”“三乱”行为，查处一批破坏发展环境的典型案件。政风行风进一步好转。认真落实中央八项规定、省委九项规定和市委、区委十项规定，扎实开展党的群众路线教育、“三严三实”和“两学一做”专题教育活动，狠抓决策执行和工作落实，政府执行力公信力明显增强。强化审计监督和行政监察，问责不作为、乱作为、慢作为 406 人次，营造风清气正的政治生态。

五年砥砺前行，五年辉煌发展。五年来，我们既经历了产业转型、结构调整的挑战，也收获了城乡巨变、民生提质的喜悦；既承受了经济下行、增速放缓的压力，也增强了科学发展、全面小康的信心。特别是，我们在产业转型、城市创建、重点改革、作风建设、征地拆迁等方面，探索了“零陵模式”，创造了“零陵经验”，产生了

"零陵效应"。古城零陵正以新的面貌、新的姿态、新的形象阔步迈向第一个百年奋斗目标!

这些成绩的取得，离不开市委、市政府和区委的正确领导，得益于区人大、区政协的监督支持，凝聚了全区人民的智慧和汗水。在此，我谨代表区人民政府，向全区人民，向人大代表、政协委员，向各民主党派、工商联、无党派人士和人民团体，向驻区部队官兵，向省市驻区单位，向离退休老同志，向所有关心支持零陵发展的各界朋友，表示衷心的感谢，并致以崇高的敬意!

成绩来之不易，经验弥足珍贵。回顾五年成功实践，我们深刻体会到：无论形势怎么变化，坚持经济建设中心、促进零陵发展，始终是我们工作的第一要务；无论困难怎么叠加，坚持改革创新、勇于创先争优，始终是我们工作的第一动力；无论任务怎么繁重，坚持民生优先、增进群众福祉，始终是我们工作的第一目标；无论考验怎么严峻，坚持风清气正、致力团结奋进，始终是我们工作的第一保障。

在看到成绩的同时，我们也清醒地认识到，发展不足、发展不优、发展不平衡仍然是零陵最大的实际，改革攻坚、结构优化、动能转换还有很长的路要走；城市规模不大、品质不高、配套不全，公共服务与城市管理面临诸多挑战；老百姓普遍关心的上学难、看病难、食品安全等问题还没有得到彻底解决，特困群众脱贫摘帽压力较大；少数单位和工作人员精神不振、能力不足、作风不实，政府自身建设有待进一步加强。特别是受宏观经济下行和烟厂生产调控的影响，全区地方生产总值和规模工业增加值没有达到预期目标。对此，我们必须增强忧患意识，坚持问题导向，采取有效措施，切实加以解决。

二、决胜全面小康，零陵大有可为

今后五年，是决战决胜全面小康的攻坚期，也是加快转变发展方式的黄金期，更是建设品质活力零陵的关键期，百年梦想使命光荣，发展机遇千载难逢。经过历届政府的强打基础、大抓产业、奋力赶超，全区已经具备了全面建成小康社会的基础与条件，城区辐射力全面拓展，园区承载力显著提升，景区吸引力大为增强，农村生产力快速发展，特别是广大干部群众发展的意识更强、氛围更浓、干劲更足，只要我们抢抓有利时机，加快补齐短板，一定能在新的五年创造新业绩，展现新作为，共圆小康梦。

全区经济社会发展指导思想是：高举中国特色社会主义伟大旗帜，深入贯彻党的十八大和十八届三中、四中、五中、六中全会精神，深入贯彻习近平总书记系列重要讲话精神，深入贯彻省第十一次党代会、市第五次党代会精神，紧紧围绕"五位一体"总体布局、"四个全面"战略布局，坚持发展第一要务，践行"五大发展"理念，以全面建成小康社会为总抓手，按照"创名城、建园区"的工作要求，大力实施"生态立区、开放活区、工业强区、旅游旺区"战略，建设开放、文明、富裕、幸福新零陵。

全区经济社会发展主要预期目标是：地方生产总值年均增长9%以上，规模工业增加值年均增长10%以上，固定资产投资年均增长17%以上，社会消费品零售总额年均增长12%以上；财政总收入年均增长15%以上；城乡居民收入年均增长10%以上；节能减排完成省市目标任务；城镇化率达到60%以上。2018年全面建成小康零陵。

成功实现上述目标，我们必须牢固树立"创新、协调、绿色、开放、共享"五大发展理念，把新理念贯穿于经济社会发展全过程。必须贯彻落实市委市政府"四个三"和区第八次党代会"12345"工作部署，全力推进精准扶贫、新型工业、全域旅游、城市创建和民生事业，加快建设品质活力零陵。必须坚持"十三五"既定战略，一张蓝图干到底，一以贯之抓落实，保持定力，深度用力，精准发力，全面开创经济社会发展新局面。必须大力实施"党建+""改革+""互联网+"工程，充分发挥党建引领的核心作用，推动各项事业全面发展；充分发挥改革的动力作用，用改革精神、思路和办法破解发展难题；充分发挥互联网的支撑、倍增作用，提升全社会的创新力和生产力。

未来五年，全区经济社会发展的主要任务是：

（一）大干文化旅游，打造永州旅游龙头。实施旅游旺区战略，优化旅游功能布局，形成“进城”“下乡”“入水”全域旅游格局，把零陵建设成为湘粤桂旅游圈黄金驿站、国家全域旅游示范区。到2021年，全区游客接待量突破800万人次，旅游收入达到80亿元，第三产业增加值达到120亿元以上。

1、“进城”就是发展古城文化旅游。按照“全城区、大景区、大旅游”的思路，全面加强零陵古城文化旅游的策划规划、建设和运营，舞活永州旅游龙头。一是建好零陵古城项目。全力推进“一轴两带三核五街十二坊”建设，建成集文化性、生态性、综合性于一体的旅游度假古城。2021年项目全面建成开放，实现年游客接待量500万人次，引入各类经营者2000家，提供就业岗位1万个，零陵古城创建为国家5A景区。二是完善旅游配套服务。加强旅游通道建设，完善零陵古城配套路网，规划在河西、河东各新建1个客运站、2—3处旅游停车场，畅通旅游交通。提升旅游配套服务，完成游客接待中心、智慧旅游平台建设，新建2—3个高档星级酒店，发展一批特色主题酒店。加大旅游机构引进培育，规范旅游从业人员管理，优化旅游环境。三是发展文化旅游体验。以零陵古城为核心，整合古城遗址、庙宇商街、书法碑刻等文物资源，推介柳文化研讨会、怀素书艺节、清明祭柳、柳子百家宴等文化品牌，大力发展历史文化展示、研学访古、民俗体验等旅游产品，让游客“游在古城、食在古城、住在古城、乐在古城”。四是加强旅游宣传营销。坚持“大策划、大宣传、大推介、大营销”，用世界的眼光、国际的语言、现代的技术，全力塑造“零陵古城”旅游品牌，加强与桂林、昆明、南岳、张家界等知名旅游城市的合作，加快融入“大西南”国际旅游圈。

2、“下乡”就是发展乡村旅游。按照“建点、连线、扩面”的思路，依托乡村自然景观、古村古宅、风土人情资源，发展以“永州之野”为主题的乡村旅游，让更多游客到乡村体验慢生活。突出以零陵古城为起点，以黄溪河康体运动游、贤水河民俗风情游、观音山禅修宗教文化游、都庞岭自然风光游为组团，加强乡村旅游线路规划建设，整合沿线旅游资源，培育“乡村赏花、农家美食、农耕体验、乡村怀旧”等旅游产品，构建以美丽乡村、风景名胜、传统村落、旅游小镇、特色民宿、生态农庄等为特色的乡村旅游发展格局。力争用2—3年时间，把“香零山—异蛇科技生态园—富家桥魅力小镇—人民桥水上世界—贤水河沿河风光带—周家大院古村落—仙姑故里”这条乡村旅游线，建设成为全市乡村旅游示范线。到2021年，力争把周家大院、仙姑故里、观音山、大木源等乡村旅游示范点建成3A以上旅游景区。

3、“入水”就是发展水上旅游。重点开发潇水、贤水水上旅游体验带。潇水旅游体验带，重点抓好沿江风光带、潇水湿地公园和霞客渡、小西门等沿河渡口码头建设，完善沙洲岛屿、沿河两岸的景观提升，以河为轴、以水为带，串联蘋岛、廻龙塔、柳子街、朝阳岩、香零山、乌沙洲及零陵古城等沿河景点，开发“永州八景一日游”和“潇湘夜景水上游”等水上游览线，建成一条名胜古迹与现代景观融合的风光体验带。贤水旅游体验带，重点抓好贤水河两岸景观建设和环境综合治理，发展水上运动、泛舟漂流、渔家美食等旅游业态，建设一条水上娱乐与田园观光融合的休闲旅游体验带。

（二）坚持工业强区，打造双百亿产业园区。突出把工业园区作为经济建设的主战场、经济发展的增长极，大力推进新型工业化。力争到2021年全区工业总产值达到300亿元、增加值达到140亿元以上，年均分别增长15%和9%以上，河西工业园、锰产业园产值均突破100亿元，成为全市产城融合的示范引领区。

1、壮大园区平台。按照“工业新城、城市新区、产城融合”的要求，加大入园企业的引进培育，壮大园区经济。力争到2021年园区规模工业企业达100家，实现规模工业总产值240亿元,其中产值10亿元企业2家，产值5亿元企业10家以上。优化园区产业布局，重点抓好百亿锰产业、电子信息、新材料、生物医药、农产品加工等五大产业园区建设，力争到2021年，园区面积扩大到20平方公里。加强园区配套建设，计划投入20亿元，加快园区路网、标准厂房、供电供水、污水处理、通讯网络和物流配送等基础设施建设，促进城市公共服务向园区延伸，努力把园区建成新城区、新社区、新景区。创新园区体制机制，按照“政策向园区倾斜、资源向园区集聚、项目向园区集中、服务向园区保障”的要求，加大对园区的放权和授权，释放园区发展内生动力。到2021年，园区利税达到5亿元、产业工人3万人。

2、做强支柱产业。着力推进产业结构调整，提升产业发展水平。改造提升传统产业。实施产业提升计划，重点抓好锰、异蛇、农副产品加工等传统支柱产业的转型升级。锰产业要走“科技兴锰”之路，加快淘汰落后产能，完善产业扶持政策，支持鑫城、东湘等企业技改升级、复产达效。加强与高等院校和专业研发机构合作，大力引进新工艺、新技术、新产品，推动锰产业向中高端迈进。异蛇产业要加大异蛇科技、异蛇实业等企业的整合力度，壮大产业规模，积极申请“永州异蛇产品”国家地理标识，提高产品知名度和竞争力。农副产品加工业要支持浙南木业、福源木业等企业加大产品研发，延伸产业链条，促进精深发展。培育壮大新兴产业。大力推进新兴优势产业链发展计划，加强现有生物医药、电子信息、软磁新材料下游产品的开发引进，促进以时代阳光为龙头的生物医药业，以德福隆为代表的电子信息产业，以远达新材料、永禾一、湘科软磁为依托的新材料产业做大做强，力争到2021年，新兴产业产值达到100亿元。

3、加大开放引进。深化商事制度改革,全面推行“五证合一、一照一码”登记制度，加强部门信息互联互通，简化办事环节，让企业办事更方便、更快捷。推进创新创业，顺应“互联网+”发展趋势，推进互联网与经济社会各领域融合发展，深入实施创新创业计划，建立和完善创业投资引导机制，加大小微企业扶持，开创“大众创业、万众创新”的崭新局面。提高招商实效，全面对接和融入国家、省、市区域发展战略，积极推进开放合作，全面优化发展环境，加强产业链招商、商会招商、以商招商，五年力争引进内资100亿元，实际利用外资6亿美元。

（三）突出绿色发展，打造现代农业示范区。坚持农业基础地位不动摇，加快推进农业现代化，全力开创农业强、农民富、乡村美的“三农”工作新局面。2021年，全区农业总产值突破100亿元，农村居民人均收入达到25800元。

1、深化农业农村改革。认真贯彻落实中央《关于完善农村土地所有权承包权经营权分置办法的意见》，全面完成农村集体土地承包经营权确权登记颁证，放活农村土地经营权。建立完善区、乡、村三级农村土地流转服务体系，规范农村土地流转秩序。完善农地利用规划，建立城乡统一的建设用地市场，实现农村集体经营性建设用地与国有土地同等入市、同权同价。鼓励引导农户自愿互换承包地块，实现连片耕种。整合项目、集中资金投向规模基地、优势产业，大力发展适度规模经营。推动农村土地承包经营权抵押贷款，鼓励社会资本投向农业农村，盘活农村闲置资产、优质资源。2021年，全区流转耕地30万亩，林地20万亩，农业新型经营主体发展到1600家。

2、大力发展绿色农业。以建设优质农副产品供应基地为目标，实施绿色兴农工程，争创“国家级农产品质量安全监管示范区”和“国家级出口食品农产品质量安全示范区”。推进农业产业化发展。大力发展“七大”特色基地农业，创建优质稻、无公害蔬菜、温氏养殖、天惠油茶等“万字号”农业基地15个以上。到2021年，全区优质稻种植面积70万亩、蔬菜35万亩、油茶30万亩、水果15万亩、花卉苗木10万亩，年出栏生猪100万头以上。提高农业机械化水平。投入农田水利设施建设资金10亿元以上。实施大庆坪、凼底、菱角塘等乡镇高标准农田建设和中低产田改造，全区高标准农田达到40万亩；加强农村

“五小”水利建设，完成猫儿岩水库、石坝仔水库等重点灌区配套改造，力争何仙观水库开工建设。全面落实农机购置补贴政策，新增省级农机专业合作社25家以上，2021年，全区农业机械化水平达到65%。推进农业标准化发展。严格化肥、农药、饲料添加剂等使用管理，健全农产品溯源体系，全面提升农产品质量。大力发展农民教育培训，培养新型职业农民。创建农业标准化生产乡镇5个、标准化生产基地30个，发展“三品一标”产品20个。推进农业品牌化发展。大力实施“互联网+”现代农业，推动农业全产业链改造升级，支持油茶、糁子酒、香零山蔬菜等特色产业做大做强，培育市级以上农业龙头企业20家，力争创建农副产品“国”字号品牌2个、“湘”字号品牌5个。

3、加快建设美丽乡村。按照“整洁有序、经济活跃、生态优美、特色鲜明、乡风文明、管理民主”的要求，大力实施美丽乡村建设“五大行动计划”。深入推进农村环境综合治理，启动城乡智能环卫一体化项目建设，完善“户分类、村收集、镇中转、区处理”的农村垃圾处理系统，农村生活垃圾集中处理率100%、生活污水处理率80%以上，自来水普及率90%以上，农村卫生厕所全面普及。以“四好农村公路”为目标，规划新建G322复线，完成人何公路复线、零陵千吨级码头至东安石期市二级公路建设，提质改造珠水线（珠山—水口山）、康大线（珠山康家—大庆坪）、黄太线（黄古山—梅溪）、麻凼线（麻元路口—凼底），实施农村公路窄改宽和通畅公路1000公里，推进公共交通向农村延伸，构建畅安农村交通。实施网络宽带普及计划，推进“电信普遍服务试点项目”工程，加强行政村广播电视、农电升级改造，实现农村淘宝全覆盖。推进“点亮乡村”行动计划，2019年，所有行政村主干道、公共活动场所全部亮化。实施农村网格化管理全覆盖计划，统筹推进农村综合服务平台建设，提升基层管理和公共服务水平。2021年，全区创建美丽乡村市级示范点30个、区级示范点100个，所有行政村基本达到美丽乡村标准。

（四）深化城市创建，打造潇湘城市群主中心。按照市委市政府将零陵定位潇湘城市群主中心的布局，深入推进城市创建，全面加快扩容提质，增强资源集聚度和辐射带动力。到2021年，城镇面积扩大到70平方公里，城镇人口达到36万人以上。

1、优化城镇功能分区。加强城区六大片区策划规划，统筹推进城区、园区、景区、社区融合发展，加快构建“城北生态新城区、河西经济开发区、城南古城核心区、城东城市拓展区、城中旧城改造区”功能互补的城市格局。进一步加强产业发展规划、土地利用规划、名城保护规划与城市总体规划的深度对接，抓好城市片区控制性详规修编和各类修建性详规编制，完成小城镇规划和乡村村庄规划，实现规划全覆盖。

2、建设融城桥头堡。按照“公共服务连城、基础设施连城、高端产业连城”的思路，在城北生态新城区布局一批文化娱乐、商贸物流和公共服务项目，完成BRT快速公交、潇湘汽车城、红星美凯龙、花卉苗木市场、幼师高等专科学校等重点项目建设，着力建设湘粤桂省际区域汽车交易中心、商贸物流中心、花卉苗木交易中心和全市文化教育中心，加速中心城区一体化。出台小城镇建设扶持政策，推进石山脚、接履桥、菱角塘加快融入中心城区，支持珠山、水口山、邮亭圩、富家桥等乡镇加快建设区域中心镇、边贸口子镇，促进农村居民就地城镇化。

3、提升城市承载力。滚动实施“中心城区提质改造计划”，加强城市基础设施建设。一是完善城市交通路网。按照“内成网、外成环”的要求，加快构建“七纵道路贯南北、三桥飞架通两岸、一圈外环连城际”的畅安城市交通。“七纵”，即新建朝阳大道、桃江路，延伸萍阳路、沿江大道和阳明大道，提质改造永州大道、芝山大道，构建纵贯南北城区主干道；“三桥”，即加强南津渡大桥、东风大桥、萍洲大桥匝道建设，打通城市断头路，畅通潇水两岸交通微循环；“一圈”，即完成“日升路—绿影路—萍洲西路—潇湘大道—朝阳大道—康济大道—阳明大道”环城道路连接线建设，打通中心城区外环线。做好祁道高速零陵段和城市轨道交通前期工作。二是完善公共服务配套。着力推进“三场四位”建设，规划新建一批市民广场、停车场、农贸市场，加强学校学位、医院床位、公厕蹲位、公交站位建设，完善城市便民、惠民、乐民设施。三是推进智慧零陵建设。对接永州华为云计算数据中心，加强智慧公安、智慧交通、智慧医疗、智慧城管建设，完善城市“天网”工程，提高公共服务智能化水平。

4、勇当创建排头兵。着力实施“城市+”工程，深入推进“三创一管”，提高城市品质活力，打造“城在林中、路在绿中、房在园中、人在景中”的生态之城，彰显零陵的人文之美、山水之美、城市之美。一是实施“城市+景观”工程。加快推进以“潇水为轴、道路为带”的景观改造，重点抓好沿河沿路的美化亮化，实施南津路、潇水路、古城路立面改造，加强古城核心区风貌改造，营造“一街一景、处处皆景”的城市景观。二是实施“城市+生态”工程。深入推进规划造绿、见缝插绿、拆墙透绿，完成怀素公园、张飞公园、潇水国家湿地公园和火车站广场、城市小游园建设，创建国家园林城市和国家生态文明建设示范区。三是实施“城市+文化”工程。深入挖掘柳文化、怀素书艺文化、民俗文化资源，加强零陵渔鼓、花鼓戏等非物质文化的保护与传承，擦亮城市文化名片，唤起城市文化记忆。四是实施“城市+文明”工程。综合运用教育、经济、行政和法治手段，引导广大市民破除陈规陋俗，养成文明生活习惯，塑造零陵开放包容、诚信友善、热情好客、文明卫生的良好形象，创建国家文明城市、国家交通管理模范城市，彰显城市现代文明。

（五）倾情民生事业，打造小康幸福新零陵。按照人人参与、人人尽力、人人享有的要求，切实保障基本民生、底线民生、重点民生，不断提高群众的获得感和幸福感。

1、提前打赢脱贫攻坚战。坚持把脱贫攻坚作为重大政治任务和第一民生工程，按照“四个切实”“五个一批”“六个精准”要求，以“四跟四走”产业扶贫为重点，以超常规举措、超常规力度攻克脱贫难关。完善政策体系，加大扶贫投入，强化金融支撑，大力激发贫困村、贫困群众脱贫攻坚的内生动力。开展全面小康示范乡镇、示范村创建，每年创建市级小康示范乡镇2个、市级小康示范村10个，激发广大群众脱贫致富的信心决心，加快建成全面小康步伐。力争到2017年底，现有2.1万贫困人口全部脱贫，27个贫困村全部摘帽，当地农民人均可支配收入突破1万元，确保2018年全面建成小康零陵，让贫困群众与全区人民一道共圆小康梦想、共享美好生活！

2、大力发展各项社会事业。办好人民满意教育。始终坚持教育优先，均衡配置教育资源，全面提升教育质量，打响“学在零陵”品牌。加快发展学前教育，办好乡镇公办幼儿园和普惠性幼儿园。实施城区学位建设三年攻坚计划，投资10亿元，完成永州七中、桃江学校等14所学校建设，新增学位2万个，有效解决城区大校额、大班额问题。普及高中阶段教育，发展现代职业教育，扶持永州三中创省特色学校、永州工商职业中专创省卓越职业院校。大力发展民办教育，完成日升学校建设。深入实施“名师、名校、名校长”工程，全面落实乡村教师支持计划，让广大乡村教师安教乐教，让更多农村孩子乐于就近入学。推进健康零陵建设。广泛开展全民健身运动，完善行政村健身设施和社区健身路径。推进区级公立医院改革，完成区级医院和乡镇卫生院标准化建设，新建区妇幼保健计生服务中心、区康复医院，加强村卫生室和社区卫生服务站改造，创建全国慢性病综合防控示范区。实施“名护士、名医生、名院长”工程，提升医疗服务水平，努力办好人民满意卫生。坚持计划生育基本国策，促进人口均衡发展。大力发展文化事业。加强文物古迹和非物质文化遗产保护，加快区档案馆、博物馆、文化艺术中心建设，提质改造零陵图书馆、零陵文化馆，新建一批社区和村级免费文化书屋，开展广场“月月乐”“送戏下乡”活动，丰富群众文化生活。

3、织牢民生保障网。大力促进就业创业。深入实施就业优先战略，大力开展就业服务培训，五年开发提供就业岗位2万个以上，新增城镇就业3万人以上、农村劳动力转移就业4万人以上。加强社会保障工作。全面实施以基本养老保险、基本医疗保险为重点的全民参保计划，基本实现法定人员全覆盖。健全社会救助体系，推进最低生活保障制度城乡统筹和最低生活保障标准量化调整。落实养老扶持政策，发展养老事业。实施住房保障制度，完成城区潇水两岸、城南老城区等棚户（旧城）区改造和农村危房改造计划，规范农村建房行为，着力解决“安居难”问题。严格落实安全生产责任制，深入开展打非治违、隐患排查专项整治行动，坚决遏制重特大安全事故发生。深化食品药品监管体制改革，夯实监管基层基础，加强重点行业和热点问题专项治理，确保群众“舌尖上的安全”。

4、推进生态文明建设。坚持生态优先，落实湘江保护和治理“一号重点工程”，深入实施大气、水、土壤污染防治行动计划，加大锰矿开采综合整治管控，加强环境污染专项治理，强化节能减排和环境保护的源头治理，严格控制污染排放总量，提升国家森林城市创建成果，力争大庙头林场成功创建国家森林公园，守护天蓝地绿水清土净的生态家园。

三、担当发展重任，加强自身建设

严格按照“四个全面”和“三严三实”的要求，深入开展“两学一做”专题教育，以“三提升三争当”活动为契机，全面加强政府自身建设，全力建设人民满意的法治政府、高效政府、责任政府和廉洁政府。

强化法治意识，提升依法行政能力。始终把依法行政作为政府工作第一准则，认真落实区人大及其常委会的决议决定，自觉接受区人大及其常委会的监督，支持人民政协参政议政，及时办理人大代表建议和政协委员提案。严格依法科学民主决策，实施信访评估、社会稳定风险评估、行政决策风险评估“三评合一”，建立重大决策终身责任追究制和责任倒查机制。推进重大决策部署、重大投资项目、重要民生事项和公共资源交易等领域的信息公开，提高政府工作透明度。

强化创新意识，提升科学发展能力。始终把推动发展作为第一要务，牢固树立“五大发展”新理念，运用新思维破解发展难题、探索发展路径。要提高发展站位，准确把握新常态下零陵发展面临的新机遇、新挑战，自觉把各项工作置于“一带一部”发展战略和中心城区一体化来谋划和推进，力争工作创特色、树典型、出经验。要全面深化改革，突出抓好供给侧结构性改革，落实好“三去一降一补”重点任务，围绕经济结构的制度性问题推进改革，着力形成新供给、释放新需求，培育发展新动能。要坚持超前谋划，加强对宏观经济、政策法规和重点工作的分析研判，加大事关全区经济社会发展重大项目的谋划策划，增强工作的主动性、创造性和前瞻性。

强化责任意识，提升执行落实能力。始终把推动落实落地作为工作的第一生命，践行“一线工作法”，发扬“火车头”“推土机”“钉钉子”精神，做到情况在一线掌握、工作在一线推进、形象在一线树立，对区委的重大决策和全市的重点工作，坚决不折不扣落实到位。强化履责问效，加大巡查督查，督不落实的事、查不落实的人，督工作落后的事、查工作落后的人，确保政令畅通。强化考核奖惩，完善干部执行力考核、绩效考核制度，强化考核结果运用，切实把各级领导干部的思想和精力集中到抓工作、干事业上来，努力营造你追我赶、创先争优的浓厚氛围。

强化宗旨意识，提升维护稳定能力。始终把维护稳定作为第一责任，认真践行群众路线，高度关注群众利益，主动深入问题多、困难大的地方，听民声、出实招、办实事、解民忧。提高社会治理能力，大力推行“互联网+社会治理”，建立“三社联动”机制，加快城乡网格化、标准化、信息化建设，进一步下放服务清单，畅通服务“最后一公里”。加强社会治安综合治理，推进立体化信息化社会治安防控体系建设，加强重点人群服务管理，坚决打击各类违法犯罪行为，努力建设更高水平的平安零陵。加强和改进信访工作，持续推进“3+X”信访听证，完善矛盾纠纷多元化解机制。

强化廉政意识，提升廉洁自律能力。始终把廉洁从政作为第一形象，严格落实党风廉洁建设“两个责任”，认真贯彻执行《中国共产党廉洁自律准则》《中国共产党纪律处分条例》，依纪依法惩治腐败，驰而不息纠正“四风”，严肃查处群众身边的腐败问题和损害群众利益的不正之风。强化政府内部层级监督，进一步加强行政监察和审计监督，严格对权力集中部门和岗位的监管。深入推进政务公开和财政预决算、“三公经费”和审计结果公开，加强廉政风险防控，有效预防腐败行为发生，以党风廉洁建设和反腐败斗争的实效取信于民。

四、开局至关重要，我们奋勇争先

五年看头年，开局最关键。2017年是新一届政府的履新之年，也是精准扶贫脱贫的决胜之年，做好全年工作意义重大，我们必须创新思路、奋勇争先，确保各项工作走在全市前列。

全年经济社会主要预期目标是：地方生产总值完成220亿元，增长9%以上；完成财政总收入16亿元，增长15%以上；全社会固定资产投资252亿元，增长17%以上；完成规模工业增加值72亿元，增长10%以上；实现社会消费品零售总额98亿元，增长12%；城镇居民收入、农村居民收入分别增加2500元、1600元以上，力争贫困对象全部脱贫。

围绕上述目标任务，我们将突出抓好以下八项工作：

（一）以“五个一批”为抓手，打赢脱贫攻坚战。落实“四包一定”责任制，精准目标、精准举措，坚定信心、自我加压，力争全面完成扶贫脱贫任务。一是大力推进产业扶贫。充分发挥小额扶贫信贷杠杆作用，因地制宜发展特色产业，着力抓好生猪、花卉苗木、药材种植等产业基地建设，加快龙头企业培育和农产品流通，带动贫困群众脱贫致富。二是全面完成易地搬迁扶贫。调整优化易地搬迁计划，加快推进易地搬迁项目建设，完成1732户5979人易地扶贫搬迁任务。做好后续保障和安置服务，确保“搬得出、稳得住、能致富”。三是认真落实生态补偿扶贫。积极争取国家重点生态功能区转移支付，巩固提升退耕还林成果，引导林区群众大力发展林下经济，实现生态补偿脱贫8625人。四是加大教育助学扶贫。实施“一户一产业工人”培养计划，加强贫困对象劳动技能培训，引导就近就地就业创业；实施“雨露计划”，绝不让一名贫困孩子因贫失学。五是加强兜底保障扶贫。全面落实贫困对象兜底保障政策，确保贫困群众“两不愁、三保障”，确保小康零陵不落一人。

（二）以园区产业为主导，推进新型工业化。按照“盘活存量、引进增量、提升质量”的思路，加大园区招商、产业链招商，壮大主导产业，提升园区实力，园区工业总产值突破50亿元，增长20%以上。一是加大产业扶持。锰产业要着力破解电力制约瓶颈，促进鑫城锰业、鑫发锰业等骨干企业复工复产。生物医药业着力扶持时代阳光上市，推进永靛中药、金翼堂医药达产达效。电子信息产业要推进永禾一电子建成投产、德福隆二期竣工、永田一加快建设。新能源新材料产业着力抓好接履桥光伏、大庆坪和邮亭圩风电项目建设，力争并网发电。农副产品加工业要支持异蛇产品申报国家地理标志，支持浙南木业、福源木业尽快投产复产。二是扩大园区规模。加快工业园路网建设，推进创新创业“135”工程，新建标准厂房20万平方米，完成工业园至向家亭污水管网建设，入园规模企业10家以上。力争启动锰产业专业园区建设。三是加强运行调度。严格落实区级领导联系工业企业制度，帮助企业解决融资、用工等困难和问题，年内新入统规模企业10家。

（三）以古城建设为重点，加快景区景点建设。突出抓好“一核一线三配套一推介”。“一核”，就是建好“零陵古城”核心区，完成项目一期“五街、十二坊”建设，年内开街营业。“一线”，就是加强“香零山—异蛇科技生态园—富家桥魅力小镇—人民桥水上世界—贤水河沿河风光带—周家大院古村落—仙姑故里”乡村旅游线路的策划规划，推进沿线乡村旅游节点建设，完善旅游设施配套，建设乡村旅游精品线路。“三配套”，一是加强古城路网配套，完成桃江路、袁家凋路、柳子街路、旭日路、西山路和东风大桥河西南匝道建设，改造柳子一巷二巷、萍阳南路。二是加强旅游设施配套，规划新建旅游停车场、游客接待中心和游客码头，实施潇水、愚溪两岸绿化、亮化、美化和景观化改造。三是加强配套景区景点建设，深入推进周家大院古村落连片保护整治工程，完成东山景区武庙、法华寺、东山展示馆建设。“一推介”，就是加大宣传投入，加强“零陵古城”文化旅游宣传推介，打响零陵旅游品牌。

（四）以绿色农业为导向，推进美丽乡村建设。按照现代农业发展理念，加大农村基础建设，改善生产生活条件。一是加强农田水利建设。加强邮亭圩镇老江桥、龙皮湾等抗旱应急水源建设，完成猫儿岩水库除险加固，改造大型泵站2座。治理潇水河道2.7公里。实施西塘观高标准农田和卤底粮食产能项目建设，完成黄田铺等6个土地综合整治项目，新建高标准农田1.8万亩。二是加快产业化发展。深入推进农村产权制度改革，全年流转耕地3万亩、林地1.5万亩，培育农业新型经营主体120家。扎实推进农业基地建设，落实粮食播种面积97万亩以上，粮食总产保持在36万吨以上。大力推进生猪标准化养殖，完成温氏富家桥种猪基地建设，年出栏生猪100万头。完成人工造林2万亩，油茶新造低改1万亩，新建花卉苗木基地1万亩。三是推进美丽乡村建设。实施农村饮水安全巩固提升工程31处，改善农村饮水条件。实施农村公路窄改宽和通畅公路200公里，完成重点农村干线公路建设规划设计并启动实施。改造行政村电网50个，亮化行政村90个，通道绿化220公里。深入推进60个重点村环境整治，创建市级美丽乡村示范点6个、区级示范点25个。

（五）以城市创建为主线，提升城市品质活力。一是加快城乡规划编制。突出抓好城区6大片区控规和乡镇总规编制，完成村庄规划编制工作。二是推进城市项目建设。加强城市路网建设，抓好零陵至双牌一级公路、朝阳大道、阳明大道延伸段等城市道路建设，改造背街小巷20条，打通学苑路、香零山路、荔枝路等城区断头路。加强潇水、愚溪两岸景观建设，实施南津路、潇水路立面改造，开工建设张飞公园，提质改造怀素公园。规划新建河西、河东客运站，启动千吨级码头改造，加快BRT快速公交和公共自行车租赁系统建设，新建改造河西市场、富家桥、水口山等农贸市场9个，完成城市综合停车场建设，新增停车位6000个以上。加快推进公检法司业务用房、幼师高等专科学校建设，火车站广场、市政广场年内竣工。新建供水管道10公里、纳污管道10公里。三是完善城市管理。推行“1+X”网格管理模式，深入开展控违拆违、市容整治、交通治理、物业管理、文明劝导五大行动，巩固国卫创建成果，提升国家文明城市、国家交通模范管理城市创建水平。四是强化小城镇建设。落实小城镇建设扶持政策，加强大庆坪、邮亭圩、卤底、水口山等乡镇周转房建设，支持石岩头、富家桥、黄田铺等小城镇发展，加快建设一批品质活力乡镇。

（六）以项目建设为载体，全面夯实发展基础。始终坚持“项目为大”，掀起新一轮项目建设高潮，全年计划实施重点项目80个、完成投资100亿元以上。一是发挥优势引项目。依托区位优势、资源优势、产业优势，策划包装一批软磁新材料、文化旅游、商贸物流等产业项目，加大招商推介，全年力争引进项目30个以上，其中过亿元项目10个以上，全年实际利用内资20亿元、外资1亿美元。二是破解难题推项目。创新体制机制，全力破解项目融资、用地、征地拆迁难题。利用城建投、交建投、旅建投、农建投等融资平台，加大PPP模式和信贷融资，全年融资30亿元以上；加大土地报批和闲置土地清理，全年征收储备土地2500亩，报批土地1000亩，全力推进

“零陵古城”、朝阳大道、潇湘汽车城、专业市场等重大项目建设。三是创优环境抓项目。坚持“马上服务、跑步服务、满意服务”，继续推行重点项目区级领导领衔负责制，完善全程带办制、并联审批制和跟踪督办制，加大对“三强”行为的打击力度，严格查处侵犯非公有制企业和法人合法权益的行为，优化经济发展环境。

（七）以增强保障为目标，加强重点财源建设。全年完成财政总收入 16 亿元，增长 15%以上。一是大力培植财源。全力支持远达、鑫城、德福隆等重点税源企业达产达效，加快推进红星美凯龙、沐邻冷链物流等产业项目建设，形成新的消费热点。全年新增纳税 500 万元企业 5 家以上。二是加强财税征管。全面推进“营改增”改革，强化财税部门目标管理考核。继续开展好矿山开采、房地产、出租房屋等领域和行业的税费清理，确保税收应收尽收。落实国土、房产等相关职能部门的协税护税职责，优化征管环境。三是保障民生支出。坚持厉行节约，严格控制一般性支出，提高财政资金使用效益，把有限的财力更多向民生领域倾斜，确保民生支出占财政支出的比重逐年提高。深化支出制度改革，严格执行《预算法》，加强部门预算管理和绩效评价，加大消赤减债力度，有效防范债务风险。

（八）以民生事业为基础，努力构建和谐社会。全力促进城乡充分就业，全年新增城镇就业 5800 人以上，农村劳动力转移就业 4000 人以上，完成职业技能培训 4100 人次以上。落实全民参保政策，大力提高社会救助水平，实现城乡低保应保尽保。加快城区学位建设，建好七里店小学，改扩建荷叶塘学校、七里店中学、中山路小学，异地新建永州七中和富家桥中心小学，启动日升学校建设，增加城区学位 3600 个。实施学前教育（二期）三年行动计划，新建公办幼儿园 2 所。加快区妇幼保健计生服务中心规划建设，完成乡镇卫生院改造 5 所、村卫生室 82 个。完成“棚改”住房 3000 套，改造农村危房 600 户以上。开展广场文化、送戏下乡等文化惠民活动，加快村级活动综合服务平台建设。实施体育馆维修改造，完善全民健身设施。加大征地拆迁、山林权属等各种社会矛盾调处，推进依法信访，切实解决人民群众反映强烈的热点问题。完善应急管理预案，严格落实安全生产责任制，杜绝重特大事故发生。强化社会治安综合治理，坚决打击违法犯罪行为，营造平安、和谐、稳定的社会环境。

各位代表，立足新起点，展望新征程，我们深感使命重大，责任在肩。让我们在市委、市政府和区委的正确领导下，紧紧团结和依靠全区人民，以更加坚定的信心、更加昂扬的斗志、更加务实的作风，为建设开放文明富裕幸福的新零陵而努力奋斗！

附：

相关名词解释

1. “三品一标”，无公害农产品、绿色食品、有机农产品和农产品地理标志。

2. 教育“三名工程”，名师、名校、名校长。

3. “一乡一院”，每个乡镇有一所养老院。

4. “三通两平”，宽带网络校校通、优质资源班班通、网络学习空间人人通、教育资源公共服务平台和教育管理公共服务平台。

5. “四个全面”，全面建成小康社会、全面深化改革、全面依法治国、全面从严治党。

6. “五位一体”，着眼于全面建成小康社会、实现社会主义现代化和中华民族伟大复兴，党的十八大报告对推进中国特色社会主义事业作出经济建设、政治建设、文化建设、社会建设、生态文明建设" 五位一体" 总体布局。

7. “全域旅游”，把一个行政区域当做一个旅游景区，是旅游产业的全景化、全覆盖，是资源优化、空间有序、产品丰富、产业发达的科学的系统旅游。

8. “两集中两到位”，是指为深化行政审批制度改革，建立规范高效的审批运行机制，提高行政服务效能，推进一个行政机关的审批事项向一个股室室集中、行政审批股室向行政审批服务中心集中，保障进驻行政审批服务中心的审批事项到位、审批权限到位。

9.“三严三实”，是指习总书记关于推进作风建设的讲话中的重要内容，即严以修身、严以用权、严以律己，谋事要实、创业要实、做人要实。

10.“两学一做”，是指“学党章党规、学系列讲话，做合格党员”学习教育。

11.“零陵古城”项目“一轴两带三核五街十二坊”，“一轴”，是指柳子街—零陵古城游览主轴；“两带”，是指“潇湘之源”历史文化游览带、“愚溪之灵”民俗风情体验带；“三核”，是指永州历史精华展演核心、柳子文化游览空间核心、民俗风情市集玩趣核心；“五街”，是指徜徉街、品位街、游弋街、乐享街、玩味街；“十二坊”，是指柳子坊、冉溪坊、花间坊、潇湘坊、朝阳坊、盘瑶坊、芙蓉坊、香零坊、爱莲坊、五音坊、玲珑坊、砚泉坊。

12.“五证合一、一照一码”，是指在原来企业和农民专业合作社工商执照、税务登记证、组织机构代码证“三证合一”的基础上，整合社会保险登记证和统计登记证，实行了“五证合一、一照一码”的登记制度。

13. G322复线，是指规划中的从富家桥镇婆婆亭至大庆坪乡近洞里与G322并行的复线公路，起点位于婆婆亭处，经富家桥镇、梳子铺乡、水口山镇、石岩头镇，终于大庆坪乡近洞里村，全程按2级公路标准建设，全长约65公里。

14.“点亮乡村”行动计划，是指从2016年开始，用四年时间完成所有行政村村庄主干道、主要角落和文化活动等公共场所的路灯安装，照亮乡村。

15. 城市“天网”工程，是指为满足城市治安防控和城市管理需要，利用图像采集、传输、控制、显示等设备和控制软件组成，对固定区域进行实时监控和信息记录的视频监控系统。

16.“三创一管”，是指永州中心城区创建国家文明城市、创建国家园林城市、创建国家交通模范城市和国家卫生城市管理工作。

17.“四个切实”，是指切实落实领导责任、切实做到精准扶贫、切实强化社会合力、切实加强基层组织。

18.“五个一批”，是指通过扶持生产和就业发展一批、易地扶贫搬迁安置一批、教育扶贫脱贫一批、医疗救助扶持一批、低保政策兜底一批，确保贫困对象如期脱贫。

19.“六个精准”，是指对象识别精准、项目安排精准、资金使用精准、措施到户精准、因村派人（即第一书记）精准、脱贫成效精准。

20.“四跟四走”，是指在扶贫中资金跟着贫困对象走、贫困对象跟着能人走、能人跟着项目走、项目跟着市场走。

21.“三提升三争当”，是指区委开展以“提升抓发展的能力，争当推动发展的模范；提升抓稳定的能力，争当促进和谐的模范；提升廉洁自律的能力，争当干净干事的模范”为主要内容的专题活动。

22.“三降一去一补”，是指去产能、去库存、去杠杆、降成本、补短板。

23.“三社联动”，是指以社区为平台、社会组织为载体、社工为骨干的社区服务机制。

24.“1+X”网格管理，“1”是指社区党工委委员，“X”是指城管、环卫等20多个相关职能部门，社区党工委委员带领涉及相关问题的职能部门人员组团进社区网格服务的管理模式。

大事记

1月

15日　湖南省人民政府办公厅正式下文，零陵区水口山镇被授予“湖南省安全生产示范镇”荣誉称号。

15日　零陵区委第七届委员会第三次全体（扩大）会议召开，会议通过了《中共永州市零陵区委关于制订零陵区国民经济和社会发展第十三个五年规划的建议》。

16日　政协永州市零陵区第九届委员会第四次会议隆重开幕，尹玉林作工作报告。

17日　永州市零陵区第九届人民代表大会第五次会议隆重开幕，唐烨作《政府工作报告》。

18日　前海八实万（永州）运营基地项目举行启动仪式，该基地坐落于永州零陵工业园。前海八实万公司研发的“互联网移动超市”平台，将传统制造产业、实体店、创业者及再创业者等实现互融、互通、互联，推动传统产业和实体店生意转型升级。

18日　零陵区九届人大五次会议第二次全体会议举行，唐荣成作工作报告。

19日　上午十一点，零陵区萍洲大桥举行通车典礼仪式。

19日　“零陵发布”微信公众平台第一时间发布《重磅消息：萍洲大桥正式通车》图文信息，两天点击量突破2.5万，点赞量达到310次。次日，中国新媒体排行榜发布政务政府类微信公众号排行榜，“零陵发布”首次跻身全国三强。

26日　市委副书记张严到精准扶贫联系点零陵区富家桥镇大仙观村帮扶指导扶贫开发工作，并带队深入零陵区商业城、车站和企业检查安全生产工作。

28日　永州零陵古城配套市政道路工程设计方案专家评审会召开，本次设计分别为桃江路、袁家碣路以及东风大桥南匝道位于零陵组团的小石城山片区和西山片区。

28日　2015年，零陵区查处五例“两非”（非医学需要鉴定胎儿性别和选择性别终止妊娠）典型案件，其中跨省查处3例，连续两年荣获省“两非”典型案件先进县区。

28日　零陵区建制村合并工作推进会召开。全区建制村合并任务为40.03%，减少建制村203个，合并后村均人口在2000—3000人左右。

28日　2015年度零陵区基层党委书记述职评议会召开。

2月

3日　市委书记陈文浩深入零陵区走访慰问部分劳模、道德模范、困难群众和邮亭圩镇敬老院老人。

3日　省委常委、常务副省长陈向群到零陵走访慰问困难群众，并就农村淘宝工作、网格化管理进行调研。

4日　零陵区召开全区防禽流感工作紧急会议。

4日　2016年零陵区春节联欢晚会上演。

19日　永州市召开全市宣传部长会议，零陵区2016年宣传思想工作受到表彰。区委宣传部获全市宣传文化系统创先争优先进单位、微政务先进单位、全市文化科技卫生“三下乡”先进单位，刘劲明获“三下乡”先进个人；杨万里被评为“永州市十佳新闻工作者”，蒋琼获“永州市十佳新闻工作者”提名。

23日　于家省际公安检查站建设开工仪式在珠山举行。省公安厅党委委员、副厅长谭和平，省公安厅治安总队总队长丁阳云，副市长、市公安局局长刘新良参加开工仪式。

23日　永州市召开“永州市2015年小区集中整治工作总结表彰大会”，零陵区被永州市人民政府评为2015年度小区集中整治先进单位。

25日　湖南省公布2015年全省文明风景旅游区中，柳宗元文化旅游区榜上有名。

29日　中共永州市零陵区第七届纪律检查委员会第六次全会隆重召开，龙向洋宣读《2015年度全区党风廉政建设和反腐败工作先进单位的表彰》，胡振国作工作报告。

29日　零陵荣获“全省粮食生产标兵县（区）”

29日　零陵区乡镇领导班子换届工作动员暨培训会议召开。

29日　零陵区“百姓月月乐”文艺演出上演。

3月

2日　零陵区经管局被授予2015年度“湖南省农村经营管理工作先进单位”。

3日　2015年，零陵区疾控中心获批湖南省第一批县级疾控机构等级达标乙等疾病预防控制中心，是全省16家获此殊荣的县区疾病预防控制中心之一，也是永州市唯一一家创建成功的县区疾病预防控制中心。

7日　全区机构改革干部人事工作动员会召开。

8日　在2015年度全市农业农村单项工作，水库污染治理先进县区考核评选中，零陵区以第一名的成绩获水库污染治理先进县区称号。

9日　由永州市零陵区史志办和区党史联络组共同组织编写的《零陵历史回忆录——足迹》第六辑正式出版，全书收录回忆文章28篇，约14万字。

9日　零陵区农村土地承包经营权确权登记工作获省先进。

10日　零陵区全力齐抓植树造林，着力推动生态零陵建设，年均造林面积在2万亩以上，实施通道绿化1000多公里，建设绿化模范乡镇3个，先进乡镇6个，秀美村庄341个，打造绿化景观带120余公里，全面提升零陵城乡绿化水平，森林覆盖率达56%，连续3年荣获绿色永州建设先进县区称号。

17日　零陵区与伟光汇通文化旅游投资有限公司双方就加速推进“零陵古城”项目建设相关事宜进行具体洽谈对接。

17日　全省党史工作会议召开，零陵区史志办荣获全省“以史铸魂”先进集体，《零陵历史回忆录——足迹（第四辑）》获全省党史部门党史优秀成果三等奖。

21日　零陵区委、区政府与江苏中和建筑设计院及湖南大学设计院主要负责人及相关专家，就大“零陵古城”规划设计工作及进度进行专项对接洽谈。

22日　市委书记陈文浩到零陵区悟山里村调研指导农村网格化管理工作。市领导唐湘林、颜海林、唐能武、张常明、刘新良、严兴德参加活动。

26日　前海八实万互联网有限公司2016年中国永州（首届）春季商品对接峰会成功举办，来自全国各地政府、商会、知名品牌企业、大型电商企业等120余名代表参加活动。

28日　副市长罗双全，副市长、零陵区委书记严兴德陪同桂林市副市长王建毅考察零陵区农村淘宝项目。

4月

6日　零陵区非税收入征收管理局被湖南省财政厅评为“2015年度非税收入征收管理工作先进单位”。

7日　省政协副主席欧阳斌率省政协文史学习委员会的专家团队来零陵就“历史文化街区保护利用”和“促进非国有博物馆发展”开展专题调研。

17日　乡镇换届工作会议召开。

18日　省旅游局局长陈献春在副市长罗双全的陪同下，考察零陵古城综合保护开发项目。

19日　零陵区教育工作“两项督导评估考核”汇报会召开。省教育督导评估专家、省教育督导与评价协会常务副会长罗春晖出席会议。

21日　零陵区2016年“园区路网工程、‘135’工程（二期)、永禾一电子、永大九嶷油茶”重点项目建设集中开工仪式在零陵工业园举行。

25日　市委副书记张严深入零陵区富家桥镇何仙姑村调研精准扶贫工作时要求，做好村庄景区规划设计，完善配套基础设施，大力推进项目建设，加快脱贫步伐。

29日　零陵区在全市减轻农民负担工作2015年度考评中，荣获“减轻农民负担工作先进县区”称号。

5月

19日　省民宗委党组书记、主任徐克勤，省委统战部巡视员刘权带领省委统战工作领导小组来一行人零陵，就贯彻落实统一战线重大决策部署情况调研。市委常委、组织部长、统战部长董石桂出席汇报会，副市长、区委书记严兴德作汇报。

19日　国家旅游局发布《2016全国优选旅游项目名录》，“零陵古城”文化旅游综合保护开发项目入选。

25日　零陵区召开领导班子换届工作考察动员大会。副市长、零陵区委书记严兴德主持会议，市委考察组组长、市委组织部副部长裴春雷等市委考察组领导出席。

25日　“欢乐潇湘·和美永州·诗画零陵”群众文艺汇演暨“月月乐”广场文艺晚会在安康广场精彩上演。

6月

2日　区委领导班子举行“两学一做”学习教育第一次集中学习研讨会。

13日　市政协主席唐定来零陵调研永州新商城、尚美国际影城两个项目，就相关问题进行视察和督办。

13日至14日　伟光汇通公司的专家团队来零陵考察古城项目建设，并召开零陵古城项目建设专家座谈会。

15日　零陵区代表队夺得“先锋学习会——永州市‘两学一做’电视知识竞赛”第一名。

16日　在神仙岭小学举行永州市“百万教辅捐赠、百名学子资助”社会公益活动启动仪式，市委副书记张严、市委宣传部长石艳萍等市领导、区委书记严兴德、副书记、区长、唐烨等区领导出席活动。

16日　由省文联、省总工会主办，省曲协、省舞协、省职工文体协会、省企(事)业文联、永州市文学艺术界联合会、永州市总工会、中共零陵区委、零陵区人民政府承办的“笑满三湘——送欢笑下基层”活动永州专场暨“寻找最美劳动者”演出在零陵工业园举行。市委常委、宣传部长石艳萍，副市长、零陵区委书记严兴德与现场5000余名观众一同观看演出。

23日　在红太阳大酒店四楼会议室，举行零陵区庆“七一”暨“两学一做”活动知识抢答赛（决赛)。

28日　“新商城—春天广场”主力商家签约暨招商发布会在零陵成功举办，世界500强企业正大集团旗下“卜蜂莲花”国际超市及国内一流影院中影国际影城正式签约入驻零陵。

29日　零陵区委中心组第二次集中学习专题讲座举办。会议围绕计划生育新政策与《计划生育法》和《中共中央关于改进和加强党的群团工作的意见》文件精神进行解读。

29日　零陵区庆祝建党95周年暨“百姓月月乐”广场文艺演出在安康广场举行。

7月

7月1日　零陵区委第七届委员会第四次全体会议召开。会议通过《关于召开中国共产党永州市零陵区第八次代表大会的决议》。

4日　2016年零陵区庆“七一”职工羽毛球赛在区体育馆拉开帷幕，全区23支代表队伍参加比赛。

5日　“零陵发布(linglingfabu)”6月在政务政府类新媒体全国排名第九名，至此，“零陵发布”在2016年连续六个月排名全市县区级新媒体第一名，再次刷新“零陵发布”历史最佳成绩。

6日　零陵区与四季青华南

总部基地项目、永州民办日升学校建设项目举行签约仪式。

11日　省文化厅党组书记、厅长李晖来零陵调研文化工作，省文物局、文化厅厅机关各处室、厅直单位，14个市州和省管县文（体）广新局的主要负责人参加。李晖一行先后调研黄田铺镇鹧鸪岭村文化服务中心、“零陵古城”文化旅游综合保护开发项目、神仙岭社区文化服务中心。永州市副市长刘尤碧，零陵区委副书记、区长唐烨陪同调研。

14日　中组部与省委老干部局领导在永州市老干部局领导的陪同下，考察零陵区老年大学，并指导工作。

15日　零陵区召开创建文明城市、国家园林城市、国家交通管理模范城市推进会，贯彻落实6月30日市委、市政府“三创”工作调度会议精神，统筹协调、扎实推进全区“三创”工作，增强工作合力、加快工作进度、提升工作成效。

18日　零陵区召开“两学一做”学习教育专题宣讲报告会，邀请永州市“两学一做”宣讲团成员王衡平做学习专题讲座。

19日　全区领导干部大会召开。

19日　零陵区通过省专家组考评，成功创建为湖南省慢性病综合防控示范区。

25日　零陵地税局被省地税局授予全省地税系统首批“法治税务建设示范基地”荣誉称号。

26日　市委副书记张严带队来零陵检查安全生产工作。

27日　市委副书记、市长易佳良率市林业、园林、城建投等部门主要负责人，来零陵调研四季青苗木产业发展情况。

28日　零陵区召开区委常委班子“换届风气”专题民主生活会。

28日　全区“两学一做”学习教育调度会召开。

29日　零陵区举行庆祝“八一”暨“百姓月月乐”广场文艺演出活动。

8月

2日　零陵区召开领导干部大会，市委常委、组织部长吴志雄作重要讲话。市委组织部常务副部长周益志宣布省、市委的决定。唐烨任零陵区委书记，严兴德不再担任零陵区委书记、常委、委员，吴恢才任零陵区委副书记，提名为零陵区人民政府区长候选人。

3日　区委书记唐烨主持召开零陵区委领导班子“讲规矩、有纪律”专题学习研讨会。

4日　中石油湖南省公司总经理徐毅，党委书记陈建志，到零陵调研永州油库建设项目情况。

6日　零陵区举行零陵工业园10万平方米标准厂房暨永田一新材料项目签约仪式。零陵创新创业园10万平方米标准厂房建设项目，总投资1.5亿，项目主要用于新材料产业生产。

8日　市纪委副书记、监察局长张国峰，市换届风气第一巡察组组长周建宏一行到零陵区传达学习中央、省委、市委关于换届工作的有关精神，对县区级领导班子成员进行组织原则和换届纪律教育。

8日　零陵区史志办编写的《红军长征在零陵的故事》一书出版，全书为32开本，约4.5万字。

9日　市委巡察第一组巡察零陵换届风气监督工作动员会召开，市委巡察第一组组长周建宏就换届巡察工作发表讲话，区委书记唐烨主持会议并作表态发言。

11日　区委书记唐烨会见同济大学建筑系教授、博士生导师李湞一行，就“零陵古城”文化旅游综合保护开发项目进行对接。

16日　永州市副市长刘尤碧带领市规划建设、国土、财政、编办、教育部门主要负责人，深入零陵区调研城乡学校(幼儿园)建设和下学期入学准备情况。

16日　全区信访维稳工作会议召开。

16日　零陵区召开安全生产工作集体谈话会议，区委书记唐烨就如何推进全区安全生产工作落到实处发表讲话。区委副书记、区长候选人吴恢才安排部署全区下一阶段安全生产工作。

17日　零陵区召开第八次

党代会报告征求意见座谈会，就党代会报告起草情况广泛听取各方意见和建议。

18日　全区第三季度国卫管理工作调度会召开。

18日　省公安厅党委副书记、常务副厅长周符波一行在副市长、公安局长刘新良，区委书记唐烨的陪同下，到徐家井派出所考察指导公安工作。

19日　零陵区召开征求城建和工交系统对第八次党代会的意见和建议座谈会，就党代会报告起草情况广泛听取城建和工交系统主要负责人员的意见和建议。

20日　区委七届五次全会召开，全体区委委员和候补委员参会。

23日　市委书记陈文浩到零陵调研旅游精品线路工作。

24日　为期三天的零陵区2016年暑期校（组、园）长、股室负责人培训班圆满结束，全区200余名中小学校长顺利结业。

24日　零陵区严肃换届纪律集中谈话会召开。

25日　永州市第一公交公司上收市里工作汇报会召开，会议就第一公交公司上收市里的相关事宜达成初步共识。

28日　中共永州市零陵区第八次代表大会召开各代表团召集人会议。中共永州市零陵区第八次代表大会各代表团召开代表会议。中共永州市零陵区第八次代表大会预备会议召开。中共永州市零陵区第八次代表大会副科级以上干部代表会议在柳子大会堂召开。市委副书记张严、唐烨出席会议并讲话。中共永州市零陵区第八次代表大会主席团第一次会议召开。

29日　中国共产党永州市零陵区第八次代表大会隆重开幕。会上，区委书记唐烨代表中共永州市零陵区第七届委员会向大会作题为《全力奋战五年，决胜全面小康，为建设开放文明富裕幸福的新零陵而努力奋斗》的报告，区委副书记、区长候选人吴恢才主持会议。中共永州市零陵区第八次代表大会主席团举行第二次会议。

30日　中共永州市零陵区第八次代表大会召开第二次全体会议，通过《选举办法》（草案），确定相关名单。

31日　中共永州市零陵区纪律检查委员会召开第一次全体会议。会议讨论通过区纪律检查委员会第一次全体会议选举办法，盘志元作区纪委常委、书记、副书记人事安排说明，酝酿确定候选人，选举产生区纪委常委、区纪委书记、副书记。会议选举产生了新一届区纪律检查委员会，周润润当选为中共永州市零陵区纪律检查委员会书记。

31日　中共永州市零陵区第八届委员会召开第一次全体会议，会议选举产生中共永州市零陵区第八届委员会常委、书记、副书记。唐烨当选为区委书记。

31日　中国共产党零陵区第八次代表大会第三次全体会议召开。

31日　中共永州市零陵区第八次代表大会在完成各项议程后顺利闭幕。

31日　零陵区召开人大、政协换届工作动员会，贯彻落实中央、省、市委有关换届工作会议精神，安排部署全区的换届工作，确保换届顺利推进，圆满成功。

9月

3日　市委常委、市委秘书长颜海林，市委常委、宣传部长石艳萍率市住建局、市文物处等单位负责人来零陵调研国家历史文化名城申报工作。

4日　零陵区召开省安全生产督导暗访组反馈意见交流会。

7日　零陵区地税局荣获“全省地税系统文化建设工作先进单位”称号，并代表先进单位作典型发言。

8日　零陵区第32个教师节表彰大会举行。会议总结过去一年全区的教育工作，表彰奖励298名教育教学先进工作者，颁发奖金共39.2万元。

18日　市委副书记张严率市政策研究室相关负责人到零陵征求永州市第五次党代会报告意见。

19日　零陵区召开城区市容环境大整治“攻坚月”活动誓师大会，传达市委、市政府关于中心城区市容环境大整治“攻坚月”活动的指示精神。

21 日　永州重大项目建设流动现场推进会考察团到零陵观摩。市委书记陈文浩，市领导张严、高建华、唐定、唐湘林、唐能武、杨永、吴志雄、王守海、刘尤碧、严兴德以及各县区、市直相关部门主要负责人到零陵新材料产业园项目、零陵工业园区路网工程项目建设现场实地观摩、点评、督导项目建设工作。

23 日　市委副书记张严赴零陵区检查指导市容环境大整治“攻坚月”活动，区委书记唐烨陪同调研。

25 日　“零陵古城”文化旅游综合保护开发项目开工建设，市委书记陈文浩出席并宣布项目开工。市委副书记、市长易佳良致辞。市委副书记张严主持仪式。市、区领导唐定、唐湘林、唐能武、杨永、吴志雄、刘尤碧、严兴德、唐烨、吴恢才，伟光汇通集团董事长陆学伟、香港路劲集团董事局主席单伟豹出席。

25 日　区委八届二次全会召开。

25 日　零陵区庆祝中华人民共和国成立 67 周年暨“百姓月月乐”广场文艺演出在东山景区广场上演，共同庆祝中华人民共和国成立 67 周年。

27 日　永州市第五次党代会代表在市委书记陈文浩、市委副书记张严的带领下，分三批视察零陵区萍洲大桥、零陵卷烟厂以及零陵城区建设，感受五年来零陵区在各方面发生的巨大变化。

30 日　零陵区委领导班子召开“两学一做”学习教育第三次集中学习研讨会。

10 月

8 日　永州市及零陵区党、政、军领导，社会各界代表，驻永部队代表千余人在永州市烈士纪念园举行烈士公祭活动。

10 日　省人大常委会原副主任陈叔红带领湖湘文化研究会一行到零陵考察。市人大常委会主任高建华、零陵区委书记唐烨、区人大常委会主任唐荣成陪同。

11 日　湖南省出入境检验检疫局、省商务厅、省农业委等部门组成的省考核组来零陵考核验收省级出口食品农产品质量安全示范区创建工作。

11 日　财政部等 20 个部委联合发出通知，公布第三批政府和社会资本合作（PPP）示范项目 516 个，计划总投资金额 11,708 亿元。零陵区城区综合停车场和古城 1、2 号停车场项目入选，计划投资 61000 万元。

13 日　市政协副主席魏湘江、市民宗委主任、市政协民族宗教三胞联谊委全体委员，在零陵区委书记唐烨、区政协主席李祥军的陪同下，深入零陵区基督教南堂，观音禅寺等宗教活动场所调研。

14 日　全区开展“三提升三争当”活动动员大会召开。

14 日　零陵区与广州岭南旅游发展有限公司座谈会召开。

17 日　全市美丽乡村环境整治、乡村旅游、农村秋冬生产、农村人畜饮水、河道治理工作推进会在零陵召开。市委副书记张严出席会议并作重要讲话，市、区领导蒋善生、罗建华、郑柏顺、李俊湘、罗双全、张常明、唐运军、唐烨、吴恢才参加会议。

19 日　市委常委、组织部长吴志雄来零陵调研换届和基层党建工作。

20 日　全市农村网格化建设现场推进会与会人员来零陵珠山镇“三个中心”和指挥中心，珠山社区、大冲村办公现场进行观摩。

21 日　菱角塘镇“拉票贿选”案件通报暨全区严肃换届纪律工作推进会召开。

24 日　市“三创”工作调度会召开，市委书记陈文浩，市委副书记、市长易佳良带队来零陵对零陵的“三创”工作建设项目进行视察。市、区领导唐定、唐烨、吴恢才、唐建明参加活动。

25 日　市规划建设局局长彭晓东带领相关专家一行来零陵调研南津路和棚户区改造工作，区委书记唐烨参加调研座谈会。

27 日　香港美源达玩具有限公司投资零陵工业园年产 1 亿只毛绒玩具生产基地建设项目正式签约。

27 日　市委副厅级干部伍军带领市督查室、市房产局、市住保办等单位负责人在零陵区开展保障性住房和棚户区改造建设情况督查。

29日　零陵区委书记唐烨带领区委办、政府办、住建、财政、农委、环保、环卫、城建投等单位负责人，到郴州市永兴县学习考察农村环境综合整治工作。

30日　区委书记唐烨，区委副书记、代区长吴恢才带领发改委、工业园、商粮局、国税、环保等单位负责人到深圳、东莞招商，考察深圳市宇龙世纪科技有限公司和东莞市海拓伟电子科技有限公司，与企业负责人洽谈投资合作意向，区委常委、组织部长唐清林参加招商。

11月

1日　零陵区"三场四位"建设工作会召开，研究全区农贸市场建设、广场建设、学位建设、医疗卫生床位建设、公厕蹲位建设、城区停车场车位建设等相关工作。

3日　区委书记唐烨主持召开潇水两岸棚户区改造工作汇报会。

4日　金洞管理区党委书记邓扬中率考察团来零陵考察农村网格化管理工作，区委书记唐烨，区委常委、纪委书记周润润，区委常委、政法委书记唐会国陪同考察。

6日　衡阳市政协副主席肖长贵带领珠晖区四大家领导来考察文化旅游工作。

7日　零陵区委中心组（扩大）举行集中学习，省委党校副校长吴传毅作《推进全面从严治党向纵深发展》专题辅导报告，区委书记唐烨主持会议并讲话。

10日　"基层党建进行时——县区委书记访谈"节目对区委书记唐烨进行专访。唐烨强调："基层党建工作是县区委书记的'责任田'，将始终把基层党建工作摆在履职首要位置，把落实管党责任作为第一要务。"

11日　零陵区党委办公室工作暨党委督查考核工作会召开。

12日　区人大、区政协换届选举工作暨严肃换届纪律集体谈话会议召开。

14日　中国文物保护基金会第八届"薪火相传——寻找传统村落守护者"活动，零陵区文物管理所获全国五强，是湖南省唯一获此殊荣代表单位。

20日　国家林业局湿地保护管理中心巡视员程良率领国家湿地公园现场考察评估组来零陵考察潇水国家湿地公园创建工作，并召开考察评估会。

21日　"怀素故里行全国草书名家永州书法"考察活动走进零陵，中国书协副主席聂成文等中国书协领导，省书法院、省书协及省内相关新闻媒体参加考察。

23日　湖南省首个省际公安检查站在零陵区珠山镇于家村正式揭牌成立。

24日　区委书记唐烨主持召开零陵区换届风气监督工作会，对零陵区换届风气监督工作进行安排部署。市委派驻零陵区现场换届风气监督组和指导组相关领导参加会议。

25日　政协永州市零陵区第十届委员会第一次会议在柳子大酒店主会场开幕。

26日　永州市零陵区第十届人民代表大会第一次会议在柳子大酒店主会场隆重召开。

27日　零陵区"城建风采"暨"百姓月月乐"文艺演出在柳子大酒店主会场上演，在职区级领导及参加两会的人大代表、政协委员共500余人观看演出。

29日　"两学一做"学习教育区委领导班子第四次集中学习研究会召开。

30日　区委领导班子开展"两学一做"学习教育第四次集中研讨会。会议集中学习中国共产党第十八届中央委员会第六次全体会议公报、习近平总书记重要讲话及《关于新形势下党内政治生活的若干准则》，并紧紧围绕"讲奉献、有作为"这一主题，进行深入研讨交流。

12月

15日　湖南省人民医院定点指导医院授牌仪式在永州市第四人民医院举行，省人民医院院长祝益民、副院长向华授予永州市第四人民医院"湖南省人民医院定点指导医院”牌匾。

19 日　市委书记李晖到零陵区考察调研，对全区的工作和取得的成绩给予充分肯定。

21 日　区委领导班子民主生活会征求意见会召开，认真征求乡镇、街道党（工）委书记对区委领导班子的意见建议。区委常委、组织部长唐清林就区委常委班子民主生活会征求意见作说明。

21 日　乡镇街道党（工）委书记集体廉政谈话会议召开。

21 日　区委八届三次全会召开。

22 日　副市长严兴德一行来零陵区组织召开《市政府工作报告》征求意见座谈会，广泛征求零陵区的市人大代表、政协委员，及有关单位部门的意见。

23 日　国家义务教育均衡发展督导检查组在长沙召开反馈会，向省政府反馈对湖南省义务教育均衡发展督导检查意见。下午 2 点，零陵区顺利通过本次义务教育发展基本均衡县（市、区）的评估认定，零陵区成为永州市第一个全国义务教育发展基本均衡县区。

23 日　岳阳市委常委、市委政法委书记王小中率考察组一行 7 人来零陵区考察交流城乡网格化服务管理工作。市委政法委常务副书记唐国玉，市委政法委副书记、综治办主任王俊斌，市政务服务中心负责人以及区委书记唐烨、区政法委、区网格办负责人陪同考察。

26 日　《国务院关于同意将湖南省永州市列为国家历史文化名城的批复》（国函〔2016〕205 号）公布，同意将永州市列为国家历史文化名城。

26 日　零陵区召开中心城区全面禁止燃放烟花爆竹工作动员大会，部署全区烟花爆竹禁放工作。

27 日　2016 年“我的零陵我的根”零陵区原创歌曲演唱会暨“迎新年”、“百姓月月乐”广场文艺演出在东山广场上演。

28 日　省环境应急与事故调查中心主任兰洋来零陵区进行环境应急能力标准化建设达标验收工作，同意零陵区环境应急能力标准化建设达标验收合格，并向零陵区环保局授牌。

29 日　零陵区举行“零陵古城”项目配套路网桃江路和袁家碣路开工仪式。

29 日　省委办公厅、省政府办公厅下发《关于 2016 年度市州及县市区综治工作考核评估情况的通报》文件，零陵区被评为“2016 年度全省社会管理综合治理工作先进县区”。

零陵概貌

区　　貌

【概述】　永州市零陵区位于湖南省南部，潇、湘二水汇合之处。地处南岭山系北部，零祁丘岗盆地南端，其地势是南高东北低走势。东靠祁阳，南接双牌，西连东安和广西全州，北邻冷水滩区，介于东经111°11′~111　°56′，北纬25°50′~25°26′之间。辖区东西横跨77公里，南北纵长56.3公里，总面积1959平方公里。人口密度约318人/平方公里。

【古人类活动】　零陵境内很早就有人类繁衍生息。黄田铺的石棚为2万年前新石器时代人类所建造。司马迁《史记·五帝本记》载：舜“南巡狩，崩于苍梧之野，葬于江南九疑，是为零陵”。是夏代以前中国出现的最早34处地名之一。夏、商、西周属荆州之域。春秋时属楚国南境。

【行政区划】清初，零陵县划分为12乡、25里，后增为49里（附郭4里、崇文乡4里、丰乐乡6里、永泉乡2里、福田乡4里、孝悌乡8里、开善乡2里，东安乡2里、兴平乡2里、进贤乡4里、永政乡4里、归德乡4里、兴仁乡3里等）。清末，光绪三十四年（1909），全县划为10乡、7镇、206团。

1927年，将206团并为133团，设屏湘镇、孝悌镇、楚江镇、高溪镇、黄阳镇、永政镇、滩市镇、四达乡、邮亭乡、梅杏乡、福田乡、归德乡、辛乐乡、双江乡、淡山乡、进贤乡、永泉乡。

民国三十八年（1949）春，共设8区29个乡镇，第一区火神庙（芝城镇、全忠乡、精忠乡），第二区杨家巷（纯孝乡、锡孝乡、大孝乡），第三区茶林寺（兴仁乡），第四区五里牌（雅爱乡、博爱乡、普爱乡、惠爱乡、汛爱乡），第五区水字桥（威信乡、辛信乡、隆信乡、共信乡），第六区冷水滩（滩市镇、尚义乡、集义乡、正义乡），第七区堡里桥（永和乡、人和乡、保和乡、太和乡、中和乡），第八区楚江圩（升平乡、隆平乡、庆平乡、公平乡）。

1949年10月，零陵县解放，1950年6月建立基层政权，全县设11区、129乡、2镇。1956年，撤区并乡，全县设45乡、2镇。

1958年，实行政社合一，全县合并为26个人民公社，和平（普里桥）、国际（黄阳司）、黎明（高溪市）、曙光（阳山观）、飞跃（楚江圩）、七一（潮水）、国庆（冷水滩）、幸福（蔡市）、中苏（蔡家）、大同（邮亭圩）、卫星（梅溪）、光明（福田）、红旗（菱角塘）、群英（狮子山）、五一（峦石山）、民主（何仙观）、友谊（水口山）、超美（珠山）、火箭（阳明）、长风（大湾）、八一（水市桥）、上游（黄田铺）、闪电（庙山铺）、东风（双牌）、山峰（何家洞）、朝阳（芝山）。

1964年5月国务院批准，将双牌区的尚仁里、盘家洞，双牌，大庙头区的何仙观、何家洞、蔡里口和菱角塘区的茶林寺、麻江等8个公社以及大庙头、五星岭、阳明山3个林场划归潇水林区管理局（双牌县）。

城区在1962—1979年为零陵专区零陵县城关镇、芝城镇、东风镇。1979年4月成立县级东风镇，后改为永州镇。1982年1月，设立县级永州市，设城南、城北、河西3个街道办事处，朝阳、七里店、南津渡3

个人民公社。

1984年3月，改社为乡。同年6月，撤销零陵县，将原零陵县的6个区公所的40个乡和楚江圩的接履桥镇划归永州市管辖，全市设3个办事处、44个乡政府。其中4个直属乡为南津渡、朝阳、七里店、接履桥；6个区公所为邮亭圩镇、菱角塘、黄田铺、水口山、富家桥、珠山。

1995年，撤区并乡建镇，撤销6个区公所，建立新的乡镇，全市共设8镇、4乡、4个办事处。撤销湾夫乡、大庆坪乡、据江寺乡，合并设立大庆坪乡；撤销西头乡、石岩头乡、新宅里乡，合并设立石岩头镇；撤销马子江乡、水口山镇、毛溪桥乡、长塘乡，合并设立水口山镇；撤销水字桥乡、梳子铺乡、排龙山乡，合并设立梳子铺乡；撤销双牌铺乡、鸟塘铺乡、黄田铺镇，合并设立黄田铺镇；撤销西塘观乡、石山脚乡、华源乡，合并设立石山脚乡；撤销何仙观乡、大庙头乡、富家桥镇、阳河乡，合并设立富家桥镇；撤销喜塘乡、天字地乡、菱角塘镇，合并设立菱角塘镇；撤销集义乡、长岭乡、接履桥乡，合并设立接履桥镇；撤销梅溪乡、杨家巷乡、桐梓坪乡、福田乡、邮亭圩镇、郑家桥乡，合并设立邮亭圩镇；凼底乡行政区域不变。城区设4个办事处，撤销朝阳乡、河西街道办事处，合并设立朝阳办事处；撤销南津渡乡、城南街道办事处，合并设立南津渡办事处；撤销城北街道办事处，设立徐家井办事处；撤销七里店乡，设立七里店办事处。

2015年，乡镇行政区划调整，将石山脚乡、接履桥镇改为石山脚街道办事处、接履桥街道办事处，其他乡镇未变。

2016年全区辖大庆坪乡、水口山镇、石岩头镇、珠山镇、梳子铺乡、黄田铺镇、富家桥镇、凼底乡、菱角塘镇、邮亭圩镇、七里店街道办事处、徐家井街道办事处、南津渡街道事处、朝阳街道办事处、石山脚街道办事处、接履桥街道办事处，计7镇3乡6个街道办事处，507个村，17个社区。区人民政府驻地徐家井街道办事处，位于零陵区南津中路9号。

2016年，全区农林牧渔业总产值59.1亿元，粮食作物总播种面积64.16千公顷，粮食总产量37.2万吨。地方生产总值为179.8亿元，全区规模以上工业总产值104.4亿，社会消费品零售总额70.2亿元。城乡居民人平可支配收入17121元。

【建置沿革】 秦始皇统一中国（前221年）实行郡县制，始置零陵县，属长沙郡。汉武帝元朔五年（前124年）置泉陵侯国，侯国王城位于今零陵城区。汉武帝元鼎六年（前111年），始置零陵郡。东汉光武帝年间（公元25~55年），将零陵郡治移至泉陵。隋开皇九年(589年)，改零陵郡为永州总管府，改泉陵县为零陵县，零陵县归永州总管府管辖。

唐初，零陵县属永州零陵郡。宋属永州零陵郡。元、明、清，零陵县属永州府，府、县治同城。

民国三年（1914），将衡永郴道改为衡阳道，零陵县属衡阳道。民国二十七年（1938），零陵县属湖南第七行政督察区。

1949年10月，零陵解放，属永州专区。1950年5月，属零陵专区，1962年恢复零陵专区，零陵县属之。1979年，从零陵县划出1镇2乡，成立永州镇，归零陵地区直辖。

1982年1月，国务院批准设立县级永州市，属零陵地区。1995年11月，国务院批准县级永州市改为芝山区，芝山区属地级永州市，为永州市的中心城区。2005年，芝山区更名为零陵区，2016年沿用今名。

【人文历史】 零陵历史文化底蕴深厚，是一座有二千多年历史的文化古城。境内文物古迹众多，有7处全国重点文物保护单位，4处省级文物保护单位，市区级文物保护单位85处，据全市之首。黄盖、怀素出生零陵，柳宗元、张浚、范纯仁等历代名人居住零陵，留下大量闻名于世的诗词文章，零陵有闻名中外的“永州八景”，有著名的“永州八记”遗址。主要人文景观有柳子庙 、零陵文庙、永州武庙、蘋州书院、朝阳岩、高山寺、黄田铺石棚、潇湘庙、节孝亭、廻龙塔、观音山、永州古城墙和古村落周家大院等，柳子街是湖南省第一条国家历史文化名街。

2012年，永州开始申报国家历史文化名城，名城申报提交国家层面。历史文化名城保护规划通过湖南省人民政府审批，完成永州历史文化名城保护规划、城区五大片区控制性详规和重要景点景区规划。2016年12月26日获国家历史文化名城称号。

2012年以来，零陵区委、区政府以申报历史文化名城为目标，推进历史文化名城的保护、传承。蘋洲书院创建国家AAA级景区；柳宗元文化旅游景区成功创建AAAA级景区；愚溪两岸展开景观改造；完成张浚故居等古迹修复。东山景区完成文庙、福寿亭修缮；恢复武庙部分主体工程；周家大院启动古村落保护性修缮等。城南路、廻龙塔等古街古建筑保护全面启动，挂牌保护历史建筑60处，新建仿古候车亭20个，人民路风貌改造全面完成，零陵渔鼓进入国家非物质文化遗产保护名录。

【地质与资源】 境内地层古老，褶皱和断裂构造相对发育。全区自然地理环境的演变与早、中、晚古生界和中生界几次大的地址构造运动密切相关。在漫长的地质年代，零陵经历系列地质构造运动，古老的地层遭受构造运动的多次破坏和改造。根据地层中保存下的构造形迹，对全区自然地理的形成和变化，发生较大影响的构造运动有地理的形成和变化，发生较大影响的构造运动有三次。第一次是加里东运动，发生在距今4亿年左右，震旦系至奥陶系的地层发生强烈的褶皱和轻度变质。阳明山、紫金山、四明山隆起，零陵区北、东部地区则与东安、冷水滩、祁阳共同构成一凹陷带。从泥盆系到早三迭系，这一凹陷地道沉入海水中，广泛接受浅海相碳酸盐及碎屑岩的沉积，成为目前出露在该地区的主要地层。第二次是印支运动，发生在距今2亿年前，原有的沉积物产生强烈的褶皱和断裂。初步形成孤形构造体系，阳明山花岗岩体形成。这次构造运动使零陵区绝大部分地层上升为陆地，从而奠定区内构造及盆地的雏形。第三次是燕山运动，发生在距今1.4亿年前，孤形构造体系正式形成，在孤形构造中褶皱和断了的发育程度和强度，由东向西逐渐减弱，生成一系列呈孤形展布的背斜、向斜和压性断裂、旋转以及派生的“多”字形成构造。

零陵区地处南岭山系北部，零祁丘岗盆地南端。其地貌类型多样，地表切割较强，地势呈南高、东北低的走势。东南、南、西南有1000米以上的阳明山、紫金山、菱花岭等山，最高点望佛台，海拔1624.6米。中部和东部、北部则以岗地为主，全区山、丘、岗、平俱全，其中平原面积404.3平方公里，占总面积20.55%；岗地416.8平方公里，占总面积的21.19%；丘陵371.5平方公里，占总面积的18.89%；山地625.3平方公里，占总面积6.22%；平、岗、丘、山、水的组合比例为2.1:2.1:1.9:3.3:0.6，有利于农、林、牧、副、渔综合布局。

【自然气候】 零陵区多年平均年日照时数为1491.3小时，多数年份在1400—1600小时之间。夏秋较多，冬春较少。7、8月日照最多，平均200小时以上；2月最少，多数年份不足60小时。年日照百分率在30%—40%之间，7、8月最大，在50%以上，2、3月最小，多在20%以下。云雾：多年平均云量7—8成。一年中以春季最多，多在8成以上，初秋最少。阴晴天数的分布与云量的分布大体相同，零陵区多年平均晴天日数为38天，多在30—50天之间，多年平均阴天日数为206天，多在190—220天之间；晴天日数在一年中的变化，大致为春夏少，秋冬多；阴天日数在一年内，则是春季最多，冬季次之，夏秋最少。多年平均雾日数在10—11天，少则3、4天，多则20天；在季节分配上，冬季雾最多，春季次之，夏秋最少。

【气候分布及变化】 零陵地处亚热带地区，太阳辐射较强，气温较高，历年平均气温为17.80℃，大部分年份在18℃左右，最高值为19.10℃。霜：零陵区多年平均霜日为7天左右，少则2、3天，多则20天以上，多出现在冬季，霜期多数在40—70天，多则90天。初霜一般出现在12月，终霜一般在2月，最早初霜在11月中旬，最晚断霜在3月初。无霜期多数年份在290—340天，最长357天，最短275天。雪：零陵区多年平均降雪日数为8天左右，少则1、2天，多则20天以上，多出现在冬季。初雪一般出现在12、1月，终雪一般在2、3月下旬，年积雪日数3天，最多的年份有15天。最近连续积雪时间可达7天，最大积雪深度出现在2003年1月6日，为15厘米。

【冰冻雪害】 冻害主要以冰冻、露冻和雪灾为主。连续冰霜期可达20天以上，连续积雪达7天以上。除个别年份没有冰冻外，多数年份都会发生冰冻。

【气象灾害】 零陵区春夏两季暴雨多，降雨强度大，雨水集中，80%暴雨出现在4—8月，60%暴雨出现在4—6月，加之山地丘陵坡陡，径流迅速，容易形成洪涝灾害，并引发山体滑坡，泥石流等地质灾害，对工农业生产和人民生活影响很大，其中1994年、2002年为特大洪涝年。

【旱涝】 零陵区在夏秋两季内，由于副热带高压的长期控制，天气久晴不雨，高温炎热，南风大，蒸发强烈，常造成不同程度的高温干旱，旱期频繁，秋旱多于夏旱。1982—2003年，多数年份出现干旱，其中1989—1991年出现连续三年大旱，1998年出现夏秋冬春四季特大连旱，2003年出现夏秋冬三季连旱，境内发生干旱的频率高于洪涝，同时，夏旱期间，常伴有高温酷热天气。以日最高气温≧35 ℃有征高温日，历年7—8月平均高温日数近20天，最多的有60多天，1998年出现最长连续高温日数超过一个月的历史记录。

【低温阴雨】 对零陵农业有重要影响的低温阴雨天气主要以“三寒”（倒春寒、五月低温、寒露风）为主，3月下旬到4月上旬出现的倒春寒，由强冷空气或寒潮天气过程及伴随的阴雨寡照造成，半数以上的年份有倒春寒，少数年份可出现两次，较强的倒春寒过程，平均气温可比同期低4—6℃，而且完全无日照，低温阴雨可持续一周以上，倒春寒对早稻播种育秧危害最大。5月中、下旬出现较强的冷空气过程时，常因阴雨造成连续5天日平均气温≦20 ℃的低温，影响早稻返青和分蘖，对早稻幼穗发育危害大。寒露风易出现在9—10月，平均3至5年出现一次，寒露风来得早的年份，影响晚稻抽穗扬花，造成减产甚至绝收。1982年以来最强的一次寒露风出现在1997年9月中下旬，持续半个月，期间平均气温不到18 ℃。最低日平均气温仅14.20 ℃。

【雷暴 大风 冰雹】 零陵区一年四季都可能出现雷雹、大风，春夏最多，占年总日数的80%以上。多年平均雷暴日数为57天，多在40—70天之间，最多80天，最少26天，40%的年份出现冰雹，多发生于2—4月，一般1—2次，1988年出现过5次。

【水利】 零陵区属湘江流域水系，境内共有大小河流123条，其中潇、湘二水为湘江一级支流，二级支流16条，三级支流34条，四级支流6条，五级支流3条，其余62条。境内河网密布，水系发达，这些河流多属山区性河流，依地势走向大都是由南向北，或由西向东，少数自北向南。其特点是坡降陡，水流急，水量充沛而又半汛半枯，年内洪枯变化大，含沙量少。

【地下水】 零陵区境内地下水富水构造两条，含水层均为石岩系灰岩，一是石岩头镇西头富水背斜，有地下河4条，合计流量1489.2升/秒。泉井2

眼，流量17.2升/秒，二者总量1506.4升/秒，二是大庆坪乡湾夫富水向斜，发现地下河3条，大于1升/秒的泉水12眼，合计流量196.16升/秒。

【水文】 零陵区的河川径流为雨水补给型，冬季雨量很少，径流年内分配悬殊，与降水量相应，多年平均连续最大四个月的径流一般在4—7月，此4个月径流量一般占年径流量的55%—71%，而汛期（4—9月）径流则占年径量出现在12月，仅占1.6%，而汛期径流量占年总径流量的72.5%，多年平均径流量为824毫米，相应径流量为15.36亿立方米。全区多年平均水面蒸发量为82415.36亿立方米，全区多年平均水面蒸发量为824毫米，陆地蒸发量则在430—600毫米之间。

【泥沙】 根据实测资料统计，零陵区老埠头最大断面含沙量2.11公斤/立方米，据1985—1999年实测资料统计，老埠头水文站以上浸蚀模数为98.8万吨/平方公里年，老埠头水文站此期间平均输沙量为195万吨。

【地表水水质】 潇、湘两水及其在零陵境内的主要支流贤水河、黄溪河、石期河、桴江河等河水，均为沿岸乡居民主要生活用水和工农业用水水源，水质主要为重碳酸钙型水，次为重碳酸钙镁型水，PH值为5.8—7.6，总硬度6.2—9.5德国度，矿化度0.1—0.2克/升，灌溉系数大于18，属低矿化弱酸至弱碱水，均适宜工业、农业用水。1983-2003年间最高污染年份根据取样化验结果，湘江、潇水及其支流，均遭到不同程度污染，湘江水汞含量超过饮用水标准1.2—1.8倍，其一级支流石期河由于开采锰矿，有害物质含量更高，潇水部分河段汞含量超标2倍。2012年以后，随着对矿区环境整治力度加大，水质得到好转。

【地下水水质】 境内地下水质以重碳酸钙型和重碳酸氯钠型为主，属低矿化度，弱酸至弱碱性，极软至硬水，锅垢含量约为22.3—250毫克/升，软沉淀，不起泡，非腐性水，可用于人民生活，农业灌溉用水。

【人口变化】 零陵区是永州市政治、经济、文化、教育中心，自然条件良好，适宜居住，人口密集。1982年，永州市总人口为81202人，人口密度为每平方公里813人。1984年，撤销零陵县，县级永州市扩大行政区划，划入人口422181人。是年底，全市有人口511463人，人口密度为每平方公里267人。2003年，芝山区总人口579712人，人口密度为每平方公里295人。2016年，总人口62.24万人，人口密度为318人/平方公里。

2003年—2016年，境内人口发展变化的特点；一是人口出生处于高峰期，前期人口增长较快，后期通过狠抓计划生育，人口过快增长的势头得到有效控制；二是人口流动性大，大批农村人口涌入城镇。1996年撤区设市，市直绝大多数单位及人员迁入冷水滩；三是九年义务教育的普及、高等教育的快速发展，人口政治、文化素质显著提高；四是医疗卫生及生活条件的改善，人口身体素质越来越好，人口寿命延长；五是人口分布和人口结构在变化中自然调整，沿着合理、和谐、优化的方向发展。

【人口自然变动】 人口自然变动情况主要体现在人口出生水平和人口自然死亡状况。1984年，永州市出生人数为7954人，出生率15.67%；死亡人数为3506人，死亡率6.96%；净增人数为4448人，自然增长率8.76%。1990年，总人口543407人。至2000年，全区有人口553077人，10年净增9670人，增长1.8%。2003年，全区出生5980人，其中男性3219人，女性2761人，出生率10.32%，死亡3918人，其中男性2051人，女性1885人，死亡率为6.75%；自然增长率为3.53%。至年底，全区有人口579712人。2016年，全区总人口62.24万人，其中城镇人口29.62万人，城镇化率54%。境内有汉、瑶、壮、苗等28个民族，其中汉族61.53万人，占98.86%。

1992—1995年，政府制订优惠政策，放宽农民进城，使得迁入、迁出骤增，4年间共迁入人口96782人，迁出人口106454人，出入相抵，减少9472人。2001年，三峡水库移民迁入人口131户，552人，其中移入朝阳办事处纳福村81户，349人；邮亭圩镇前进村14户，51人；前进街13户，53人。2003年，全区迁入人口10613人，其中省内迁入7595人，省外迁入3081；迁出人口13176人，其中迁往省内9421人，迁往省外3755人。出入相抵，减少2563人。2016年来，全区总人口62.24万人，常住人口55.59万人，其中城镇人口为30.76万人、农村人口24.83万人、城镇化率达到55.3%。全年出生人口7234人，出生率为11.32%；自然增长率为4.34%。出生人口性别比为114.02（女性为100）。

【疆域变动】 1982年，永辖3个街道办事处和3个农村人民公社，总面积98.6平方公里，有人口17637户，81202人。1984年，扩大行政区域，划入12个乡镇共422181人。是年底，辖3个街道办事处和44个乡，有人口511463人。2003年，全区有人口579712人。2016年，全区有人口62.24万人。

【民族与人口变化】 1981年第三次全国人口普查时，市内居有汉、蒙古、回、苗、壮、布依、满、侗、瑶、土家、黎、土、仫佬等13个民族，其中汉族81202人，占总人口的99.47%；其他民族人口432人，占总人口的0.53%。1990年第四次全国人口普查时，市内居有汉、蒙古、回、藏、维吾尔、苗、壮、彝、布依、朝鲜、满、侗、瑶、白、土家、哈尼、傈僳17个民族，人口总计543407人。其中，汉族538639人，占总人口的99.13%，其他民族4756人，占总人口的0.87%。少数民族中人口数50人以上的有5个，即瑶族3951人，壮族392人，苗族145人，侗族76人，土家族67人。2003年，有28个民族，其中汉族573635人，占总人口的98.95%，其他民族6077人，占总人口的1.05%。

【社会综合发展】 零陵资源丰富，盛产稻谷、红薯、黄豆、油茶等。同时，也是湖南省重点林区，出产杉、松。矿产资源丰富，有锰、铁、煤、耐火黏土、石灰石等矿产18种，其中有色金属矿产4种，锰矿石储藏量为湖南省重点锰区。

零陵区是永州市教育中心，有湖南科技学院和永州职业技术学院两所大专学校，教职工1967人，在校生29914人，市属永州一中1所。全区有中等职业学校6所，其中国家级重点中等职业学校1所，国家示范性中等职业学校1所，中等职业学校在校生共5318人。基础教育校（园）267所，其中幼儿园180所，小学61所，初中23所，高中3所。教职工6241人，其中专任教师5242人。基础教育在校生共81718人，学前教育幼儿在园19676人，小学在校生41808人，初中在校生15408人，高中在校生4826人。

零陵区是永州市医疗卫生中心，有永州市中心医院（南院）、永州市第一人民医院、永州市妇幼保健院、永州市第四人民医院、永州市第二中医院、永州市中西结合医院和永州市中心血站等医疗机构。2016年，全区共有医疗卫生机构634个（不含永州市中心医院南院），其中医院16个、乡镇卫生院12个、社区卫生服务中心（站）4个，诊所（卫生所、医务室）134个，村卫生室436个，专业公共卫生机构2个。共有卫生技术人员3728人，医疗卫生机构床位4349张。

零陵是永州市交通中心，境内有207线、322线2条国道，永（州）连（州）公路和泉（泉州）南（南宁）高速公路、二（二连浩特）广（广州）高速公路贯穿全境；洛（洛阳）湛（湛江）铁路从境内通过；城区距永州机场7公里。

2016年，市委、市政府把零陵定位为全市旅游产业的“龙头”和“发动机”，是“中

零陵区2016年各民族分布状况表

项目 乡镇办事处	族数	民族名称
全区	28	汉、蒙古、回、藏、维吾尔、苗、壮、彝、布依、朝鲜、满、侗、瑶、白、土家、哈尼、傣、黎、水、东乡、景颇、土、达斡尔、仫佬、仡佬、塔吉克、京族、其他未识别民族
大庆坪乡	11	汉、蒙古、回、藏、彝、壮、布依、朝鲜、侗、瑶、黎
水口山镇	14	汉、黎、朝鲜、满、侗、瑶、维吾尔、苗、彝、壮、布依、蒙古、回、藏
石岩头镇	11	汉、蒙古、回、藏、维吾尔、苗、彝、壮、朝鲜、侗、瑶
珠山镇	11	汉、蒙古、回、藏、维吾尔、苗、彝、壮、朝鲜、满、瑶
梳子铺乡	9	汉、蒙古、回、藏、苗、壮、布依、侗、瑶
黄田铺镇	11	汉、蒙古、藏、苗、壮、布依、满、侗、瑶、土家、黎、仡佬
石山脚乡	14	汉、蒙古、回、藏、苗、彝、壮、布依、朝鲜、满、侗、瑶、土、达斡尔
富家桥镇	11	汉、蒙古、回、藏、苗、彝、壮、朝鲜、满、侗、瑶、土、傣
菱角塘镇	9	汉、朝鲜、瑶、蒙古、回、藏、壮、布依、仫佬
凼底乡	8	汉、朝鲜、满、瑶、蒙古、回、藏、布依
接履桥镇	11	汉、朝鲜、瑶、哈尼、蒙古、回、藏、苗、壮、布依、仫佬
邮亭圩镇	14	汉、土、仫佬、蒙古、回、藏、苗、彝、布依、朝鲜、瑶、白、水、塔吉克
七里店办事处	17	汉、土、仫佬、朝鲜、蒙古、回、藏、苗、彝、壮、布依、侗、瑶、土家、水、黎、京
南津渡办事处	19	汉、景颇、朝鲜、满、侗、瑶、白、土家、傣、黎、蒙古、回、藏、维吾尔、苗、彝、壮、布依、京
朝阳办事处	15	汉、景颇、蒙古、回、藏、彝、壮、朝鲜、满、侗、瑶、白、土家、傣、黎
徐家井办事	19	汉、朝鲜、满、侗、瑶、白、土家、黎、蒙古、回、藏、维吾尔、苗、彝、壮、布依、东乡、土、塔吉克

心城市文旅城”。与北京伟光汇通集团签下总投资70亿元的“零陵古城”文化旅游开发项目合同，现正在加速建设。为推进古城建设，加快基础设施建设，2016年，共投入11.2亿元用于城市建设和管理。投入资金2.6亿元，高标准改造建设人民游园、安康广场，完成阳明大道、萍洲路等10条道路的绿化提质。

零陵区是湖南省杂交水稻制种基地，湖南省粮食生产先进县（区），湖南省生猪调出大县（区）、湖南省油茶生产先进县(区)、全国油茶发展重点县（区）和湖南省最大养蛇基地，先后荣获湖南省文明城区、湖南省园林城市、国家卫生城市、国家历史文化名城等荣誉称号。2016年，正在创建全国园林城市和全国交通模范管理城市。

中共永州市零陵区委员会

【区委常委会会议】 2016年，共召开区委常委会议33次。会议坚持以中共十八届三中、四中、五中、六中全会精神为指导，协调推进“四个全面”战略布局。坚持发展第一要务，以“五大发展理念”为引领，保持战略定力。坚持稳中求进，突出转型发展。统筹推进“五个建设”，按照“创名城、建园区”的工作要求，实施生态立区、开放活区、工业强区、旅游旺区战略，全面建设开放、文明、富裕、幸福新零陵。

全区国民经济和社会发展第十三个五年规划工作。会议认为，“十三五”规划是具有全局性、全区性、战略性和事关零陵长远的经济社会发展规划，是全区全面建成小康社会、建设品质活力零陵的纲领性文件。是零陵今后五年乃至更长一段时期的纲领性、全局性、战略性的发展规划。是指导零陵经济社会发展的目标书、目的地和路线图，制订和实施好全区“十三五”规划，事关长远，意义重大。实现“十三五”奋斗目标，必须始终坚持“加油干、快发展”这一主题，加快形成引领经济发展新常态的体制机制，以“五大发展”新理念引领发展方式转变，围绕“创名城、建园区”两大工作重点，着力把零陵区建设成为国家历史文化名城、全国知名文化旅游城区、全国文明城区、全国生态文明建设示范区。以项目和产业为抓手，以全面从严治党为保障，推动全区经济社会发展持续走在全市前列。

党风廉政建设和反腐败工作。会议要求，2016年，全区纪检监察工作要力争走在全市前列。一要加强纪律建设，持续严明纪律规矩；二要夯实“两个责任”，持续传导压力，强化责任担当；三要强化纪律审查，加大对违纪违法案件的查处力度；四要加强作风督查，持续纠治“四风”；五要聚焦民本民生，突出整治基层腐败；六要落实“三转”要求，加强纪检队伍自身建设。

建制村合并工作。会议指出，建制村合并是全区的一件大事，是当前农业农村工作的一项重要工作任务。全区各级各有关部门和乡镇办事处要高度重视，提高认识，统一思想，加强领导，强化工作，落实责任，切实按照市委、市政府的要求，于2016年6月底之前全面完成合村调整改革工作任务。

精准扶贫工作。会议认为，精准扶贫工作是党中央作出的一项重大战略决策部署，是当前最大的政治任务，最大的民生工程，最大的经济工作，区委、区政府必须抓紧抓好抓实这项工作，做到怎么领导、怎么强调、怎么重视、怎么保障都不为过。从目前情况看，全区精准扶贫的前期工作做得比较扎实，但从考核结果和面上工作看，工作开展不理想，与先进相比有差距。下一步，全区要做好四个方面的工作：一要突出抓好精准识贫、精准扶贫、精准脱贫。二要突出强化组织领导和驻村帮扶。三要加强考核和督查。四要突出工作重点，创新扶贫工作方式方法。

宣传思想工作和“国字号”创建工作。会议认为，2015年，宣传系统在宣传党的路线、方针、政策，发挥党的喉舌作用，服务中心和重点工作上卓有成效，在舆情引导和控制、正面发声、宣传推介零陵等方面功不可没，为建设品质活力零陵提供坚强的思想保证、精神力量和道德素养。特别是在宣传零陵古城、文化旅游和文化体制改革、打造文化精品等工作上，宣传系统的工作成效明显。2016年，宣传系统要继续发扬成绩，主动作为，再出精品和亮点，再造宣传“大氛围”，为打造品质活力零陵提供持久的精神动力和文化支撑。

创建国家园林城市是市委、市政府的一项重大决策部署，全区各级各有关部门必须高度重视，统一思想认识，把创建工作列入重要议事日程抓紧抓好工作落实。

农村网格化建设工作。会议认为，推进农村网格化建设工作是社会治理机制改革的重要内容，是全市和全区的一项重要工作。区委、区政府要切实按照市委、市政府“在2016年底前实现全市城乡网格化服务管理全覆盖”的决策部署和相关工作要求，高度统一思想认识，强化组织领导和保障力度，明确工作目标和任务，严格工作督查和考核，不等、不拖、不推，加快推进。

乡镇党委换届工作。会议强调，一要充分认识本次乡镇党委换届选举工作的重大意义，讲清区委对本次乡镇党委换届选举和领导班子调整的组织意图，宣传介绍好每一位候选人，确保正式候选人全票当选。二要严格依照党章和选举法，切实做好区、乡两级代表选举和培训工作。三要认真做好党代会主题报告的起草等乡镇党委换届选举各项准备工作。四要切实加强领导，全面落实工作责任。五要严肃换届纪律，用铁的纪律确保换届选举成功。

“两学一做”学习教育工作。会议认为，一要充分认识“两学一做”学习教育的重大意义。开展“两学一做”学习教育是加强党的思想政治建设的一项重大部署，是推动党内教育从“关键少数”向广大党员拓展，从集中教育向经常性教育延伸的一项重大举措，是决胜全面小康社会的关键保障。全区上下要统一思想认识，把开展“两学一做”学习教育作为全区重大政治任务，强化学习措施，创新学习方法，增强学习实效，以学促做，增强广大党员的政治意识、大局意识、核心意识、看齐意识，切实解决党员思想上、行动上存在的问题。二要准确把握开展“两学一做”学习教育的总体要求。“两学一做”基础在学、关键在做，要强化问题导向，突出经常性教育。三要注重统筹兼顾，讲究方式方法。既要做好“规定动作”，又要创新方式方法，注重解决实际问题。四要压实责任，抓好落实。全区各级党组织要履行抓好“两学一做”学习教育的主体责任，全区学习教育工作在区委常委会领导下，由区委组织部组织实施，区纪委、区委办、区委宣传部等相关部门按照职责分工共同做好有关工作。

安全生产工作。会议要求，一是铁肩当重任。全区各级各部门尤其是安全生产监管部门，必须时刻绷紧安全生产这根弦，以踏石留印、抓铁有痕的劲头和“钉钉子”的精神，推动安全生产各项工作落实。二是铁腕抓整治。铁腕推进大排查、大管控、大整治“三大”行动，对“三大”行动中排查出来的15个重大安全隐患，迅速拿出整改方案，强力推进，限期完成整改。铁腕开展“打非治违”“监管执法年”活动。加强部门联动，认真落实党政领导带队检查制度，强化安全监管，落实企业主体责任，牢牢构筑安全事故预防大堤坝。铁腕开展强化道路交通安全监管执法。有效实行“四个紧盯”，即紧盯旅游和公路客运车辆，紧盯危险品运输车辆，紧盯接送学生车辆，紧盯水上交通源头管理。三是铁律严问责。对重大安全隐患，各部门要形成合力，实现行业、区域、力量、人员、责任全覆盖，齐抓共管消除安全隐患；必须严格落实企业主体责任，对不符合安全生产条件、有重大安全生产隐患的企业和单位，必须关停，做到毫不手软，“零容忍”。

教育工作。会议认为，教育主管部门在全区教育发展上认真思考，主动作为，举措有力，成效显著，对教育工作取得的成绩给予充分肯定。原则同意区教育局提出的全区教育工作下一步工作思路：即“高中，抓特色、上水平；初中，抓质量、树品牌；职高，抓技能、创卓越；小学，抓素质、促均衡；学前，抓养成、树示范”。会议强调，一是摆高位置。二是继续推进教育改革，释放教育发展的内生动力。三是加大投入，全力解决好办学和教学条件。四是进一步加强师资队伍建设和学校管理。以“三名工程”为抓手，全面加强校长、教师的培训，提高队伍专业水平；全面实施教师绩效考核评价制度，加强对教师的管理与考核，以考核促管理，以管理提质量；加强师德师风建设，树立师德正能量。

城区学位建设。会议认为，学位建设对教育影响很大，既影响教师安心教学和学生安心学习，又影响教育质量稳步发展，要认真研究、抓紧解决。会议要求，一要加强规划。规划既要考虑现实情况，又要具有前瞻性，要综合考虑全面放开二胎政策等因素。二要加快进度。城区学位建设计划时间要提前，尤其是原零陵商校改建和七里店小学、日升学校、五里堆小学、桃江小学的建设要抓紧。三要加大投入。要解放思想、放开思路。除财政要统筹安排资金投入外，积极向省、市汇报衔接，将学位规划建设纳入省、市计划，争取省、市资金向全区倾斜。

生态保护红线划定工作。会议认为，生态保护红线是国家和区域生态安全的底线，生态保护红线划定是党中央作出的重大决策部署，必须按照上级要求抓紧抓好工作落实。会议要求，在划定生态保护红线时，要将城市建设发展空间、园区发展空间和风力资源、旅游资源预留出来。由彭江辉负责，组织工业园、国土、规划、住建等部门与区环保局做好对接工作，仔细核实生态保护红线划定范围。各相关单位要大力支持配合，按照“谁主管、谁负责”的原则，将各部门主管的拟确定纳入或已纳入生态保护红线的区域范围、边界确定、资料收集、功能分区、落图等任务落实到单位、到人、到具体时间。

评选表彰零陵区首届“文明社区、文明小区、文明栋楼、文明家庭、文明市民”工作。会议认为，开展此次文明评选活动非常有意义。近年来，通过城市创建工作，全区城市基础设施逐步完善，城市形象大为改观，城市品质得到提升，但人民的文明素养亟待提高。要通过评选活动，激发人民群众爱乡爱家的激情，弘扬正气，弘扬传统美德，提升人民群众的文明素养。宣传部、总工会、团委、妇联等部门要积极组织开展类似的活动，以凝聚人心，提振零陵人民的精气神。

新型工业化和工业园园区经济发展工作。会议认为，近两年，全区在推动新型工业化方面有进步，零陵工业园园区基础设施建设标准高、完善速度快，特别是产城融合工作走在全市前列。零陵工业园应更加有内涵、内容、效益，成为名副其实的工业园。目前，零陵工业园园区经济发展不快，落地企业不多、壮大不快，区委、区政府要承担起责任，零陵工业园也要承担起主体责任。

党建有关工作。会议认为，近年来，全区在加强基层党建方面做了大量扎实有效的工作，取得长足的发展，这得益于市委提出的“党建+”思维和党建引领思想的指导。尤其是2016年，区人大、政协“两会”的选举取得圆满成功，这是全区加强党的核心领导，坚持党建领航的结果。

议军工作。会议认为，2016年以来，全区各级党委、政府和军事机关坚决贯彻落实党中央、国务院、中央军委及省、市的决策部署，军地合力、上下同心、务实推进，党管武装工作取得新的发展进步。驻区部队和广大民兵预备役人员，积极参与和支援地方经济社会建设，特别是在抢险救灾、反恐维稳、精准扶贫等方面，表现突出，作用明显，给予充分肯定。

“三提升三争当”活动开展情况。会议指出，开展“三提升三争当”活动是区委在新形势下提出的加强党的建设的重要举措，是抓好党员干部队伍建设和作风建设的重要平台，是丰富“两学一做”学习教育形式、深化学习教育内容的重要载体，是“两学一做”学习教育的延伸和实践。区委常委成员和全区各级党组织要进一步提高思想认识，齐抓共管，推动“三提升三争当”活动进一步提升、进一步升温、进一步深化，营造浓厚氛围，激发党员干部干事创业的积极性，加快零陵发展。

【区委七届三次全会】 2016年1月15日下午，零陵区委第七届委员会第三次全体(扩大)会议召开，会议听取区委常委会一年来的工作报告，审议通过《中共永州市零陵区委关于制订零陵区国民经济和社会发展第十三个五年规划的建议》。副市长、零陵区委书记严兴德出席会议并讲话，区委副书记、区长唐烨在会上作《零陵区国民经济和社会发展第十三个五年规划建设》说明。

会议审议通过《中共永州市零陵区委关于制定零陵区国民经济和社会发展第十三个五年规划的建议》，《建议》共分为七大部分，总论总结“十二五”时期全区经济社会发展取得的成就，分析“十三五”时期的发展环境，提出“十三五”发展的指导思想和总体要求，明确战略定位和主要目标。分论分别就贯彻创新发展、协调发展、绿色发展、开放发展、共享发展五大发展理念及加强和改善党的领导进行阐述和部署。《建议》提出零陵区一系列新的发展要求、主要目标和重大举措，“十三五”期间，零陵经济增速要高于全省全市平均水平，城乡居民收入增速高于经济增速，到“十三五”末，财政收入要实现翻番，着力把零陵打造成国家历史文化名城、知名文化旅游城市、文明城市、生态文明建设示范区。

会上，严兴德作《关于区委常委会工作的报告》。严兴德指出，2016年以来，区委常委会坚决执行中央、省委、市委各项决策部署，抢抓发展机遇，保持战略定力，着重致力于结构调整，城乡统筹，创新管理、民本民生，党建引领，精准扶贫六大工作。全区新型工业提质加速，现代农业稳步发展，旅游消费实现突破，项目建设推进有力，城市面貌明显改观，品牌创建成效显著，小城镇和新农村建设亮点纷呈，并在创新社会管理，抓实安全生产，推进严打整治，扩大社会就业深度，提升社会保障水平，加快社会事业发展上取得显著成效。全年GDP增长9%，社会消费品零售总额增长12.5%，固定资产投资增长18%，财政总收入增长18.5%，城镇居民人均可支配收入增长9%，农村居民人均收入增长10%，增速均高于全省、全市平均水平。

会议指出，全会通过的《零陵区国民经济和社会发展第十三个五年规划建设》是全区全面建成小康社会、建设品质活力零陵的纲领性文件，是今后五年全区经济社会发展的行动指南。要把《建议》确定的各项决策部署和工作要求落实到实处，提振精气神，加油干快发展，突出工作重点，着力优化产业结构，补齐农村短板，推进新型城镇化，着力保障和改善民生，推动各项事业创先争优。

会议强调，要强化保障，深化党建引领，全力推进依法治区，切实提升执行力，凝聚加快发展强大合力，进一步解放思想、振奋精神，攻坚克难、扎实工作，为建设开放、文明、富裕、幸福新零陵，实现全面小康而努力奋斗。

【区委七届四次全会】 2016年7月1日上午，零陵区委第七届委员会第四次全体会议召开。会议通过《关于召开中国共产党永州市零陵区第八次代表大会的决议》。副市长、零陵区委书记严兴德，区委副书记、区长唐烨，区委副书记龙向洋，区人大主任唐荣成，区政协主席尹玉林，区领导汤荣石、李祥军、周润润、蒋映群、彭江辉、陈志华在主席台就坐。区委委员、区委候补委员参加会议，不是区委委员、区委候补委员的区委、人大、政府、政协党员班子成员和在职党员处级干部，乡镇、办事处党(工)委书记等列席会议。

会上，副市长、零陵区委书记严兴德作关于召开中国共产党永州市零陵区第八次代表大会有关问题的说明。对全区第八次党代表大会召开时间、主要议程，代表名额、构成比例、分配原则及产生办法和程序，区委委员、候补委员和区纪委委员的名额，选举办法提请全会审议。

唐烨宣读《关于召开中国共产党永州市零陵区第八次代表大会的决议（草案）》，会上全体成员讨论并举手表决通过。唐烨指出，零陵区第八次代表大会的召开，是全区政治生活中的一件大事，全区各级党组织和广大共产党员要切实加强党委的公信力和党员干部的执行力建设，协调推进“四个全面”战略布局，努力践行五大发展理念，抢抓机遇，加快发展，为实现全区“十三五”规划目标，建设品质活力零陵而努力奋斗，以优异成绩迎接区第八次党代表大会的胜利召开。

【区八次党代会】 2016年8月29日上午，中国共产党永州市零陵区第八次代表大会隆重开幕。会上，区委书记唐烨代表中共永州市零陵区第七届委员会向大会作题为《全力奋战五年，决胜全面小康，为建设开放文明富裕幸福的新零陵而努力奋斗》的报告，区委副书记、区长候选人吴恢才主持会议。唐烨、邓群力、吴恢才、盘志元、唐荣成、李祥军、唐建明、龙军、周润润、蒋映群、彭江辉、蒋诚、唐清林、唐会国、胡振国、市指导组成员以及大会主席团其他成员在主席台就座。不是本次代表大会代表的区委委员、候补委员和区纪委委员候选人预备人选，第七届区委委员、候补委员和区纪委委员，在职党员区级领导干部，正科级区直机关、企事业单位和中央、省、市驻区单位的党员负责同志列席会议。

大会应到代表296人，因事因病请假4人，实到292人，符合法定人数。上午八点三十分，区委副书记、区长候选人吴恢才宣布中国共产党零陵区第八次代表大会开幕。

唐烨代表中共永州市零陵区第七届委员会向大会作工作报告。唐烨在报告中回顾过去五年的工作。会议认为，五年来，在市委、市政府的坚强领导下，全区上下深入贯彻落实科学发展观，坚定不移实施“四化三城”发展战略，圆满地完成区第七次党代会既定的目标任务，零陵的经济社会发展呈现出深度而有品质的变化；经济实力大幅提升；改革开放纵深推进；城乡面貌焕然一新；民生事业蓬勃发展；社会大局和谐稳定；党的建设全面加强。2015年，全区地方生产总值达到193.3亿元，比2010年增长83%，年均增长10.6%；财政总收入达到12.1亿元，是2010年的3倍；固定资产投资182亿元，是2010年的2倍。新型工业化加速推进。新增规模工业企业14家，新能源新材料、电子信息、生物医药等新兴产业初具规模，全区规模工业增加值达到61亿元，比2010年增长60%。现代农业稳步发展，农业综合生产能力、农业产业化水平逐步提高，农业机械化水平提高到60%，粮食年产量实现十二连增，市级以上农业龙头企业发展到27家，比2010年增加15家。第三产业快速升温。柳宗元文化旅游区、萍洲书院成功创建国家AAAA和AAA景区，“农村淘宝”迅速推广，潇湘汽车城建成为湘南地区规模最大、功能最全的汽车展销中心。2015年实现社会消费品零售总额79亿元，比2010年增长1倍。

唐烨指出，五年来，零陵的GDP、固定资产投资、财政总收入实现翻番，财政收入增幅连续五年保持全市领先，一串串发展的成果，铭刻零陵经济发展大步跨越的清晰轨迹；“零陵经验”、“零陵模式”等一项项创新举措，体现零陵人民敢为人先的时代精神；电视问政、社保扩面提标等一件件惠民实事，诠释发展成果人人共享的生态内涵；五年来，零陵区成功创建国家卫生城市、国家森林城市、省级文明城区、省级园林城市，成功迈入全省小康快进县（区）行列，国家历史文化名城申报已经国家部委通过，这一枚枚闪耀奖牌，展示了零陵文明进步的良好形象。

在充分肯定成绩的同时，也必须清醒地看到存在的困难和问题，主要是：经济结构不优，产业集聚不够，扶贫帮困步子不快，社会治理层次问题有待解决，党的建设还存在一些薄弱环节，对此，我们必须清醒认识，认真对待，切实改进。今后五年工作的指导思想：高举中国特色社会主义伟大旗帜，全面贯彻党的十八大和十八届三中、四中、五中全会精神，以马克思列宁主义、毛泽东思想、邓小平理论、“三个代表”重要思想、科学发展观为指导，深入贯彻习近平总书记系列重要讲话精神，协调推进“四个全面”战略布局，坚持发展第一要务，以“五大发展理念”为引领，保持战略定力，坚持稳中求进，突出转型发展，统筹推进“五个建设”，按照“创名城、建园区”的工作要求，实施生态立区、开放活区、工业强区、旅游旺区战略，全面建设开放、文明、富裕、幸福新零陵，努力在全面建成小康社会进程中走在全市前列。

全面建成小康社会，必须进一步解放和发展生产力，着力构建现代产业体系、民生保障体系，打造产业强、百姓富、城乡美、人文明的全面小康新零陵。必须进一步解放思想，推动深化改革大突破；必须以精准扶贫为抓手，实现农业农村大发展；必须始终坚持工业强区，推进新型大跨越；必须加快发展全域旅游，推动转型发展大提速；必须推进以人为核心的新型城镇化，促进城市品质活力大提升；必须加强社会和民主法治建设，促进社会发展大和谐。

唐烨强调：做好一切工作，关键在党，核心在人。全区各级党组织务必进一步强化党建引领意识，实施“党建+”工程，最广泛地凝聚发展合力，不断提高党领导全面建成小康社会的能力和水平。要加强思想政治建设，拧紧理想信念“总开关”；要加强基层组织建设，夯实基层基础“压舱石”；要加强党员干部队伍建设，锻造干事创业“主力军”；要加强作风效能建设，提振担当有为“精气神”；要加强党风廉政建设，营造风清气正“好环境”。

大会听取周润润代表中共永州市零陵区纪律检查委员会所作的《坚定责任担当，依纪依规治党，深入推进党风廉政建设和反腐败工作》报告和唐清林作的《关于党费收缴、使用和管理情况》的书面报告。

【区委八届一次全会】

2016年8月31日上午，中共永州市零陵区第八届委员会召开第一次全体会议，会议选举产生中共永州市零陵区第八届委员会常委、书记、副书记。

会议讨论通过第八届区委第一次全体会议选举办法，唐烨作中共永州市零陵区第八届委员会常委、书记、副书记人事安排说明，并酝酿确定候选人。会议通过监票人名单，确定计票人。选举产生中共永州市零陵区第八届委员会常委，选举产生中共永州市零陵区第八届委员会书记、副书记，通过区纪委第一次全会选举结果报告。

新当选的区委书记唐烨在会上指出：“新一届区委领导班子，受命于“十三五”规划开局的重要时期，肩负着决胜全面小康零陵的历史使命，市委关注着我们，全区人民期待着我们，历史也将检验我们。因此，我们务必要真抓实干，重在担当，以开拓进取、敢于担责的使命感和责任感，不断实现各项工作的新突破；要务必加强学习，重在执行，不断增强决策的科学性和工作的创造性，提高领导科学发展、服务人民群众、促进社会和谐的能力和水平；要务必以民为本，重在服务，把为民办实事、为民谋福祉贯穿于工作的始终，为人民群众办成一些看得见、摸得着的实实在在的事情；要务必廉洁从政，重在自律，正确对待名利、正确对待监督，以优良的工作作风带动形成风清气正的社会大环境；要务必齐抓共管，重在团结，在建设开放文明富裕幸福新零陵的历史舞台上，展示新的风采，创造新的业绩，续写新的篇章!”

办公室工作

【全面小康工作】 2016年，零陵区在永州市全面小康工作考核中，日常工作得分为满分，排全市第一方阵，但监测指标体系完成效果不太理想，全面小康实现程度为87.3%(上报数，下同)，较上年提高

1.5个百分点。

指标完成有亮点。高新技术产业增加值占GDP比重上升。2016年，新入库28家高新技术企业，使该指标的实现程度跃至25%，取得重大突破。居民文教娱乐服务消费支出占消费总支出比重提升，全区实现程度首次达到100%。

2016年，零陵区制订下发《零陵区全面小康示范乡镇、示范村考核办法》，召开全区性的示范创建推进工作会议，全区上下形成齐心抓小康，共同抓推进的良好局面。全年成功创建石山脚、菱角塘、接履桥、石岩头、珠山等5个小康乡镇，其中石山脚、菱角塘、接履桥3个乡镇为区小康示范乡镇；成功创建香零山村、悟山里村、洞口庙村等39个小康村，其中香零山村、悟山里村、洞口庙村、鹧鸪岭村、涧岩头村、夏阳村、梁木桥村、接履桥社区、落脚底村、金坪村、井塘尾村、邮亭圩社区、潇湘社区、船头村、名山岭村等15个村（社区）为区小康示范村。

【改革工作】 2016年，零陵区探索建立“深改组—改革办—专项小组（牵头单位）—责任单位”四级工作管理体系。在区委深改组的领导下，区委改革办综合统筹协调，各专项小组牵头组织，责任单位配合落实。明确各个层级的工作职责、任务分解和管理考核权限，实行逐级管理，分层负责，保证整个工作体系运行有序、管理规范。

9个专项小组都由分管区委领导主持召集，各方面反映出的重要问题，由区委改革办综合后向区委深改组专门请示，实现全区改革工作有事找得到人，有人管具体的事，有情况第一时间报得上，各项工作任务能落实。

为及时反映全区改革工作情况，区委改革办建立3个信息宣传平台并正常运转。零陵改革工作微信群，区委改革办、各牵头单位和责任单位分管领导及联络员，打开手机就可以上传下达、布置任务、反馈情况。《零陵改革简报》，主要编发全区改革工作总体情况，各方面的改革动态，改革工作进展较好的单位工作经验，并分送所有区级领导，各牵头单位和责任单位。《零陵改革专报》，精炼全区改革工作的亮点，针对省、市改革简报所需，专门上报省、市委改革办，有的放矢地宣传推介零陵区全面深化改革工作成效。

【政研工作】 2016年，零陵区委政研室按照“服务区委中心工作、服务经济社会发展”的要求，团结协助，积极进取，求实创新，努力提升政研室文字水平和工作能力。全年撰写或协助撰写报告、讲话和各类材料100余篇计40余万字。

战略参谋。立足零陵经济社会发展大局，以做好带全局性、战略性的问题进行超前性、系统性调查研究为工作出发点，积极主动为区委重大战略决策和重要工作部署提供决策思路与建议，切实履行参谋服务职责。完成区第八次党代会报告等多份事关全局、事关发展的重要文稿起草，完成全区经济发展、“三创一管”、全面小康、精准扶贫、美丽乡村、综治维稳、安全生产等重要工作会议上的讲话起草30余篇，有效地宣传和贯彻党和国家的方针政策，以及市委和区委在经济、政治、文化和生态文明建设方面的重要决策和举措，切实发挥凝神鼓劲、指导工作的作用。站在全局的高度和领导的角度，完成10余篇区委领导在各级重要工作会议上汇报材料的起草，充分展示零陵经济社会发展工作中凸显的特色、突出的亮点和活力十足的形象，增强各级领导对零陵的直观了解，赢得肯定，争取关怀支持。协助区委主要领导完成接受永州电视台、《永州日报》等多个采访参考材料以及发表署名文章的起草，为宣传零陵、提升零陵知名度和影响力发挥积极的作用。

调查研究。以“打基础、利长远”为调研总基调，突出“两个坚持”，坚持既重视研究“现在时”，更注重研究“未来时”，沉下心，着眼长远，把握大势，远谋近施，促使调研工作取得突破性成绩。结合当前和今后一段时期重大工作部署，积极深入党员干部群众，主动开展专题调研，完成多篇高质量的调研报告，以不同形式报送领导决策参考，获得区委、区政府主要领导的重要批示，批转到有关部门参阅和转化利用。加强对外宣传力度，在《湖南日报》《永州日报》《永州通讯》《永州情况》等多个省、市级刊物上，发表《坚持知行合一，提升三种能力》《零陵区乡村旅游发展现状及思考》《实施生态优先，推进绿色发展调研报告》《坚持党建引领，提升农村网格化管理服务水平》等多篇调研报告，有力地展示零陵在经济社会发展中的战略方针、取得的丰硕成果，有效地提高零陵在全市乃至全省的影响力和引领力。大兴调查研究之风，加大调查研究考核力度，草拟对区直单位和乡镇街道的综合调研考核细则，并与区委办公室考评办法一同下发。主动与市级部门、友好县区开展交流联系，加强对区级部门和乡镇的指导，调动各级干部特别是领导干部调查研究工作的积极性和主动性，围绕党的建设、全面小康、“三创一管”等重大课题开展大调研活动，形成近20余篇质量较高的调研报告。

政研队伍建设。政研队伍的素质关系到工作质量与效率，创造一流的工作业绩，关键在于建设锻造一支作风扎实、能力一流的写作班子。2016年以来，坚持抓队伍、聚合力，围绕“创建一流政研队伍”的目标，切实加强干部队伍建设，增强团队战斗力和凝聚力。以“两学一做”学习教育为契机，把机关作风建设和学习氛围营造贯穿于各项工作开展的全过程，立足“三提升三争当”“三提升三服务”核心内容，开展相关专题活动，教育引导写作班子切实转变作风，在工作中解放思想，敢于担当，勇于攻坚，形成讲实话、干实事、求实效的干事创业氛围。坚持“学中干、干中学”，结合工作实际，组织开展党的十八届六中全会、省第十一次党代会、市第五次党代会等重要会议、文件和领导讲话精神专题学习，起草文稿时，充分研讨，广泛听取意见和建议，互相交流学习，促进共同提高，有效提升干部队伍的决策参谋 能力、理性思维能力和业务创新能力。严格执行廉洁从政的各项规定，积极参与各类警示教育、法制教育活动，时刻绷紧廉洁自律这根弦，使写作班子脑子里始终有一盏“红绿灯”，稳住了心神、管住了行为、守住了清白，严格遵守中央八项规定和省、市、区相关规定，切实做到严于律己、廉洁奉公。

【督查工作】 2016年，区委督查室围绕区委的安排部署和全区中心工作大局，按照高标准、高质量的要求，健全工作机制、突出查办成效、强化督查考核，在确保政令畅通、推动决策落地生根上充分发挥督查工作职能作用，较好地促进各项工作的落实。督查力量日益增强。2016年8月以后，在实施大督查工作机制的基础上，实行区委对全区督查考核工作的统领、统筹，经区委同意，正式出台《零陵区委综合督查考核实施方案》，成立区委书记为组长的综合督查考核领导小组，推行“3+X”工作模式，即区委督查室、区考核办、区作风办、区绩效办、区重点办及相关单位参与，对全区各项工作“横向到边、纵向到底”的督查考核全覆盖，对全区所有以区委的名义开展的督查考核工作实行归口管理，实行统一领导、统一组织，督查考核结果统一以《区委督查通报》发布，并列为领导干部个人执行力考核和全区经济社会发展综合考核等的重要依据。督查制度日益规范。坚持以提高效能和优化服务为目标，把制度化和规范化作为督查工作的一项基础性、长期性工作常抓不懈，以健全的规章制度和规范管理保障优质的后勤服务，结合区委“三提升三争当”活动要求，建立健全《决策督查工作制度》《专项查办工作制度》《督查调研工作制度》《决策督查办理流程》《领导批示件督办制度》《中共永州市零陵区委常委会议重大决定事项督办制度》等一系列工作制度与工作流程，党委督查工作不断得到规范。督查作用日益明显。

为充分发挥督查考核工作的指挥棒作用，依据《零陵区委综合督查考核实施方案》，着力强化督查结果运用，实行督查结果与综合考核挂钩、督查工作与干部作风建设并进，督查结果与年度经济社会发展考核、绩效考核、干部执行力考核挂钩。充分发挥督查对部门工作的促进作用，变“一事一督”为“以督带片”。全年，共发放《交办函》30期，联合有关部门发布《通报》40余期，对50余个单位进行全区通报批评，有力推进干部工作执行力的提高。决策督查落到实处。围绕经济社会发展中带有全局性的关键问题，及时跟进督查，有力推进区委重大决策和重要工作部署的落实。对市委经济工作会、市《政府工作报告》、区委常委会、第八次党代会等重要会议确定事项进行定期督查督办；按照《零陵区委综合督查考核实施方案》要求，区委督查考核工作实行“一周一督查、一月一调度。

全年共组织开展全区性大规模督查活动30余次，下发《区委督查通报》16期，对区委常委会议议定事项、第八次党代会等重要会议议定事项中的70余项进行督查督办，并在重要时间、节点、重要推进阶段对有关事项实行全天候跟踪督办，每天以短信的方式向区委、区政府主要领导报送督查情况和工作建议，为领导决策提供参考，推动工作落实。专项查办推动有力。为有力推动全区重要工作的落实，年初，对全区年度重要工作进行梳理，作出年度督查计划，对年度重点工作、临时性和阶段性重要工作定开展定期和随机督查，对“国卫管理”、“创交模”和工业园区建设、重点项目建设等工作定期开展专项督查。牵头或协调开展闲置土地清理、防汛抗灾等工作的专项督查督办。全年开展各类专项查办20余次，有力推动工作落实。对于批示件的办理，一直坚持批则必查、查则必清、清则必办、办则必果的原则，领导批示件的办理质量不断提高。到12月中旬，共办理市、区委主要领导批示件41件，办结30件并及时回复交办领导和相关单位，其余11件正在办理中或已转入司法程序。为确保查办成效，对群众信访老件和涉及民生民本的批示件、涉及倾向性普遍性问题的批示件，坚持深入基层，掌握真实情况，并经常性开展批示件的回访复核工作。批示件办理工作推动解决了诸多热点、难点问题，取得良好的效果。

【信息工作】 2016年，区委办信息室紧紧围绕区委中心工作，抓住重点、关注热点、突出亮点、剖析难点，及时收集和上报信息，切实发挥信息工作的参谋助手作用。

理顺工作机制，信息渠道更畅通。建立健全信息工作机制，制订信息工作制度，《工作制度与流程》在全区下发，规范信息工作流程；开展零陵区党委办公室业务知识培训班，要求各乡镇街道、区直各单位、省、市驻区单位明确信息员和分管领导，提升信息编写人员业务能力和综合素养，畅通信息渠道；加强考核，把信息工作纳入全区经济社会发展综合考核，促使各单位上报信息更加及时。

突出特色工作，信息编报有成效。2016年，零陵区向省委办公厅信息处、市委办信息科上报《零陵信息》447期，主要注重零陵区典型经验、社情民意、基层反映、综合与摘报等方面的信息报送。高要求、高质量上报省、市预约信息，所有的预约信息均在规定时间内上报，且质量较高。《坚持问题导向，树牢“四个意识”——深化干部群众对“四个意识”理解的思考与建议》《四因素致教师普通话水平偏低须引重视》等调研信息被省、市采用，为省委、市委领导决策提供参考。

迅速作出反映，紧急事故上报快。对于全区境内发生的各类重大突发事件、重要社会动态、紧急灾情、疫情以及其他关系人民群众生命财产安全、影响社会稳定的重要紧急情况的信息，切实做到要素齐全、及时上报、跟踪续报。如2月份发生的H7N9禽流感疫情信息，疫情及处置信息初报、续报及时、准确。全年共报送全区发生自然灾害类、事故灾难类、公共卫生事件类、公共安全事件类等方面的重大紧急信息60余篇。全年未出现迟报、漏报、瞒报等重大紧急信息现象。

【外联接待工作】 2016年，区接待科坚决贯彻落实中央、省、市、区有关接待工作的相关规定，精心做好每一次接待，为零陵区投资环境的改善、经济社会健康快速发展，提供有力的保障。

严守接待标准，完成接待任务。2016年，零陵区接待科严格按照中央、省市区接待标准，坚持厉行节约的原则，做好接待工作，全年共完成接待任务320余批7000余人，其中国家级30余次，厅局级以上100余次，其他190余次。

加大问责力度，提高接待服务水平。根据中央、省、市、区有关接待要求，区接待科制订“零陵区接待问责制度”，做到“七个不让”：不让来办事的人员在零陵受冷落；不让工作的事项在零陵积压延误；不让工作的差错在零陵发生；不让工作的机密在零陵泄露；不让影响团结的言行在零陵出现；不让违纪违法的行为在零陵发生；不让机关的形象因接待科受到影响。对于违反“问责制度”的相关人员，根据其工作差错事实、情节轻重及违反规定造成的后果大小进行问责。

加强督促指导，确保酒店服务达标。为让来零陵的宾客获得更佳的服务，区接待科加强对定点酒店的督促指导，及时与宾馆酒店协商，确定相关接待程序和标准，为酒店接待做好准备，保证接待任务顺利完成；严肃接待招待制度，坚持厉行节约，对接待协议宾馆酒店的会场价格进行重新审定、明确，就餐厅、会场标准作详细的规定，有效地防止接待过程中的浪费现象。

组 织 工 作

【概况】 零陵区委组织部是主管全区党的建设和组织工作的区委工作部门。其主要职责是贯彻执行党的组织工作路线、方针、政策，组织开展新时期党建工作新情况、新问题和党建理论的研究，提出加强党的思想、组织、作风建设的意见和建议；对下级组织部门的业务工作进行检查指导；研究和指导全区党组织特别是党的基层组织的建设，探索各类非公经济和社会组织中党组织的设置形式和活动方式；负责党员的管理和发展工作；按照党的领导班子和干部队伍建设的方针政策，对全区干部工作、干部队伍建设进行宏观管理和指导；提出区委管理的领导班子和领导干部调整、考核、配备的意见和建议；办理区管干部的任免、工资、待遇、退离休审查、审批手续；根据区委的要求，承办全区市管干部的任免、工资、待遇、退离休等有关呈报手续，协助考察、管理市、区双重管理单位的领导班子和领导干部；负责有关科级干部的备案审查和审批工作；研究制定全区干部队伍建设的规划和措施，负责优秀中青年干部的培养、选拔工作；研究和指导全区党的组织制度与干部人事制度的改革，制定或参与制定组织、干部人事工作的有关规定和制度。主管全区干部教育工作，研究制订全区干部教育的规划和措施；组织区管干部和一定层次的中青年干部以及组织部门干部的培训等内容。

根据2002年的“三定”方案，区委组织部（直属工委）有办公室、干部室、干部教育监督室、公务员管理室、党建室（加挂研究室牌子）、干部档案信息室、党员教育中心等内设机构。截至2016年12月31日，人员行政编16个，其中2个工勤编。参照公务员管理编制数8个，事业编制6个。共有干部职工21人。

【干部队伍建设】 2016年，围绕区、乡两级同步换届，在谋长远、打基础上出实招，在抓创新、求突破上用真功，促进领导班子和干部队伍建设迈上新台阶。选优配强班子，换届后，90名乡镇党委班子成员平均年龄36.4岁，最少的25

岁；具有研究生学历的7名，占7.9%；女性12名，其中党政正职2名。从“三类人员”中选拔10名优秀同志进入乡镇领导班子，10个乡镇中6名乡镇长接任党委书记，6名副书记、人大主席或政协主任接任乡镇长，营造良好换届环境。严格落实“四必谈”、“四必训”、“四必看”和“四个凡提”工作要求，引导和督促广大党员干部增强纪律观念，筑牢纪律防线，严守纪律规定。区委、区人大、区政府班子换届，组织提名的候选人均满票当选；区政协换届，除个别同志有极少数的弃权票或反对票外，其他同志均满票当选；乡镇党委、人大、政府换届，均圆满实现组织意图。协助纪检部门对违反换届纪律的周振文案、罗红日案快查快办，追责18人。多渠道培养干部。不折不扣完成省、市干部调训任务，在区委党校举办2期科干班、1期骨干干部培训班。与北京大学、复旦大学、浙江大学联合举办6期专题培训班，培训各级党员干部240余人。选派优秀年轻干部到矿管三家、信访维稳、征地拆迁等急难险重岗位进行锻炼。从严管理干部。持续开展干部人事领域突出问题专项整治，没有出现新的违规现象。制定《干部执行力考核办法》，改进领导干部考核评价方式。推进领导干部能上能下，交流调整不适宜担任现职23人。全方位监督干部。进一步建立完善干部日常管理与监督工作联席会议制度，纪委、组织部、检察院等单位定期互通信息，形成干部动态“功过簿”。配合开展作风建设专项督查，对65个单位、63人次进行作风问责，提醒谈话13人，诫勉谈话4人，“咬耳扯袖、红脸出汗”逐渐成为干部监督常态。加强干部任前档案审核，规范干部选拔任用各环节工作，防止“带病提名”、“带病提拔”。

【机制常态化建设】 围绕建设模范部门和打造“过硬”队伍的目标要求,着力抓好部门自身建设，切实提升组织部门学习意识、创新意识、服务意识。实行“三个一”读书活动。每天读书1小时，每月阅读1本书，每年交流1次读书心得，突出加强对新出台政策法规和应知应会业务知识的学习。推行“学习日”制度。每个月举行1次业务集中学习，各室负责人轮流讲解分管业务知识。实践培训常态化机制。全年举办各类专题研修班10余次，实现全员参与、学用结合的目的，切实提高工作科学化水平和执行力。推行“月考核”制度。每月一评选，综合评选月度先进部室、优秀个人，树立榜样，在部内形成良好的创先争优氛围。

2016年，从严从实抓头等大事，区、乡两级班子换届风清气正。坚持好干部标准，树导向、立标杆、重实绩、优结构，新一届领导班子结构优化、功能增强。严把标准关、程序关、审查关、考察关，37名人大代表、政协委员初步人选被取消提名资格。知行合一抓专题教育，“两学一做”学习教育有声有色。全区1049个支部、2.56万名党员参加专题学习教育。结合实际，在全区副科级以上党员领导干部中开展“三提升三争当”活动。组织开展“项目建设比进度、中心工作比成效、党建工作比规范、窗口单位比服务、信访工作比包案化解、干部作风比转变、带头示范比形象”7个专项评比，在全区形成干事创业、争当先进的良好氛围。

【专项整治】 2016年，持续开展“三超两乱”、清理纠正党政领导干部违规在社会组织兼职领取报酬、清理党政领导干部在企业兼职取酬、坚决纠正唯国内生产总值用干部、乡镇干部“走读”、“裸官”、领导干部参加天价培训、培训中心腐败、“雁过拔毛”式腐败和领导干部和其他国家公职人员在各类重点工程、重大项目临时指挥部违规兼职取酬、乱发滥补等问题10项专项整治，取得明显成效。其中“三超两乱”有效遏制，坚持“控制总量、盘活存量、严管余量、消化超量”的原则，严格编制管理，严控领导职数，严把编制“入口”，规范机构审批，畅通出口，到龄即退，减员不补，全年“消超”110人，其中领导64人，非领导56人，存量减少，没有出现新的“三超两乱”现象。制订出台各项制度12项，“专项整治”成果得到巩固，干部工作进一步规范。

【基层党建工作】 2016年，全区基层党建工作稳步推进，取得较好的成效。责任意识明显增强。党建“最大政绩”“实功实做”等理念深入人心；重视党建、支持党建、主动谋划党建的氛围日益浓厚；党委抓、书记抓、层层抓的工作格局基本形成。问题导向比较鲜明。聚焦“短板”，精准发力，开展基层党建突出问题大排查、大督查和大整改，一些长期困扰党建工作的难题得到有效的破解。创新实践卓有成效。基层党建在网格化管理、住宅小区 “共驻共建”、农村党组织书记专职化等方面进行积极探索,创造鲜活的经验。“党建+”引领作用有效发挥。深入开展“三提升三争当”活动，“党建+”思维引领不断强化，基层党组织和党员干部在脱贫攻坚、美丽乡村、项目建设和社会治理等主战场发挥战斗堡垒和先锋模范作用。

把“两学一做”作为第一抓手，思想建党常态长效。始终坚持将思想政治建设摆在党的建设首位，不断总结新经验，推动形成 “两学一做”长效机制。抓关键少数，示范带动机制建成。区委始终把从严管党治党作为最大的政治责任，将“两学一做”学习教育纳入各级党组织书记落实从严治党主体责任内容。对各级党组织书记抓学习教育情况当面问当面谈，对学习教育开展情况从严查从细查，每年表彰一批优秀“两学一做”学习教育先进典型，示范带动广大党员积极投身学习教育，促使“关键少数”发挥“关键作用”。抓支部主体，党员经常性学习机制建成。牢牢抓住党支部这个重点，通过规范党支部的制度，促使“两学一做”学习教育常态化。区委要求每个支部必须将“两学一做”学习教育纳入“三会一课”的内容，每年开展学习不少于4次，研讨会不少于4次。针对少数党员存在党员身份模糊、党性意识模糊等问题，在各基层党支部开展“送政治生日贺卡，重温入党誓词，争做合格党员”支部主题党日活动，通过为党员过一次“政治生日”，送上一张贺卡，重温一次入党誓词，参加一次义务活动，增强党员意识，不忘初心，牢记宗旨，发挥党员的示范带头作用。抓载体建设，真“学”实“做”机制建成。打牢学的基础。分层级建立“两学一做” QQ群、微信群等网络互动学习平台89个，覆盖党员人数5600人；对行动不便、因病住院党员实行送学2979人次；对在外务工的党员实行“邮学”2568人次。2016年10月，区委在全区副科级以上党员领导干部中开展以“提升抓发展的能力、争当促进发展的模范，提升抓稳定的能力、争当促进社会和谐的模范，提升抓廉洁自律的能力、提升干净干事的模范”为主要内容的“三提升三争当”活动。党员干事创业、廉洁自律能力显著增强。区委坚持以为民办实事、办好事来检验“两学一做”学习教育效果。2016年，在开展“做合格党员”中，全区落实5万元以上各类项目598个，落实到位资金3000多万元，修好村组公路282千米，架好桥梁81座。

强化基层党建责任。制度的生命在于执行，执行离不开责任担当，在全区上下牢固树立“抓好党建是本职、不抓党建是失职、抓不好党建不称职”的理念，区委注重强化“党建导向”，注重考核结果运用，明确乡镇（街道）党（工）委书记和区直党委(党组) 书记在党建述职评议考核综合排名在前3名的，评为“好”等次，并作为年度基层党建工作先进党（工）委予以表彰；排名末位且在80分以下的，评为“差”等次，并给予“黄牌”警告，对党(工) 委主要负责人给予诫勉谈话，乡镇（街道）党（工）委书记、专职副书记、组织委员当年不能评先评优，连续3年排名没有进入过前3位的，原则上不能提拔重用。2016年，区委书记就基层党建工作先后约谈乡镇(街道) 和区直单位党组织负责人25人次，对党建工作出现重大失误的菱角塘镇党委书记诫勉谈话，并给予镇党委当年党建工作“黄牌”警告。创新基层党建举措。探索推行以支部建设标准化、组织生活正常化、管理服务精细化、工作制度体系化、阵地建设规范化为主要内容的基层“五化”治理机制，确保基层党建工作全面提升，全面过硬。创新城乡党建网格化管理，在农村，继续坚持和完善以村党组织为核心，发挥村民委员会、村民议事会、村务监督委员会的作用，落实村级“135”治理模式；在城区，组织机关事业单位党员到社会报到，发挥党员“8小时之外”在居住地的先锋模范作用。

把脱贫攻坚作为第一战场，实干兴党有力有为。坚持把基层党建与脱贫攻坚有机结合，以党建带扶贫，以扶贫促党建，实现基层党建与扶贫开发的“双推进”“双提升”。一是建立健全贫困对象动态调整机制，组织开展精准识贫“回头看”和“四类对象”专项清理，清理不符合条件的对象1142户3997人，新识别贫困户1340户3631人，对因病返贫的81户287人重新纳入建档立卡系统，确保该纳入的一个不漏地纳进来，不符合条件的一个不留剔出去。二是按照“一村一策、一村一特色”的思路，因地制宜发展扶贫产业，扶持壮大集体经济。全区14个贫困村温氏养殖场、石岩头凤凰山村光伏电、珠山大力湾村龙凤山泉水厂等建成投产。富家桥仙姑花海、邮亭圩大木源漂流等5个乡村旅游产业成效明显。积极探索金融扶贫模式。2016年，完成小额信贷2.43亿元，为省下达任务的528%。三是坚持“靠园区、靠公园、靠公路、靠村庄、靠集体”的原则，实行“大分散、小集中、就近安置”为主的安置模式，稳步实施易地搬迁。2016年，全区6个集中安置点及111户分散安置全部完成，建设住房243套、25700平方米，完成省定任务的133%。2016年，全区脱贫8340人，现有贫困村、贫困人口由2014年的42个、43422人减少至31个、24385人。

【“两学一做”专题教育】 2016年5月17日，在柳子大酒店会场召开零陵区“两学一做”学习教育动员会。全区各级党组织，按照《关于在全区党员中开展“两学一做”学习教育实施方案》的要求，以支部为主体，以问题为导向，以先锋行动为载体，结合党员工作岗位实际，开展学党章党规、学系列讲话，做合格党员、做执行表率活动。

“两学一做”学习教育不是一次活动，突出经常性教育，区分层次，真正把党的思想政治建设抓在日常，严在经常。党支部每2个月（或一个月）召开一次全体党员会议，重点围绕“四个专题”开展讨论：专题一（5月），围绕“讲政治，有信念”开展讨论；专题二（6—7月），围绕“讲规矩，有纪律”开展讨论；专题三（8—9月），围绕“讲道德，有品行”开展讨论；专题四（10—11月），围绕“讲奉献，有作为”开展讨论。同时，创新讲党课方式，党支部结合专题学习讨论，对党课内容、时间、和方式等作出安排，区委开展“流动党校”精准送学活动，坚持支部书记讲党课，处级以上党员领导干部到所在党支部讲党课，结合本人分管的工作领域或联系点，到农村、社区、企业、学校等基层单位党支部讲党课。

全区参加“两学一做”学习教育党支部1049个，2.56万名党员。为准确掌握党员分布情况，全区各单位党组织大力开展组织关系排查工作，查找取得联系的党员605人，其中纳入组织管理515人。整个学习教育期间，全区给予限期改正处置69人，组织处置出党2人，停止党籍19人，仍有37名党员未取得联系。

【“三提升三争当”活动】 2016年10月14日，在柳子大酒店会场召开“三提升三争当”活动动员会，各乡镇街道办事处、区直副局以上单位党组织负责人参加会议。按照《关于在全区副科级以上党员领导干部中开展“提升三种能力，争当三个模范”活动实施方案》的要求，认真开展以“提升抓发展的能力，争当推动发展的模范；提升抓稳定的能力，争当促进和谐的模范；提升廉洁自律的能力，争当干净干事的模范”为主要内容的“三提升三争当”活动。

全区112个乡镇街道办事处、区直副局级行政事业单位，1200多名副科级以上党员领导干部参加活动。活动从2016年10月开始，为期一年。其基本方法是结合工作实际，突出问题导向，突出解决问题，坚持边学边改，边查边改，边整边改的原则。具体分五个阶段进行：（一）动员部署阶段。(时间从2016年10月10日至2016年11月10日)；（二）学习调研阶段（时间从2016年11月11日至2016年12月31日)；（三）查摆问题阶段（时间从2017年1月1日至2017年2月28日)；（四）整改落实阶段（时间从2017年3月1日至2017年6月30日)；（五）巩固提升阶段（时间从2017年7月1日至2017年10月20日)。

创新活动载体，开展“三提升三争当”活动，主要以全区各项重点工作为平台，以七个单项“比学赶超、专项评比”活动为载体。一是项目建设比进度，由区发改委牵头组织;二是中心工作比成效，由区委办牵头组织;三是党建工作比规范，由区委组织部牵头组织;四是窗口单位比服务，由区政务中心牵头组织;五是信访工作比包案化解，由区信访局牵头;六是干部作风比转变，由区纪委牵头组织;七是带头示范比形象，由区委宣传部组织。

区委成立“三提升三争当”活动领导小组，由区委书记任组长，区委副书记、区长和专职副书记任副组长、其他区委常委任领导小组成员，领导小组下设办公室，由区委常委、组织部长兼任办公室主任。建立联席会议制度，由区委组织部统筹协调，明确各阶段的目标要求，实行半月一调度、一月一督查，一季一小结，推动七个单项评比活动深入开展。

宣传工作

【概况】 中国共产党永州市零陵区委员会宣传部主要职责是制订全区宣传思想工作规划和措施；负责指导全区理论学习、理论研究和理论宣传工作；负责引导社会舆论，管理、指导协调区新闻信息中心的工作；负责规划、部署全局性思想政治工作和全区精神文明建设活动；负责全区对外宣传工作的协调和管理，归口管理、统筹协调全区互联网上的新闻宣传工作；负责全区企事业单位政工系列职称评定的协调、组织、上报工作；负责提出全区宣传系统事业发展的指导方针；承办区委、区政府交办的其他事项等。

2016年，区委宣传部机关有行政编8名，工勤编1名，在职在岗12人，其中部长1名（编制单列），副部长3名，各组（室）负责人和工作人员8名。内设区精神文明建设指导委员会办公室、办公室、理论教育与党员教育组、新闻宣传组、网络网评网监管理办公室等五个组（室）。下属全额拨款公益性事业单位3个分别是：永州市零陵区新闻中心、永州市零陵新闻网、中共永州市零陵区委网络安全与信息化领导小组办公室。

2016年，区委宣传部大力推动各项工作创先争优，宣传思想文化工作特色亮点频出。其中，零陵区获全市精神文明建设与意识形态工作先进县区（排第一）；获全市创省文明城市先进县区（排第一）；获全市深化文化体制改革工作先进县区。区委宣传部获2011—2015年全市普法依法治理先进单位，2016年度全市宣传文化系统创先争优先进单位，2016年度全区经济社会发展综合考核先进单位，2016年度全区经济社会发展突出贡献奖，2016年度全区社会管理综合治理平安单位，2016年度创建国家园林城市先进单位，2016年度招商引资先进小分队，2016年度全区全面深化改革先进单位等。

【理论武装工作】 坚持学习制度。建立和完善中心发言、自学、考勤、检查考核等制度。2016年，按要求开展7次集中学习活动。讲究学习方法，采取学习文件、集体讨论、经验交流、举办讲座、收看影视、参观考察等多种形式。有针对性地请上级有关领导和专家学者进行讲座。注重集中学与分散学、请进来与走出去以及与“两学一做”教育结合，力求学习效果。选树学习典型，评选学习型机关和学习型领导干部，突出学以致用，在解放思想和工作创新上下功夫。开展“三提升三争当”活动，在工作绩效和树立形象上检验效果。用好党委（党组）中心组学习、干部教育培训、集中研修研讨、理论宣讲普及等载体，深入学习贯彻习近平总书记系列重要讲话精神，持续推进中国特色社会主义和中国梦宣传教育，加强“四个全面”战略布局、“五大发展理念”宣传教育，开展小型多样的百姓微宣讲活动近400场次，收听宣讲的群众达2万人。特别是区委宣讲团深入各地各单位集中宣讲党的十八届六中全会精神、省十一次党代会精神近百场次。订购发放《习近平总书记系列重要讲话读本（2016年）》《全面小康热点面对面》《读有所得》等理论学习指导用书1.5万册，确保全区广大党员干部人手一册。

【意识形态工作】 制订印发《2016年零陵区关于落实意识形态工作责任制的实施意见》及《零陵区党委（党组）意识形态工作责任制考核细则》，建立意识形态工作分析研判机制。严格执行全区新闻舆论由区委宣传部统一安排、统一协调、统一管理制度，完善《零陵区新闻发言人和新闻发布制度》。深入开展“扫黄打非”，净化阵地环境。永州电视台零陵新闻、零陵新闻网、“零陵发布”政务微博微信、零陵手机报和《零陵瞭望》等区级媒体平台坚持正确的导向，认真落实新闻采编人员“十严禁”，牢牢把握意识形态工作的领导权、主动权和话语权。立足抓早抓小、提前预判，对重点人物、敏感部位管控到位，及时掌握动态动向，做到严防死守、确保安全。如菱角塘镇毛竹园村原党支部书记罗某某拉票贿选被查处一事，因舆情处理迅速有效，没有引起舆论炒作。

【新闻宣传和舆论引导工作】 围绕中心工作和热点话题展开宣传战役，在市级以上媒体的上稿稳居全市县区前列，为全区经济社会发展营造良好的氛围。2016年，在省级以上媒体上稿200余篇，其中《湖南日报》近100篇，湖南卫视、湖南经视40余条。区委、区政府同意区文明办升格为正科级单位，成立区网信办，并明确为正科级单位，明确编制，明确职责。建立和完善全区通讯员、网评员队伍，拿出4万元兑现新闻奖励，保障通讯员队伍的壮大。在巩固《零陵新闻》和《零陵瞭望》等媒体的基础上，着力打造“零陵发布”政务微信。零陵发布微信平台，2016年已进入全国政务微信100强，阅读量持续保持全市县区新媒体首位，有的特色新闻被人民网、新华网转载，粉丝近10万人。作为舆情大区，通过完善制度和创新机制有效管控舆情，成功处置“3·28”民房火灾事故、大庆坪乡新田村塑料厂污染、“城管打人”、学生跳楼等多起舆情事件，有效维护零陵的良好形象。特别是创建“同心网络社区”，邀请知名网友入住，并由区级领导结对联系，为讲好零陵故事，传播零陵声音打下坚实基础。

【文明创建工作】 持续开展各种学雷锋志愿服务活动。2016年，全区注册志愿者已达到6.3万人，广泛深入开展服务活动1000多场次，文明劝导已经成为常态；有针对性的开展“小手牵大手，文明齐步走”主题教育系列活动，全面提高学生家长以及全社会的文明素质；多层次深化群众性精神文明创建，开展文明风景旅游区、文明集市、文明单位、文明村（社区）和身边好人推荐参评系列活动，2016年，区财政拿出40万元重奖文明标兵,成功创建市级文明单位和文明村（社区）30余个。在2014年成功创建为省级文明城区的基础上，2016年为创建省文明城市做出较大贡献。2016年，全区道德讲堂增加到60余个，按照“十个有”的硬件要求进行建设，按照“七个一”的流程开展活动，先后涌现出吴建川、袁忠民、赵顺合等道德模范以及黄立钢、邓涛等美德少年。2016年11月，吴建川荣登“中国好人榜”。在全区围栏围档上张贴公益广告1万多平方米，全方位推出宣传社会主义核心价值观、中国梦、爱党爱国、传统美德、“三创一管”等内容的公益广告，特别是利用网络媒体强化文明传播工作。全区共注册网络文明传播志愿者200多名，2016年,发布正能量微博条数突破10万条。2016年，开展文化综合执法行动20余次，收缴和销毁非法出版物等1500余套(件)，有效净化了文化市场和环境。

【文化文艺工作】 2016年，对历史文化遗产加大保护的力度，支持重要非物质文化遗产项目有力传承。支持《永州“异蛇王酒”酿泡技艺》申报省非遗保护项目，《柳宗元祭祀习俗》成功创建为市级非遗保护项目。深入开展非遗传承人深入社区、农村，并在广场、公园开展室外传习活动，惠及群众数千人。同时，全区以“欢乐潇湘”大型群众文化活动为龙头，在重要节庆节点持续举办各类主题文化活动30余次。形成“广场文化月月乐”活动品牌，采取“政府买单、群众看戏”的方式每月举办一场晚会，群众反响好。全区全年近100件文艺作品荣获市级以上奖项，区文联被评为全省先进。零陵古城、东山景区、柳子景区、何仙姑文化旅游区等大型文化项目建设全面推进。支持扶持永州异蛇文化旅游有限公司、永州神龙雕塑有限公司等成为地方特色文化产业，其中永州市异蛇生态旅游区建设已投资达8000万元。

【宣传队伍建设工作】 2016年，深入开展“两学一做”学习教育。提升抓发展的能力，争当推动发展的模范，提升抓稳定的能力，争当促进和谐的模范，提升廉洁自律的能力，争当干净干事的模范。健全完善落实各项规章制度，分工明确，责任到人，确保各项工作规范开展。加强宣传思想文化干部队伍建设。2016年，区委安排有关宣传文化单位的领导前往北大、复旦、浙大学习培训。区委宣传部举办新闻通讯员培训班一期，召开乡镇办事处宣传委员座谈会两次。

统战工作

【概况】 区委统战部是区委在统战工作方面的参谋和助手，是区委主管统一战线工作的职能部门，承担了解情况、掌握政策、协调关系、安排人事、增进共识、加强团结等职责。主要工作是：组织贯彻执行中央和省、市、区委关于统一战线的方针、政策，向区委反映统一战线全面情况，提出开展统一战线工作的意见和建议；检查统一战线政策的执行情况，协调统一战线各方面的关系；负责联系民主党派，牵头协调无党派人士工作，支持民主党派和无党派人士履行职责、发挥作用，支持、帮助民主党派和无党派人士加强自身建设；调查研究党外知识分子的情况，反映意见，协调关系，提出政策建议，联系党外知识分子的代表人士;调查研究民族、宗教工作的理论、方针、政策和法律法规，牵头协调检查落实情况，做好重要工作和重大问题的处理，协调开展马克思主义民族观、宗教观和相关理论、政策的宣传教育，联系少数民族和宗教界代表人士，会同有关部门做好少数民族干部培养和举荐工作；调查研究并反映全区非公有制经济代表人士的情况，协调关系，提出政策建议，团结、服务、引导、教育非公有制经济代表人士，开展思想政治工作;开展港澳台海外统一战线工作，联系香港、澳门、台湾和海外有关党派、团体及代表人士，做好台胞、台属有关工作;负责党外代表人士在人大、政协安排的有关工作，会同有关部门做好安排党外人士担任政府和司法机关等领导职务的工作，做好党外代表人士和后备干部队伍建设工作，协助民主党派做好干部管理工作，反映和解决党外代表人士工作生活中的实际困难;指导乡镇街道党（工）委统一战线工作和统战工作负责人的培训工作，协调政府各有关部门的统一战线工作，协助做好民族、宗教等工作部门领导班子成员推荐工作；领导区工商联党组，指导区工商联、侨联工作；做好有关统战团体管理工作。负责开展统一战线宣传工作。

2016年,根据《中共永州市零陵区委员会、永州市零陵区人民政府关于永州市零陵区人民政府机构设置、职能职责变化及部分单位机构级别调整的通知》和《中共永州市零陵区委永州市零陵区人民政府关于印发<永州市零陵区人民政府职能转变和机构改革方案的实施意见>的通知》，将原区人民政府民族宗教事务办公室承担的职责划入区人民政府办公室,对外称民族宗教事务局,原区委统战部民族宗教事务办公室人员及其职能随之整体划归区政府办。

区委统战部内设职能股室1个：办公室，下设正股级事业单位零陵区统战信息中心。有行政编制9名，事业编制6名，工勤编制1名；现有行政编制干部8名，事业编制干部2名，工勤人员1名。领导4名：其中部长1名，副部长3名。2016年6月，登记成立零陵区统战信息中心，负责对全区民族、宗教、台胞、台属、侨务等代表人士的培养、联络、服务管理等信息进行采集；负责对全区民主党派支部副主委以上人士进行信息采集、沟通、联络服务管理等工作；负责对全区非公经济党外代表人士及社会组织党外代表人士的信息采集及服务等工作。

【统战工作成果】 2016年，牢记党管统战职责，按照“围绕大目标，搞好大团结，凝聚大人心，实现大发展”工作要求，有力推动统战工作形成了大统战氛围、大统战格局、大统战保障。通过不断深化对统一战线“法宝”作用的认识，明确全区统一战线工作的根本任务，努力做到把各个阶层、各个方面的力量团结起来、凝聚起来，把全社会的一切积极因素充分调动起来、发挥出来，形成全党、全社会热议统战、重视统战、关心统战，合力推动统战事业发展。2016年7月，在扎实开展“两学一做”学习教育的同时，认真组织区工商联、区台办、区侨联、区民宗局、各民主党派支部，各乡镇办事处的党外代表人士开展“学系列讲话、学优良传统、助力零陵新崛起”（两学一助）学习教育，通过送书“促”学、宣讲“帮”学、培训“精”学等方式，取得较好成效。

【“五位一体”考核制度】 2016年，把统战工作纳入党委重要议事日程；纳入党政领导班子“五位一体”考核，作为乡镇办事处党工委书记年底考核述职的重要内容；将统战培训纳入干部培训重点内容；把统一战线理论、法规、政策学习纳入区委中心组理论学习和宣传工作计划，纳入党校教学内容，做到统战工作与全区工作、全部工作、经济社会发展、党的建设同部署、全安排、共推进。坚持照顾同盟者利益，认真办理来信来访，及时向市委统战部进行汇报，反馈情况，全年没有发生群体性上访事件。成立由区委书记任组长的领导小组，定期听取统战工作汇报，专题分析研究统战工作中存在的问题。各乡镇办事处和区直各单位也按要求成立由党委（党组）书记担任组长的统一战线领导小组，明确党委（党组）书记履行统战工作第一责任人职责，全力保障统战工作正常有序开展。继续实施“同心工程”，为民主党派和党外代表人士服务社会搭建平台，组织开展捐资助学、扶贫帮困、法律援助、送医送药送健康进社区等活动，引导党外代表人士与党同心同德、同向同行，石山脚悟山里村被市委统战部授予“市级同心乡村”。

【工商联工作】 2016年，进一步贯彻落实《中共中央、国务院关于加强和改进新形势下工商联工作的意见》精神，坚持团结、服务、引导、教育的方针，一手抓鼓励支持，一手抓教育引导，促进非公有制经济健康发展和非公有制经济人士健康成长，制订出台《零陵区进一步加强和改进新形势下工商联工作实施意见》《区级领导联系非公有制经济重点企业和代表人士制度》《非公经济代表人士联席会议制度》等，搭建非公有制经济人士与区委、区政府主要领导“零距离”沟通平台。组织非公经济人士深入开展“守法诚信、提振发展信心”理想信念教育实践活动，引导非公企业积极参与精准扶贫，多方助推“暖阳工程”，认真组织开展“访民企、办实事、强信心”活动，积极引导非公经济企业和非公经济人士促进大创新、万众创业，进一步建立健全非公经济代表人士后备队伍，结合市、区人大、政协换届将非公经济代表人士担任市、区人大代表、政协委员归口工商联统一推荐提名，认真组织15个部门分五批次，对各单位推荐提名的152名非公经济代表人士开展综合评价，并选举产生11名非公经济代表人士为区人大代表，协商推荐18名非公经济代表人士为区政协委员，选举产生5名非公经济代表人士为市人大代表，协商推荐3名非公经济代表人士为市政协委员。区工商联被评为湖南省“五好”县级工商联、“全市工商联工作先进单位”、“全区经济社会发展综合考核工作先进单位”、“全区经济社会发展人口和计划生育工作综合治理工作先进单位”、“全区经济社会发展突出贡献奖”。

【民族宗教工作】 按照中央民族和宗教工作会议精神，将民族宗教工作列入党委和政府重要议事日程，以杨梓塘社区为载体，大力开展“同心缔结民族团结进步之花”创建活动，朝阳街道柳子街社区被评为“全省民族团结进步创建活动示范单位”、“全市民族团结进步创建活动模范集体”；出台一批扶持少数民族发展的优惠政策，为辖区内少数民族高考考生办理资格审核，将少数民族高考加分政策落到实处，以切实措施推动少数民族发展，高度重视少数民族干部的培养和使用。2016年，全区共有少数民族干部63人，其中副处级3人、正科级7人、副高以上职称5人、副科级6人。

2016年，引导宗教界人士为扶贫济困、救灾捐款捐物108万元，资助贫困学生25名。以法治方式解决民族宗教突出问题，对全区45名教职人员综合信息进行详细登记管理。

【民主党派情况】 中国农工民主党、中国国民党革命委员会、中国民主促进会、中国民主同盟等4个民主党派在零陵区设立五个支部，共有党（盟）员98人。2016年，民主党派各支部主动参政议政，围绕中国共产党永州市零陵区第八次代表大会工作报告、区委经济工作会议报告、政府工作报告等认真开展协商；积极围绕党委、政府中心工作开展调研，为党委、政府建言献策，民盟市直四支部的《关于加快农村土地流转工作的建议》获得市政协优秀提案，《关于合理配置城市公厕的提案》《关于加强零陵工业园纳污管道建设的提案》等被评为零陵区优秀政协提案；民盟三中支部主委邓小星提交的《关于在零陵区阳明大道和湘口馆东路十字路口设立交通信号灯的提案》《关于创新思路，重视细节，巩固创卫成果，加强对城区主街道日常管理的提案》、《关于在全区开展“礼让斑马线，交通更安全”活动的再提案》等3个提案受到区领导的重视；民革党支部主委杨丽君撰写的《关于零陵区发展森林康养产业的思考与建议》被推选为区政协十届一次会议大会发言材料，民进党支部主委文红艳在市政协五届一次会议大会作《强化监督 加强监管 确保校园餐桌安全》发言；各个民主党派支部结合自身优势，积极开展社会活动，民进零陵支部组织会员积极深入贫困学生家庭开展劝学和助学活动；农工党通过“肿瘤防治宣传周”推动零陵“慢病管理示范区”创建工作，以“科普进社区、科学新生活”为主题开展“送医、送药、送健康”活动；民革零陵区支部的20位党员采取平日电话问候和节日走访慰问等各种形式，关爱抗战老兵，为他们送去温暖和关爱；民盟市直四支部盟员黄树发自筹资金200万元，为群众修路5公里，盟员肖易泷创办的永州市贸一电子商务有限公司举办5期电子商务人才培训和大学生创业培训，共培训人数1012人次；民盟三中支部主委邓小星组织盟员筹得4万余元帮扶20余名贫困学生。

【党外代表人士队伍建设】 建立由组织、统战部门牵头负责，民主党派、人民团体和区直部门党组（委）、乡镇街道党（工）委广泛参与的党外干部推荐工作模式，并运用《零陵区党外干部综合评价办法》，对全区党外干部进行综合评价，从中挑选出100名党外干部确定为党外科级后备干部人选、10名党外科级干部确定为党外处级后备干部人选；加强党外后备干部储备，保持党外后备干部队伍相对稳定。将党外代表人士队伍建设与全区干部队伍建设通盘考虑、统筹推进，实行党外干部安排纳入党委领导班子和领导干部考核重要内容，纳入干部和人才队伍建设总体规划，纳入党政领导干部交流总体计划。2016年底，全区共有5名党外干部担任区级领导、4名担任区直部门党外正职、2名担任区人大和区政协委（室）主任、2名担任法检两院副职、16名担任区直单位副职、7名担任乡镇街道班子成员。通过选送部分优秀党外干部到各级党校和社会主义学院参加培训，及时给党外干部"充电"。认真组织开展党外科级干部述职述廉，对党外干部德、能、勤、绩、廉等方面的表现进行现场打分，并结合他们日常的工作、履职等情况，择优推荐6名党外干部进行表彰，做到将党外干部日常考核与年终考核相结合；对全区党外后备干部进行一次考察，对群众公认、考察优秀的党外干部，及时提拔重用，对个别有争议、群众有反映的党外干部，及时开展部长约谈，有效地推进全区党外干部队伍建设。

【社会组织统战工作试点】 2016年，在社会组织统战工作领导小组的领导下，充分发挥统战部门和联席会议部门的职能优势，及时协调解决工作中出现的矛盾和问题，进一步加强对全区社会组织统战对象的思想引导，通过规范试点单位社会服务平台、支持指导平台、党外代表人士参政议政平台、互动合作平台，指导试点单位将社会服务活动纳入规范化、制度化管理，扩大服务社会的功效；指导试点单位扎实开展"同心义工行"和"同心演艺惠百姓"主题活动，永州市零陵区青年志愿者义工联合会开展"寒冬送温暖 真情系学子"、"走访特困家庭"、"开展敬老义诊活动"、"深入社区慰问困难群众"、"'学雷锋日'开展'保护母亲河'活动"、"重阳节送温暖"等社会公益活动，走进小区、走进社区、走进敬老院、走进贫困乡村，为留守儿童、残障人员、孤寡老人等弱势群体送上关怀关爱，为党委政府分忧减负；永州市演艺协会开展"零陵区首届民间春晚"、"庆'六一'文艺汇演"、"庆祝建党95周年暨'百姓月月乐'广场文艺演出"等一系列文艺活动，以喜闻乐见的艺术形式，为广大群众献上免费的文化大餐，丰富全区群众的精神文化生活。

【统战信息调研】 2016年，成立统战工作信息中心，专职负责统战信息有关工作，全年区委统战部共上报信息129篇，其中省委统战部《统战工作周报》采用4篇、《湖南日报》采用1篇、《永州日报》采用25篇、各新闻网站采用近百篇，并获2016年度全市统战信息工作先进单位。认真组织开展"两学一助"主题征文活动和统战调研，形成《零陵区新的社会阶层人士统战工作调查报告》等10余篇有价值的调研报告。

对台工作

【概况】 2009年8月，设立中共永州市零陵区委台湾工作办公室（永州市零陵区人民政府台湾事务办公室），归口中共永州市零陵区委统一战线工作部管理，机构级别为正科级，核定行政编制3名。2016年底，在职工作人员3名。

【对台招商引资】 2016年，区台办积极发挥零陵台胞台属在全市各县区中最多的资源优势，主动对接联络岛内外台商，采取“走出去”招商推介、“请进来”考察投资等多种形式，加大招商引资力度。10月20—22日，零陵区组团参加在广东东莞举行的“永州市对台招商项目推介会”。区委统战部、区台办、区商务局及邀请客商共15人参加。推介会上，区政府和深圳市精信源弹簧五金制造有限公司现场签约，签约金额1.2亿元。同时，在会上推出颐和园生态养老服务中心、火车站商贸物流、鸟沙洲生态河谷城市综合体等4个适合台商投资的重点招商项目，为进一步加强零陵与台湾地区经贸合作打下基础。

【服务台资企业】 2016年，区台办以“服务台资企业、打造诚信政府”为主题开展系列活动，主动解决台资企业建设和生产中遇到的实际困难，取得明显成效。1月，针对杰宝电子有限公司反映的问题，永州市人民政府副市长、零陵区委书记严兴德召集商务、台办、工业园等部门负责人到杰宝电子有限公司现场办公，要求各部门切实做好服务工作，妥善处理好企业用电、老百姓阻工等矛盾纠纷，加快项目建设，让台商感到零陵区政府是诚信的政府，是干事的政府。公司对此表示非常满意。5月，落户接履桥街道的台湾农业产业园负责人反映租赁办公场所接履桥粮站，有7户原职工不愿搬出，给办公带来一定影响，区台办积极协调区粮食局，同该产业园重新签订租赁协议，降低租金，问题得到妥善处理。

【对台交往交流】 2016年，区台办利用中秋、春节等中国传统佳节，通过寄发贺卡、打电话、发短信、写书信等多种形式，向零陵籍台胞表示慰问，并主动邀请他们组团回家探亲寻根，共叙乡情、共话发展。1月27日，区台办组织召开台胞台属迎新春座谈会，30余名台胞台属参加会议。会上，区台办主任黄渊辉总结2015年对台工作，听取2016年工作意见和建议；区委统战部副部长周扬通报零陵区经济社会发展情况，并向全体代表和在台亲属祝贺新年。2月，区台办看望慰问蒋德卿、单宪民等台胞台商，了解他们在零陵的生活、生产情况，询问需要解决的问题，并送去慰问金。4月，清明节期间，台湾零陵同乡会秘书长黄筠等回乡祭祖，区台办全程陪同，并动员他们带领二、三代台胞回乡探亲，观光旅游。7月11日，台湾徐福记国际集团副总经理林增禄一行5人来零陵观光考察。

【台胞台属合法权益维护】 2016年，区台办高度重视服务台胞台属工作，帮助解决实际困难，维护合法权益。全年共接待台胞台属来信来访15件次，全部及时调处回复。比较典型的有3件：一是妥善解决台商张某土地收回问题。2015年，台商张某购买永州职业技术学院旁的96.5亩土地被规划为永州市幼儿师范高等专科学校用地，政府要求按相关政策收回土地，区台办协同国土、规划、教育等部门多次找张某做思想工作，经过努力，张某同意土地回收。二是协助台属曾某赴台迎领父亲骨灰。2016年3月，台属曾某请求区台办帮助领回父亲的骨灰，区台办联系有资质的台湾松成公司大陆办事处，帮助办妥亲属关系公证等相关手续。9月26日，曾某顺利地将父亲骨灰接回故土。三是台属蒋某反映房屋拆迁问题。2016年10月，台属蒋某到区台办反映，其父在大陆购买的房子在拆迁时没有经过他的同意，要求维护其合法权益，区台办工作人员到区拆迁办了解相关情况后，及时作出回复。

【台胞台属参政议政】 2016年，区台办利用区政协换届之机，创造条件，积极引导、支持台胞台属参政议政。通过调查摸底、实地走访、座谈了解等方式，结合平时掌握的台胞台属基本情况，推荐6名综合素质较高、工作协调能力较强、热爱对台工作的台胞台属作为区政协委员的建议人选，并协同区政协换届考察小组逐个考察。

【对台调研和宣传】 2016年，区台办认真组织开展“两学一做”学习教育，积极参加各类业务培训，重点学习习近平总书记3月5日参加十二届全国人大四次会议上海代表团审议时，就两岸关系发表的重要讲话精神，准确把握新形势下中央对台大政方针。同时，拟定调研课题，深入调查研究，积极撰写信息，客观反映全区涉台活动和台胞台属生产生活情况，全年在湘台连线和中国台湾网等媒体，发表调研文章和信息7篇。

党校工作

【概况】 中共永州市零陵区委党校成立于1981年。中共永州市零陵区委党校于2010年1月18日落实中专体制，为副处级全额事业单位。区委党校承担全区党员领导干部培训工作，内设办公室、教务科、科研科、后勤科四个职能科室。区委党校全额拨款事业编制20名，其从事党务和行政管理工作的人员参照公务员法管理，机关后勤服务人员事业编制2名，区委党校现有教职工共18人。主要工作是宣传马列主义、毛泽东思想、中国特色社会主义理论体系和党的路线、方针、政策。会同组织部等有关部门，制订党员干部的培训规划。负责落实区委下达的党员干部的培训计划，认真组织实施，并将执行情况向区委汇报。协同组织人事部门，对学员在校期间表现进行考核考察。围绕国际国内出现的新情况、新问题，开展调查研究，完成区委、区政府交办的其他工作。

【培训工作】 2016年，区委党校坚持以“服务发展，突出发挥好阵地作用、熔炉作用、智囊作用，为经济社会又好又快发展提供理论引领、人才保证和智力支持”为办学指导思想，以“理论基础、世界眼光、战略思维、党性修养”为教学重点，将理论与实际更加紧密地结合起来，不断提高干部教育的质量；全年共举办各类培训班6期，其中主体班次3期，共培训263人次。

【教学工作】 坚持“教学兴校，质量立校”，深化教学改革。创新教学模式。教学布局合理，坚持“三个1/3”原则，即1/3为基础理论课题、1/3为本地实际课题、1/3为岗位职责能力培养课题。主体班教学党的基本理论专题不低于70%、党性教育专题不低于20%。教学方法多样。在教学中，广泛运用研究式、案例式、模拟式、体验式等教学方法，形成具有本校特色的教学方法。党校与组织部、宣传部、区政府政研室等单位合作，将零陵在改革和经济社会发展中具有代表性和启示意义的事例编写成教学案例，例如将“零陵古城文化旅游课程”引入课堂。2016年，以宣传党的十八届六中全会和省第十一次党代会精神为核心，选派8名骨干教师参加区委宣讲团，深入区直各部门、乡镇、学校、社区、村（居）委会等进行理论宣讲，全年共宣讲45场次，受众逾10000人次。

【科研工作】 制订《中共零陵区委党校2016年教学科研管理制度》。强化“教科研一体化”共同理念，坚持实践出题目、科研做文章、成果进课堂，不断探索教学科研一体化运行机制。2016年，共确定3个重点调研课题。调研课题分为二类：一是“政策型”调研，即对如何结合实际贯彻落实十八届五中全会精神进行探讨、研究。二是“应用型”调研，即围绕零陵区近几年来重点工作，对零陵精准扶贫、零陵文化旅游和古城建设展开调研。

老干部工作

【概况】 零陵区委老干部局由区委组织部管理，是区委管理老干部的工作机构，在编人员4人，下辖老干部活动中心，在编事业编制人员8人。

零陵区关心下一代工作委员会办公室（参照公务员管理单位），编制2名，为本局的挂靠单位。主要职责是贯彻执行中央、省、市、区关于老干部工作的方针、政策和法规，开展调查研究，为区委、区政府制订有关老干部工作规范性文件提供情况和依据；负责对全区老干部工作的督查、指导和协调，督促老干部政治和生活待遇的落实，组织指导老干部开展活动发挥作用；指导、督查离退休干部的党组织建设，开展思想政治工作，加强老干部的学习教育；负责老干部工作的宣传，开展尊老、敬老、爱老活动，依法维护老干部的合法权益；处理老干部的来信来访，会同有关部门做好老干部的安置和保健工作；承担区老干部工作领导小组办公室的日常工作，协助做好区关心下一代工作委员会的日常工作；负责对所属事业单位的国有资产和财务进行管理与监督，充分发挥各种场地和设施的作用，进一步发展老干部事业等。

2016年，进一步加强全区离退休干部管理服务工作。在贯彻落实文件精神的基础上，组织离退休干部开展一系列正能量活动，落实离休干部“两项待遇”，保障老干部政治生活待遇。持续推进老干部学习活动阵地建设，加强离退休干部党组织建设，不断提高老干部工作管理服务水平。

【老干部工作地位提升】 2016年，零陵区委老干部局按照相关文件要求，通过召开座谈会、组织参观考察等形式，落实副处级以上离退休干部1年2次情况通报会制度。2016年重阳节，组织全区副处级以上离退休干部参观视察全区的城市建设和工业园路网建设，并由区委书记在座谈会上通报全区的经济社会发展情况。2016年底，区委、区政府再次组织离退休干部召开春节座谈会，区委、区政府主要领导在慰问离退休干部的同时，通报全区的经济社会发展情况。区委老干部局在召开第八次党代会之前，向50多位离退休干部征集党代会报告意见，并报送区委相关部门。11月份，组织召开政府工作报告征求意见座谈会，利用老年大学举办老年党校，组织离退休干部开展学习十八大精神活动，抓好离退休干部政治理论学习。为离退休干部订阅报刊、杂志，全区共征订《老年人》杂志1500份、《老年书画精粹》45份，并通过老干部联络小组，送到订阅的老干部手中。

【老干部生活待遇全面落实】 2016年，零陵区委老干部局做好全区离退休干部重大节日期间的慰问和走访工作，采取召开座谈会或直接上门的形式，分别对全区离休干部和副处级以上退休干部进行慰问。共探望住院离退休干部25人/次，上门慰问离退休干部120人/次;走访异地安置（居住）离休干部2人；参加离退休干部逝世告别会3次。6月，组织离退休干部身体健康检查120人次，为因病瘫痪、生活长期不能自理的离休干部办理增加护理费，为易地居住和异地安置的离休干部办理医药费报销，为离休干部解决医疗费疑难问题。

【老干部活动中心与老年大学建设】 2016年，零陵区老年大学在原有的基础上，在一楼多媒体大厅舞台安装电子显示屏，添置舞台射灯，修建化妆室、更衣室、音响播放室，整体办学条件和教学水平达到全省前列。2016年7月，中组部老干部局领导到老年大学调研指导，对全区老年大学的办学宗旨、办学形式和管理水平给予高度评价和肯定。2016年，零陵区老年大学共招收学员1200人次，开办26个班。

【离退休干部党组织建设】 2016年，在区委组织部的指导下，制订零陵区进一步加强离退休干部管理服务工作的实施意见。11月，经区委同意，成立零陵区离退休干部党工委，创新离退休党支部设置方式，在区老年大学成立党总支，按班级设立10个临时党支部，全区离退休干部党组织建设朝着“更严、更高、更实”的目标迈进。

【离退休干部活动】 2016年，结合全区工作实际，组织离退休干部开展一系列正能量活动。开展“四送”活动，助推精准扶贫。结合全区的精准扶贫工作，区老干局先后组织部分离退休干部到大庆坪乡夫江仔村、邮亭圩镇滑石山村等贫困村进行走访调研，为他们送文化知识，送专业技术，送务工信息，送助学资金。组建“五老四教”宣讲团，发挥特长奉献余热。联合关工委、老科协等涉老组织，组建“五老四教”宣讲团，进校园、进社区、进乡村，开展法制宣传教育、“小小消防员”教育、“我看零陵新变化”讲谈、“最美孝心少年”评选等活动，多层面全方位弘扬正能量。依托多种宣传平台，展现家乡新变化。整合零陵区老年大学、零陵区广场舞协会、零陵区老年书画协会等涉老团体，举办“七一”文艺汇演、广场舞大赛、“庆国庆、迎重阳”书画展、“好党风、好政风、好社风、好民风、好家风”征文活动、“老干部眼中的品质活力永州”摄影比赛、我的“两学一做”征文比赛等活动，在多个平台、多种形式上展现老年朋友积极向上的精神风貌，热情讴歌零陵区经济社会发展新变化。

机构编制

【概况】 零陵区编制委员会系原永州镇编制委员会演变而来的。1980年3月，决定以组织部为主，计委、财税部门为辅，成立“永州镇编制委员会”。镇编委负责全镇党政机关、事业单位、企业行政管理机构的机构设置和人员编制管理。实行委员制。1982年2月，设立永州市，原永州镇编制委员会机构职能终止。1982年4月，批准设立“永州市编制委员会”，1983年机构改革，重新设置“永州市编制委员会”为市委、市政府直属一级机构，归口市委组织部。2002年设置永州市芝山区机构编制委员会办公室（简称区编委办）。

2002年，区编委办下设芝山区事业单位登记管理局，有干部职工4人；2013年设立永州市零陵区机构编制信息中心(加挂永州市零陵区政务和公益域名注册管理中心牌子)，有干部职工3人。

【机构编制管理】 2016年，为进一步控制财政供养人员增长，单位编制使用和人员调动，严格按照《零陵区关于进一步规范机关事业单位人员编制异动的通知》和《永州市零陵区区直机关事业单位补充工作人员编制使用管理办法》《永州市零陵区机构编制委员会工作规则》《关于在全区机关事业单位实行人员编制与经费预算联合管控的实施意见》进行操作，切实做到坚持机构编制的集中统一管理，坚持从紧从严原则，确保零陵区机构编制管理工作规范有序，有效控制全区机构编制非正常增长。始终坚持机构编制事项“集体研究，一支笔审批”管理制度，机构调整设置事项一律按制度按程序办理，副科级以上机构严格按程序报批，没有擅自设立副科级以上机构和领导高配的现象。2016年，采取严格控制编制总量，加强余编使用管理、规范机构设置、严格规范编制使用等办法，消化超编制进人54人。

【事业单位登记管理】 2016年，零陵区事业单位法人年审工作早准备、早落实。1月1日至3月底，集中开展事业单位法人年度报告（年审）。零陵区参加2015年度事业单位法人年度报告公示工作的单位有462个，实际参加416个。6月30日，在零陵区人民政府网对385个单位进行公示。其中办理登记16个，变更登记65个，注销登记6个。全区参加统一社会信用代码更换工作单位143个。零陵区分类推进事业单位改革工作按照政事分开、事企分开和管办分离的要求，以社会功能为标准，结合各单位反馈的分类报告意见，科学划分了事业单位类别。零陵区纳入此次事业单位分类机构数456个，拟划入行政类的机构数15个，占总机构数的3.28%；公益一类机构数378个，占总机构的82.9%；公益二类机构数46个，占总机构的10.08%；生产经营类机构数6个，占总机构数1.31%，另有11个暂未明确类别的事业单位。事业单位分类后，零陵区原事业单位的3.28%划入行政类，94.54%分别划入公益一类、公益二类机构，2.18%的机构将推向市场化管理。

【行政管理体制改革】 制订发布权力清单，规范行政权力运行。2016年，全区33个单位进行自查清理上报，经规范汇总，公布区本级行政权力事项1594项，其中：行政许可141项，行政处罚1019项，行政强制112项，行政征收27项，行政给付7项，行政确认30项，行政奖励18项，行政检查106项，行政制裁5项，其他行政权力129项。

加强对行政审批事项的管理。根据《永州市人民政府关于承接落实国务院和省政府取消、调整及下放行政职权的通知》文件精神，零陵区人民政府下发《关于承接落实国务院和省市人民政府取消、调整及下放行政职权的通知》，承接市政府下放的行政审批事项9项，区本级调整行政审批事项1项。对照2013年以来国务院、省、市取消和下放的行政许可事项清理、规范权力清单，统一行政许可事项名称及流程，形成《永州市区级行政审批事项汇总表》。

【政府职能转变和机构改革】 2016年，完成2015年度政府职能转变机构改革的扫尾工作。在摸清情况的基础上，以政府职能转变为核心，以理顺权责关系为目标，以机构编制只减不增为要求，结合零陵区实际，参照永州市相关部门的“三定”，印发零陵区37个涉改单位的“三定”方案或职责调整文件。对乡镇区划调整所涉及的朝阳、接履桥、七里店、石山脚等4个街道办事处，积极进行实地调研，听取意见，沟通衔接，及时印发四个街道办事处的“三定”文件。2016年，对水利局下属石坝仔水库管理所等6个水管单位进行体制改革。体制改革后，石坝仔水库管理所等6个水管单位由差额拨款事业单位改为公益1类事业单位，核定全额拨款事业编制160名。其中石坝仔水库管理所全额拨款事业编制46名、猫儿岩水库管理所全额拨款事业编制14名、双牌灌区支渠管理所全额拨款事业编制58名、贤水河灌区管理所全额拨款事业编制10名、江源河坝管理所全额拨款事业编制3名、国营机电排灌站全额拨款事业编制29名。

党史地方志工作

【概况】 1981年5月，中共永州镇委成立“党史资料征集领导小组”（临时机构）。1982年10月，设立中共永州市委党史资料征集办公室。1987年7月，设立永州市地方志编纂委员会办公室，与冷水滩市志办联合办公，共同承担《零陵县志》的编纂工作。1993年9月，永州市、冷水滩市地方志联合办公室分开。1994年3月，永州市志办人员带编归入市人民政府办公室。1995年6月，市直机构改革后，市志办与党史办合并，组建市党史地方志编纂办公室（事业），归口市委办管理，实际上这两个机构并未合并，但市志办这一机构从此消失。2002年机构改革后，区党史地方志编纂办公室为参照公务员管理的全额拨款事业单位，宗旨是“存史、资政、育人”，主要业务是做好党史地方志编纂；承担地方党史专题、正本征编；组织地方志、年鉴编纂；指导全区党史联络；开展党史、区情宣传教育。2016年，编制4人，实有人员3人。

2016年，区史志办编写《中国共产党永州市零陵区历史》第三卷；积极开展纪念红军长征胜利80周年相关活动，指导全区名村志编纂工作，切实做好全区“三创一管”、精准扶贫、社会治安综合治理等各项工作，完成区委、区政府安排的各项任务。

【史志工作成果】 2016年2月，零陵区史志办获2015年度全市党委办公室史志工作先进单位。3月，获全省党史系统2013—2015年度“以史铸魂”

先进集体。近年来，零陵区党史正本编写、党史联络工作均走在全市前列。《中国共产党永州市零陵区历史第一卷（1921—1978）、第二卷（1949—1978）先后出版，共44万字。先后出版《零陵历史回忆录—足迹》共6辑，约150万字。其中《中国共产党永州市零陵区历史第二卷（1949—1978)》获全省党史部门党史优秀成果基本著作类特别奖，《零陵历史回忆录—足迹（第四辑)》获全省党史部门党史优秀成果资政类三等奖。2014年按照区政府的安排，编辑《零陵区申报革命老区资料汇编》，约15万字，得到中共湖南省委党史研究室和湖南省民政厅有关领导的充分肯定。2015年2月，零陵区成功获批湖南省革命老区。

【党史正本第三卷编写】 自2013年启动《中国共产党永州市零陵区历史第三卷（1978—2006)》编写后，为提高党史正本质量，内部进行3次评议和修改，7月印出评议总稿分别送永州市史志办和各县区史志办，请各专业单位进行评议，并提出修改意见。9月，根据收集的评议意见，各写作人员再次进行大规模的修改，逐渐形成为一部较为完善的史稿。2016年12月稿件统筹后，形成最终送审稿，分别报永州市史志办和中共永州市零陵区委审定。

【纪念红军长征胜利80周年相关活动】 2016年是中国工农红军长征胜利80周年，根据总体部署，在区委、区政府的安排下，零陵区史志办开展一系列活动。4月，区史志办安排专人到红军长征经过零陵的各村组进行资料征集工作，共征集到有价值的资料15万多字，通过对这些资料进行加工整理，编辑成书。全书共收集、整理红军长征在零陵的故事17个。《红军长征在零陵的故事》印刷3000册，全书约4.5万字。竖立红军遗址标识。4月，在画眉山红六军团临时指挥部旧址和红六军团途经庙门口遗址处，先后竖立红军遗址标识3块，设立指示牌。在画眉山红六军团临时指挥部旧址布置展板4块。开展重走长征路活动。制订出“重走长征路”的路线方案，为开展红色旅游做好各种准备。6月份，先后与市史志办、区委办、区政府办等40多个单位开展重走长征路活动，参与人员累计3500多人次。配合中央电视台科教频道在零陵区拍摄《大会师》纪录片。

【方志工作】 编纂《零陵年鉴》是永州市政府安排的一项工作。为作好此项工作，区史志办根据有关要求，积极向领导汇报，争取领导重视。2016年10月，起草《零陵年鉴（2017)》编纂工作方案，由区委办、区政府办联合发文，方案对《零陵年鉴》编纂工作作了详细的安排，落实编写经费，明确各相关单位的写作范围、人员安排和有关要求。区财政将编写经费列入2017年度预算，为2017年正式编纂作了充分的准备。指导乡镇开展《名村志》编写工作，为留存史料，记录好美丽乡村建设成就，按照市史志办要求，在全区各乡镇开展名村志编写。史志办先后派人到各村进行具体指导，已有4个村启动编写工作，为村志编写起到示范作用。

【史志宣传】 征订2017年度《湘潮》杂志650份，为全区的党史宣传教育打好基础。参加省、市纪念中国工农红军长征胜利80周年征文活动，黎忠广、陈顺国所写的理论文章，被永州市史志办收录《红军长征在永州实录》一书。其中黎忠广《试论红军在永州的宣传工作》一文被“红军长征与湖南”学术研讨会采用，并受邀参加在怀化市通道举办的省级学术研讨会。在中共零陵区委主办的《零陵瞭望》杂志上定期刊发零陵地方党史文章8篇，在《党史工作简讯》《省市县地方志简讯》、《永州日报》上刊发16条新闻信息，积极宣传党史工作。

【“中共零陵地委旧址”布展工作】 中共零陵地委旧址位于东山景区内，是原中共零陵地委机关所在地。1995年，国务院批准撤销零陵地区设立地级永州市，随着市委机关陆续搬迁到冷水滩，该楼逐渐废弃。2016年，中共零陵区委、区政府为发挥旧址的历史价值，决定充分利用原地委2号办公楼进行布展，以加强党史教育，建成集收藏、研究、陈列展示、宣传教育等功能于一体的纪念馆。项目修缮按照修旧如旧的原则。陈列布展工作由区史志办负责，区委成立以区委常委、区委办主任彭江辉为组长，区史志办主任黎忠广为副组长的项目小组，以区史志办为主体，抽调6名工作人员，全力开展陈列布展工作，至2016年底，进展较为顺利。从市委征集到原地委办公用品和有关领导人实物40多件，从湖南省档案馆、图书馆和永州市档案馆等处征集党史资料350多件。从原中共零陵地委主要领导处征集到有价值的文献资料52件，各类图书9200多册，光盘2000多张。2016年12月完成设计方案，对原中共零陵地委从成立时的1949年至1995年撤销零陵地区建立地级永州市的47年奋斗历程，进行全方位、立体式的陈列布展，分五个部分展出。

【参与历史文化名城申报】 2016年，区史志办在做好本职工作的同时，还全力参与永州市申报国家历史文化名城工作。史志办主任黎忠广于2013年兼任零陵区创建国家历史文化名城领导小组办公室副主任，负责办公室日常管理，主持编写各类申报资料。先后编写出《永州市申报国家历史文化名城文本》《永州市历史文化名城研究成果》《永州市文物保护工作台帐》等资料。参与申报电视专题片，电子幻灯片的解说词创作，积极主动联系国家有关部门的专家，特别是在联系“两院”院士吴良镛方面作出了贡献。参与申报名城很好地把地方志工作与党委、政府的中心工作结合起来，让地方志工作走出书斋，为社会服务，真正发挥“资政”的作用。国务院于2016年12月26日正式批准永州市为国家历史文化名城，为湖南省近20年来第一个城市，这是充分发挥史志功能服务全市发展大局的最好典型。

档案工作

【概况】 1980年12月成立永州镇档案局（馆），1982年元月经国务院批准建立永州市，属零陵地区。同年7月更名为永州市档案局（馆）。1996年4月撤市设区，更名为永州市芝山区档案局（馆）。2005年8月经国务院批准芝山区更名为零陵区，芝山区档案馆随之更名为永州市零陵区档案局（馆）。在区委、区政府的领导下，在上级档案部门的指导下，区档案工作有了长足发展，1988年定为省四级档案馆，1993年升为省三级档案馆，2006年晋升为省二级档案馆。

2016年，区档案局内设办公室、档案馆、业务指导股、法制教育股4个股室（馆）。现有人员12人，区档案馆建筑面积1200平方米，馆藏档案13万余卷。

【馆藏情况】 2016年年底，区档案馆馆藏档案共191个全宗，135828卷（件）。

建国前历史档案共计226卷（册）。民国档案（1940—1948）：省立七中移交清册、萍洲中学成绩册、零陵县立简易师范同学录、零陵县立初级中学同学录等。

地方志、碑文和谱类档案。唐代韩愈，宋代苏轼所书，颂扬柳宗元被称之为“三绝碑”的“荔子碑”；明万历年间王泮所撰的《捕蛇歌》；刘仕所撰的《重修柳司马祠记》，明世宗三十四年王日照所书的《愚溪怀古》。

馆藏有道光三年宗绩辰纂修的《永州府志》，光绪二年刘沛纂修的《零陵县志》《湖南地理志》《湖南行政概况》《湖南年鉴》《零陵县经济概况》（永州部分）。碑文主要有明《出上湖南官职题名》、“三绝碑”。明正德戊寅（1518年）严嵩所书的《寻愚溪谒柳子庙》、明神宗三十四年（1594年）王泮所书《捕蛇歌》、明世宗三十四年（1555年）王日照所书《愚溪怀古》、明嘉靖三十七年（1558年）刘养仕书《重修柳司马祠记》碑。谱类主要有周、蒋、胡氏族谱、唐氏宗谱。

文书档案（1949—2015年）共122128卷。主要内容有市（区）委、市（区）人大、市（区）政府、市（区）政协、市（区）局以上单位及二级机构和区、乡、镇机关及街道办事处（含撤销单位）的档案，这部分档案全面记载了市、区、乡镇（镇）街道办事处党政机关、群团组织、企事业单位的主要职能活动，从不同角度反映了全市（区）政治、国民经济和社会各项事业发展的状况。

专门档案。内容分为城市建设、重点工程建设、名优产品、名胜古迹、录音、录像、照片、人口普查、工业普查、山林权证、户籍档案等。

实物档案。分为奖牌、证书、旧印模等。

声像档案。分为录音、录像、照片等。

征集、寄存、捐献的档案。主要集中为1992年怀素书法研讨会征集的作品，有中央领导彭冲的题字“潇湘览胜”，程思远的题词“弘扬民族优秀文化、继承怀素草书艺术”，省领导刘正的题词“神笔常系”等全国各地、港澳同胞、海外侨胞的书法作品、资料共345件，其中，永州市一中90周年校庆典作品43件。

【资料自编工作】 区档案馆自行编制多种检索工具，全馆现有书本式检索工具328本，并置有重要文件卡、人物卡、专题目录等。近年来，档案馆编写19种参考资料，主要有《永州概况》《永州镇机构沿革》《永州市历届党代会、人代会、政协委员会会议简介》《永州市农村区划汇编》《永州市计划生育基础数字汇编》《永州市组织史》《永州市档案局、馆大事记》《永州市（零陵县）1949—1990年历届书记、市（县）长、人武部部长、政委名单》《永州市各个时期行政区划简介》《永州市自然旱灾情况调查》《永州名人录》《永州市大事记》（1982—1995年）和《永州兰台十五年》及有关数字统计等。

【资料收集工作】 主要是团体、个人寄存、捐献的图书资料。购买、征订的图书资料。主要有统计年鉴、财政报表、县志，罗氏、蒋氏、陈氏、周氏、吕氏家谱，《档案时空》《求是》、业务、政治理论、文学、《人民日报》《湖南日报》《永州日报》等。

【项目建设】 区综合档案馆建设项目原计划与区新行政中心项目同步实施，选址在永州大道旁人和路。2012年，项目建设规模获省发改委核定，投资金额1805万元、建筑面积5919平方米。后因区新行政中心项目暂缓实施，区综合档案馆建设项目也因此搁置。2015年5月，区委、区政府同意将区综合档案馆和区城建档案馆统筹规划、合并建设。项目建设规模扩大，总投资金额约2800万元、建筑面积约8000平方米，其中区城建档案馆建设规模总投资金额约1000万元、建筑面积约2000平方米。

【业务指导】 2016年，按照省、市档案局要求，在每个乡镇建设2个村级档案示范点。通过示范点在档案基础设施建设、制度建设和档案整理归档等方面工作取得的明显成效，为全区其它村的档案工作起到示范引路的作用。按照国家档案局第8号令、第10号令的要求，通过规范业务指导，2016年底，全区共有34个机关达到档案工作目标管理省二级以上标准，其中省特级1家，省一级13家（乡镇1家），省二级20家（乡镇省二级7家），全区档案资源建设和规范化管理稳中有进。

【法制教育】 档案法制宣传工作是提高档案工作、确保档案质量的重要手段。2016年“6·9”国际档案日，区档案局在安康广场举办以“档案与民生”为主题的大型宣传活动，通过媒体报道、发放宣传资料、安放宣传展板以及面对面答疑解惑等内容丰富、群众喜闻乐见的宣传活动，丰富档案知识，提高公众档案法制意识。

为促进全区档案工作规范化、制度化和标准化进程。11月10日，零陵区档案局组织召开2016年度档案业务培训班，全区200余名档案工作人员参加培训，区委常委、区委办主任彭江辉出席会议。彭江辉强调举办这次档案业务培训班的重要意义。彭江辉指出，要充分认识档案工作的重要性，全区档案工作人员要以此次培训为契机，认真学习档案业务知识，更好地服务服从经济社会发展和人民群众需要，推进档案事业科学发展，切实提升全区档案管理工作水平。培训会邀请市档案局领导授课，授课采取理论学习与实际操作演示相结合的教学模式，将机关档案业务建设、归档文件整理及档案法制意识培养作为培训重点内容进行专题讲解，从而使参训学员们系统学习并懂得档案归档工作的基础理论和业务知识，进一步提升档案业务技能，增强做好档案工作的信心。11—12月，区档案局组织开展2016年度全区档案行政执法检查。此次执法检查对象涵盖乡镇、街道、区直局以上单位、省市驻区有关单位和社区等118家单位。在各级各部门的高度重视下，在全区档案工作者的辛勤付出下，2016年，全区各单位档案管理水平有了一定程度的提升，档案收集更齐全，整理更规范，保管更妥善。

【数字档案建设】 近年来，中央和省、市档案局要求加大档案馆数字化建设力度。2015年，市档案局将零陵区档案馆列为全市档案馆数字化建设示范点。为加快档案馆数字化建设的进度，区档案局将档案馆数字化建设工程外包给档案数字化专业公司，并签定外包合同和保密协议。2016年底，区档案馆已完成馆藏档案数字化工作13000余卷。

【档案馆利用】 为精细化管理，规范服务，做好现行文件接收及提供利用，区档案局建立健全各项规章制度。同时，加强机关内部管理，明确各股室（馆）责任，定期开展督查，严格落实“十防”措施，全年未发生一起档案安全责任事故。2016年，由于农村土地流转、退休政策改革等原因，上馆查阅、利用、复印档案的人数较多，全年共接待咨询、查阅、利用档案者近万人次，提供档案5000余卷、复印15000余页。

信访工作

【概述】 零陵区信访局前身为信访办公室，2002年机构改革后成立，为正科级单位，现有在职人员18名，2013年，为充实信访工作力量，解决区信访局工作人员不足的问题，经区大编委会研究同意，成立零陵区信访服务中心，机构性质为全额拨款的事业单位（正股级），隶属区信访局，中心人员编制5人。

2016年，区信访局在自身建设上有所加强，信访工作经费直接纳入区财政预算，很好地保障工作的正常运转。同时，为更好的解决各类特殊疑难信访问题，区财政每年设立100万元信访救助资金，并从2012年起由区联席会议第一召集人掌握，直接解决疑难信访问题。2010年10月，为适应新时期信访工作的需要，经区委常委会议研究决定，成立零陵区社会矛盾排查调处中心，将区信访局、区维稳办、区联席办、区调纠办等单位以及涉法涉诉、司法行政部门人民调解职能合并，加挂区委群众工作部和信访大厅的牌子，实行“多块牌子、一套人马”合署办公。中心日常办公经费列入财政预算，由中心实行独立核算，专款专用；中心驻京、驻省常年值班经费按原渠道列入财政预算，重大活动值班经费及专项经费报区政府审批解决。

【来信来访工作】 2016年，零陵区信访工作在区委、区政府的正确领导和高度重视下，经过各级各部门的共同努力，全区信访秩序逐步好转。全年共受理群众来信来访1098批3189人次，领导交办502件2012人次（含区级领导大接访日330件1856人次）；1—10月共受理群众来信，区长信箱65件，市长信箱交办120件，信访信息系统投诉393件。内网来访180件，其中，国家部委转交办4件，省交办17件，市交办134件，已全部办结，办结率100%；收到复查申请35件，其中不予受理31件，复查4件，已全部办结，办结率100%；共排查各类矛盾纠纷225件，化解196件，化解率87%，区联席办组织召开疑难积案听证会1次。2016年，在永州市开展信访积案“千案攻坚”的行动中，零陵区有15件按市里要求全部结案。

2016年元旦、春节、清明、国庆节、G20峰会等重大敏感期平稳渡过，全国、省“两会”及党的十八届六中全会、G20峰会、市党代会、省党代会期间，零陵区无一人赴省进京登记挂号。

【“3+X”听证工作】 为化解全区疑难信访问题，零陵区创新推出“3+X”听证模式。通过“3+X”听证，零陵区每年都能化解10多起疑难信访案，收到较好的社会效果。如唐某反映开发商在施工过程损坏其房屋要求赔偿的信访案，多次赴省进京上访，在区政府大楼也多次出现过极端行为。后通过召开听证会，终于使该案得以成功化解。为推广零陵区“3+X”听证，湖南卫视都市频道《信访进行时》栏目还专门到零陵区制作一期节目，并在全省播出。

【化解信访积案】 2016年4月18日，吴某反映“3·29”火灾事故中消防部门慢作为导致其家人3口死亡案，多次组织其亲属进京非访，并在网络上大肆制造舆情，负面影响较大。鉴于信访人因火灾事故中家破人亡，心灵受到的打击很大，确实值得同情，在做好稳控工作的同时，一方面组织其所在单位和社区发扬爱心，组织募捐；另一方面组织有关专家及当事双方多次召开座谈会，还原事实真相，让信访人理解到消防部门的动机和目的是以救火为天职的，最后双方达成谅解，信访人签订息访息诉协议书。

【网上信访】 湖南省网上信访信息系统于2015年7月1日起已在全省正式推广运行。2016年，零陵区38个区直单位、16个乡镇办事处已全部开通省网上信访系统，并将每年的4月28日定为网上信访宣传工作日。

永州市零陵区人民代表大会常务委员会

【概况】 2016年，零陵区第九届人民代表大会常务委员会机关共设办公室、内司工委、联工委、财经工委、教科文卫工委、农业农村工委、城环工委等七个办事机构和工作委员会，共有干部职工31人。11月26日，区十届人大一次会议第一次全体会议审议通过零陵区第十届人民代表大会关于设立法制委员会、财政经济委员会的决定。

【决定决议】 2016年，零陵区人大常委会高度关注事关全区经济社会发展中的重大问题，先后就“零陵古城”配套基础设施建设项目、设立零陵区旅游产业促进基金、将政府购买服务资金纳入相应年度财政预算等重大事项作出决定决议8项，赋予其执行效力，促进各项工作的落实。

【人事任免】 始终坚持党管干部原则，严格按照工作程序依法进行人事任免。2016年，共依法任免国家机关工作人员47名，其中决定区人民政府代理区长1名，决定区人民检察院代理检察长1名，任命区人民政府副区长2名，任命区人大常委会工作机构负责人6名，任命区人民政府工作部门负责人18名，为国家机关顺利运转提供了人事保障。

【工作审议方式创新】 积极探索改进工作审议的方式方法。2016年的工作审议，紧紧围绕全区经济社会发展的重点工作、区委工作重心和人民群众普遍关注的热点难点问题，从人代会审议通过的“一府两院”《工作报告》、代表提出的重点建议和常委会的交办事项中选取精准扶贫、交通工作、平安零陵创建、学位建设、食品安全、城建工作等6项重点工作，开展工作审议。改变过去只审议区直部门的做法，对区人民政府分管副区长和法、检“两长”落实工作报告的履职情况进行审议。审议分两个阶段，分别安排在2016年7月和年底进行。开展审议时，由区人民政府副区长和法、检“两长”分别汇报相关工作的完成情况。各调查组根据调研情况，形成书面调查报告，经主任会议研究后提请常委会审议，再逐项进行不计名评分。前后两次审议评分按35:65的比例综合计算年度审议得分。审议结果向区委报告，并向社会公示。实施方案明确规定：年度审议得分60分以下为不满意。对于不满意工作，将约谈责任单位主要负责人，责令3个月内完成整改并再次进行审议测评。测评仍为不满意的，列为下年度工作审议对象，责成其主要负责人作出检查，直至依法启动质询案、特定问题调查、提出撤职案。改进工作审议的方式方法后，取得较好的监督效果，有力地促进“一府两院”《工作报告》的落实兑现，这一创新做法，被省人大常委会的民主法治新闻月刊《人民之友》刊载，并向全省各级人大常委会推介。

【专项行动】 2016年，启动“三湘农民健康行”活动。以农民健康为主题，组织成员单位开展送医送药下乡，开展巡回义诊，发放药品，提升农民的健康意识和健康水平。“民族团结进步行”贯彻落实中央民族工作精神，开展散居少数民族生产生活情况调研和少数民族优惠政策落实情况调研，组织外来务工少数民族联谊活动，进一步加强民族团结。“三湘环保世纪行”活动开展矿区环境集中整治，强化矿区环境监测，促成南电工业园的搬迁。“农产品质量安全行”不断强化工作举措，建立长效监管机制，全区农产品质量安全状况持续改善，蔬菜和水果农残超标率控制在省定范围，并由2013年的0.97%下降到2016年的0.13%，农产品质量安全水平明显提高。

【督办代表建议】 2016年，区九届人大五次会议期间，区人大代表依法书面提出议案、建议、批评和意见共58件，经大会议案审查委员会审查决定，全部作为建议、批评、意见处理（简称建议），这些建议全部交由区人民政府办理。2016年，区人民政府办理的58件人大代表建议，涉及水利、交通、教育、民政、文化、卫生、社会治安等18个方面。从办理的结果情况看，代表所提问题得到解决和基本解决的25件，占总数的43%；正在解决的27件，占总数的46.5%，因客观条件暂时无法解决的6件，占总数的10%。

永州市零陵区人民政府

【综述】2016年，区人民政府贯彻落实“生态立区、开放活区、工业强区、旅游旺区”总战略、“建园区、创名城”总要求和“三创一管”的决策部署，牢牢把握稳中求进、改革创新的工作总基调，以加快全面小康零陵建设为主线，突出稳增长、调结构、促改革、打基础、惠民生，努力克服经济下行等诸多困难，全区经济社会实现平稳较快发展。全年，全区实现地方生产总值208.25亿元，同比增长6.2%；财政总收入达到14.1亿元，增长16.5%；规模以上工业增加值41.9亿元，增长2.0%；固定资产投资199.3亿元，增长16.5%；社会消费品零售总额87.9亿元，同比增长11.7%；城乡居民收入分别达到24572元、16064元，分别增长9.7%和10.0%。主要经济指标增速高于全市平均水平，多项工作走在全市前列。

【经济社会发展】2016年，全区完成农业总产值72.1亿元，增长3.7%，实现农业牧渔业增加值40.4亿元，增长3.7%。粮食作物总播种面积62.94千公顷，蔬菜种植面积26.78千公顷，粮食总产量37.17万吨，水果总产量19.45万吨，猪、牛、羊出栏分别为89.47万头、1.32万头和3.03万头，家禽出栏1534万羽，水产品总产量1.94万吨。新增市级以上农业龙头企业6家，新增万字号产业基地3个，培育新型经营主体37家。现有省级农业产业化龙头企业4家，市级龙头企业23家，拥有全国驰名商标2个，省著名商标7个。保持全省粮食生产先进县区、生猪调出大县，成功创建省级出口食品农产品质量安全示范区。全区规模农产品加工企业完成产值25.5亿元，增长21.1%，雅大酒业、漓源饲料、兵马山酒业、福源木业和异蛇科技等企业新扩建项目陆续规范性生产，全区农产品加工业跃上一个新的台阶。工业发展动能增强。新增规模工业企业14家，完成区属规模工业总产值63亿元，同比增长18.5%，高于全市7.5个百分点，锰、烟、农产品加工、新能源新材料、电子信息、生物医药等六大产业初具规模。烟草制品业总产值34.2亿元，黑色金属冶炼业总产值7.7亿元，医药制造业总产值7.2亿元，计算机、通信和其他电子设备制造业产值增长68.4%，酒、饮料制造业产值增长19.6%，非金属矿物制品业产值增长46.1%，家具制造业产值增长69.3%。大力推进园区扩园提质，园区面积达10平方公里，引进产值过亿元企业6家。第三产业拉动明显。三次产业分别实现增加值39.97亿元、90.60亿元、77.68亿元，同比分别增长3.6%、2.8%和11.9%，文化旅游、商务物流等第三产业加速升温。“零陵古城”全面开工建设，柳宗元文化旅游区配套设施按AAAA级标准逐步完善。东山景区，东山文化广场、武庙保护展示工程已基本完工，接待中心已完成主体建设。周家大院，子岩府修缮工程全部完工，已正式对外开放，老院子一期维修工作完工。异蛇科技文化园，按照AAA级景区标准基本完成异蛇养殖体验区、旅游厕所建设，游客接待中心装修设计已完成。香零山村，制订《香零山村乡村旅游总体规划》，修建生态停车场、荷花池、生态温控大棚、自行车道和旅游标识牌。仙姑故里，打造以“十里花谷和亲情漂流”为主题的特色乡村旅游项目，“仙姑花海”吸引大量市民前往观光游览，成为零陵热门乡村旅游点。红星美凯龙、卜蜂莲花等大型商贸物流项目加快建设，“农村淘宝”整区推广，发展农村淘宝等网点200余家。潇湘汽车城年销售额达到15亿元，成为湘南地区规模最大、功能最全的汽车展销中心。开放承接势头良好，实际利用外资10510万美元，同比增长12.6%。内联引资20亿元，完成年目标任务19亿元的105.3%，同比增长17.6%。实现外贸进出口总额3464万美元，同比增长10%，其中，加工贸易256万美元。完成对外承包工程和劳务合作完成营业额2525.4万美元，完成对外投资中方合同投资额3510万美元。共完成进出口总额3737万美元，同比增长28.7%。新增外贸进出口备案登记企业7家，新增境外投资企业4家，外派劳务人员502人，名列全省前茅。

【城乡发展】2016年，全区城镇建设快速推进，开工城建项目74个，完成投资16亿元。全面加强城市“三创一管”和“三场四位”建设，新增停车位2100个、城区学位4300万个、厕位150个、公交站场34个、医院床位676个，东山广场成为市民休闲健身的新去处。城区全面“禁燃”，城区路网加快推进，瑞翔大道、潇湘大道等城市主干道和萍洲路网、园区路网绿化提质全面完成。南津路提质改造提前9个月全线贯通，城区形成“六纵六横”路网框架，城区面积达33平方公里，城镇化率提高至55.5%。国家历史文化名城获国务院批准，潇水国家湿地公园通过评审，城市形象和品位明显提升。基础设施全面加强，G322改线全面完工，零陵至双牌一级公路、朝阳大道加快推进。完成420公里的农村公路提质改造工程，完成危桥改造13座，渡改桥10座，通村公路总里程达到2400千米，通畅、通达率在99%以上。加强农村公路安保设施建设，共投入资金1000多万元完成Y419、Y193、Y063等线路安保设施建设80.7千米，安装防护栏4万多m，防撞墙400多m，警示标志牌400多块，建成18个农村客运招呼站场。新修水利设施120处，全区141座小型以上水库除险加固工程基本完成，新维修水渠13.2千米，新修机耕道6.8千米，全区有效灌溉面积达到33公顷。农村发展活力迸发。大力实施美丽乡村建设“五大行动计划”，深入推进农村环境综合治理、乡村旅游精品线路开发，共完成美丽乡村建设项目133个，投入资金2.6亿元，其中，农业产业项目36个，农村环境专项整治28个，基础设施项目69个。重点建设香零山、何仙姑、涧岩头村等一批“乡风文明、村容整洁、管理民主”的美丽乡村建设示范村，精心打造古城零陵—香零山—何仙姑永州之野“美丽乡村”示范带，全面启动沿线村落“美丽乡村”建设。新建垃圾处理设施168处，改水改厕改厨8100户，完成农村陈年垃圾清理1.8万吨，拆除空心房3万余m^2，新建农村户用沼气池太阳能节柴灶1300口，治理投肥养鱼水库污染68座，关闭红砖厂12家，农村垃圾无害化处理率达到95%以上。共创建市级美丽乡村示范点4个，创建国家级生态乡镇1个、省级生态乡镇4个、市级生态乡村42个，香零山村获省“美丽乡村”示范村，芬香村入选中国传统村落名录，干岩头村荣获“全国生态文化村”称号，农村面貌明显改观。

【改革创新】2016年，全区行政管理体制、农村产权制度、社会治理机制、财税金融、投融资体制等重点改革深入推进。国有林场改革顺利通过验收，政府机构改革、公车改革、建制村合并全面完成。“四单管理”制度全面实行，“三证合一”登记制度顺利推进，不动产统一登记发证全市率先实行。以网格化为重点的社会治理机制改革创造零陵经验，“1+X”组团式服务打通服务群众“最后一公里”，社区网格化全面覆盖，农村网格化全面推广，在全市起到较好的引领作用。“三去一降一补”五大任务扎实推进，供给侧结构性改革初见成效，消化商品房库存 43.22 万 m^2；闲置土地清理全面完成，全年依法依规征收土地 2815 公顷，全年报批项目建设用地 1756 公顷，储备土地 2600 公顷。招商引资取得重大突破，日升民办学校、永田一新材料等一批重大项目签约落地，全年到位内资 20 亿元、利用外资 1.1 亿美元。大力开展向上争资和信贷融资，累计争资 27 亿元、融资 42 亿元，有效保障民生支出和重点项目建设。重点项目建设有序推进，完成投资 86 亿元。37 个重大前期项目按计划推进，其中 26 个项目基本完成前期工作，接履桥光伏发电、大庆坪风力发电、老工业区搬迁改造、地下综合管廊、高标准农田建设等一批投资额度大、带动能力强的优质项目前期工作推进较快。

【民生福祉】2016 年，完成民生支出达 24.6 亿元，较上年度增加 3.4 亿元，省、市分配的 19 项重点民生实事全部完成，解决一批事关群众切身利益的热点难点问题。精准扶贫成效显著，按照“五个一批”“六个精准”要求，共发放小额扶贫贷款 3 亿元，培育扶贫产业 12 个，异地搬迁 217 户，完成 8340 名贫困对象和 4 个贫困村整体脱贫，超额完成年度目标任务。社会保障完善，城乡居民养老保险、医疗保险实现全覆盖，城乡救助标准逐步提高，新农合参合率稳定在 95%以上，新增城镇就业 6500 人、农村劳动力转移就业 1.8 万人。完成棚户区改造 1300 户、农村危房改造 885 户，新建农村安全饮水工程 18 处，受益人口 2.4 万人。社会事业不断进步，实施中心城区学位建设和农村学校改薄工程，新增城区学位 4300 个，建设合格教学点 9 所，高考二本上线人数稳居全市前列。实施农村卫生室改造提升计划，新改扩建社区卫生服务站 3 个，村卫生室 82 个，在全市率先进入国家义务教育基本均衡区和全省慢性病综合防治示范区。社会大局和谐稳定，全面推行区级领导“大接访”“大处访”，首创“3+X”信访听证模式，成功化解一大批信访积案；常态推进干部夜巡，深入开展“打黑除恶”、打击“两抢一盗”“命案必破”等专项行动，公众安全感大幅提升。实行最严格的安全生产、最严格的食品安全监管，全区未发生重大安全生产事故，安全生产连年保持省市先进。铁腕整治网吧，杜绝未成年人到网吧上网。综治民调全省排名从上年的 100 位上升到 26 位，综治民调工作排全市第 2 位。

【区政府常务会议】2016 年 1 月 8 日，区委副书记、区长唐烨主持召开区人民政府 2016 年第 1 次常务会议。研究审议《区政府工作报告》，听取森林禁伐减伐、财政、综合考核等工作情况汇报。

2 月 5 日，区委副书记、区长唐烨主持召开区人民政府 2016 年第 3 次常务会议。听取永州七中房屋拆迁施工工程量送审、鑫城锰业复产期间奖励扶持、水管单位体制改革、五星电站破产等工作情况汇报。

3 月 31 日，区委副书记、区长唐烨主持召开区人民政府 2016 年第 4 次常务会议。听取精准扶贫、粮食生产、农业“三项补贴”改革试点、建设银行贷款项目中间服务费支付、建制村合并、民办日升学校建设、森林防火等工作情况汇报。

4 月 22 日，区委副书记、区长唐烨主持召开区人民政府 2016 年第 5 次常务会议。审议《零陵区 2016 年重点项目建设目标管理工作方案》《关于规范区直机关事业单位奖金发放审批管理的意见》《零陵区城市低收入家庭廉租住房租赁补贴发放办法》《零陵区保障性住房配租和运营管理暂行办法》，听取国土、防汛抗旱等工作情况汇报。

5 月 31 日，区委副书记、区长唐烨主持召开区人民政府 2016 年第 6 次常务会议。审议《零陵区周家大院项目集体土地上房屋征收补偿安置方案》《零陵区朝阳大道工程项目集体土地上房屋征收补偿安置方案》《G207 线零陵段改线工程建设项目集体土地上房屋征收补偿安置方案》《G207 线零陵段改线工程建设项目范围内国有土地上房屋征收与补偿方案》

《零陵区南津路整体改造提质工程项目范围内国有土地上房屋征收与补偿方案》《零陵区永州温氏生猪养殖项目产业发展工作实施方案》《零陵区关于开展社会保障兜底脱贫对象联合认定工作方案》《永州市零陵区杂交水稻制种保险工作方案》，听取关于设立零陵区旅游产业促进基金、畜禽定点屠宰监管职能划转、新增和轮换区级储备粮、解除与湖南宇初置业发展有限公司合同、人事处分等工作情况汇报。

6月27日，区委副书记、区长唐烨主持召开区人民政府2016年第9次常务会议。听取交通、公交改革、公路、民办日升学校建设、精准扶贫等工作汇报。

6月30日，区委副书记、区长唐烨主持召开区人民政府2016年第10次常务会议。听取全省生态保护红线（零陵区初步方案）修改意见有关情况汇报。

6月30日，区委副书记、区长唐烨主持召开区人民政府2016年第11次常务会议。审议《永州市零陵区乡村教师支持计划实施细则（2016—2020年）》，听取退休干部反映问题处理、永田一新材料投资零陵工业园创新创业项目合同书、人事处分等工作情况汇报。

7月28日，区委副书记、区长唐烨主持召开区政府2016年第12次常务会议。审议《零陵区农业抗旱救灾实施方案》《零陵区2016年农业标准化建设实施方案》《零陵区2016年开放型经济目标管理考核办法》《零陵区地质灾害综合防治体系建设资金使用方案》，听取区直机关办公用房调整、点亮乡村“五年行动计划”、零陵农业发展建设投资有限公司组建、美丽乡村建设、易地扶贫搬迁、工人文化宫维护修缮、国家土地督察武汉局2015年度省域督察发现问题的整改、公检法司业务用房及九中北校区改扩建等项目供地等工作汇报。

8月1日，区委副书记、区长唐烨主持召开区人民政府2016年第13次常务会议。审议《零陵区村卫生室和社区卫生站建设实施方案》，听取瑞翔大道亮化工程建设、市中波台搬迁项目协调小组组建等工作汇报。

8月8日，区委副书记、区长候选人吴恢才主持召开区人民政府2016年第14次常务会议。审议《零陵区建立社会救助“一门受理、协同办理”工作方案》《零陵区医疗救助工作实施细则》《零陵区城区学位建设实施方案（2017—2020年）》，听取永州林业博览园零陵园建设等工作情况汇报。

8月14日，区委副书记、区长候选人吴恢才主持召开区人民政府2016年第15次常务会议。审议《零陵区生态保护红线划定“二上”对接意见》，听取香桂茗苑小区土地办理分户及改变用途补交土地出让金、购买原零陵商校用于办学、安全生产等工作情况汇报。

9月23日，区委副书记、代区长吴恢才召开区人民政府2016年第16次常务会议。会议传达全省安全生产电视电话会议精神及2016年全市重大项目流动现场推进会议精神，审议《2016年零陵区重点民生实事项目实施意见》《零陵区烟花爆竹经营布点规划方案》《零陵区整合城乡居民基本医疗保险制度实施方案》《2015年度全区考核评奖工作意见》《2016年全区经济社会发展综合考核实施办法》《零陵区关于做好2016年市绩效评估考核工作实施方案》，听取精准扶贫等工作情况汇报。

10月10日，区委副书记、代区长吴恢才主持召开区政府2016年第17次常务会议。审议《零陵区创建国家园林城市考核奖惩办法》《零陵区2016年度“三项优先”工作综合考核方案》《零陵区2016年度绿色永州建设工作考核办法》，听取关于城乡网格化建设、朝阳大道等项目建设、见义勇为表彰等工作汇报。

10月14日，区委副书记、代区长吴恢才主持召开区人民政府2016年第18次常务会议。会议审议《零陵区关于推进行业协会与行政机关脱钩工作实施方案》《2016年度零陵区金融机构支持地方经济发展考核奖励办法》《2016年全区本级财政预算调整方案（草案）》《零陵区加快促进总部经济发展暂行规定》《零陵区新型城镇化考核工作方案》《零陵区新型工业化考核实施方案》《零陵区2016年推进园区经济发展专项考核办法》《零陵区2016年度农业农村工作综合考核方案》，听取棚户区改造项目申报、香港美源达公司年产1亿只毛绒玩具生产基地项目建设等工作情况汇报。

11月7日，区委副书记、代区长吴恢才主持召开区人民政府2016年第20次常务会议。会议听取关于被征地农民社会保障、东山景区项目建设等工作汇报。

11月11日，区委副书记、代区长吴恢才主持召开区人民政府2016年第21次常务会议。会议审议《零陵区关于加快电子商务发展的实施意见》，听取入驻源味街品牌优惠奖励、城投融资、扶贫小额贷款借款等工作汇报。

11月14日，区委副书记、代区长吴恢才主持召开区人民政府2016年第23次常务会议。会议审议《零陵区2016年财政预算执行情况及2017年财政预算（草案）的报告》和《零陵区2016年国民经济和社会发展计划执行情况与2017年计划(草案）的报告》

11月29日，区委副书记、区长吴恢才主持召开区人民政府2016年第24次常务会议。会议听取零陵工业园关于东莞海拓伟科技有限公司投资零陵工业园综合新能源建设项目有关工作情况汇报。

12月1日，区委副书记、区长吴恢才主持召开区人民政府2016年第25次常务会议。会议听取依法行政、潇水两岸棚户区改造项目范围内国有土地上房屋征收补偿等工作情况汇报。

12月5日，区委副书记、区长吴恢才主持召开区人民政府2016年第26次常务会议。会议审议《零陵区投融资公司用工及薪酬管理试行办法》《零陵古城路网建设工程项目集体土地上房屋征收补偿安置方案》，听取农村综合服务平台建设及融资、财政资金审批管理、法华寺改扩建工程建设等工作情况汇报。

12月23日，区委副书记、区长吴恢才主持召开区人民政府2016年第27次常务会议。会议审议《零陵区工程建设项目招标规模标准调整和在建项目工程变更管理补充规定》《零陵区财政投资评审管理办法(修订)》《零陵区政务督查督办工作方案》《零陵区关于加快全区医疗卫生事业改革发展的实施意见》《零陵区医疗床位建设三年（2017—2019）行动计划建设实施方案》《零陵区中心城区全面禁止燃放烟花爆竹工作方案》《永州市零陵区电子商务发展规划（2016—2020)》，听取关于零陵区30万元以下建设工程招投标选定施工单位、区城建投融资等工作汇报。

12月26日，区委副书记、区长吴恢才主持召开区人民政府2016年第28次常务会议。会议听取区发改委关于零陵区公务用车制度改革工作情况汇报。

区人民政府办公室

【概况】零陵区人民政府办公室是零陵区人民政府综合服务办公机构，内设文秘室、综调室、研究室、应急管理办公室、督查室、政工室、后勤室、金融办、区优化经济发展环境办公室、民族宗教办公室、法制办公室、旅游外事侨务室等12个职能室，行政编制33人，事业编制11人，工勤编10人；在职人员44人，其中副科级以上干部27人。

【决策参谋】2016年，区人民政府办公室围绕区委、区政府“建园区、创名城”等中心工作，科学安排全年工作，充分发挥决策参谋作用，真正当好政府的“智囊团”“思想库”“参谋部”。深入各乡镇办事处和区直主要部门针对美丽乡村建设、园区建设、名城申报与保护、旅游发展等方面开展综合调研20余次，形成《关于美丽乡村建设的调查》《关于零陵区社区网格化工作的调研》《乡村旅游的调查和思考》《关于湘江流域保护与治理的调查》《全区锰产业发展出路与对策》等一系列有价值的调研报告。全年认真撰写区政府大型会议、区政府向市委、市政府的重要汇报材料、重大综合性材料200余篇，计120多万字。2016年8月，全程参与撰写区第八次《党代会报告》。12月，高质量完成区十届人大一次会议《政府工作报告》。加强经济形势分析工作，主动提出零陵区经济发展的对策与建议，全年共完成3次阶段性经济形势分析。

【值守应急】2016年，区政府办公室充分发挥承上启下、沟通内外、协调左右的枢纽桥梁作用，认真做好统筹协调工作，确保政府系统政令畅通、高效运转。在重大活动、重大工作的安排上发挥牵头协调作用，积极跟党委、人大常委会、政协加强横向沟通联系，及时保持与上下级部门的纵向联系。严格落实24小时值班制，要求认真、规范填写值班记录，严格规范交接班制度。做好应急值守和信息汇总工作，在重要时段实行区级领导带班与应急分队24小时备勤制度，切实做到及时、准确、全面地做好上传下达及值守备勤工作，全年值班室共接打电话19000多个，处理公安分局和有关单位的上报的情报信息290余份，向市应急办报送突发事件应急信息12篇,无瞒报、谎报、迟报、漏报等情况，并且每天由一名班子成员参加区政府信访值班，接待人民群众的来信来访，做到有问必答，熟民情、解民忧、释民惑、达民意，成为党和政府、群众联系的桥梁和纽带。

【办文工作】2016年，共处理各类文件2700余次，做到“日清日结”，文件接收、处理、传阅及时准确，没有发生任何公文处理不当事件；改进办文工作方法，提高公文校核质量，全年共制发各类公文740余份，没有出现与法律法规政策相违背的或体式错误的文件；起草编发审核会议纪要23期，所有公文处理的按期办结率达到100%，没有出现重大差错，没有出现公文未办或丢失现象。按照“会前准备充分、会中准确服务、会后督查落实”的原则，高质量完成600余次各类会议的会务工作。严格执行《保密法》，切实加强区人民政府及办公室印章、档案、机要保密和办公网络工作，没有发生任何违规行为或泄密事件。

【政务督查】2016年，完善督查机制，制订《零陵区政府督查督办工作方案》《区政府督查工作反馈制度》《督查情况日报制》和《督查情况台帐管理制度》等规章制度并及时报告落实进度。年初，零陵区政府办公室与区委办，对区委经济工作会议和《政府工作报告》确定的目标任务进行分解，实行“一月一调度、一季一督查通报、半年一小结、年终结总账”工作机制。2016年，全年短信报送各类督查督办情况160余条，及时有效解决热点、焦点问题20余个。明确各乡镇办事处、区直各单位行政负责人是抓落实的第一责任人，并明确一名政务督查督办工作联络员，实现督查网络全覆盖。重大工作全程督办，《政府工作报告》落实情况每月调度、每季督查，政府常务会议定事项、区长办公会确定事项闭合式督查，保障政令畅通。全年围绕重点项目建设、安全生产、防汛、动物疫情防疫、水库投肥养殖等工作，会同区直部门组成联合督查组开展督查。将督查结果纳入全区社会经济综合考核范畴，对落实不力、推动不快、影响全区工作开展的单位和部门，在年度全区经济社会发展综合考核中减扣相应分值，对情节严重的予以取消责任单位评先评优资格和相应的经济处罚。2016年，办公室认真抓好、统筹办理人大代表建议和政协委员提案，全年区政府系统承办市人大代表建议和市政协委员提案共19余件，区人大代表建议和区政协委员提案135件，全部办理完毕，做到办复率100%。

【机关管理】2016年，按照“节俭、周到、热情”原则，对后勤保障实行规范化、制度化、科学化管理。完善出台车辆出差燃料管理制度、车辆停放制度、车辆维修制度、公务接待制度，做到用制度管人，按制度办事。严格车辆管理，建立驾驶员档案、车辆维修和车辆出差台帐，公务车全部张贴标识，实行“一车一卡”限额加油，公务外出一律到后勤室领取派车单，严禁公车私用、严禁车辆到娱乐休闲场所活动。加强车辆维修监督制度，实行工作人员、驾驶员、维修店集中对车辆进行会诊、审批、后维修的程序，在源头上杜绝车辆维修的漏洞。认真贯彻落实中央八项规定精神，不折不扣地执行《党政机关厉行节约反对浪费条例》《党政机关国内公务接待管理规定》及《零陵区人民政府办公室公务接待管理制度》。严格按照规定的接待范围、接待程序、接待方式和接待物资采购与管理。“三单齐全”（单位公函、接待审批单、税务发票）才能报销接待费用，坚决抵制“舌尖上的浪费”。

【党风廉政建设】2016年，着力营造“争创学习型办公室，争当学习型秘书”的氛围，提高办公室队伍的综合素质。坚持1个月1次理论学习、业务学习。全年以“两学一做”学习教育及“三提升三争当”活动为契机，逐条逐句通读党章，认真学习《中国共产党廉洁自律准则》、《中国共产党纪律处分条例》等党内法规和《习近平总书记系列讲话》，领会“中国梦”、“三个自信”、“四个全面”战略布局、五大发展理念、践行社会主义核心价值观、全面从严治党、十八届六中全会精神等重要思想。同时，实行理论学习与业务学习相结合，集中学习与分散学习相结合，请领导、专家讲课和分散性学习相结合，不断提高学习的自觉性和紧迫性。通过开展以“弘扬长征精神，学先辈、学先烈，立足岗位做贡献”为主题的重走红军长征路活动和纪念建党95周年系列活动，进一步坚定理想信念和爱国主义情怀，增强为民服务的宗旨。通过向书本学、向领导学、向群众学，不断提升干部职工理论素养和业务知识，培养了一批综合素质过硬的干部队伍，进一步提升参谋服务能力。

【金融管理】2016年，区人民政府办公室积极协调和引导全区银行金融机构，为全区地方经济社会发展提供有力的金融保障，金融机构信贷投放大幅增加。2016年12月末，金融机构存款余额181.8亿元，净增额23.5亿元，增长14.87%；贷款余额108.1亿元，净增额20.9亿元，增长23.94%。推进金融体制改革，建立完善政府性债务管理制度。先后制订颁布《零陵区政府性融资管理暂行办法》《零陵区人民政府关于印发永州市零陵区政府性债务管理暂行办法的通知》。完善政策性农业保险制度，先后制订颁布《永州市零陵区2016年农业保险实施方案》《零陵区2016年杂交水稻制种保险工作方案》。研究制定金融产业补短板重点任务，出台《2016年全区金融机构支持地方经济发展考核奖励办法》积极引导各金融机构优化信贷结构，扩大信贷投放，进一步调动各金融机构支持地方经济发展的积极性和创造性。9月底，永州农商银行正式挂牌营业，全区农村信用社改革工作全面完成。

电子政务

【概况】零陵区电子政务管理办公室，先后经历芝山区经济信息中心（归口原区计划委员会管理）、永州市芝山区(2005年10月正式更名为零陵区）新闻信息中心（归口为区委宣传部管理)、永州市零陵区信息中心（归口区政府办管理）三个阶段。2012年5月28日，更名为永州市零陵区人民政府电子政务管理办公室（正科级事业单位）系零陵区政府部门管理的机构，主要职责是推进全区信息化和电子政务建设。职责范围是全区信息化规划、指导、培训及信息安全的监督检查。零陵区政府门户网站的建设、维护和管理,为全区各政务网站的建设提供技术指导。区电子政务管理办公室现有干部职工9人，其中正科1名，副科2名。

【政府门户网站建设】2016年，对内网单位进行调整合并，现有内网单位101家；外网联通市区乡镇、社区、乡村99家。区人民政府网改版于2016

年1月6日全新上线，截至2016年12月底，发布信息4000条，答复区长信箱信件30件，较往年同期分别增加30%、50%。

【电子政务工作】2016年，区政府下文禁止各乡镇、街道办事处以及各单位部门新建工作网站，前期已经关停“阳光三农网”、“零陵工业园区招商合作网”、“区司法局网站”、“区房产局网”、“商务之窗”、“区公安局网站”、“区民政局网站”等僵尸网站7家。

政务服务和政务公开

【概况】永州市零陵区人民政府政务服务中心（以下简称政务中心）成立于2005年11月18日。根据《中共永州市零陵区委员会永州市零陵区人民政府关于永州市零陵区人民政府机构设置、职能职责变化及部分单位机构级别调整的通知》和《中共永州市零陵区委永州市零陵区人民政府关于印发<永州市零陵区人民政府职能转变和机构改革方案的实施意见>的通知》，永州市零陵区政务服务中心为区政府直属正科级公益一类事业单位，挂永州市零陵区政务公开领导小组办公室牌子。

2012年11月搬迁至萍州开发区萍州中路89号新政务中心办事大厅，现有窗口工作人员150余人，拥有房地产、税费一体化系统、网上政务服务和电子监察系统、电子显示屏、监控系统、指纹考勤系统、空调及电梯等现代化办公设施。区政务服务中心设5个内设机构：综合室（政工室）、政务规划管理股、业务指导股、政务信息发布股、监督考核股。

贯彻执行国家、省、市有关政务公开、政务服务的法律法规和方针政策，参与起草零陵区政务公开、政务服务等方面的规范性文件。负责制定全区政务公开、政务服务发展规划和年度计划，规划协调、指导监督全区政务服务、政府信息公开、公共企事业单位办事公开等工作。承担区政务公开领导小组办公室日常工作职责，组织发布区政府政务信息，负责区本级政府信息依申请公开的咨询、受理、协调、督办工作。对乡镇（街道）政务服务中心进行业务指导，对区直有关部门（含中央、省、市属有关部门）设立的各专业办事大厅（中心）进行业务指导和监督。负责区政务中心办事大厅及各进驻窗口的服务保障工作。对区直部门派驻政务中心窗口的项目进驻、窗口授权、在线办理等工作进行组织协调和指导服务，制订和监督执行窗口服务模式、服务标准、管理规范。负责窗口工作人员的日常培训、管理和年度考核，受理、交办、督办对窗口工作人员的投诉和举报。按机构改革的总体要求，负责对下属单位机构设置、职能设置和人员编制配备等提出调整完善意见，报机构编制部门明确。承办区委、区人民政府交办的其他事项。

【审批机制改革】2016年，入驻政务中心各部门，行政许可和非许可类行政审批事项向行政审批办公室集中，行政审批办公室主任兼任政务中心窗口首席代表。2016年，共有37个区直行政单位，1个市直部门（市人防办），1个公共企事业单位（区自来水公司）进驻区政务中心，基本实现“一窗式”受理、“一站式”服务。

【行政效能】2016年，已有41个区直部门的204项办事事项（行政许可类159项、非行政许可类22项、政务服务类23项）进入网上政务服务系统项目，实现全区行政部门政务服务项目“一站式服务，一窗式受理，一次性告知，一条龙审批，一单式收费”，全面提升全区电子政务水平。

【创新便民举措】2016年5月，零陵区“房地产税费一体化”项目运行以来，坚持规范收费，统一收费标准，一个窗口缴费，的服务方式，以创新“绿色通道”“全程代办”“并联审批”的便民举措，确保“房地产税费一体化”系统稳定、高效运转，收费公开、公平、公正。

【服务形象提升】针对政务服务工作需要，在政务大厅入口处设置政务服务引导台。并在1楼设立便民中心，为群众提供照相、打字复印等业务。坚持把行政审批和办事公开贯穿于中心工作的始终，把政务公开同电子政务相结合，采取上墙、上网、上电子显示屏和印发《办事指南》等多种形式向当事人和社会公开政策依据、申请条件、申报材料、办事程序、办理时限、收费标准、收费依据、审批结果等，保证群众知情权。

【办件管理】把在中心办理的所有审批项目分为即办件、承诺件、联办件、补办件、退回件和上报件，分别采取不同的方式进行管理；对一般事项采取直接办理、特殊事项采取承诺办理、重大事项采取联合办理、上报事项采取专责代理、控制事项采取明确答复。

【政务服务机制】严把进人关，各部门将政治素质高、工作业务熟、服务态度好、责任心强的中层干部和业务骨干及职能部门负责人选派到窗口工作，选派人员原则上在窗口工作2年以上，保障工作的连续性。对中心管理人员和窗口工作人员开展系统的法律法规知识、业务技能、礼仪、规章制度、计算机操作等系统培训。推行人性化管理，适当考虑窗口工作人员的工作补贴，增加窗口工作人员的年度考核优秀指标，充分调动每1位窗口人员的工作积极性，建立政务服务长效机制和动力机制。开展“创先争优”评比活动，每月评选3个红旗窗口，1个黄牌窗口，加强各窗口的竞争意识。坚持统一着装，挂证上岗，打造一批文明窗口，树立一批服务模范。

机关事务

【概况】1998年5月成立芝山区机关事务管理局，为副科级参公管理单位，2012年5月28升格为正科级参公管理单位。全局干部职工共33人。主要职责是履行区委、区政府制订的“三定方案”，定编、定岗、定人的要求，紧紧围绕区委、区政府工作中心，以“科学管理、优质服务、集约节俭、创业奉献”为宗旨，以深入开展“创先争优”和“解放思想、跨越发展”主题实践活动为契机，大胆解放思想，勇于开拓创新，不断提高机关事务管理工作水平和质量。获得2016年省党委系统先进单位，2016年全区社会管理综合治理先进单位等奖项。

【项目建设】启动机关大院办公环境的治理。2016年，区机关事务管理局主持大院生态湖清理工作，清理淤泥1000多立方米，并种植了荷花，对生态湖边的路面进行铺砖改造。湖边加设了仿古栏杆、景观墙、健康标语知识，给广大干职工工作创造良好的工作环境和氛围。改善机关大院公共设施的建设。机关大院办公区车辆多，进行规划和设计，建立起全区最大的生态停车场，可以容纳500台车辆停放，并安装车辆自动进出系统。增添浓厚的古文化和健康主题思想。区机关事务管理局在办公区广场的改建方面进行仿古设计、加厚青石、地砖仿古路灯，广场前加设的两道“景观门”，建立全民健康健身体验馆和健康知识科普屋。

【后勤保障与服务】机关事务管理局管理4个大会议室，6个小会议室，招聘会务人员10名，精心做好会议服务工作。根据会议情况制订会议室使用、服务管理办法，加强对会议服务人员的业务培训和素质教育，不断提高会务服务质量和满意度；加大对机关办公大楼水、电、暖维修力度。研究制订《水电管理制度》，采取责任到人，定期检查，确保机关办公大楼水电的正常运行。积极做好上访人员劝离、引导、登记、接待工作，进出机关办公大楼必须佩带工作牌，安排物业人员对办公楼门禁系统24小时值班，确保办公场所正常办公秩序。成立义务消防队，每季度组织人员对机关办公区进行消防安全检查。邀请区消防中队在区委、区政府大院开展现场消防演习，对机关干部职工进行消防安全培训。成立网格化办公室，实行网格化服务，指定专人负责，对大院单位和居民信息输入网格管理系统，做到事在网格办，人在网格走的便民政策，最大限度的方便广大群众办事。建立监控系统，机关宿舍区与办公大楼共装有摄像头300多个，办公大楼1楼设立监控室，24小时监控。

【食堂管理建设】机关事务管理局从成立以来，食堂一直在探索发展，就餐人员由原来每日一百多人增加到现在的一千多人次。人员的增多，对机关食堂提出更高的要求。区委、区政府高度注视，在财政上给予支持，机关事务管理局安排专人负责。加强食堂制度建设，制订《机关食堂管理制度》《食堂原料采购制度》等规定，要求食堂负责人采购、入库、使用、管理等一切按制度办事。加强人员管理，聘请有资质的大厨负责工作餐，食堂工作人员必须每年体检，凭健康证上岗，上班时间必须着工作服、戴厨师帽、佩带口罩，使食品卫生得到保障。加强机关食堂环境卫生、用餐质量和服务质量的监管力度，机关干部职工对食堂的满意率不断提升。

【公共机构节能】2016年，建立健全区直机关节能工作制度，广泛开展节能宣传活动，制作印发宣传手册、《公共机构节能倡议书》、节能标识，引导广大机关干部职工绿色出行。开展“公共机构节能宣传周”活动，举办公共机构节能知识讲座，增强干部职工节能意识，提高节能自觉性。区委办公室、区政府办公室联合印发《公共机构节能工作实施方案》，规范公共机构节能工作；建立健全能源消耗统计制度。要求区直各级公共机构实行能源消费分户、分类、分项计量，加强对本单位能源消耗状况的实时监测，建立考核评价制度。以区公共机构节能领导小组名义制订出台了《机关节能工作考核评价暂行办法》，将节能工作纳入目标责任管理，作为“文明单位”评选的重要条件。

【公务用车管理】根据区委、区政府2016年10月下达实行《全区公务车辆改革办法》的文件，成立公务用车管理办公室，对全区100多个单位44辆公务用车集中管理，其中，除个别单位需保留应急车辆外，其他单位严格按照《公务用车管理制度》实行管理。所有上交车辆停进生态自动停车场进行封存，全区参加公务管理的车辆指定专门的厂家进行维修和保养，在车辆前端部位喷涂公务用车的标识。各单位需用车时，必须到公车管理办公室填写出公务用车派出单，并加盖用车单位公章，由公车管理办公室工作人员审核和登记。根据实际情况派车给申请单位。所有车辆派出任务前，由管理工作人员检查车辆安全情况和油料情况，并做好登记，完成任务返回后，由工作人员检查情况做好回车登记。

【制度机制完善】2016年，制订机关管理、公文管理、档案管理、公共机构节能、廉政建设、后勤服务五类共30多项规章制度，促进日常管理的科学化、制度化。在队伍管理上，试行绩效管理制度，实行岗位目标管理，促进机关有序高效运转。在财务管理上，制订《财务管理暂行办法》，实现管理制度化、规范化。

深入开展“争创学习型机关，争做学习型干部”和建设学习型党组织等活动，不断提升干部职工的理论政策水平和履行管理、服务、保障岗位职责的能力。积极开展“解放思想”主题实践活动，增强干部服务意识。深入开展“解放思想、跨越发展”主题实践活动，认真分析查找思想观念、体制机制、工作作风等方面阻碍机关事务管理工作科学发展的深层次问题，集中整合整改，推动工作开展。加强机关党的建设，转变干部工作作风。以创先争优活动为抓手，建立健全组织机构，认真执行党风廉政建设责任制，严格落实各项政策措施，营造干净干事的氛围。以治理“庸懒散”为重点，明确突出问题，认真督促整改，提升机关服务质效。

政协永州市零陵区委员会

【概况】 2016年底，政协机关共有干部职工28人。内设政协办公室及提案委员会、经济科技人口资源环境委员会、学习文史宣教卫体委、民族宗教法制群团三胞联谊委等5个委室和朝阳、南津渡、徐家井、七里店、大庆坪、石岩头、水口山、珠山、梳子铺、黄田铺、富家桥、石山脚、凼底、菱角塘、接履桥、邮亭圩等16个政协工作委员会。区政协九届委员会共有政协委员213名，政协常委31名。11月召开区政协十届一次全体会议，选举产生区政协十届常务委员会28名。现有政协委员197名，设19个界别。2016年，零陵区政协高举爱国主义和社会主义旗帜，紧紧依靠广大政协委员，广泛团结社会各界人士，以科学发展观为指导，认真贯彻落实区委要求和部署，围绕中心、服务大局，坚持团结和民主两大主题，切实履行政治协商、民主监督、参政议政职能，有效发挥了协调关系、汇聚力量、建言献策、服务大局的作用，政协工作呈现出扎实推进、活跃有序的良好局面。全年，共召开全体会议2次，主席会议12次，常委会议5次，各类专题座谈会32次。

【政协永州市零陵区第九届委员会第四次会议】 2016年1月16日至18日，政协永州市零陵区第九届委员会第四次会议在柳子大酒店主会场召开。会议听取区政协主席尹玉林所作的《区政协常务委员会工作报告》。报告指出，上年，区政协围绕中心，服务大局，竭诚履行政治协商、民主监督和参政议政职能，锐意创新，务实工作，为促进全区经济社会发展作出积极的努力和贡献。报告要求，在2016年，区政协要认真落实党中央关于加强社会主义协商民主建设的意见，适应新常态，实现新作为，同心同德、奋发进取，为全面推进开放、文明、富裕、幸福的新零陵建设作出新的努力和贡献。

会议听取副主席何春玉所作的《提案工作报告》。罗映红等7名委员在会上作口头或书面发言。乡镇（办事处）党（工）委书记，区直各部办委局和具有行政管理职能的驻零中央、省属单位主要负责人，驻区的省、市政协委员以及部分企业代表应邀列席开幕大会。

会议指出，2016年是全面建成小康社会决胜阶段的开局之年，也是全区实施“十三五”规划的起步之年，区政协常委会要紧紧按照“四个全面”战略部署，突出全面建成小康社会这个总目标，努力践行五大发展理念，突出“建园区、创名城”，全力推进“工业强区、旅游兴区”发展战略，牢牢把握团结和民主两大主题，认真履行政治协商、民主监督、参政议政职能，为推动全区在新起点上实现新的跨越作出积极贡献。

【政协永州市零陵区第十届委员会第一次会议】 2016年11月25日至28日，政协永州市零陵区第十届委员会第一次会议，在柳子大酒店主会场召开，大会由李祥军主持。受政协永州市零陵区第九届委员会常务委员会的委托，杨时隽向大会作常务委员会工作报告。报告回顾总结九届区政协走过的五年履职历程：增进共识，凝聚力量，政治协商有方；准确定位，把握适度，民主监督有力；精心选题，深入调研，参政议政有为；求真务实，开拓创新，自身建设有序。

何春玉作政协永州市零陵区第九届委员会常务委员会提案工作报告。区委常委、常务副区长龙军代表区人民政府作政协永州市零陵区第九届委员会委员大会发言、提案、意见建议办理情况的说明。

会上，区委书记唐烨指出，九届区政协紧紧围绕区委、区政府的中心工作，认真履行职能，积极参政议政，为全区各项事业的发展做出突出贡献。

会上，3 位政协委员作发言。刘劲明委员发言的题目是《传承怀素书艺文化，打造中国书法名城》；蒋华委员做《关于工业园区管理体制建设的调查与思考》的发言；杨丽君委员代表做题为《关于零陵区发展森林康养产业的思考与建议》的发言。

会议要求，区政协十届委员会要紧紧围绕中心，服务大局，积极认真履行三大职责，按照政协组织的特点，充分发挥政协各参加单位和广大政协委员的作用和优势，推动全区经济、政治、文化、社会和生态文明建设协调发展。认真落实《中共中央关于加强人民政协工作的意见》、《中共中央办公厅关于加强人民政协协商民主建设的实施意见》和省委、市委、区委对政协工作的要求，科学谋划政协工作，扎实推进基层协商民主制度建设深入广泛发展，主动服务全区改革发展稳定大局，探索搭建具有鲜明政协特色的平台载体，不断强化思想建设、制度建设、能力建设，为实现全面建成小康零陵的目标而不懈努力。

【政协永州市零陵区第九届委员会常务委员会议】2016 年 1 月 9 日上午，区政协主席尹玉林主持召开区政协九届十四次常委会议。会议讨论《零陵区 2015 年国民经济和社会发展计划执行情况及 2016 年国民经济和社会发展计划报告（征求意见稿）》《2015 年零陵区财政预算执行情况及 2016 年区本级预算的报告（征求意见稿）》《零陵区“十三五”规划纲要（草案）编制说明（征求意见稿）》《零陵区人民法院工作报告（征求意见稿）》及《零陵区人民检察院工作报告（征求意见稿）》等工作报告；协商通过《零陵区政协九届四次会议议程（草案）》《零陵区政协九届四次会议日程（草案）》《零陵区政协常务委员会工作报告（草案）》《零陵区政协提案工作报告（草案）》委员大会发言标题、主要内容及发言人，《委员讨论分组名单及召集名单（草案）》《零陵区政协九届四次会议秘书长、副秘书长、秘书处工作机构及负责人名单（草案）》《零陵区政协九届四次会议表彰名单（草案）》及其他事项。

会上，区长唐烨对区政协一直以来给予区政府工作的关心、支持和民主监督表示感谢。唐烨指出，与会的各位政协领导及委员对零陵经济社会发展情况非常熟悉和了解，对许多问题有着独特的研判和思考，大家提出的意见和建议对修改和完善《政府工作报告》、进一步改进政府工作十分重要。希望区政协一如既往地关心、支持和监督政府工作，推动政府把 2016 年和“十三五”时期各项工作做得更好。

尹玉林要求，区政协九届四次会议的主题要紧扣零陵发展实际，文字材料要不出纰漏，会务组织要周到细致，参政建言要精准踊跃，会风会纪要严肃和谐，确保会议圆满成功，为建设开放、文明、富裕、幸福的新零陵作出新的更大贡献。

区委常委、副区长蒋映群作《关于政府工作报告起草情况的说明》。

1 月 18 日上午，尹玉林在红太阳大酒店四楼会议室主持召开区政协九届十五次常委会议。在听取区政协九届四次会议委员分组讨论召集人关于协商区政府工作报告的情况汇报后，区委副书记、区长唐烨作重要讲话。唐烨首先对委员们的建言水平和对政府工作的理解支持给予充分肯定，并希望全区政协委员们要共担政治大团结的使命、共担经济大提升的时代重任、共担谋发展的时代重任、共担社会建设大进步的时代重任，为促进全区政协工作新发展，全面建成小康零陵作出新的更大贡献。

会议还协商通过《区政协

九届四次会议政治决议（草案)》等相关决议。

2月2日，尹玉林在区委三楼会议室主持召开区政协九届十六次常委会议。会议协商通过区政协调整换届时间事宜。会议协商决定，认真贯彻落实省委、市委关于“县区人大、政府、政协及乡镇人大、政府换届的时间由2017年下半年调整到2016年”的工作部署，在区委的统一领导下，认真筹备十届区政协一次会议，努力做好全区政协换届的相关工作。

6月8日上午，尹玉林在区委三楼会议室主持召开九届十七次常委会议。会议学习贯彻全国政协十二届四次会议精神；通报了《区政协九届四次会议重点提案名录》《区政协2016年专题调研、视察工作安排》《关于在区政协机关全体党员中开展“两学一做”学习教育实施方案》，以及政府机构改革工作等。

会上，尹玉林作总结讲话。希望区政协办公室、各专委会的每一位工作人员，要立足岗位工作职责要求，不断增强政治意识、大局意识、核心意识、看齐意识，结合“两学一做”学习教育和年度工作要点安排，进一步明确责任，列出计划，制订方案，抓实抓好，为推进全区政协事业新发展做出新贡献。同时，他希望全区政协常委进一步珍惜荣誉，履职尽责，善始善终，善做善成，不断发挥政协常委在政协工作中的模范作用、本职工作中的带头作用和界别群众中的代表作用，用自己的实际行动，不断树立和彰显全区政协的良好形象。

9月29日，区政协党组副书记、副主席杨时隽在区委三楼会议室主持召开九届区政协十八次常委会议。会议听取区委常委、常务副区长龙军所作关于全区上半年经济社会发展和重点项目建设情况的通报。会议认真学习贯彻了区政协换届工作纪律相关文件和区第八次党代会精神，协商通过有关人事事项等。

会上，区政协主席候选人李祥军作总结讲话。李祥军希望全区政协委员，要进一步深入学习区第八次党代会精神，按照区委的安排部署，结合政协工作实际，把学习贯彻习近平总书记系列重要讲话精神贯穿履职全过程，做到以讲话精神武装头脑、指导实践、推动工作，提高履职尽责的能力和水平，努力建设务实、智慧、开放、和谐的政协。

11月19日，区政协党组副书记、副主席杨时隽在区委三楼会议室主持召开九届十九次常委会议。会议协商区政协十届一次会议议程日程（草案)、发言材料、十届委员会培训班日程（草案)、区政协九届常委会工作报告（草案)、提案工作情况的报告（草案)。会议协商通过区政协十届委员会秘书长、副秘书长、秘书处工作机构及负责人名单（草案)，区政协十届一次会议委员分组办法及各组召集人名单（草案)。协商讨论政府工作报告、法院工作报告等。会议还协商通过了有关人事事项。

会上，提名主席候选人李祥军作总结讲话。李祥军认为区政协九届委员会的工作扎实有效，为促进零陵的经济快速发展作出较大的贡献。这次常委会是九届区政协的最后一次会议，李祥军对各位常委的工作精神和参政意识表示满意和感谢，希望区政协常委、委员继续支持、关心政协工作，助推零陵经济实现新跨越、人民政协事业新发展。

【政治协商】2016年，零陵区政协不断规范协商程序，依托“双月协商”，积极践行基层协商民主，竭力为全区改革发展增共识、聚力量。精心组织全会协商。2016年11月，区政协召开十届一次全会。在全会上，委员们围绕区委领导讲话、区政府工作报告及其他重要报告广泛协商讨论，思党委政府之所想，议人民群众之所需，提出许多有份量、有价值的意见建议。提交大会发言材料8篇，引起区委、区政府主要领导的高度重视，同时在全会期间的三次分组讨论全上，委员们积极建言献策，有20多条意见建议被党委政府有关部门采纳。深入开展专题协商。区政协召开4次常委会议、10次主席会议，依托常委会议、主席会议，组织召开5次专题协商会议。与区委、区政府及其有关部门就制订“十三五”规划、申报国家历史文化名城、重点项目建设等议题，深入探讨研究和专题协商，所提意见建议为推动全局重大工作，促进党政部门科学决策提供重要参考。开展对口协商。区政协依托专委会召开3次对口协商会议。就促进入园企业发展、加强食品药品监管、加强农村古民居保护等议题，与区政府职能部门开展对口协商，推动部门工作的改善，促进一些群众普遍关注的问题的解决。

【民主监督】2016年，零陵区政协坚持寓监督于支持之中，通过委员视察、委员提案、民主评议等方式，有力开展政协民主监督工作。开展委员视察监督。围绕萍洲大桥建设工程、南津路和207国道改造工程、食品流通安全监管等议题，采取全会视察，联合区人大代表、驻区市政协委员视察等方式，全年组织开展委员视察3场次，提交视察报告3篇，较好地推动重点项目建设和有关民生问题的解决。开展提案办理监督。通过引导委员精心选题、充分调研、认真撰写、严谨立案，不断提高提案质量；通过实行区政府、区政协领导联合督办重点提案；区委办、区政府办、区政协提案委联合督办普通提案；表彰优秀提案、提案办理先进单位等形式，有效地发挥提案的监督督促功能。2016年，政协委员、政协各参加单位和各专委会积极运用提案履行职能，全年共收到提案原件92件，立案并案处理后79件。分别交由30个区直部门和单位办理，提案回复率达到100%。一批重点提案，如《关于加快农村学校教师周转房建设的提案》《关于加快推进农村土地流转的建议》等，办理落实效果好，受到群众广泛好评。开展民主评议监督。2016年区政协对区教育局、区食品药品监督管理局等单位开展民主评议工作，评议监督中，通过组织委员深入走访调研、诚恳提出意见建议、督促加强整改等，对被评议单位改进作风、提升效能发挥积极作用。

【参政议政】2016年，零陵区政协围绕党政重视、群众关注的热点难点问题，运用专题调研的履职手段，通过精心选题，深入调研，打造一批调研精品，展现政协参政议政有为，为促进经济发展建言献策。区政协为助推全区经济发展，重点围绕培育发展零陵文化旅游产业组织开展系列专题调研活动，提出了许多新构想、新思路，引起上级政协的重视。其中《关于依托零陵古城资源，打造永州文化产业园的调研报告》，被市政协转化为建议案，呈报市委领导；《关于加快零陵古城保护开发项目建设，打造永州文化旅游龙头的调研报告》，被转化为市政协四届四次会议发言材料。为保障和改善民生尽智尽力。2016年，区政协围绕保障和改善民生问题，精心组织开展10余次专题调研活动。如围绕美丽乡村建设问题，组织开展“推进美丽乡村建设，加快全面小康进程”专题调研；围绕群众关注的精准扶贫问题，组织开展“加强精准扶贫工作”专题调研；为助推“零陵古城”项目建设，组织开展“发传承怀素书艺文化，打造中国书法名城”专题调研；围绕工业园区建设问题，组织开展“工业园区管理体制建设”专题调研；围绕人民群众关注的教育发展问题，组织开展“促进民办教育发展”专题调研等等。一年来，区政协围绕这些民生问题撰写形成有较高质量的调研报告11篇，为促进民生问题的有效解决，增进民生福祉，贡献政协智慧和力量。为构建和谐社会献计出力。区政协围绕团结民主主题，着力为维护和巩固全区社会稳定大局献计策、出力量。围绕推进改善全区经济社会发展环境、推进全区社会综治民调工作等课题，深入调研走访，积极建言献策，所提意见建议受到区委、区政府和有关部门的高度重视与积极采纳。

【开拓进取】2016年，坚持以求真务实的作风、开拓创新的精神，扎实有序地推进自身建设。积极推进“三化”进程。

制订修改专委会工作职责、机关管理办法和政协党组会议等会议规则，有效保障政协工作有规可循，有章可依。争取党委重视和支持，区委制订下发《区政协专题协商实施办法（试行)》《区政协民主评议工作实施办法（试行)》《区政协提案工作实施办法（试行)》等规范性文件，有力推进政协工作的“三化”进程。注重加强委员队伍建设。举办委员培训班、形势报告会、订阅和编印学习资料等，为委员知情明政创造条件。深入开展委员“五个一”履职活动，涌现出一大批委员履职先进典型。同时，对2名不称职委员，做出劝其辞去委员资格的处理。不断加强机关建设。按照中央和省市区委的统一部署，深入开展党的群众路线教育实践活动、“三严三实”专题教育、“两学一做”学习教育，进一步提高区政协机关党员干部的政治觉悟和服务意识；组织机关干部、委员赴清华大学、浙江大学、复旦大学等知名高校学习培训，提升履职能力；组织机关干部积极投身精准扶贫、“六城同创”等全区中心工作，贡献政协力量。持续推进文史编辑工作。积极发挥政协的宣传阵地和平台作用，认真做好政协内部刊物的编辑出版工作，从内容、印刷等方面不断提升刊物质量，全年编辑出版4期《潇湘源声》；根据市政协的要求，收集、整理“名人故居”“文化大革命”“知青上山下乡”“农业文化遗产”等协编工作；围绕“零陵古城保护与开发建设”主题，开展调研走访，全面征集整理，编辑出版《零陵文史》第九辑，受到各级领导和社会各界人士的一致好评。全年机关干部在省、市、区刊物上共发表调研报告、理论文章28篇。

中共永州市零陵区纪律检查委员会

【概况】2002年6月，根据区委“三定”方案，区纪委机关、区监察局内设办公室、调研室、党风廉政室、执法监察室、纪检监察室、案件审理室、信访室（加挂举报中心牌子）、宣传教育室8个职能机构，定行政编制23名，后勤事业编制2名。2004年4月，设立行政效能监察室；2010年1月，设立纠风室；2013年3月，设立干部监督管理室和案件监督管理室。2015年12月，根据中央纪委“三转”要求，调整机关内设机构，撤销调研室、党风廉政建设室、执法监察室、行政效能监察室、纠风室，设立党风政风监督室（区政府纠正行业不正之风办公室）、第二纪检监察室、第三纪检监察室、第四纪检监察室、纪检监察干部监督室；纪检监察室更名为第一纪检监察室；撤销干部监督管理室，组建设立组织部；撤销宣传教育室，组建设立宣传部。信访室不再保留举报中心牌子。调整后，区纪委（监察局）内设12个职能部室，即：办公室、组织部、宣传部、党风政风监督室（区政府纠正行业不正之风办公室）、信访室、案件监督管理室、第一纪检监察室、第二纪检监察室、第三纪检监察室、第四纪检监察室、案件审理室、纪检监察干部监督室。2016年底，委（局）机关共有在职干部33人，后勤事业人员2人。

2016年，区纪委、监察局贯彻落实中央、省、市纪委全会精神和习近平总书记系列重要讲话精神，聚焦主业主责，强化监督执纪问责，突出巡视反馈问题整改、换届风气监督、“两项专项”整治、作风建设等工作重点，正确运用监督执纪“四种形态”，认真开展纪律审查，为零陵经济社会又好又快发展提供坚强的纪律保障和作风保障。

【区七届纪委六次全会召开】2016年2月29日，中共永州市零陵区第七届纪委第六次全体会议在柳子大酒店召开，会议由区委副书记、区长唐烨主持，永州市人民政府副市长、零陵区委书记严兴德作讲话，区纪委副书记、区监察局局长胡振国受区纪委常委会委托作工作报告。会议的主要任务是：深入学习贯彻习近平总书记重要讲话和中央纪委六次全会、省纪委八次全会、市纪委九次全会精神，总结2015年全区党风廉政建设和反腐败工作，安排部署2016年目标任务。2016年工作的总体要求是：全面贯彻党的十八大和十八届三中、四中、五中全会精神，深入贯彻习近平总书记系列重要讲话精神，按照中央纪委六次全会、省纪委八次全会、市纪委九次全会的部署和区委的要求，保持坚强政治定力，坚持全面从严治党，落实管党治党责任，加强纪律建设，深化标本兼治，整治基层腐败，建设忠诚干净担当的纪检监察队伍，不断取得党风廉政建设和反腐败斗争新成效。围绕总体要求，会议提出：2016年要重点抓好纪律审查、作风建设和集中整治基层腐败3项工作。

【中共永州市零陵区第八届纪律检查委员会】2016年8月28日至31日，中国共产党永州市零陵区第八次代表大会在柳子大酒店召开。周润润代表中共永州市零陵区第七届纪律检查委员会作题为《坚定责任担当 依纪依规治党 深入推进党风廉政建设和反腐败工作》的工作报告。报告全面客观地总结过去五年来区七届纪律检查委员会所做的工作及取得的成效，提出了未来五年的目标任务。8月31日，中共永州市零陵区第八次代表大会第三次全体会议选举产生中共永州市零陵区八届纪律检查委员会委员19名。同日，召开中共永州市零陵区第八届纪律检查委员会第一次全体会议，选举产生中共永州市零陵区纪律检查委员会常务委员9名，其中书记1名、副书记3名。周润润当选为中共永州市零陵区纪律检查委员会书记。

【巡视整改】2015年11月6日至12月7日，省委巡视第七组对零陵区进行巡视。2016年2月26日，省委巡视第七组主持召开零陵区巡视情况反馈会，通报巡视情况，指出零陵区在执行党的政治纪、廉洁纪律、组织纪律、群众纪律、工作纪律和生活纪律，落实党风廉政建设主体责任和监督责任等方面存在的30个问题，提出整改意见。区委立行立改，制订下发《关于落实省委巡视第七组对零陵区巡视情况反馈意见的整改方案》，按照“谁主管、谁负责”的原则，落实“一个问题、一个方案、一套班子、一套措施、一抓到底”整改工作机制，明确整改目标、整改措施、牵头领导、责任单位、责任领导、责任人员和责任时限，层层压实责任，强化措施落实，推动整改工作有效开展。截至4月底，省委巡视第七组反馈的问题全部整改到位。整改工作情况在《三湘风纪网》等官方网站进行公开通报。

【巡察整改】2016年8月8日至12日、10月19日至26日，市委巡察第一组、第二组分别对零陵区换届风气监督工作进行专项巡察，并于8月24日、11月14日向区委反馈巡察意见，指出存在“对市委巡察工作的认识有待提高、部分干部在换届职务调整还有想法、部分干部调整未及时上岗出现空档、基础工作不够扎实、宣传教育不够深入、责任压实不够到位”等6个问题。区委坚决落实整改意见，认真制订落实市委第一、第二巡察组对零陵区换届风气监督专项巡察情况反馈意见的整改方案，成立整改工作领导小组，由区委书记牵头抓总，纪委、组织、宣传等部门具体实施，细化分解责任，实行定人、定责、定时，狠抓整改落实。12月底，巡察组反馈的6个问题全部完成。

【换届风气监督】2016年是区乡两级集中换届之年。强化组织领导。区纪委制订下发《零陵区乡领导班子换届风气督查工作方案》等文件，成立加强换届风气监督工作小组，设立3个巡回检查组，对乡镇和区换届风气进行严密督查。选举期间，与代表、委员同吃、同住、同开会、同讨论，及时掌握思想动态，确保换届环境风清气正。加强警示教育。组织党员干部学习中央“九严禁”、省委“约法三章”“三个一律”和《严肃换届纪律文件选编》等纪律要求，集中观看《镜鉴》《不可触碰的底线》《警钟》等警示教育片200余场次，印发《严肃换届纪律宣传手册》5000余册。认真落实《加强换届风气监督“十个责任主体”责任》，区委书记、区纪委书记与各单位党委（党组）、纪委书记（纪检组长）、代表团团长、讨论组召集人、临时党支部书记签订了《严守换届纪律责任书》87份；代表团长、讨论组召集人分别与人大代表、政协委员共签订《严守换届纪律承诺书》420份。坚持露头就打。对违反换届纪律行为零容忍，保持高压态势。4月，严肃查处富家桥镇水管站长周某为他人拉票助选案；10月，严肃查处菱角塘镇毛竹园村原村支部书记罗某严重违反换届纪律搞非组织活动案，责任追究17人。

【纪律审查工作】2016年，坚持有案必查、有腐必惩，畅通信访举报渠道，正确运用监督执纪“四种形态”，坚决维护纪律的严肃性。全区纪检监察组织共受理群众信访举报215件次、排查问题线索236件，给予党纪政纪立案119件，结案119件，给予党纪政纪处分123人（其中科级干部26人）。严肃查处区水利局水土保持监督管理局副局长罗某在任大庆坪乡乡长助理期间贪污退耕还林延补资金案；承办查处市环保局党组副书记、副局长于某收受贿赂案，参与市纪委查办市农业综合开发办原党组书记、主任吴某，双牌县原常委、常务副县长刘某等腐败案。开展“天网”行动，加强个案追逃，潜逃18年之久的建设银行工作人员杨某于2016年9月投案自首。至此，零陵区5名外逃职务犯罪嫌疑人全部追回。

【“两项专项”整治】 2016年3月开始，根据省、市安排部署，在全区开展“雁过拔毛”式腐败问题和“纠‘四风’、治陋习”专项整治工作，通过召开动员会、推进会和调度会，推动“两项专项整治”深入开展。12月底，全区排查“四风”陋习问题线索185件，办结181件，给予党纪政纪处分99人，收缴违规资金25.5万元。查处违规公款吃喝问题9起、公职人员酒驾醉驾问题61起，涉毒涉赌问题36起，违规发放津补贴问题15起涉及金额18.3万元。排查“雁过拔毛”式腐败问题线索457件，查处189件，给予党纪政纪处分54人，收缴违纪资金294.5万元；严肃查处大庆坪乡田家湾村原村干部唐某汉、唐某龙贪污农村低保资金案。通报发生在群众身边的典型案例32起，群众利益得到有效维护。邮亭圩镇获全市“雁过拔毛”式腐败问题专项整治先进单位。

【作风建设】 2016年，区纪委、区作风办严格落实《零陵区作风建设“十个不准”》《零陵区党政机关工作人员作风问责暂行规定》，以提升执行力为主线，紧紧围绕重点项目建设、“三创一管”、精准扶贫、美丽乡村建设等工作进行再监督、再检查，着力构建“严在日常、抓在经常”的常态监管机制，提升干部执行力。全区共开展作风督查500余次，下发督查通报54期，通报单位114个次，问责130人次，其中科级干部63人次。10月至12月，区作风办对207国道改线工程、城区路网提质改造过程中存在的36个问题进行跟踪督办，全部按要求整改到位，推动项目建设提速前进。

【纪检体制改革】 精减议事协调机构。2016年，区委下发《关于调整区纪委区监察局议事协调机构和区纪委书记分工兼职的通知》，经过前后两轮清理，区纪委牵头负责的只保留4项，继续参与的8项，50余项原本不属于纪检监察机关负责的工作全部交还主责部门。明确规定，今后凡增设、新参与议事协调机构，必须征求纪委意见并报市纪委核准后方可参与。明确纪委书记责任分工，区纪委书记，乡镇纪委书记、副书记，区直单位纪委书记（纪检组长）不再分管纪检监察工作以外的工作，集中精力抓好党风廉政建设和作风建设。区纪委书记退出参与的重点工程项目（中心工作）16个，区纪委监察局领导班子成员退出参与的中心工作10个。强化监督执纪力量。调整纪委机关内设机构，纪检监察室由过去的1个增加到4个，新设纪检监察干部监督室，理顺职能、厘清职责，从事监督执纪的纪检监察干部达到委局机关编制总数的60%以上。

社会团体

区总工会

【概况】1996年3月，原零陵地区总工会更名为永州市总工会，原县级永州市总工会更名为永州市芝山区总工会。2002年6月，机构改革定编（芝区办发〔2002〕45号），分设综合办公室、组织宣教部、女工财务部3个内设机构，定编6人（机关行政编制3名，事业编制3名），其中主席1名，副主席2名。2005年7月更名为零陵区总工会，编制未变。2016年3月，设立内设机构永州市零陵区困难帮扶中心，为正股级全额拨款公益事业单位，编制3人。至此，零陵区总工会机关分设综合办公室、组织宣教部、女工财务部、困难职工帮扶中心4个内设机构，编制9人（机关行政编制3名，事业编制6名），其中主席1名，副主席2名。下属机构零陵区工人文化宫，为自收自支事业单位，编制5人，实有6人。

2016年，区总工会践行“两个信赖”，做靓“三个品牌”，实施“四项工程”，办好“五大活动”。“两个信赖”，即把工会组织建设成职工最信赖的“职工之家”，把工会干部锤炼成听党的话、跟党走、职工群众最信赖的“娘家人”。“三个品牌”，即劳模金字品牌、劳动竞赛品牌、职工维权品牌。“四项工程”，即模范“职工之家”建设工程、职工素质提升工程、“数字工会”建设工程、职工帮扶服务工程。“五大活动”，即推荐全区劳模参加全国、全省及全市大表彰活动；开展职工文体活动（“单身职工”交友活动、“寻找十大工匠、劳动最美丽”职工摄影大赛、职工汽排球赛、职工乒乓球赛、工间操比赛等活动）；职工技能竞赛活动；送健康、送法律、送讲座、送帮扶“四送”活动；职工医疗互助活动。

【民主管理与职工维权】2016年，上级工会分配区工会组建任务是新建工会组织49家，至12月底，新建工会组织50家，新发展工会会员3397人。2016年，零陵区推动已建工会的企业工资集体协商建制率89%，其中50人以上已建工会的企业单独开展工资集体协商，国有、集体及其控股企业、事业单位厂务公开和职代会达到全覆盖，并不断巩固深化；50人以上已建工会的非公有制企业厂务公开民主管理和职代会建制率达到81%。

推动非公有制企业实现“两建六有六公开”，指导企业建立劳动争议调解组织，建立健全法律援助队伍机构。全年提供法律援助案件5件。

【“双联”工作与送温暖】2016年，零陵区“双联”和困难职工帮扶工作，确定了以促进企业达产增效、促进就业和困难帮扶为主要目标任务的“双联”和困难职工帮扶工作基本思路。据不完全统计，全年各参联单位共为被参联企业提供各类建议260余条，其中被企业采纳约90余条；全年帮助被联企业协调解决各项矛盾纠纷47起，参与职工维权5起，所联企业没有发生重大劳动争议、职工群体性事件和集体非法上访事件。

2016年，走访困难职工890人，慰问资金累计57万元。其中夏日送清凉，发放物资700余人，金额30000元；开展

"金秋助学"活动，共筹措资金110000元，帮助因贫困无法上学的困难职工子女35人圆了大学梦；为患重大疾病的困难职工提供大病救助18人次，发放救助金110000元；开展职业病救助4人，金额40000元；开展困难女职工"关爱行动"，救助因本人或家庭主要成员因患重大疾病造成家庭经济困难的女职工26人，共发放救助金14000元，免费给困难女职工"两癌"健康体检65人共计20500元；生活救助486人，发放救助金215500元，发放救助大米5250公斤。

【女职工工作】2016年，全区全面开展女职工"关爱行动"和健康行动，全年完成女职工特殊疾病保险2589人，免费赠送保险400人；组织女职工开展第八轮"芙蓉杯"技能竞赛年活动，全区共有2000余名女职工投身素质达标，1600名女职工实现了达标计划；以女职工建功成才为主题，以"百项创新成果、千个小发明、万条合理化建议"为载体，在全区广大女职工中开展以"创新出成果、创效促发展"为主题的创新创效竞赛活动，举办女职工双创活动成果发布，充分调动广大女职工岗位成才、岗位创新、岗位建功的积极性，着力提升女职工自身素质和职业技能。

【职工活动】2016年，组织、协助开展多项文体活动。完成区委、区政府交办的在安康广场举办庆元宵活动；协助区妇联、区体育局联合举办庆"三八"全区工间操比赛及单身职工联谊会活动；组队参加全市工间操比赛；联合区文联、区摄影家协会举办全区"最美劳动者"摄影大赛、开展"寻找十大工匠"宣传活动；联合团区委联合举办主题为"共建零陵古城、同创文明城市"的全区首届青年微型马拉松宣传活动。

【特色工作】"职工医疗互助"是湖南省总工会2014年提出，在全省统一开展的一项关心因病致贫职工的互助性保障，此项工作开展以来，全区一直走在全市最前列。2016年，零陵区参加职工医疗互助总人数为8509人，其中男5919人，女2590人，共148家单位参加。其中机关61家，事业单位85家，企业2家。2016年全区参与职工医疗互助职工8509人，至12月底共598名职工得到医疗互助的帮助，全区共发放医疗互助资金523530元。

2016年，着力把打造"模范职工之家"做为特色工作来抓，积极推动"模范职工之家"的创建，指导七里店街道工会成功创建省级"六好"乡镇工会，大庆坪乡工会委员会成功创建市"六好"乡镇工会称号，区检察院工会、神仙岭小学工会成功创建市级"模范职工之家"，得到省、市工会领导的高度评价。

"一户一产业工人"工程是全国精准扶贫的重要组成部分，是全面建成小康社会的必要途径。零陵区"一户一产业工人"工程，由区总工会与区扶贫办一起共同完成该项工作。2016年7月13日，区委区政府印发《零陵区"一户一产业工人"培养工程实施意见》的通知，制订出台"零陵区1+X+部门"精准扶贫系列方案，提出全区精准扶贫的奋斗目标、着力攻坚重点和具体措施，为打赢脱贫攻坚战提供强有力的政策保障，形成专项扶贫、行业扶贫和社会扶贫"三位一体"的大扶贫格局。

【工人文化宫建设】永州市零陵区工人文化宫大楼始建于20世纪80年代初，占地面积约78公顷，建筑面积5000余m^2，曾是原零陵地区、永州市、原县级永州市及今零陵区各类大型会议和演艺活动的主要场所，也是广大职工休闲、娱乐的大型场所，为全市、全区"三个文明"建设发挥了重大作用。2016年，投资近2200万元对区工人文化宫进行维护修缮，维护修缮工程于9月3日正式开工，至年底基本完成。以一流的舞台灯光音响、精美的全新装修，跻身全省功能最全、设施最好的文化宫的先进行列。

共青团零陵区委员会

【概况】1980年1月，中国共产主义青年团永州镇委员会设立，有工作人员2名，只设副书记一职。1982年，成立中国共产党青年团永州市委员会，内设办公室、青少部。1996年改名为中国共产主义青年团芝山区委员会，内设机构有青农部、组宣部、办公室、学少部、青工部。2003年，共青团芝山区委定编4人，其中机关行政编制核定为3名，内设青工部、青农部、组宣部、办公室。2005年更名为中国共产主义青年团零陵区委员会，内设办公室，为正科级群团组织单位。

2016年，团区委联系的精准扶贫村是团区委共结对帮扶4户贫困户。2016年共脱贫2户。同时投入扶贫专项资金2万余元，用于支持该村基础设施建设和产业发展。

【青少年思想道德建设】开展青少年思想引领活动。以重要节庆活动为结合点，以节促带，扎实推进思想政治引领工作。以重大节庆日为契机，全区范围内开展形式多样的庆祝活动。5月4日，在工商职业中专举办全区共青团员红歌会暨新团员集体入团宣誓活动;六一期间，各小学开展入队仪式和文艺演出，在神仙岭小学举办新队员集体入队示范仪式、爱心义卖等活动。永州特殊学校为“特殊学生”举行的六一入队活动。少先队日当天全区开展“听党的话 做好少年”的主题队会20余场零陵区黄古山小学以丰富校园文化生活传承传统戏曲经典，—“戏曲进校园”。永州五中在全校师生中开展了学习国学经典《弟子规》的系列活动，营造了浓郁的书香校园氛围。

开展团组织“两学一做”教育活动。在团区委机关积极开展“两学一做”学习教育，在全区共青团系统中开展“做合格团员”活动，营造了“两学一做”学习教育浓厚氛围，激发广大团员参与热情。6月份，成功承办全区的“两学一做”知识竞赛，并组织5名优秀的团干部代表零陵区参加全市的“两学一做”知识竞赛，获全市第一。

创新团组织网络舆情引导体系。树立倡导“互联网+”思维，实行互联网+共青团宣传，依托网络强化思想引领、提升服务能力、活跃基础工作的方式方法，创新做好团属微博、微信、“青年之声”等新媒体阵地建设，构建网络评论新体系，强化青年网宣员队伍建设，提升团属网络平台的活跃度和影响力。2016年，微信影响力排名持续保持全省20名之内。

【青年志愿者工作】扶持青年社会组织成长。2016年，指导下属两家青年社会组织换届，规范管理机制，成为零陵共青团服务青年、服务社会的重要纽带。组织并联合开展了系列志愿服务活动，利用团属阵地帮扶困难青少年。以希望工程为抓手助力精准扶贫。促推青少年健康成长。整合各方资源，开展青少年法制宣传教育活动，着力提高青少年的法制意识。

【青年就业创业工作】通过营造创业氛围、争取创业项目、提供就业信息等措施引导服务青年就业创业。2月联合区人社局、区工业园举办零陵区2016年“春风行动”暨服务企业用工大型招聘会，提供就业岗位3000余个，吸引了上万名青年参加。深入实地考察大学生创业项目，对符合条件的推荐申报《湖南省大学生创业扶持项目》《永州市永州市青年创业基金无偿资助项目》。推报优秀创业青年卞国民参加第三届“创青春”湖南省青年创新创业大赛，荣获三等奖。积极宣传发动青年电商参加邮储银行杯永州市首届青年电商创业大赛，其中零陵区电商创业青年徐飞荣获金奖，汪根强荣获银奖。

【团组织建设】积极推动“1+100”团干部直接联系青年的开展。8月，全面启动“1+100”团干部直接联系青年工作，研究下发“1+100”团干部直接联系青年工作实施方案，建立健全“全国团干部教育管理网”线上线下双融合的联系青年工作制度，努力实现互动常态化、沟通零距离，2016年，全区16个乡镇办事处、8个区直属学校共联系青年达2800余人，动员组织青年评论点赞5000余次。

召开学习《共青团中央改革方案》精神工作会。11月份，召集乡镇、办事处、学校团委班子人员共计40余人学习《共青团中央改革方案》精神工作会。团区委书记赵鑫传达学习了零陵区第八次党代会和《共青团中央改革方案》精神，要求各基层团组织进一步明确责任目标，仔细领会团中央改革方案精神，找准团工作与零陵区未来五年发展大局的契合点，谋划落实好下一阶段共青团各项工作。

进一步加强团员发展管理工作。严格团员发展标准作为团建首要任务，下发《进一步加强团员发展管理工作的通知》。严控团员比例，以学校为单位，按学年上报团员发展计划，以初中毕业班、高中毕业班团学比分别控制在30%、60%以内为目标；规范发展程序，规范入团申请、团课教育、支部大会、入团誓词等环节，强化团员意识教育。规范团务用品，统一印发《入团志愿书》《团章》《团员证》。

探索开展网格化团建工作。为扩展团工作的覆盖面，创新团建方式，建立网格化团建工作新模式。4月份，首先在徐家井办事处潇湘门社区开展试点，以居民小区、企业和机关单位、街巷等“小网格”为网格单元，以组织区域共建的方式，成立团组织网格化管理体系。加强同区网格办、社区党工委的协调联系，配齐配强网格团组织成员，探索建立“社区团组织+青年社会组织”的社会管理模式，形成“团干部+社工+志愿者”的基层工作队伍。结合“青年之家”综合服务平台建设，由社区团组织负责，组织零陵区青年志愿者义工联合会、区演艺协会、四医院青年服务队等青年社会组织长期入驻社区开展服务工作。2016年，各类组织在社区开展扶贫帮困、文艺演出、义诊、法律援助等活动共计10余次，受惠人群达1000余人次。

区妇女联合会

【概况】零陵区妇女联合会是社会群众团体，是党和政府联系妇女群众的桥梁和纽带，是国家政权的重要社会支柱。其基本职能是：代表和维护妇女权益，促进男女平等。零陵区妇女联合会（简称区妇联）是在区委领导下的社会群众团体，内设机构为办公室、宣传部、权益部、儿少部等职能部门，区妇女儿童工作委员会办公室设在区妇联，承担妇儿工委日常工作。截至2016年12月底，有干部职工7人。其中，主席1名、副主席2名、工作人员4名。共有乡镇（街道）主席16名，副主席84名，执委委员597名。

【城乡妇女创业就业】2016年，区妇联利用各种媒体，宣传创业女性典型、讲述女性创业故事，引导广大妇女树立创业信心，参与创业行动。2016年1月底开始，区妇联协同劳动保障中心在全区范围内开展“春风行动”就业服务活动，累计印发宣传资料10万份，举办各种规模招聘会12场，成功介绍女性就业938人，组织输出女性农民2132人，组织妇女参加职业技能培训453人，创业培训115人。2016年，按照市妇联的指示，加强与区人社、财政、金融部门协调配合，及时解决推进工作中出现的问题。2016年，协助发放妇女小额担保贷款156笔，金额1128万元，扶持自主创业97人，带动就业339人。帮助女性创业者打开思维空间，突破发展瓶颈，实现转型升级。持续开展农村妇女劳动力转移培训，提高农民种养殖水平。

【法制宣传与妇女权益维护】2016年，区妇联在机制建设、源头维权、法制宣传、维权关爱、队伍建设等方面主动作为，依法维护妇女儿童合法权益。区妇联不断加强维权宣传，促进男女平等，为进一步加强零陵区妇女维权意识，区妇联先后开展“迎三八反家暴促和谐”法律知识讲座和《中华人民共和国反家庭暴力法》宣传活动，共计发放相关法律法规宣传资料3300余份，现场接受群众咨询300余人次，增强全区妇女群众的维权意识。2016年，为做好信访和安全治理工作，接待来信来访47人，婚姻矛盾调处43人，转办“12338”热线57起，提供了法律援助5人次，办结率达98%。

【妇女儿童民生】在“六一”儿童节，区妇联会同区教育局等单位举办幼儿文艺汇演活动，并开展“传递彩虹邮包·情暖留守儿童”、“贝因美与爱同行公益项目”等公益活动，呼吁社会各界关爱留守儿童。举办一期“爱在春天·亲近自然”零陵区单身职工交友联谊会活动，100多名单身男女参加，现场促成配对十余对，并为他们建立单身交友微信群，为在零陵工作的单身青年搭建健康的交友平台。2016年，区妇联深入基层组织开展农村贫困妇女“两癌”筛查工作，设计并印刷发放宣传资料6000余份，自筹资金购置医疗体检车，深入到各乡镇上门服务，全年共检6800例，确诊5例乳腺癌患者。

【妇女组织建设】为进一步增强基层妇女服务覆盖面，区妇联积极推进“妇女之家”的全覆盖，按照党群共建组织的要求，立足职能建设“妇女之家”项目，在各村建立了“妇女之家”，并制定了《妇女之家管理制度》《妇女代表联系制度》等各项规章制度。2016年，全区506个村都已挂牌建立“妇女之家”，实现了“妇女之家”建设100%全覆盖，为2017年区妇联换届筹备工作打下坚实的基础。区妇联多次组织乡镇妇女干部参加培训学习，抓住省市培训机会，先后选送4人次到北京大学参加学习。在提升领导班子自身建设的同时，区妇联紧紧抓住基层妇联组织改革的大好机会，配强配全了乡镇（街道）妇联干部队伍。

【“最美家庭”活动】按照全国、省、市妇联的要求，在全区扎实开展寻找“最美家庭”活动，围绕“夫妻和睦、孝老爱亲、科学教子、勤俭持家、邻里互助”进行生动广泛的讨论，议家风、谈家规、讲家庭和谐故事、晒家庭幸福生活、展家庭文明风采、秀家庭未来梦想。共评选和表彰了10户“最美家庭”、10名“最美湘女”。

【妇女儿童文体活动】在“三八”妇女节和5月4日青年节，区妇联先后组织了两次工间操比赛，其中“三八”妇女节“工间操”比赛共有21支代表队伍参加。“六一”儿童节期间，联同区教育局等单位举办幼儿文艺汇演活动。

【精准扶贫】2016年，区妇联先后在邮亭圩马鞍岭村和接履桥镇炮响村开展精准扶贫工作。区妇联派出专人驻村，先后投入扶贫资金25000余元，单位主要领导联系扶贫对象12人。在接履桥镇炮响村，结对贫困户8户，投入扶贫资金10000元。针对每户实际情况，采取了小额信用贷款、异地搬迁、教育雨露计划、劳务输出就业、解决低保等扶贫措施给于帮助。在党建帮扶工作上，帮助邮亭圩六甲河村开展了整顿涣散党组工作，对六甲河村党组织存在的涣散问题进行了梳理，召集党员干部进行讨论分析，并提出有关建议。

区归侨侨眷联合会

【概况】1985年9月，永州市归侨侨眷联合会成立，为正科级群团组织机构，定行政编制2名。1995年更名为芝山区归侨侨眷联合会。2005年，更名为零陵区归侨侨眷联合会。2016年底，在职干部4人。主要职能为组织、引导归侨侨眷努力学习，团结带领归侨侨眷为全面建设小康社会贡献力量；围绕经济建设这一中心，团结和动员归侨侨眷和海外侨胞为零陵经济社会发展献计献策；引导归侨侨眷积极参政议政，反映归侨侨眷和海外侨胞的意见和要求，参与政治协商，发挥民主监督作用；宣传贯彻党和国家关于侨务工作的方针政策和法律法规，为和平统一事业做出贡献；为归侨和侨眷提供其他方面的服务。2016年，区侨联充分发挥侨联工作的特点和优势，扎实履行工作职责，团结和引领全区归侨侨眷为全面建设开放、文明、富裕、幸福新零陵贡献力量。

【区侨联四届九次全委会议召开】2016年7月20日，零陵区侨联四届九次全委会议在红太阳大酒店召开，会议选举杨祝群为区侨联主席。区委常委、组织部长、统战部长李祥军参加会议并讲话。杨祝群表示在今后的侨联工作中，将自觉服务于全区发展战略，继承发扬侨联优良传统，在建设和谐社会中谋求新作为，不断开创侨联工作新局面，使侨联组织成为归侨侨眷和海外侨胞之家。李祥军要求做好新时期的侨联工作，要围绕中心，服务大局，加强联谊联情，加强自身建设，树好形象，搞好服务，为归侨侨眷多办实事，为零陵发展多做贡献。

【加强基层基础工作】完善侨情资料。2月开始，对城区和乡镇街道侨情普查数据进行校对核实，规范台账，实行动态化管理。全区共有归侨侨眷侨属1万余名、海外侨胞2000余人。其中海外侨胞分布在美国、加拿大、英国、德国、丹麦、意大利、奥地利、澳大利亚、日本、韩国、越南、印度尼西亚、马来西亚、柬埔寨、阿根廷等数十个国家。开展侨资企业经营情况调查。4月，按照省、市侨联的统一安排，在全区组织开展侨资企业基本经营情况调研。全区共有潇湘源生态科技发展有限公司、大型采石场、宝利大酒店等侨资企业10余家，社会效益和经济效益都比较好。开展归国留学生情况调查。8月，对全区归国留学人员进行调查摸底。据调查统计，2006—2015年，全区出国留学生共224名，其中归国工作和创业的100多名。

【华侨联络联谊】每逢海外社团到访或归国华侨回乡探亲，区侨联认真做好接待工作，适时邀请开展交流活动，互相增进感情。2016年1月29日上午，区侨联组织60余名归侨侨眷海外侨胞参观零陵古城项目、新开通的蘋洲大桥、工业园八实万、菘顺电子、德福隆等重点项目。下午，在红太阳大酒店举行2016年迎新春座谈会。市侨联主席唐建春，区委常委、组织部长、统战部长李祥军出席并讲话。2016年12月5—6日，市侨联副主席柏继平、马来西亚归侨李体坚组织接履桥街道中心小学与岳阳市平江县小水学校、黄裴学校开展教研联谊活动。市委统战部副部长、侨联党组书记邓晓明，区委统战部相关领导出席联欢会。平江县小水学校、黄裴学校一行14人参观了该校校园文化建设，听取了该校4名骨干教师4堂精彩的研讨课。此次研讨交流活动取得较好成效，使湘北湘南3所学校的教学教研有了新的提升。2016年12月31日，市侨联在接履桥街道翊翔侨心小学举办“侨心关爱”联欢会，来自美国杜克大学的奉瑞雪和澳门梁嘉诚先生等归侨爱心人士，以及翊翔侨心小学500多名师生欢聚一堂，共贺新春。

【归侨侨眷利益维护】2016年，区侨联主动与湖南宗元律师事务所合作，发挥归侨侨眷法律顾问处的积极作用，为广大归侨侨眷维护合法权益提供法律咨询和服务。全年，区侨联提供涉侨法律服务4件，成效较好。区侨联坚持以侨为本、为侨服务，认真开展归侨侨眷和侨属走访慰问活动，帮助生活困难人员解决实际问题，全年共走访慰问困难归侨侨眷和侨属20余人，送去慰问金1万余元。认真做好侨界群众信访接待工作，全年共接待信访人员11起，均得到妥善解决。

【参政议政】2016年，针对社会热点难点问题，区侨联充分发挥侨界代表、委员身处基层、熟悉侨情、视野开阔的优势，积极参政议政，提出建设性意见建议，不断提高侨联的影响力和号召力。区侨联共推荐1名区人大代表、3名区政协委员。代表和委员们认真开展专题调研，深入了解侨界呼声和群众诉求，积极参政议政，充分发挥侨界代表的作用。

区科学技术协会

【概况】1984年3月，永州市科学技术协会成立，与永州市科学技术委员会是两块牌子、一套人马，合署办公；同年9月市科协独立行使机构职能，核定编制4名；1990年12月经批准同意设立办公室、科学技术普及股；1996年，更名为永州市芝山区科学技术协会；1997年9月经批准同意设立办公室、学会工作部、普及工作部，2002年6月经批准同意设立办公室、学会工作部、普及工作部，全额拨款事业编制7名（其人员参照国家公务员管理），其中主席1名，副主席1名，机关后勤服务人员事业编制1名；2005年更名为永州市零陵区科学技术协会，为正科级群团组织单位。2016年，区科协机关内设3个股室，即办公室、学会工作部、普及工作部；共有干部职工16人，其中在职7人，退休9人，无下属单位。

【科普宣传】2016年1月29日，零陵区2016年“三下乡”活动在珠山镇正式启动。区委常委、宣传部长陈志华出席启动仪式。此次活动由区委宣传部、区文化局、区司法局、区卫计委、区农业委、区科协等部门联合开展，通过发放科普宣传资料、现场咨询、文艺演出等形式，为老百姓送去科技、文化、健康和欢乐。在启动仪式现场，前来咨询的群众络绎不绝，很多群众排队领取各类资料和宣传图册等。此外，还有精心准备的丰富多彩的文艺演出，吸引1000余名群众前来观看，共发放各类科普宣传资料5000余份。4月28日，区卫计委、区科协等5个单位在安康广场举办了慢性非传染性疾病科普宣传活动，主题为“关爱生命、关注健康”。通过发放科普宣传资料、展板展览、现场咨询、义诊、免费发放药品等方式，向广大市民宣传了慢性非传染性疾病防治知识。共发放宣传资料3000余份，制作展板30块，现场咨询200人次，义诊300人次，免费发放价值约2000元药品。5月27日，区卫计委、区计生协会、区科协在安康广场组织开展“健康中国行暨第29个世界无烟日宣传咨询活动”，本次活动专门印制了世界无烟日宣传资料2000份，设置展板12块，介绍了烟草给健康和身体带来的危害等。此次宣传咨询活动共咨询人数2000人，免费发放宣传资料2000余份，计生药具、药品200余盒，环保袋500个，免费测量血压近500人次。活动得到广大群众的赞誉。6月5日，区环保局、区科协在安康广场举办以“绿色零陵 幸福家园”为主题的“六·五”世界环境日宣传活动。活动紧紧围绕“改善环境质量，推进绿色发展”，加大环保宣传力度，通过发放《环境保护法》、环保手册、环保袋等宣传品，引导广大人民群众遵守防污染法律法规，弘扬环保精神，践行绿色出行。共发放宣传资料5000余份，环保袋1000个。6月13日，区食药局、区质监局、区科协等单位在安康广场举办以“尚德守法，共治共享食品安全”为主题的食品安全宣传周宣传活动。参与单位通过设宣传台、放置宣传展板、发放宣传资料等形式让百姓亲身感受“食品安全就在我身边”。活动现场共发放宣传资料5000余份，展出宣传展板30余块。

【“四进社区”集中宣传月活动】2016年8月15—22日，区“三创办”、区科协、区文体新局、区卫计委、区司法局、区园林局等单位开展送科技、文体、法律、卫生和创全国文明城市、国家交通管理模范城市、国家园林城市知识进社区活动。城区17个社区每个社区活动时间半天，共举办15场次科普宣传。“四进社区”活动内容丰富、形式多样，有资料发放，有文艺表演，有有奖问答，有现场咨询等。活动期间共发放防灾减灾、慢性病防治、食品安全等各类科普宣传资料70000余份。

【全国科普日活动】2016

年9月23日，零陵区全国科普日活动在圣世阳光广场举行，区科协、区科经委、区卫计委、区农业委、区安监局、区食药监管局、区环保局、区畜牧水产局、区老科协、区健康教育所、农工党零陵支部等单位50余名科技工作者和科普志愿者参加今年的活动。活动围绕“创新”与“科技”开展科普宣传、科普咨询、科普展览、现场答疑及健康义诊，向广大市民传递出科技改变人民生活、创新推动社会发展、健康提高生活质量的时代特征。共发放各类种养技术、食品药品安全、环境保护、健康教育等方面科普宣传资料5000余份，展出科普展板36块，健康义诊200余人次，免费发放计生药具500余盒，现场解疑40多个。

【扶贫工作】2016年，区科协联系的精准扶贫村是接履桥街道炮响村，牵头单位为区疾控中心，工作队员为党组成员、副主席蒋钰同志。区科协共结对帮扶11户贫困户，为贫困户送去了扶贫资金和技术，2016年共脱贫8户。同时投入扶贫资金3万元，用于支持该村基础设施建设和产业发展。

区文学艺术界联合会

【概况】零陵区文学艺术界联合会为区委宣传部主管的正科级参照公务员管理的群团组织，编制3名，主席1名、副主席1名，秘书长1名，2016年1月—5月实有工作人员3名，5月—12月实有工作人员2名。区文联主管区作家协会、区美术家协会、区书法家协会、区摄影家协会、区舞蹈家协会、区音乐家协会、区诗社等7个群体协会。区文联引领全区各文艺家协会，带领全区文艺工作者，认真贯彻落实习近平总书记在文艺座谈会上、全国第十届文代会暨中国作协九大开幕式上的讲话精神，牢牢把握“围绕大局、服务人民”的要求，坚持“二为”和“双百“方针，认真履行联络、协调、服务等文联基本职能。围绕区委、区政府中心工作，挖掘零陵厚重的历史文化底蕴和优美的自然人文风光，展示当代零陵人的良好风貌及风土人情，繁荣当代文艺创作，不断完善自身硬件条件和软实力，注重文艺工作的常态化和连续性，开展了系列文艺品牌活动，创建文艺激励机制，繁荣零陵文艺，收到良好效果，得到了省、市文联及区委、区政府的高度肯定。2016年获“湖南省文联系统先进单位”称号；2016年获“永州市县、区文联年度考核第一名”；2016年获“零陵区经济社会发展综合考核先进单位”和“零陵区经济社会发展突出贡献奖”称号。

2016年下半年创建“零陵文艺家”工作室，面积为400平方米，2016年开展近40场参与人数较多的诗、词、摄影、书画培训、交流与创作活动，对促进全区文艺健康发展发挥着应有的作用。

【文学创作】创办文艺刊物，开拓网络微信平台等宣传渠道，挖掘零陵本土厚重历史文化，推荐零陵当代文艺精品和文艺人才，以文艺的形式宣传推介零陵。2016年11月出版《零陵文艺》总第11期，把握宣传、推介零陵的目标，发掘和推荐文艺人才和文艺精品，免费赠阅3000份。2016年1月初,印刷《怀素艺术报》第二期2000多份免费赠阅。2016年，与区工会组织“寻找最美劳动者”摄影大赛并出版作品集，同时组织出版唐武军、毛定忠本土音乐光盘；指导零陵诗社出版《零陵诗风》一期等。利用《永州日报》、《永州新闻网》《零陵瞭望》《零陵政府网》《一脉湘水》《零陵发布》等杂志、网络、微信平台推出一大批新、老作者及精品力作，宣传推介零陵。

【文艺工作】开展大型文艺展赛活动，“写零陵　画零陵　摄零陵”等系列文艺采风创作交流活动，文艺惠民，繁荣文艺事业。2016年，开展各类文艺活动20多次，组织本地文艺家创作出一大批反映零陵的书画、歌曲、摄影、文学等门类的精品力作近800余件次。

【活动联谊】为落实区委弘扬地方特色文艺，办好零陵人民满意文化部署，2016年2月份举办第二届文化艺术节—书法、美术、摄影作品展、百名书法家免费送春联、送年画活动。2016年5月初，与区工会联合举办“寻找最美劳动者”摄影大展赛并出版作品集。不定期特邀全国、省著名文艺家及本地著名文艺家开展考察采风、交流创作笔会。组织全区文艺家开展“游古城 咏零陵”走进景区系列采风创作活动。在区文联创作室开展“写零陵、画零陵、摄零陵”系列创作笔会交流达10多场次。开拓文艺家视野，实现创作技艺的交流提高，宣传推荐零陵。

【宣传服务】服务和冲刺全国、省、市各类展赛等文艺活动，组织指导创作，出作品，出人才捷报频传。服务指导创作出成绩。区美协会员宋宗爱水彩作品2016年入全国美展，周承伟、陶旭日的摄影作品多次入选全国大赛及获奖。服务文艺家晋省、晋京举办个人作品展传捷报。2016年，罗峰林草书艺术展在北京、长沙及市美术馆开展，取得圆满成功。推出文艺人才效果好。零陵文艺界较活跃的文艺工作者有：作家吴同和、刘翼平、袁忠民、毛激流、杨中瑜、成少华、秦蓓蕾、屈甘霖等；书法家有罗峰林、唐朝晖、欧阳维忠、刘劲明、邓位华、唐柱生等；画家有张平静、杨球旺、高双洋、刘宝国、刘斌、王少斌、曹先兵、郑适等；摄影家有胡明高、周承伟、陶旭日、冯超、王家能等；音乐家有周光耀、唐生瑜、王义、毛定忠、唐武军、张郴州等；舞蹈有唐小红、齐超波等；诗词有伍志军、李永才、罗功明等。

【文艺界创新发展】建立和完善奖励机制，强化人文关怀，营造文艺发展的良好氛围。2016年，每个协会都有一定的工作经费，得以确保协会工作的正常运转；设立首届政府“零陵文艺奖”，表彰18名在2015年有一定成就的文艺家。奖励机制的建立，有效地调动广大文艺工作者的创作热情，推出一大批文艺精品和文艺人才。

区工商联合会

【概况】零陵区工商联成立于1953年3月，区总商会成立于1996年9月。机关核定行政编制2人，事业编制1人。2016年，实有在职工作人员4人。主要职责：参与全区政治、经济、社会生活中重要问题的政治协商，发挥民主监督作用，参政议政；引导会员积极参加全区经济建设，推动社会主义市场经济体制逐步完善，促进社会全面发展；做好全区工商界代表人士政治安排的推荐工作；代表并维护会员合法权益，反映会员意见、要求和建议；引导会员弘扬中华民族传统美德，先富帮后富，热心社会公益事业。2016年，区工商联以创建“五好工商联”为目标，充分发挥优势作用，扎实履行职责，团结和引领全区非公经济人士为建设开放、文明、富裕、幸福新零陵作出贡献。2016年，区工商联获全省、全国“五好”县区工商联称号。

【加强基层组织建设】2016年，区工商联会员有758人，其中企业会员336人，团体会员23人，个人会员399人；有各类基层组织29家，其中乡镇(街道)分会16家、行业商会10家、异地商会3家。着力加强学习教育，提高会员政治素质。5月13日，区工商联组织召开学习贯彻习近平总书记在全国“两会”民建、工商联界别组会议上的重要讲话精神专题座谈会，56名工商联执委参加座谈。5月，在全区非公党组织中认真组织开展“两学一做”学习教育，围绕习近平总书记系列重要讲话精神作为进行学习、座谈。6月，组织各乡镇工商联、各行业商会、异地商会的会员认真学习了习近平总书记的重要讲话精神。建立党外代表人士信息库，积极开展“四同社区”创建及同心工程和暖阳工程。2016年，以党委、人大、政协换届为契机，区工商联对116名非公经济代表人士进行综合评价，推选区党代表1名，区人大代表13名、区政协委员17名，市人大代表3名，市政协委员4名，为非公经济人士参政议政创造条件。

【“民企联村”推进】2016年，全区有29家企业对接206个行政村，实施项目9个，投入各类资金近1.9亿元，有力地促进了零陵区美丽乡村建设。引进广东温氏生猪养殖公司投入7000万元，采用“公司+农户”合作模式，对接行政村189个，带动1200户贫困户脱贫；永州仙姑花海有限公司总投资1.2亿元，在富家桥镇大仙观村、回龙山村等6个村投资兴建花海漂流休闲等旅游项目，帮扶贫困户103户382人脱贫致富。

【“光彩事业”】2016年，区工商联积极发挥桥梁纽带作用，调动全区110余名非公经济人士参与“光彩事业”，为社会公益事业捐赠600余万元，支援灾区重建和开展爱心助学活动。其中，在组织开展的“情系教育献爱心、捐资助学育新苗”主题实践活动中，工商联会员捐款3万元。

【参政议政】2016年，区工商联依托参政议政的职能优势，深入调查研究，认真撰写具有参考价值的调研报告，其中《培育发展产业集群，推进零陵区新型工业化》等3篇调研报告获市政协优秀调研报告二等奖；提交的《零陵区招商引资工作存在的问题及对策》等6篇调研报告被列为区政协全会的重点发言，提出的意见和建议基本被采纳。调动工商联会员中人大代表、政协委员的积极性，以经济社会发展为视角，注重撰写高质量提案。提交的《关于加大工业园区建设，促进产业招商》提案，引起区委、区政府高度重视，并多次召开专题会议研究部署园区工作，促进了“一园三区”管理模式不断完善。

【非公有制党建工作】2016年，区工商联加大非公有制党建力度，通过单建、联建方式在全区156个非公经济组织中建立党组织，实现党的组织和党的工作在会员规模企业中的全覆盖。同时，为提升非公经济组织中党组织的形象和素质，区工商联组织130名非公经济组织党组织书记参加省、市、区举办的各级培训，选树3个企业党组织作为样板，在党员中设立党员示范岗30个、党员先锋岗50个。7月，因党建工作突出，中共永州市异蛇科技实业公司党支部、中共湖南零陵工业园区非公有制经济企业委员会获市级“双强六好”非公有制经济企业先进党组织称号；汪震、蒋亚雄2名非公企业党员，获市级“双强六好”非公有制经济企业优秀党员称号。

【全国“五好”县级工商联创建】2016年，将创建全国“五好”县级工商联作为新形势下加强工商联工作的有力举措提上议事日程。围绕“领导班子好、工作保障好、会员发展好、商会建设好、作用发挥好”的“五好”标准，强化工作措施，积极主动作为，促进工商联事业的持续发展。

区残疾人联合会

【概况】1998年12月从民政局分离单设，成立区残疾人联合会，系区党群系统群团组织。主要职责是听取残疾人意见，反映残疾人需求，维护残疾人权益，为残疾人服务；宣传残疾人事业，沟通政府、社会与残疾人之间的联系，动员社会理解、尊重、关心、帮助残疾人，统筹开展为残疾人事业募捐活动；开展残疾人康复、教育、劳动就业、扶贫、文化、体育、科研、用品供应、福利、法律服务、无障碍设施和残疾预防工作，扶助残疾人平等参与社会生活；协助政府研究、拟定和实施残疾人事业的规范性文件、规划和计划，调查掌握残疾人状况，向政府提出决策建议，对有关业务进行指导和管理；承担区人民政府残疾人工作协调委员会和区残疾人福利基金会的日常工作，做好综合、组织、协调和服务；指导和管理各类残疾人社团组织；开展残疾人事业的对外交流与合作等。

2016年，区残联内设办公室、宣文股、党建室、办证室、康复股、信访维权股、就业服务中心7个股室，下设区残疾人劳动就业服务中心和区残疾人辅助器具服务中心2个股级事业单位，共有在职干部职工29人，退休干部职工4人。

2016年，区残联积极开展工作，圆满地完成全年的各项目标任务，零陵区被评为“全国残疾人工作先进单位”，区残联被评为“省残疾人教就工作甲等优秀单位”、“全市残联工作先进单位”、“2016年度全区经济发展综合考核先进单位”、“2016年度全区经济社会发展突出贡献奖”、“全区关心下一代工作先进集体”等荣誉。

【康复服务】2016年，共完成各类残疾人康复632例，其中：重点民生项目0—7岁脑瘫儿童康复训练23人，完成假肢安装12人，矫形器安装6人，白内障复明手术192例；低视力家长培训13人；盲人定向行走47人；聋儿康复训练7人；聋儿家长培训12人，成人助听器验配6人；肢体残疾儿童康复训练4名，成人肢体残疾康复训练78人，智力残疾人儿童康复训练4人，智力残疾人儿童家长培训33人；精神病防治康复148人，精神病人服药补助40人，住院补助7人。同时做好残疾人辅助器具适配项目和服务工作，2016年共免费和补助发放辅助器具413件。

残疾人康复示范社区建设。2016年，在七里店办事处神仙岭社区开展创建全国残疾人康复示范社区建设，残联支持社区5万元用于社区残疾人康复软硬件建设。

【教育培训】支持永州市星旺儿童康复中心及永州市爱慧儿童康复中心两所民办儿童康复教育机构开展康复培训。加大残疾人教育资助力度，2016年为12名新考入大专院校的贫困残疾学生及贫困残疾人子女分别给予4000元/人、3000元/人的助学补助，共补助37000元；帮助17名贫困高中残疾学生及贫困残疾人子女高中生上学，分别资助1400元/人、1000元/人，共资助17800元；筹资2万元支持37名特困残疾人子女的义务教育，确保全区义务教育阶段无一名残疾人或残疾人子女因贫困而辍学。

2016年，共培训残疾人191人，其中：对农村残疾人及家庭成员进行农业实用技术培训163人，在零陵区椪植面点培训中心组织残疾人开展专业技能培训22人，盲人按摩培训6人。

【劳动就业】2016年，对全区131个行政事业单位、39个企业单位进行按比例安排残疾人就业年审工作，其中行政事业单位按比例安排残疾人就业110名，企业安排残疾人131名，新增残疾人就业127人。2月，组织开展“就业帮扶、真情相助”就业援助月活动，活动中参与招聘的有永州潇湘博医健康管理有限公司、文彩印务、名扬盲人按摩等10多家企业，提供就业岗位139个，参加应聘的残疾人达200多个，达成就业意向的有32个残疾人。

对残疾人自主创业的区残联采取小额贷款贴息、创业资金扶持等方式积极扶持。2016年，共帮扶25户残疾人个体创业，投入扶持资金22万元；申报小额贷款贴息1户；创建4个残疾人创业示范基地，通过基地辐射等方式带动残疾人家庭创业就业。

【扶贫助残】组织开展“连千村帮万户”活动和精准扶贫工作。区残疾人联合会“连千村帮万户”活动和“精准扶贫”帮扶联系点是邮亭圩镇俄塘村，工作中除多方联系农口部门争取项目帮扶外，还积极利用自身优势为困难群众办实事办好事。7月11日，邀请部分医院的专家医师到邮亭圩镇俄塘村现场为周边残疾人检查身体，进行残疾等级鉴定，办理残疾人证。同时，组织志愿者们与贫困残疾人“一对一”结对帮扶，志愿者们为行动不便的残疾人赠送辅助器具，走访慰问23名困难残疾人，发放慰问金8200元。

走访慰问困难残疾人。在春节前夕对全区16个乡镇、办事处437名困难残疾人进行走访慰问，共发放慰问款13.1万元。在第26次“全国助残日”期间，围绕“关爱孤残儿童，让爱洒满人间” 的活动主题，对区儿童福利院的15名孤残儿童进行走访慰问，并送上孤残儿童急需的婴儿物资，资助慰问金及物资共计人民币6000余元。

落实全区重度残疾人社会养老保险政策。区残联积极协调，区政府共为2500名重残人员按照每年100元/人代缴养老金，共代缴养老金25万元。

落实困难残疾人生活补贴、重度残疾人护理补贴政策。2016年1月1日起，困难残疾人可享有50元/月的生活补贴(与重度残疾人护理补贴简称残疾人“两项补贴”)，并转由残联负责审核，民政负责审批和发放。全年共完成两项补贴审核13850人。

实施阳光家园项目。2016年为130名贫困残疾人实施居家托养，补助资金7.8万元；集中托养10人，补助资金4.8万元。落实残疾人摩托车燃油补贴政策，为770名残疾人发放燃油补贴20.02万元。

残疾人无障碍设施改造。零陵区首次对贫困残疾人住房及周边环境进行无障碍设施改造，2016年，共筹措资金38万元对石山脚乡悟山里村24户和邮亭圩镇郑家桥村15户共计39户残疾人进行了无障碍设施改造，其中石山脚乡悟山里村是全市唯一通过省里检查验收的无障碍设施改造示范村，改造后极大地方便了残疾人的生活和出行。

【文体活动】在全市第三届残疾人少儿基本功及形体比赛活动中获组织奖，参赛节目《雨竹林》获二等奖、《兄弟》获三等奖。

提供优质新闻稿件参加省残联组织的“2014—2015年度残疾人事业好新闻”评选活动，选送通讯《配钥匙，残疾锁匠干了一片天》获二等奖、《奔跑吧，独腿少年》获三等奖。

积极选送扶残助残先进个人及残疾人自强模范的典型参加永州市残工委的评选活动，零陵区扶残助残先进个人张丽娟及残疾人自强模范典型李亮红被永州市残工委给予表彰，永州电视台制作专题宣传片进行广泛宣传。

【社会环境】助残氛围增浓。零陵区正在创建全国文明城市，整个城市建设日异月新，市内公交车全部安装语音系统，提醒乘客给“老弱病残孕”让座，力求营造文明进步的社会环境，促进残疾人平等参与社会生活。

残疾预防意识增强。在“助残日”、“爱耳日”、“聋人节”、“盲人节”等残疾人的重大节日期间，根据节日的活动主题开展残疾人预防宣传活动。2016年，组织永州爱尔眼科医院 、永州惠耳听力等专业医疗机构进行义诊咨询，共为300余名群众做了免费检查，发放宣传资料3000余份。

残疾人维权意识增强。全年共收到上级交办信访件17件，残疾个人来访37人次，集体访11批次共95人次，按要求办理到位。加强残疾人法律援助工作，全年排查出侵犯残疾人合法权益事件3起，对2起案件进行法律援助。

【福利基金】残疾人福利基金于1994年成立，资金募集主要来源为“助残一日捐”，全区干部职工每人每年捐赠不少于一天的工资。2016年3月，区长唐烨指示政府办牵头，宣传部、文明办、新闻中心等单位参与开展福利基金募集调研。政府办下发《永州市零陵区人民政府办公室关于开展“爱心助残一日捐”活动的通知》，宣传部在零陵新闻网发布图文并茂的《助残护残爱心募捐倡议书》。

军事·公安消防

区人民武装部

【概况】2016年，中国人民解放军永州市零陵区人民武装部、区人武部党委在市军分区党委的正确领导下，按照“坚持政治建军、改革强军、依法治军，强化‘五部’职能，聚焦应急应战，保持清正廉洁，务实创新发展”的工作思路，推动人武部和全区民兵预备役建设全面发展，被市军分区评为安全管理先进单位。

【党委班子和干部队伍建设】2016年，按上级要求，组织干部突出学习“七一讲话”、《习近平谈治国理政》和《习近平国防和军队建设重要论述选编》等文件书籍，深刻理解习主席在忠诚、打仗、作风、反腐等方面提出的要求。5月，党委对上级规定的四个专题进行学习讨论，逐一对照进行自查自纠，党委成员带头执行规定，引领新风正气。在党的群众路线教育实践活动和“三严三实”教育的成果上，持续开展“两学一做”教育，大力开展专项清理整治活动，在末端用具体措施落实上级规定。严肃开展对郭伯雄、徐才厚流毒清理活动。党委召开专题会议，制订方案，学习十八届六中全会精神，组织开展批判性教育，开展清查“回头看”，强力肃清郭、徐流毒影响。开展“纪念红军长征胜利80周年”教育，以长征精神带领党委班子和干部队伍树立正确的事业观。7月1日，组织收看并认真学习习近平主席“七一”重要讲话精神，让“不忘初心、继续前进”激发全体同志谋事创业的激情。班子成员都具有较好的团结共事的人格基础，大家都能坦诚相见，互相信任；都能做到大事讲原则，小事讲风格，工作上密切配合，生活上互相关心，内部关系比较融洽。班子谋事创业。党委班子能够贯彻“十六字”方针，坚持集体领导，重大问题集体讨论决定后，心往一处想，劲往一处使。班子建设能够按照研究确定的总体思路，对重要工作、重大建设均坚持及时召开党委会或专题研究会，做到工作开展有目标、有安排、有部署、有监督、有总结。全年先后完成食堂和营院整治，并严格落实各基层武装部3万元专项经费。

【思想政治建设】着眼践行强军目标，贯彻整风整改基调，突出领导干部和人武部机关这个重点，坚持正面教育与纠治问题相结合、弘扬传统与改进创新相统一，统筹抓好理论武装、主题教育活动、专题教育整顿和经常性思想教育。抓好政治理论学习。政治理论学习采取党委中心组学习、理论授课、专题调研和个人自学的形式，在制订《零陵区人武部二〇一六年理论学习计划》、《零陵区党支部“两学一做”计划》的基础上，每名干部根据个人实际情况制订《个人自学计划》。重点组织学习习主席关于加强和改进军队政治工作、依法治军从严治军、深化国防和军队改革等方面的重要论述。开展“两学一做”教育，突出政治纪律和政治规矩这个重点，以尊崇党章、遵守党规为基本要求，以党支部为基本单位，以七项组织生活制度为基本形式，以落实党员教育管理制度为基本依托，突出领导干部这个重点，教育引导党员自觉按照党员标准规范言行。着眼明确基本标准、树立行为规范，购买上级规定的5本书籍，认真学习党章和《中国共产党廉洁自律准则》等党内法规，学习党史军史，加强反腐倡廉教育和警示性法纪教育，反思吸取郭徐案件的深刻教训，持续深入肃清流毒影响，引导党员牢记党规党纪，牢记党的优良传统和作风，守住为人、做事的基准和底线。在深入学习理解习主席系列重要讲话精神基础上，着重领会关于全面从严治党、加强党风廉政建设等方面的丰富内涵和实践要求，勤补精神之钙、常固思想之元，强化“三个自信”，坚定对习主席的矢志追随和信赖拥戴。围绕国防委员会3个层次39项基本要求，印制《“两学一做”应知应会》，每天交班前组织干部抽问5道题目。组织3次“两学一做”知识要点考试，参考人员成绩达到优秀。为每名党员印制《“两学一做”学习教育笔记本》，把个人学习摘录、党课笔记、心得，党章都抄写在专用本上。开展做合格党员活动，从“讲政治、有信念，讲规矩、有纪律，讲道德、有品行，讲奉献、有作为”四个方面，引导党员强化看齐意识，领导干部带头上党课，搞好讨论交流。10月28日，组织干部学习十八届六中全会全文，把思想意志统一到中央精神上来。开展多种形式的配合活动，开展“学原文、读原著、悟原理”学习读书活动，指定学习书目，研读创新理论，重读经典著作，开展“两学一做”主题征文和书画摄影展等学习教育配合活动，深化教育成果。抓好经常性思想教育和形势政策教育。利用早交班、政治教育和党团活动时间，开展经常性思想教育解决干部立身做人、履职尽责问题，紧跟军内外热点问题开展形势政策教育，开展经常性法治宣传教育。落实经常性谈心制度，每月部首长坚持找干部谈心，营造团结和谐的内部关系。

【后备力量建设】坚持军民融合深度发展，夯实国防后备力量建设根基，按照能打仗、打胜仗的要求加强国防后备力量建设。扎实搞好民兵整组。贯彻“平战结合、军民结合、寓兵于民”方针，按照上级民兵整组工作会议精神，及时成立以吴恢才区长为组长的民兵组织整顿领导小组。1月，召开全区民兵整组工作会，对整组工作进行动员部署，区分责任任务。整组展开后，先后组织了3次民兵预备役工作业务培训，规范整组工作的程序和方法，印发整组工作细则，统一规范“两卡、三表、四案、七本、九册”。整组期间，完成了本辖区国防动员有关资源信息数据库建设，展开网上兵役登记工作，适龄青年网上登记超过100%，为秋季征兵打下坚实基础。圆满完成征兵任务。征兵工作领导小组坚持“一季征兵，四季准备”工作理念，围绕新兵质量核心，圆满完成征集任务。7月下旬，召开全区征兵领导小组会议和征兵工作会议，传达上级会议精神，部署全区征兵工作，调整成立征兵领导小组，下设征兵办公室，签订《征兵工作目标管理责任书》。开展“增强国防观念、依法服兵役”教育，全区专武干部走村串户，深入村组，深入农户，进行面对面、点对点宣传发动。征兵宣传走进校园，到科技学院为高校学生上国防形势教育课，展出12幅宣传展板，发放7000多份《征兵宣传手册》，开展“征兵宣传动员周”活动，举办政策咨询活动，激发大学生参军热情，大学生征集比例超过33%。征兵期间，利用微信平台、短信平台、交通路口LED屏、公交车载电视、电视台飞播、报纸、标语等平台广泛宣传发动，制作发放3万份征兵宣传彩页，各乡镇悬挂5条以上宣传横幅，张贴征兵海报、宣传标语40多条，与地方部门联合刊发《征兵工作简报》8期。严格体检、政审程序，确保全区新兵质量，把优质兵员送入部队。把廉洁征兵与“两学一做”教育整顿活动相结合，落实组织监督、社会监督、舆论监督，取得了良好效果。大力加强基层阵地建设。把基层建设作为基层武装工作的重中之重，大力加强乡镇基层武装部村民兵营，退伍军人之家和民兵应急分队建设。各乡镇（办事处）认真贯彻落实基层武装部正规化建设实施方案，严格落实武装工作经费，配套完善“三室一库”硬件设施，民兵应急排按标准分步配齐应急专业力量和装备器材，构建完成常态化、专业化、规范化应急力量体系，做到随时能成建制地遂行护林防火、维稳防暴、抢险救灾等应急任务，形成“一队多用、一专多能”的应急专业体系。

【安全稳定】加强正规化建设力度，依法从严治军保安全。坚持按照省军区“五种管理方式”“两看三抓”和军分区条令月活动的部署要求，狠抓安全管理工作落实。思想高度重视，组织领导有力。在人少事多的情况下，党委班子坚持把安全作为人武部建设保底工程来抓。党委做到常议常抓，组织领导有力，上下齐抓共管，把安全作为保稳定、做贡献、谋发展的实际举措，切实摆上突出位置，精心策划，严密组织，加强检查指导，搞好统筹协调，以干部为重点，涵盖职工、民兵应急分队队员、转业待安置等人员，具体到人、到事。党委领导思想认识统一到省军区和军分区关于安全指示精神上。坚持定期议安全，及时进行安全部署，按照《安全条例》要求，成立安全委员会，明确人员组成和职能分工，逐级签定《安全管理责任书》，明确目标任务、责任要求和奖惩措施。深化安全教育，统一思想认识。坚持把安全教育作为安全工作的一个重要内容突出来抓，把人武部干部思想认识统一到省军区、军分区的指示精神上来。制订《零陵区人武部安全教育实施方案》，采取召开会议、集中授课、专题辅导等方式，打牢安全思想基础。开展“条令月”活动，组织干部原原本本学条令条例和《安全条例》，利用板报、标语、横幅等形式，营造学条令抓安全的良好氛围。结合“条令月”活动，统一编印《条令须知 200 问》和《安全常识 200 题》下发干部人手一册，认真组织学习，提高干部的条令和安全意识。进一步完善文印室建设，对军事信息处理、储存、管理进行检查整治，从源头上堵塞失泄密漏洞；开展经常性保密常识教育，对干部和家属使用军网和国际互联网情况进行登记备案；开展手机使用警示教育，按照“七个严禁”加强手机管理。着力解决“四反”和预防犯罪问题，突出抓好“两个经常性工作”落实，7 月，集中组织一次社会保障人员、核心涉密岗位人员、非现役人员为重点的政治考核。平时结合日常业务工作和军事训练，适时进行了安全训练，突出抓好安全用电、防雷击、防淹亡、防火、防盗等安全常识教育，强化干部的安全意识，增强干部按章办事的自觉性，从根本上提高干部预防事故的能力。建立规章制度，落实安全责任。党委始终把安全稳定工作作为一项保底工程和硬任务，建立完善各项制度。落实每周交班提要求、每月一次形势分析的举措，全体干部职工牢固树立“安全稳定是硬任务、是第一责任”的安全发展理念；针对国内外的复杂形势，建立党委会、交班会、办公会等时机进行时事政策教育制度；强化战备值班制度，严格人员管控，确保干部、职工和民兵常驻应急分队队员政治上的清醒和思想上高度稳定；结合营院综合整治，从人员、车辆、武器弹药、涉密载体、训练、保密、财务、营院管理等 8 个方面，建立精细化常态化管理制度，坚持经常查、查反复，让干部职工人人上心、事事细心、督导尽心，把不安全因素化解在萌芽状态；在落实例行性制度的基础上，进一步规范《值班员职责》《干部八小时以外管理》《车辆使用管理规定》《计算机保密管理规定》《文件借阅签字规定》《军人上网规定》等一系列规章制度，层层签订责任状，落实安全问责制。

【党管武装】坚持党管武装，大力参建参治维护稳定。持续协助地方做好防汛防火、维稳处突、涣散党支部帮建、信访维稳、重点项目建设、精准扶贫和“双带双促”工作。大力开展扶贫工作。按照中央和省委、省军区关于新时期扶贫攻坚会议精神，经区委分工，人武部与菱角塘镇古枫亭村建立扶贫联系点，按照“一进二访”活动安排，人武部牵头后盾单位，先后10多次深入该村进行调研和指导，采取捐助、拉赞助等形式，为全村筹集25万元，修通了与外界相联的进出公路，部干部与该村贫困大学生签订“一帮一”捐资助学协议,为每人每年资助2000元学费，为每户贫困家庭每年资助1000元生活费。为打造村集体的造血功能，协调一家企业，采取公司加农户模式，承包全村水田用于水稻制种、旱地种植玉米，扶贫工作正有序推进，力争实现上级要求的三年攻坚目标。主动做好涉军维稳。为进一步促进全区社会和谐，人武部积极协助地方政府做好涉军维稳工作。在人武部成立涉军维权中心，由一名律师长期办公，已接待50人次法律咨询，对矛盾纠纷按照“属地管理”和“谁主管、谁负责”的原则，与相关单位协调处理。化解一批涉军案件纠纷，维护了军人正当权利。积极参与“双带双促”活动。坚持“党委统筹、军地结合、部门协调、上下联动、齐抓共管”的领导方针，加强对退役人员实施积极有效的扶持和引导，为他们提供优质高效的服务，为他们创业致富铺平道路。区委、区政府充分发挥主导作用，做到思想上重视、行动上迅速，将“双带双促”活动经费纳入财政预算保障，纳入党政领导干部考评体系，纳入党管下装考核范畴，形成上下联动、积极行为的良好氛围。

公安消防

【概况】2016年，区消防大队按照“从严治警、转变作风、提升服务、争创一流”的工作思路,围绕服务经济建设和社会发展大局，坚持以科学发展观为统领，以“维护稳定、促进发展”为己任,以深化岗位练兵为载体，以提升防控火灾能力和灭火救援能力为目标，扎实排查突出消防安全问题,强力整治火灾隐患,推进消防队站建设,努力开展实战化训练和消火栓普查等基础工作,全力确保辖区火灾形势持续平稳和部队内部高度稳定，圆满完成以防火和灭火救援工作为中心的各项工作任务。

【思想政治建设】2016年，坚持以提高思想素质、完善工作机制、转变工作作风、强化能力建设为目标，立足部队实际，将思想政治建设贯穿于队伍建设全过程，全力推动部队政治教育工作上台阶。夯实思想根基不动摇。坚持思想武装铸警魂，深入开展“两学一做”主题学习教育活动，以集中学习、个人自学、互动交流等方法，教育官兵树立正确的人生观、价值观，端正服役态度，进一步增强官兵的思想政治素养；同时，广泛开展摸底和谈心活动，及时发现官兵思想上存在的各种问题。落实从优待警不含糊。高度重视官兵个人安全和身体健康，定期组织官兵到定点医院进行健康体检，建立官兵个人健康档案，准确掌握官兵健康状况；从解决官兵切身问题入手，主动为官兵家属排忧解难，尽最大努力帮助官兵解决实际问题，让他们感受到部队大家庭的温暖；文化暖心“不懈怠”。始终将思想教育和警营文化建设结合起来，组织开展篮球、乒乓球、台球、羽毛球、唱歌、演讲、看电影等丰富多彩的文体活动，丰富警营文化生活，激发官兵的工作热情及奉献精神，为完成防火灭火中心工作、确保“两个稳定”提供坚强的政治基础。

【基础设施建设】2016年，投资1000余万元、占地15公顷的萍洲消防站主体工程全面竣工，并顺利进入室内装修阶段。萍洲消防站的建立，标志着零陵区的消防基础设施建设走在全市的最前列。2016年，在萍洲工业园区绿影路、车站路及322过道新增90余个市政消火栓，为工业园区的灭火救援工作提供保障。

【实战化大练兵】按照“训战一致”的原则，大队以体能、技能、智能训练和战术合成演练为重点，深入持久地开展全员练兵、科技练兵、实战练兵活动。2016年，大队共开展各类消防演练90余次，熟悉重点单位场所100余家次，开展跨区域演练2次。9月1日凌晨，永连公路零陵至双牌段发生一起液化石油气槽罐车侧翻事故，零陵大队18名消防官兵立即赶到现场，按照石油危险化学品处置要求，将司乘人员从车内救出，并积极协助救援专家组成功将侧翻槽罐车实施转运，排除事故危机。全年共接警583起，出动消防车966辆次，出动警力6608人次，抢救被困人员84人，疏散人员2317人次，抢救财产价值300余万元。

【火灾防控管理】2016年，大队层层落实消防安全责任制，强化消防监督执法，深入开展消防安全专项治理，积极整治火灾隐患，确保辖区火灾形式稳定。5月11日，区政府组织召开全区消防工作会议和夏季消防检查动员部署会，对全区消防工作进行全面部署；11月8日，区政府组织召开今冬明春消防工作会议和区域联防消防工作会议，再次对消防工作进行安排部署。在夏季消防专项行动、重大火灾隐患排查整治、大排查大管控大整治等消防安全专项检查行动中，结合辖区实际，联合相关部门，对易燃易爆危险化工场所、高层地下建筑、文物古建筑、人员密集场所进行专项整治。大队全年共检查社会单位1395余家，发现火灾隐患1756余处，整改隐患1746余处，下发责令改正通知书1171余份，下发行政处罚决定书33份，临时查封11家，净化了辖区的消防环境。

【消防宣传教育】消防宣传工作是提高全面消防安全意识的重要手段。2016年，在新闻直播间、中国新闻、第一时间等CCTV媒体播发消防稿4篇；中新网、人民网、中国网、新浪网、腾讯等中央级主流媒体转发大队各类电视、新闻稿件近60余篇；湖南卫视、湖南都市、湖南教育、湖南经视、湖南公共频道、湖南日报、潇湘晨报、国防教育报等省级各类媒体刊发新闻稿件50余篇。组织开展110消防宣传、3·15消防产品宣传、防灾减灾日宣传、安全生产月消防宣传、119消防宣传月等系列大型宣传活动，发送手机短信5万余条，利用LED播放宣传广告500条次，接受群众咨询3000余人次，发放宣传资料7万余册；开展消防站对外开放20余次，深入学校、企事业单位开展消防知识培训30余次，受教育群众10万余人，有效提升群众消防安全意识和自防自救能力。

法　　治

政法及综治

【概况】2016年，零陵区政法综治工作围绕中心、服务大局，全面贯彻落实中央、省委、市委政法工作会议精神和“南昌会议”、“青岛会议”精神，以建设省级先进县区为目标，确保社会政治大局和谐稳定，实现“四个不发生”（不发生重大公共安全事件、不发生重大群体性事件、不发生严重进京非正常上访事件、不发生暴力恐怖事件）的目标。全区综治民调排位由去年全市排名靠后提升至第四名，综治考评位列全市第二。

【政法队伍建设】结合“两学一做”学习教育活动，抓好了全区政法系统领导班子建设，配齐配强领导班子，区委研究任命政法中层领导干部39名。扎实推进规范高效管理，对政法各部门确立工作总目标，将单位工作目标分解到科、所、队、庭、室，再细化分解到每个干警，实行量化考核。开展案件评查，强化执法监督，以涉法涉诉信访案件为重点，督促政法各部门自行评查案件60件，抽调评查员集中评查20件。进一步深化警务、检务、院务、政务公开，深入一线开展巡回办案活动，提高群众对政法综治工作的知晓度。扎实推进警风警纪建设，深入开展整治“关系案、人情案、金钱案”和“涉法涉诉中损害群众利益行为”专项行动。2016年全区共受理涉法涉诉信访96件，办结64件，化解积案20件，立案查处违纪干警3名、违法干警1名。

【矛盾化解】持续做好重大事项、重点工程社会稳定风险评估工作，积极开展矛盾纠纷“大排查、大调处”活动，2016年，共排查出矛盾纠纷1673件，调解成功1589件；审结各类民事案件2632件，执行案件结案1619件。不断强化应急处突工作，妥善处理因交通、医疗、安全生产、刑事案件、意外死亡等引发的群体性闹事隐患75起，处置“三堵”事件42起。扎实做好接处访工作，收到上级交办信访事项89件，办结87件。切实加强非访治理，扎实推进涉法涉诉信访改革，对违法信访坚决处置到位，全面落实国家安全保障措施，加强情报和专案工作，强化非政府组织的监管，确保安全稳定。

【维护治安】在防范上，坚持不懈地抓好以城乡干部夜巡、“白天见警徽、晚上见警灯”活动、电子监控为重点的治安防控体系建设。在打击上，深入开展严打整治“百日会战”“百城禁毒会战”“春雷行动”“飓风行动”等专项行动，2016年以来，共破各类刑事案件716起，刑事拘留561人，批捕281件367人，起诉422件463人，审结416件、判决478人。命案发7起破7起，保持现行命案连续10年全破的良好纪录。共查处行政案件2059起，行政拘留1295人。同时，加强重点单位、重点领域的整治，集中开展危爆物品、寄递物流清理整顿，强化监督检查和管理；严厉打击“三强三堵”犯罪，破获刑事案件29起，刑事拘留42人。

【社会治理改革】零陵区作为永州市网格化建设的试点县区，已成为全市的排头兵，为全市整体推进提供较好的做法和经验，市里多次在零陵区召开现场推介会。2016年，重点抓好社区服务管理和考核工作，每月对社区工作人员精准考核，社区管理日趋完善。积极推进69项公共服务进社区“一口受理”，利用“智慧永州”综合应用平台，解决各类问题事件26000余件，改善居民的生活环境、提高了办事效率。区财政为每个乡镇、街道投入30万元，为98个示范村每个投入10万元，现有12个乡镇、街道“三个中心”和第一批98个示范村基本完成建设并进驻办公，方便了群众办事。

【平安创建】 在零陵区范围内，开展以创建平安零陵为主题，包含平安家庭、平安机关、平安校园等十五项内容的平安创建活动。开展平安家庭评比。在每个行政村评选出10户平安家庭，在城区每个网格评选5户平安家庭，每户颁发门牌和宣传雨伞。同时，各平安创建牵头单位组织本部门、本系统开展创建活动，评选先进、予以表彰。开展重点单位、重点领域的整治和服务管理。对上年度综治考评不合格的单位、乡镇（街道）、村（社区）进行挂牌整治；进一步加强道路交通和消防安全管理工作，切实抓好护路护线联防工作；加强暂住人口服务和管理，建立和完善以社区为依托的实有人口服务和管理工作平台；强化特殊人群教育、矫治、管理及综合干预；做好了重性精神病患者救治救助工作。开展政法综治宣传。大力组织开展普法宣传教育“六进”活动，开展宣传资料入户、短信发送、法律咨询、送发宣传用品和上法制教育课等形式的宣传，制作一系列高标准的宣传标语和横幅，营造浓厚的法治氛围。

公　　安

【概况】 零陵公安分局内设指挥中心、纪委、政工室、警务保障室、法制大队、国内安全保卫大队、刑事侦查大队、治安管理大队、巡特警大队、禁毒大队、人口与出入境管理大队、网络安全保卫大队、经济犯罪侦查大队等13个委、室、中心、大队；下设各镇乡派出所和城区派出所等16个派出所；所属单位有看守所、行政拘留所、消防大队。

2016年，零陵公安分局围绕“打击、防范、执法、服务、队伍”十个关键字，团结拼搏，开拓进取，较好地完成各项工作任务。分局被评为全省公安机关侦破命案工作成绩突出单位、省公安机关“三实”信息集中采集专项行动成绩突出单位、省公安机关“210工程”建设成绩突出集体、省微改革创新大赛银牌；5人获省级个人奖项，获市级集体表彰奖项7个、个人奖项15个，两个集体被市局记集体三等功，16人被市局记个人三等功，9人被市局嘉奖。

2016年，零陵公安分局始终把社会稳定作为第一要务，坚持重大节点维稳保安全警参与，重大警保卫活动全程保卫，工作做到心中有数、处置有招、防控有效。圆满完成全国全省全市全区“两会”、高考、杭州G20峰会等系列重要活动和春运、春节、清明、端午等重大节点的安保维稳任务，全年没有发生一起有影响的群体性事件。依法刑拘3名非正常上访重点人员，治安拘留46人，训诫72人次。

开展春雷行动、亮剑行动、飓风行动、收缴整治枪爆行动等系列专项严打整治行动。共立刑事案件2108起，同比上升0.52%；其中纵火、投毒、绑架、爆炸等暴力案件、涉恐案件为零发案，两抢案件下降37%，全年没有出现一起有影响的群体性事件。破刑事案件1154起，同比下降0.85%，破案绝对数位列全市第一，破案率高达54.7%。其中8起现行命案全部侦破，保持了连续10年命案全破的良好纪录，命案侦破位列全市第一，被评为全省命案侦破先进单位。全力破获非法吸收公众存款案，其中有影响的幸福山庄案、品天下案、彩虹燃气案都已进入司法程序。刑事拘留785人，起诉769人；查办行政案件2671起，行政拘留1796人，调解矛盾纠纷3671起。重拳打击社会民生领域犯罪，全市首例环境污染案、19起涉食药安全案件、13起拒不执行法院判决案，为群众追回老赖欠款500余万元；查办了2起拒不支付劳动报酬案，为55名农民工讨回薪资138万余元；查处酒驾、毒驾、肇事逃逸案451起，刑拘167人，行政拘留271人。

【基层基础工作】2016年，积极稳妥推进基础设施建设，新建450个高清城市监控，4个派出所综合勤务指挥室。完成省际于家公安检查站建设，被省公安厅验收组评为当前全省“规模最大、功能最全、结构最合理”的公安检查站；获集体三等功一次；省内先后有9个县、区公安机关到于家公安检查站考察交流学习。在全省公安机关开展的微创新、微改革大赛中，分局以“2·5维立体实景信息采集法”项目获全省银奖，成为全市县区公安机关中最好成绩。“NFC”人员信息快速采集比对系统获市局大赛一等奖，执法办案录音录像系统升级版获三等奖。在全省推行的“三实”工作中，分局率先完成工作任务，以完成率、准确率、及时率三个百分之百的验收成绩被评为全省先进，多次到省厅、市局做典型发言。

【法制建设】2016年，在全市率先建成执法管理中心，充分运用电子和手机通讯技术，建成全市第一家手机门禁系统；推进法制员监督制度、实行持证办案无证跟班制度、与检察院密切合作推出重大疑难案件会商制度；全年没有发生1起执法安全事故，执法质量被评为全市优秀。坚持阳光警务制度，首问民警责任制度，实行局领导和机关中层干部24小时带班制度，全面开展打击服务、执法服务、窗口服务、帮扶服务、解危服务，得到人民群众认可。群众满意率2016年排名全市第二，进入全省一类县区。

【人才兴警】2016年，以“吃苦的吃香、实干的实惠、有为的有位”用人导向为标准，内强素质、外树形像。“赤胆赤诚”、“热血热诚”精神被发扬光大，涌现出一大批先进个人、先进单位，其中23名同志被提拔重用。

【治安防控建设】2016年，以筑牢群防群治和基础信息化为抓手，构建社会治安大防范格局。查处各类治安案件2206起，行政拘留违法人员1777名，非法持有枪支收缴数排名全市第1，情报信息工作全市第1；消防大队共接火警365次，解救被困人员84名，疏散被困人员2317人，抢救直接财产价值6293万元，创新开发“掌上水源APP”软件，将全区所有室外消火栓、自然水源等消防水源在电子地图中定位标注，并在全市推广应用；交警大队共处理交通事故5941起，全部在第一时间得到处置，没发生1起群死群伤恶性交通事故。

【人口与出入境工作】2016年，坚持从群众满意的地方做起，从群众不满意的地方改进，抓小事、重实效，将“小警务”理念融于日常工作中，大力开展文明窗口创建活动，服务质量明显提升，群众满意率不断提高。2016年度共受理出国境证照申请20209人次，办理居民身份证36066人次，出生登记8076人，死亡注销4349人，户口迁入2113,迁出3841人，登记录入流动人口19718人，登记出租房屋3026户，办理居住证7336张，新建工作对象461人，重点人口86人，境外人员临时登记49人次。

【维护经济发展环境】2016年，强化服务经济发展意识，坚持日常查禁与专项打击相结合，积极开展案件线索摸排、查处打击整治工作，三堵三强得到有效遏制。全年共查处“三强三堵”行政案件92起，行政拘留132人，破刑事案件10起，刑事拘留71人，调处矛盾纠纷226起，有力维护全区社会治安环境和经济发展环境。

【张朝维一行到徐家井派出所考察调研】2016年6月13日，省公安民警基金会理事长张朝维一行在市公安局党委委员、副局长刁兰富等领导的陪同下，到零陵公安分局徐家井派出所考察调研。区委副书记、区长唐烨，政法委书记汤荣石，零陵公安分局政委罗干劲等陪同。张朝维一行实地参观徐家井派出所户籍室、接警中心、派出所公示栏、荣誉室等。

【汤向荣到徐家井派出所督导检查“三实”信息采集工作】2016年6月15日，省公安厅党委委员、副厅长汤向荣一行在副市长、市公安局局长刘新良等人的陪同下深入徐家井派出所检查督导“三实”信息采集工作。在徐家井派出所社区警务室，汤向荣向社区民警询问了信息采集进度、网格化采集及培训工作落实情况，认真查看了信息采集台账。在听取了徐家井派出所所长马汉明关于“三实”信息采集工作汇报后，汤向荣充分肯定徐家井派出所的工作成效，并指出，“三实”信息采集工作是一项基础工作，徐家井派出所要树立好标杆作用，按照省、市“三实”信息采集督查方案要求，结合辖区工作实际，制定工作方案，采取多种形式开展信息采集，确保工作再上新台阶。

检　察

【概况】区人民检察院前身为永州市（县级）人民检察院，成立于1980年1月。现有内设机构17个，分别为政治部、反贪污贿赂局、反渎职侵权局、侦查监督科、公诉科、监所检察科、控告申诉科、林业检察科、民事行政检察科、职务犯罪预防室、技术检察科、法警大队、纪检监察室、办公室、联合工会、案件管理办公室、法律政策研究室。现有政法专项编制72名，事业编制15名。现有干警68人，其中检察官24人，检察官助理17人，书记员3人，技术人员2人，司法警察9人，行政人员7人，工勤人员6人；共产党员43人；研究生学历5人，本科学历52人，大专学历11人。现任领导班子设检察长1名，副检察长4名，纪检组长1名，检察委员会专职委员2名。

【工作职能】2016年，共受理公安机关移送报捕案件345件438人，经审查批准逮捕230件286人,不批准逮捕104件141人；受理公安机关移送审查起诉665件789人，审查起诉476件577人，不起诉85件121人，因改变管辖移送其他院起诉6件18人；受理各类职务犯罪案件线索20余件，立案侦查9件14人，向法院提起公诉9件13人，法院已判决17人。接待群众来信来访200余人次，办理区委交办信访案件3件，各项业务数据呈逐年上升态势。全年案件质量呈现出“三无”状态，2016年，未出现一起错捕错诉案件；未出现一起赴省进京上访案件；未出现一起法院判决无罪的案件。

法　院

【概况】区人民法院现有在编干警102人，其中党员65人，法官40人，司法警察10人，工作人员52人。内设办公室、政治部、研究室、监察室、审判管理办公室、司法技术室、司法警察大队、书记员管理办公室、立案庭、执行局、刑事庭、民一庭、民二庭、行政庭、行政二庭、林业庭、审判监督庭17个部门及1个事业机构诉讼和信访事务服务中心（2016年7月设立），辖珠山、水口山、邮亭圩3个人民法庭。

2016年，受理各类案件5797件，审结、执结5084件，结案率87.7%，执结到位标的款1.01亿元。案件执结到位率、法定审限结案率、案件评查得分、陪审员参审率等绩效指标在全市基层法院居前，执行考核居全市第一名，信息工作评为全省成绩突出单位，调研、宣传、信访、纪检工作评为全市先进，有6个部门和22名个人被省高院、市中院和区里评为先进集体和个人，获评全区文明单位。

【刑事审判】2016年，全年受理刑事案件481件，审结437件。积极开展量刑规范化改革，对酒驾、盗窃、贩毒犯罪等案件适用量刑规范化规定；贯彻宽严相济的刑事政策，判处5年以上有期徒刑40件46人，3年以下有期徒刑169件176人，检察机关撤诉1人；严惩危害人民群众生命财产安全的犯罪，审结“两抢一盗”、故意损坏财物、聚众斗殴等犯罪案件83件112人；严厉打击“黄赌毒”犯罪，审结毒品犯罪案件25件25人，监禁刑判处率96.8%；坚持反腐高压态势，审结职务犯罪案件10件17人，推动反腐败斗争的深入开展；严惩破坏社会经济秩序犯罪，审结“三强”、生产销售伪劣商品等犯罪案件2件3人。刑事庭被评为全区基层政法工作先进。

【民商事审判】2016年，共受理民商事案件3249件，审结2780件。坚持“调解优先、调判结合”原则，调解、撤诉结案895件，调撤率32.5%；共审结婚姻家庭、邻里纠纷案件526件；加大“三农”案件调处力度，共审理制种合同、土地流转、林权等涉农案件200余件，应对融资借贷高发态势，审理民间借贷案件640件，标的额近1.3亿元，依法确定借贷本息，引导民间融资有序运行；审结涉及重点建设、重点项目、招商引资、城建遗留等系列案件16批次，如云天房地产系列案、原市水泥公司案件，强化司法应对，从诉讼途径解决一批群体访案件，确保区委、区政府战略决策的顺利实施；开展未结案件“清积”工作，13件重点疑难案件在专项审判活动中结案。

【行政审判】2016年，受理行政案件140件、审结122件，办理行政非诉案件23件。出面协调案件占比60.8%；贯彻新诉讼法规定，依法判决撤销被诉行政行为28件、驳回起诉44件、确认违法3件，监督行政机关依法行政，保护行政相对人的合法权益；针对征地拆迁、行政拘留等工作存在的问题，开展法律讲座2场，走访行政机关10家，发送司法建议3条，促进行政管理的规范化、法治化。

【执行工作】2016年，累计受理执行案件1900件，执结1719件。以开展“百日执行会战”、“打击老赖飓风行动”为契机，运用交叉执行、借力执行、和谐执行等方式，引入第三方监督机制，加大执行工作力度，实际执结率54.7%；深化执行信息化建设，建立“总对总”、“点对点”的执行指挥中心，通过执行网络查控系统实现联网查询全国多数银行及车辆、房产、工商等帐户信息；重点打击规避执行、抗拒执行、恶意赖账等行为，适用拘留100余人次，将拒不履行还款义务的被执人无条件纳入失信人员黑名单1600余人，以拒不履行判决裁定罪移送立案21人；继续开展涉银信案件专项执行活动，执结案件80余件，实际到位案款300余万元，助推区信用社改制商业银行。

【司法为民】积极参加文明城市创建工作，深化社会综合治理，加强法制宣传，推进平安零陵建设。完善诉讼服务大厅、网上诉讼服务平台、“12368”热线“三位一体”诉讼服务体系，为当事人提供“一站式”服务；开展巡回办案，上门立案40余件、就地调解200余件；加大司法救助力度，对经济确有困难的85名当事人减、免、缓诉讼费用65万元，对生活陷入困境的申请执行人发放司法救助款61万元，体现司法的人文关怀；全面建设审判流程公开、裁判文书公开、执行信息公开三大平台，凡属公开范围的生效裁判文书，在法院门户网站公开率达到100%；建成科技法庭1个，实现庭审全程录音、录像；完善信访难案和涉稳案件稳控机制，针对性做好稳控工作，办结一批上级交办、督办案件，获全市法院、全区信访工作先进。

【廉政建设】2016年，扎实开展“两学一做”学习教育、政法干警核心价值观教育，联系执法办案实际，查实找准问题，狠抓整改落实，着力解决群众反映强烈的“门难进、脸难看、事难办”问题；坚持把制度约束贯穿始终，完善各项制度，推进从严治院和从严治警；开展岗位培训，组织干警参加各类培训32场1987人次；完善考评机制，健全综合绩效、审判质量、审判效率三大管理体系，每月对法官和执行员的办案情况排名公布，营造“比、学、赶、超”的氛围，一线法官人均结案数113件，排全省法院第30位；与湖南科技学院共建“实践教育基地”，在科院建立巡回法庭，促进审判实务与法学教研有机结合；全面加强党风廉政建设，落实“两个责任”规定，全年，无一起违法违纪情况发生。

【机制改革】根据中央关于司法体制和机制改革的精神，开展法官员额制改革，从符合条件的审判人员中遴选出40名额法官，占全院政法编制的38%，逐步落实人员分类、司法责任制改革等任务；完善相关配套机制改革，推进轻微刑事案件速裁改革、审判为中心的刑事诉讼制度改革、裁判文书改革等。

【接受监督】主动向区人大及其常委会报告工作，就刑事审判向区人大常委会作专题汇报，对区人大代表提出的意见认真梳理，逐条研究落实；邀请人大代表、政协委员视察法院工作、临案听审、见证执行、出席重大活动70余人次，组织召开社会各界代表征求意见座谈会4次，虚心听取社会各界代表意见和建议，不断改进法院各项工作。

司法行政

【概况】区司法局是零陵区人民政府的工作部门，内设8个机构和政治部：办公室、法制宣教股、法律服务管理股、基层工作股、社区矫正办公室、政策法规股、法律援助工作股、计财装备股。机关党组织、纪检（监察）机构和群团组织按有关规定及单程设置。区司法局机关司法行政专项编制为23名，其中局长1名，副局长2名，纪检组长1名，政治部主任1名。机关党组织、纪检机构和群团组织负责人职数按有关规定及章程核定。区司法局归口管理全区各乡镇（街道）司法所、零陵区公证处等单位，全区司法所核定编制75名，其中省专项编制44名，事业编制31名；零陵区公证处为正科级单位，核定司法专项编制5名，设主任1名，副主任1名。

2016年，组织法律服务工作者、律师参与信访值班16人次，接待上访群众165人次，预防和化解非正常上访4起，调处解决信访矛盾纠纷3起。2016年，零陵区唯一司法鉴定机构永州市柳子司法鉴定所办案有新突破，全年办理法医病理鉴定36件，法医临床鉴定959件，共计995件。

2016年，零陵区司法局获得湖南省“六五”普法先进单位，省司法厅司法行政工作“双先”先进单位，永州市司法行政系统精细考核第二名，零陵区社会经济综合考核优秀单位，推荐梳子铺乡人民调解委员会评为全国模范调解委员会。

【法治宣传】2016年，区司法局组织法治零陵领导小组人员，认真开展“七五”普法和“谁执法，谁普法”调研，制订《零陵区“七五”普法规划》，并突出“三个结合”，拓宽渠道、活化形式地开展“深化法律六进”、“服务法治零陵”等法治宣传教育主题活动。结合平安乡镇创建，开辟法治宣传新阵地。在全区各乡镇（街道）建起1—2个永久性的大型户外法治宣传牌；在全区人口密集所在地、国道、省道旁制作醒目法治宣传标语600余条；在城区各居委会建好法治宣传漫画走廊56个。结合综治民调大走访，开展送法下乡活动。组织法援、公证、宣教、司法所工作人员结合综治民调“大走访”开展“送法下乡”入村入户活动，活动宣传内容立足群众生产、生活，如婚姻家庭问题、征地拆迁问题、土地流转、信访问题等，共发放资料35000份。结合城市提质改造，建设法治公园。投入近20万元，将南津渡大桥南端的小游园改造成具有浓厚法治氛围的小公园，得到市民好评。

【人民调解】2016年，利用并村的有利契机，对全区新合并的290个村（社区）建立人民调解组织，以区、乡（镇）、村三级为主的纵向调解网络已健全，有调解员1902人，纠纷信息员7227人，16个乡镇、办事处建立专业性人民委员会，司法所在各辖区内市场、物业管理小区建立行业调解会30个，为筑牢第一道防线提供有力组织保障。2016年，按照“属地管理，分级负责”的原则，开展逐村、逐组、逐户“地毯式”式排查36次，调处各类矛盾纠纷822起，调解成功792起，调解成功率96.4%，连续实现28年无清明械斗。

【特殊人群管理】2016年，零陵区共有在册社区矫正对象520名，没有发生重新犯罪事件。区社矫按照“四包一”（司法所、派出所、服刑人员单位和矫正对象亲属各一人包一名矫正对象）要求，严格落实监管责任，狠抓社区矫正人员日常报告、思想汇报、社区服务、集中学习、请销假等制度，确保矫正对象不脱管不漏管。2016年9月，湖南省首个社区服刑人员行为规范管理试点在零陵区举行，来自湖南省20余个县区司法局社矫分管领导、社矫办主任等100余人，到现场观摩社区服刑人员行为规范表演。

【法律服务】2016年，利用并村有利契机，整合法律服务资源，构建“大法援”工作平台，完善健全16个乡镇办事处法律援助工作站和290个村级法律援助工作联系点。坚持数量与质量办案服务民生，2016年，全区受理各类法律援助案件157件，结案95件，为受援人节约诉讼成本近60万元，挽回经济损失510万余元。

【公共法律服务中心建立】按照省司法厅和永州市司法局的要求，整合法律援助、公证业务、人民调解、法治宣传等全区司法行政优势资源，投入20万元，把综合楼4间沿街门面改造成高标准公共法律服务中心。加强司法行政业务用房建设。2016年，区司法局业务用房建设投入近150万元，完成项目可研、征地拆迁、土地产权登记、建设用地建设工程规划许可、施工图设计与审批、编制工程预算、财政预算评审、电杆搬迁、电线下地、土石方等所有的前期工作。

【司法改革】从2016年开始，人民检察院选任管理人民监督员的职责交由司法行政机关承担。零陵区司法局按照永州市司法局的要求，承担本行政区域内6名人民监督员选任和管理具体工作。2016年9月开始，零陵区司法局在零陵区政府网上公告人民监督员的选任方案，接收社会各界人士报名33人，研究讨论初选9人，最终公示选任6人。

法治政府建设

【概况】零陵区人民政府法制办公室为独立设置的正科级行政单位，内设综合股、复议股、监督股3个股室，行政编制6名、机关后勤服务人员编制1名，其中主任1名，副主任2名。2016年11月将工作职责和人员编制整体划入永州市零陵区人民政府办公室，加挂永州市零陵区人民政府法制办公室牌子，负责全区政府法制工作。

【规范文件管理】2016年，审查政府规范性文件48件，备案部门规范性文件4件；组织开展全区2016年度规范性文件清理，对全区2016年6月30日以前的266件政府规范性文件进行了全面清理，其中废止9件、宣布失效64件、重新公布69件、确认继续有效124件。

【行政复议案件办理】2016年，办理行政复议申请18件，其中维持5件、责令重作1件、撤回4件、其他处理8件。

【规范行政执法行为】2016年，对31个单位的责任清单进行再清理，共公布部门责任清单1083项，其中主要职责447项、与相关部门有职责分工和交叉的职能215项、建立事中事后监管制度235项、公共服务事项186项；对区内37个行政执法重点单位的74份行政执法案卷进行评查，评选出区国土资源局、区农业局、区卫计委等7个单位为年度全区优秀行政执法案卷单位，评查结果在全区通报并对案卷清查中反映出的行政执法问题督促整改；编纂并发布《永州市零陵区2016年行政执法指导案例》；做好全区1419名行政执法人员的资格审核、信息录入、考试发证工作。

【政府法律服务工作】充分发挥政府法律顾问的参谋服务作用，组织律师在政府投资、产业规划、招商引资、合同签订等重大经济活动中提供法律服务，提出法律意见。2016年法律顾问处理内各类法律服务事项72起，为政府当好法律参谋和助手。

网格化管理

【概况】零陵区网格化管理办公室（简称“区网格办”）于2016年5月正式成立，为零陵区政府直属一类公益性正科级事业单位，配备1正2副1纪检工作班子，定编13人，后又增编4人，目前工作人员已达到15人。区网格化管理办公室主要工作职责是指导城乡社区（村）网格化建设和监督管理、考核、汇总、统计本区网格管理有关数据，定期分析研判社会管理形式，为社会治理提供参考数据。

2016年，零陵区作为永州市社会治理机制改革的试点县区，按照市委、市政府提出的“规定动作不走样，自选动作有特色”和“先城市后农村”的改革要求，坚持党建引领，夯实基层基础，坚持问题和需求导向，以网格化为载体，信息化为支撑，实施标准化建设，推行多元化服务，打通“服务群众最后一公里”，形成“人在格中走、事在网上办”的基层社会治理新模式。

【基层基础工作】坚持重心下移，优化组织体系。按照“弱化街道、做实社区、建强网格”的思路，对现有组织体系进行优化改造。按照“街巷定界不交错，方便服务管理和高效合理利用行政资源”的原则，以1.5万—2万人为标准，将26个城区社区调整合并为17个，又以300户或1000人左右的标准划分“单位型”、“小区型”、“街巷型”三类单元网格204个；在农村，将512个村（农村社区）调整合并为317个，以200户或500人左右的标准划分农村网格919个。在乡镇（街道），整合相关办、站、所的职能和人员，构建大部门工作机制，成立网格管理中心、便民服务中心和综治中心（简称“三中心”），党政主要领导、分管领导分别担任“三中心”主任；在城市社区，组建以党委为核心的“一委一会一办三中心”组织机构；在行政村，设立“一委两会两中心”组织机构，建设“一园三室”办公服务场所。通过组织架构优化，使人财物及服务能力得到合理配置，实现基层治理“到底到边”。坚持力量下沉，增强基层实力。采取街道下沉、专干转岗、公开招聘等办法，加强社区工作力量，将264名街道干部下沉到社区任职，按照“一格一员”标准配备社区网格管理员204名；通过村干部兼任农村网格管理员的方式确定919名网格管理员，组建一支“零距离”为民服务队伍。在社区探索推行“1+X”组团式服务，将公安、城管、交警、环卫、公安等22个职能部门359名工作人员责任到社区网格，组建服务团队，开展执法、联动处置，做到问题事件处置在网格，服务延伸到网格。坚持权力下放，确保责权统一。强化社区服务能力，推行扁平化管理，对街道、社区的职能职责进行相应调整，明确街道主要负责抓党建、抓改革、抓考核、抓服务经济建设等工作，社区主要承担公共服务、城市管理、社会治安管理等职能。按照“人随事走，费随事转”的要求，将下沉到社区的人员经费和工作事项经费全部下拨到社区，每个社区工作经费由原来的12万元增加到70万元。同时，建立区考核社区和社区考核区级相关部门的“双向”考核机制，将社区工作单列一个类别纳入全区经济社会发展综合考核，赋予社区对相关职能部门服务基层、办事效率、解决问题等方面的“逆向”考核权。通过职能调整，事项下放，经费下转，考核下移，真正做到使街道“瘦身”、社区“强体”，打通服务群众“最后一公里”。

【搭建工作平台，推动联动融合】推行大党建模式，以党建引领社会治理。始终把加强基层党的建设作为贯穿社会治理机制改革的一条红线，依托网格化服务管理平台，拓宽党员服务群众的渠道。推行区域性大党建模式，把支部建在网格上，把党小组设在楼栋中，形成“社区党委—网格党支部—楼栋党小组”为基本框架的党组织体系，实行“单位型”网格“自我管理”、“小区型”网格“一部一委一会”、“街巷型”网格“一部一组一会”管理模式；在农村（社区）构建了“村党支部—网格党小组”的全覆盖、无缝隙党建引领网格化服务管理体系。成立社区网格党支部188个，业主委员会33个，选配居民小组长153名，建立农村网格党小组919个。大力推动在职党员进社区、网格，开展纠纷隐患排查、矛盾多元化解、社会治安防控、便民利民服务，增强了基层治理合力，提升了基层党组织凝聚力和向心力。建立大数据平台，促使“线上”与“线下”联动处置。按照“一网打尽”的总体要求，建立集社会治理、数字城管、公共服务为一体的“智慧永州”综合信息平台，纵向贯通市、区、乡、村，横向延伸到各相关职能部门。整合公安、房产、民政、卫计等相关部门数据资源，建成空间地理、人口、房屋、法人、城市部件、经济数据为基础的“六大数据库”，把大数据应用与社会治理相结合，建立发现上报、受理派遣、处置反馈、任务核查、事件归档、考核评价“六步闭环”的线上工作机制，构建城管、交警、环卫、自来水等部门快速响应、有效处置的线下联动机制，形成了“群众诉求及时响应，部门联动快捷高效”的良好局面。截至2016年年底，采集录入房屋信息10万余条、人口信息32.2万余条，发现上报问题事件89000多件，成功处理解决88000多件，着力解决群众反映强烈的水不通、灯不亮、路不平、卫生差等现实问题。

【服务管理优化】公共服务“零距离”。将人社、卫计、民政等15个部门与居民生产生活息息相关的69项公共服务事项下放社区，相关职能部门通过“智慧永州”信息平台审批办理，社区直接办证发证，变“多头受理”为“一站式受理”、“群众跑腿”为“信息跑路”，打通服务群众“最后一公里”。开展公共服务事项进乡镇、村试点，下放187项公共服务事项进村受理代办；依托商业银行在村（社区）安装便民缴费取款POS机300多台，实现了村（居）民办事不出村（社区）的目标。上门服务“心贴心”。网格管理员按照“五责八岗”深入网格走访，倾听居民心声，由“群众找上门服务”向“送上门服务”转变，为残疾人、留守老人等特殊群体提供上门服务，群众足不出户也能办成事，办好事，提升群众的获得感和幸福感。日升社区15网格管理员入户走访时了解一打铁户生活困难，举步维艰，社区依政策为她家代办低保。公益服务“面对面”。为增强社区服务功能和凝聚力，在突出党组织核心作用的同时，推进群团组织、社会组织和志愿者活动进社区（村），在村（社区）开展文艺汇演、义诊、健康讲座等不同形式的活动，丰富社区居民的精神文化生活。

【城乡社会治理机制改革网格化建设】区城乡社会治理机制改革网格化建设，坚持以人民为中心，以问题和需求为导向，以信息化为支撑、网格化为载体，以强化社区、村级服务管理为切入点，突出党建引领，做实基层基础。进一步加强党的基层堡垒作用，方便群众办事，一线化解矛盾纠纷，丰富群众精神文化生活，提升群众安全感和幸福感，城乡网格化建设收到初步成效。2016年，网格化建设、“1+X”组团式服务、信访“3+X”听证制度、党建进网格、社区“逆向”考核职能部门等做法被《新华社高管信息》《法制日报》《湖南日报》《湖南领导参考》等主流媒体报道和推介。

迴龙祥云

中共永州市零陵区委办公室

区委常委、区委办主任 彭江辉

2016 年，区委办公室在区委常委、区委办主任彭江辉的带领下，紧紧围绕区委中心工作和重大决策部署，锐意进取、开拓创新、奋发有为，突出全区机关之首的模范带头作用，着力在思想理念、制度机制、工作作风上抓创新，在参谋辅政、协调服务、执行落实上求突破，致力于打造一支“写作高手、办事能手、服务里手”的“三手”型党办工作队伍。经过一年的努力，精气神得到全面提振，干事创业的激情充分迸发；工作科学化、规范化和精细化水平明显提升；“爱岗敬业、艰苦奋斗、努力拼搏、乐于奉献、力争上游”的办公室新常态已初步形成，有力地促进区委办公室各项工作取得新成效。

区委办班子成员
（从左至右依次为何伟、唐明光、彭江辉、胡旭辉、蒋向东、刘真亮）

中共永州市零陵区委办公室

区委常委、区委办主任彭江辉在区委办系统学习十九大精神交流会上讲话

区委办工作人员到接履桥敬老院慰问

区委办系统赈灾募捐仪式

永州市零陵区人民政府办公室

区政府办党组书记、主任 蒋军民

2016 年，区政府办在区委、区政府的坚强领导下，紧紧围绕全区经济社会发展中心工作，顺应新形势，抢抓新机遇，准确把握“参谋政务、管理事务、精准服务”的工作方针，充分发挥参谋助手、督促检查、组织协调等职能，各项工作开展有声有色、有条不紊，取得可喜成绩，受到各级领导的好评。

全年开展综合调研 20 余次，撰写各类综合性材料 200 余篇，形成一批有价值、高质量的调研报告，为领导科学决策提供参考。全年制发公文 740 份，处理各类文件 2700 余份，完成 600 余次各类会议会务工作。严格实行 24 小时值班制，全年处理应急情报信息 290 余份。开展督查活动 65 次，下发督办函 5 件，下发《零陵政务督查》11 期，办理市政府督查室批示件 6 件，督办区长批示件 86 件。获得全区经济社会发展综合考核一等奖、全区开放型经济优质服务奖、全区深化改革工作先进单位等 11 项荣誉称号。

区政府办党组班子成员

（从左至右依次为：袁卉、周扬、吕仁保、蒋文革、蒋军民、唐九智、彭定军、邝新军、郑丽、唐延成）

永州市零陵区人民政府办公室

区政府办党组书记、主任蒋军民

区政府办党组会议

区政府办中心组集中学习

永州市零陵区财政局

局长　黄辉宏

零陵区财政局为区人民政府工作部门，是区人民政府主管财政收支、财税政策、国有资产的综合经济管理部门。内设股室 15 个，下属二级机构 9 个，归口管理单位 2 个。辖乡镇财政所 12 个，街道办事处财政所 4 个。

2017 年 1–6 月，全区财政总收入累计完成 9.82 亿元，完成年初预算 16 亿元的 61.4%，同比增加 1.44 亿元，增长 17.2%。其中税收收入 6.15 亿元，占财政总收入的 62.6%。地方财政收入 7.31 亿元，地方税收收入 3.67 亿元，占比 49.7%。1–6 月，一般公共预算支出累计完成 12.76 亿元，为年初预算 24.2 亿元（含上级专项转移支付）的 52.7%，同比增加 2.41 亿元，增长 23.3%，其中民生支出 10.33 亿元，占财政总支出的 81%；另八项支出 8.9 亿元，占财政总支出的 70%。

“两学一做”专题讨论会

开展文化学习活动

省级文明标兵单位迎检准备会

永州市零陵区城乡住房和建设局

局长、局党委书记

蒋祖华

区住房和城乡建设局是区人民政府工作部门，内设办公室、总工室、城市建设股、村镇建设股、历史文化名城保护股、房产园林绿化股等6个机构，归口管理区城乡规划办公室、区建筑工程事务管理办公室、区建设工程质量安全监督站、区市政设施维护站、区建设工程招标投标管理办公室等5个公益一类事业单位。

2016年，永州职业技术学院本部学生公寓4#楼、中央储备粮直属库新建储备仓项目三期（三标段）、永州市耀江文景苑住宅小区二期6#楼等三个项目被评为2015—2016年度第二批湖南省优质工程；国网湖南永州零陵区供电公司生产综合楼建安工程、永州市耀江文景苑二期（9–14#楼）、永州新商城12–17#栋及幼儿园、古城香桂园一期、嘉信新城一期等五个项目被评为湖南省上半年省级建筑工程施工质量标准化示范工地项目；石岩头镇杏木园村被评为湖南省第五批省级历史文化名村；零陵区被全省通报表彰为安全生产工作优秀单位；成功打造永州之野精品乡村旅游风光带2条（贤水河风光带、百里花果带）。

局班子成员研究工作

美丽乡村建设

仿古公交候车亭

永州市零陵区公路局

党组书记、局长 彭善国

零陵区公路局是参照公务员管理的正科级全额拨款事业单位。现有在职干部职工 175 人，内设办公室、政工股、工程股、养护股、路政股、财务股、法制安全股、纪检监察室 8 个股（室），下辖两个中心养护站及一个治超站。担负 2 条国道、1 条省道及其他县道共 260.1 公里公路的建设、养护、管理等任务。

2016 年，抓工期、抢进度，严把质量安全关。瑞祥大道西延伸段已顺利通车，完成投资 3100 万元；207 国道零双一级公路零陵段 12.071 公里路基已全线拉通，桥梁桩基完成 71 根，完成总投资约 1.2 亿元，预计年底建成通车。

历年来，公路局大力弘扬“追求一流、锐意创新、敬业自律、立路为民”的零路精神，内强素质，外树形象，努力为全区经济社会发展提供“畅、安、舒、美、优”公路通行环境。

养护人员清理 G322 线水沟

零双一级公路零陵段改造工程沥青路面摊铺

路政大队清除 G322 线路障

黄 田 铺 镇

镇党委书记 秦明明

镇党委副书记、镇长 吕定波

黄田铺镇位于零陵区西部，东邻石山脚街道办事处，西抵珠山镇，南接梳子铺乡，北与东安县石期市镇交界，总面积116平方公里。镇中心距零陵城区17公里，衡枣高速以及322、207两条国道在境内交互，交通区位极其优越。辖19个村，1个社区，共328个村民小组，8249户，总人口33977人。境内有香山岭、庵子岭、名山岭三座山峰，其中最高峰庵子岭海拔295.6米。全镇总耕地面积4.9万亩，林地面积8.66万亩，是有名的油茶之乡、西瓜之乡、脐橙之乡、“省级生态乡镇”。

黄田铺镇整合自身区位、交通优势和教育特色，在区委、区政府的正确领导和大力支持下，全力打造“书香教育小镇”，规划设计面积约5平方公里，计划总投资50亿元。黄田铺书香教育小镇以书香教育特色为发展引擎，以文旅康养产业为助推动力，着力发展“义务教育课改基地”、“民办高中示范基地”、“职业教育培训基地”，配套发展“文化旅游，健康养生”等产业。通过加强政府引导，引入教育品牌，引进社会资本，争取政策扶持，推动教育优质化、标准化、品牌化发展，将黄田铺镇打造为湖南省普通教育创新实验区、湘南地区重要的职业教育培训基地、永州市教育文化旅游目的地。

区委书记唐烨（右二）考察黄田铺书香教育小镇项目

黄田铺镇农家乐

菱角塘镇

镇党委书记　陈丰收

镇党委副书记、镇长　赵鑫

菱角塘镇地处零陵中东部，东临邮亭圩镇，南接凼底乡和双牌茶林镇，西邻南津渡街道办事处，北靠接履桥街道办事处，镇人民政府驻地距零陵城区仅 6 公里，地理区位优势优越。镇域面积 157.8 平方公里，辖 21 个行政村（社区）、307 个村民小组，总人口 33218 人，耕地面积 2420 公顷，是湖南省杂交水稻制种名镇。

境内交通、水利条件优越。省道 S216、S236 线穿镇而过，公交 21 路车直达镇政府驻地。潇水河、双牌灌区右干渠、青山江、廖家江等水系贯穿全境。

全镇旅游资源丰富，有湘南地区少见的原始次森林群和千年紫薇树；有红六军团在长征时期留下的指挥部旧址；有保护完好的抗日爱国将领罗子雯故居；有孤峰独立，俯览潇水的金牛岭；还有古盐道和盛产名茶的丫髻岭；清波荡漾，群峰环绕的花山岭小Ⅱ型水库远近闻名。2015 年，获国家环保部“生态优美乡镇”称号，是一处休闲观光、人文生态旅游的绝佳胜地。

镇党委书记陈丰收（左一）向区领导汇报抗洪抢险情况

镇长赵鑫（右一）走访贫困户

金牛岭

零陵区爱卫办

爱卫办主任蒋华（左一）为邮亭圩省级卫生镇（2017–2019）授牌

零陵区爱卫办在区委、区政府的正确领导下，以国务院颁发《关于进一步加强新时期爱国卫生工作的意见》为契机，以打造生态宜居零陵为目标，以巩固国家卫生城市成果为抓手，扎实推进病媒生物防制、农村改厕、卫生单位创建和城乡环境整洁行动等各项工作，亮点突出，成绩显著：农村改厕有序推进，完成卫生厕所改造5037户，全区卫生厕所普及率为77.79%；基层卫生创建有声有色，石岩头镇、梳子铺乡成功创建市级卫生镇；病媒生物防制卓有成效；“四害”度均控制在国家标准之内。

区爱卫办主任蒋华
在城区农贸市场检查“三防设施”

第29个爱国卫生月暨庆祝爱国卫生运动65周年活动在东山广场举行

永州市零陵旅游建设投资有限责任公司

公司领导班子
（从左至右依次为：唐治国、王怀德、黄雅兰）

永州市零陵旅游建设投资有限责任公司成立于2016年6月，是零陵区委、区政府批准，区国资办出资成立的国有独资企业，公司注册资本5亿元，核定人员编制60人。公司主要职能是进行重大旅游项目的投资、招商、参股，从事旅游线路、景区、景点的开发和经营；从事旅游产品的开发、加工、储备、销售；从事水务输供、城市防洪、水利水电、港口码头等公共设施的投资建设和开发经营；从事酒店等旅游配套服务产业的投资开发经营管理等业务。目前，公司作为零陵旅游项目建设的融资和投资主体，承担东山景区、“永州之野”乡村精品旅游线路、柳宗元文化旅游区、双牌灌区“百里花果”生态观光带及零陵古城基础配套等旅游项目的投资建设。公司自组建成立以来，共对接融资项目11个，申报融资42.3亿元，已到位资金4.6亿元，已投入资金约2.5亿元。

公司秉承“整合旅游资源、打造旅游品牌、做强旅游产业，实现旅游旺区”的宗旨，全面贯彻落实区委、区政府“生态立区、开放活区、工业强区、旅游旺区”的战略部署，全力投入“大零陵古城”全域旅游建设，着力推进零陵旅游、文化、建设、投资融合发展，为打赢“旅游升温”战役做出不懈努力。

区委书记唐烨（居中）等领导视察周家大院游客中心

观音山

市、区领导视察东山景区民生微实事项目

东山景区

永州市异蛇科技实业有限公司

永州市异蛇科技实业有限公司位于永州市零陵区异蛇山庄，成立于 1996 年，是一家集高科技异蛇养殖、蛇毒研究、蛇产品加工、休闲旅游于一体的高新技术企业，是国家林业产业化重点龙头企业，湖南农业、林业产业化龙头企业，公司被国家工信部授予尖吻蝮蛇、乌梢蛇中药材养殖示范基地，并成为国家林业总局蛇类养殖野生动物保护协会驯养繁殖基地、国家农民合作社示范社。

公司尖吻蝮蛇、眼镜蛇养殖技术成果先后获省科技进步二等奖、三等奖，市科技进步一等奖、市技术发明二等奖。“永州异蛇”获国家农产品地理标志保护产品，为湖南省“湘九味”中药材发起单位之一。

柳宗元牌异蛇酒获“中国驰名商标”、“湖南老字号”称号；裕顺和异蛇酒获湘、鄂、赣、渝、闽、桂、滇酒类行业优质产品金质奖；异蛇王酒、异蛇鞭酒酿泡技艺被列入市非物质文化遗产保护名录。在深入研究蛇肉蛋白粉在医药、养生休闲、药膳食品、生物制剂等领域已见成效，充分发挥毒蛇在蛇类养殖资源中的核心价值应用。

公司秉承“传承文化、产业创新、品质保证、服务一流”的经营理念，进一步传承与发扬永州异蛇药食同源的养生文化。

公司全景

公司营销部

中国移动通信集团湖南有限公司永州市零陵区分公司

领导班子成员爱心募捐

公司成立于1999年7月，主要负责零陵区移动通信网络建设运维和业务经营。内设八个部室，分别为综合部、市场部、网络部、政企中心、渠道中心、全业务中心、客户服务中心及中山北路营业厅，另建有郊区、珠山、水口山三个乡镇营业部。2016年，在省、市公司的正确领导下，实施“战略转型能力打造”工程，以客户为中心，以市场为导向，以执行力提升为保障，面向流量经营时代转型，打造可持续发展新能力，公司可持续健康发展，企业核心竞争力不断提高。

在争创“世界一流通信企业”战略目标指引下，坚持“沟通从心开始”的服务理念，以“追求客户满意服务”为宗旨，以“创无限通信世界，做信息社会栋梁”为企业使命，以诚信实践承诺，以永不自满、不断创新的进取心态，精益求精，追求企业、社会与环境的和谐发展。以“建一流队伍、创一流业绩”为目标，在公司内部不断强化竞争意识、市场意识与服务意识，努力培育积极向上的企业文化。

历年来，公司先后获得“经营业绩先进单位”、“消费者信得过单位”、“守合同重信用单位”、“诚信维权先进单位”、“芙蓉标兵岗”称号、“社会管理综合治理工作先进单位”、“省级文明单位”和“永州市园林式单位”等荣誉称号。

零陵区移动公司办公楼

移动公司志愿者服务进校园

综合经济与管理

发展改革和物价管理

【概况】1995 年成立发展和计划委员会，2013 年更改为发展和改革委员会，系区人民政府职能部门。2016 年，区发展和改革委员会设 9 个内设机构，共有干部职工 78 人。

【发展改革工作】2016 年，认真开展计划预测分析，完成半年计划执行报告及年度计划执行报告，及时提交区人代会讨论并通过。跟踪主要经济指标，上报经济分析材料。坚持每月跟踪经济社会发展重点指标进展情况，认真开展经济和社会运行情况分析。精心抓好规划调研。根据国家的产业政策和投资方向，积极协助相关部门编制项目规划。做好调查研究，每年对全区经济和社会发展中出现的重点、难点、热点问题开展调查研究。圆满完成“十三五”规划的编制。年初联合统计、商务、财政等部门及时印发下达 GDP、工业产销、全社会固定资产投资等各类指导性计划。全区各项经济指标日益趋好。全年主要目标完成固定资产投资 214.8 亿元，增长 18%以上。

全力争取政策财源，精心包装一批项目向国家和省市申报，全年争取上级项目资金 15 亿元以上。严格按照《重点项目目标管理考核办法》对重点项目的建设内容、投资进度、税收入库等情况进行督查考核。实行“重点督、督重点”、“领导督、督领导”，“督进度、督管理”，由区委、区政府督查室会同有关部门开展重点项目专项督查调度，实行“一周一督查、一月一调度、一季一评比、半年一小结、年终总考核”。将每次督查情况及时予以通报，表扬先进、鞭策后进，推动落实。坚持重点项目重点抓、重点项目重点保。成立由书记、区长负总责，区四大家班子领导为成员的工作班子，采取“五个一”工作模式，统筹协调抓推进。即每名区级领导带头联系一个在建项目、一个续建项目、一个前期项目、一个生产项目、一个招商项目。严格落实“定项目、定任务、定措施、定时限、包发展环境”的项目建设“四定一包”责任制。区委、区政府主要领导坚持每周到项目、到园区、进企业 1 次以上，一线协调解决重点项目建设中的重大问题。

【物价管理】物价工作以保持市场价格总水平稳定为目标，紧紧围绕区委、区政府及上级业务主管部门工作安排。精抓实干、团结务实，注重日常检查与重大节日检查相结合，督促经营者全部实行明码标价，充分运用提醒、告诫、教育和处罚等行之有效的手段，严历查处价格违法、欺诈行为，切实维护老百姓的切身利益。为实现零陵区经济社会赶超发展做了大量工作。

【公车改革】区委、区政府高度重视公务用车制度改革工作，科学部署、扎实推进，改革工作取得良好成效。零陵区公务用车制度改革基本完成，收缴车辆全部封存到位，保留用车全部统一喷涂公务用车标识，并移交至区公务用车管理平台，改革目标基本实现。改革后公务交通节支率为 13.62%，符合省定一般车辆保留比例 30%和节支率大于 7%比例的要求。实现改革与保障并重。车改前，公务车辆由各单位自行管理使用。车改后，取消一般公务用车，成立零陵区公务用车管理平台，统一管理办法，定向保障更加有力，基本实现公车改革不影响工作的目标。

【服务建设】全面落实项目建设绿色通道制、全程代办制、并联审批制、跟踪督办制，充分发挥“经济110”和“12345”政府热线作用，严厉打击“三强”行为。把解决难题作为最好的服务，帮助项目破解征拆难、用地难、融资难等问题。

人力资源和社会保障

【概况】2014年9月28日，按照政府机构改革要求，将原区人事局、区劳动和社会保障局的职责整合，设立区人力资源和社会保障局，为区人民政府工作部门。主要职责是：贯彻执行国家、省、市人力资源和社会保障方针政策和法律法规，拟订全区人力资源和社会保障事业发展规划，起草全区人力资源和社会保障规范性文件，并组织实施和监督检查。对全区人力资源和社会保障工作进行综合管理、监督指导、协调服务等工作。

2016年11月4日，根据政府职能转变和机构改革方案，区编委会对区人力资源和社会保障局的有关职责和机构编制进行调整，增加政府绩效评估和为民办实事考核工作职责。

2016年，区人力资源和社会保障局共有12个下属单位，其中7个参照公务员法管理事业单位（区机关事业单位社会保险管理中心、区社会劳动保险管理中心、区就业服务管理局、区城镇职工医疗保险管理服务中心、区劳动保障监察大队、区工伤保险中心、区城乡居民医疗保险管理服务中心）；2个副科级全额拨款事业单位（区城乡居民社会养老保险局、区劳动人事争议仲裁院）；3个股级全额拨款事业单位（区人力资源服务管理中心、永州市第二技工学校、区企业用工服务中心）。19个内设机构，即：办公室、政工室、纪检监察室、公务员管理股、人才开发与人力资源市场管理股、就业促进与失业保险股、事业单位管理股、专业技术人员管理（外国专家管理）股、工资福利股、军转安置办、教育培训和职业能力建设股、劳动人事仲裁和法规信访室、社会保险基金监督股、劳动关系股、养老保险和农村社会保险股、工伤保险股（劳动能力鉴定办）、医疗生育保险股、信息中心、规划财务室。

【就业工作】2016年，全区城镇新增就业6005人（其中失业人员再就业2668人，就业困难对象再就业866人）；新增农村劳动力转移就业4900人；新增创业主体2305个，带动城乡就业3824人；全区零就业家庭动态援助率100%；新增发放创业担保贷款3600万元，创业培训507人，职业培训4312人；开展“春风行动”、“民营企业招聘周”专项活动7场，开展离校未就业高校毕业生专场招聘会4场；在零陵区工业园河西区设立区企业用工服务中心，直接为企业和求职者服务。

【社会保障体系】2016年，全区企业养老保险新增参保1429人，征缴9600万元；机关事业单位养老保险参保11400人，全区240个单位已经全部参保，征缴16200万元，职业年金征缴2440万元；城乡居民养老保险参保29.59万人，征缴2034万元；城镇职工医疗保险征缴7056万元，生育保险征缴121万元；城乡居民医疗保险参保465921人，参保率98.2%，个人筹资标准为120元/人，各级政府财政补助420元/人，合计540元/人。共筹集新农合基金约2.5亿元；失业保险参保21009人，征缴330万元；工伤保险全区535家单位参保38505人，征缴770万元。

【社保制度改革】完善重大疾病、意外伤害补偿以及慢性特殊病种的补偿政策，并将住院补偿封顶线提高到15万元。为更好地控制医疗费用的过快增长，积极探索推行支付方式改革，对诊断明确、单一，临床路径清晰的病种，在市、区两级医院治疗分别进行单病种限费。除省定重大疾病和孕产妇住院分娩等病种外，2016年限费病种已达到45种。永州市人社局和永州市财政局联合下发《2016年永州市关于调整工伤保险费率的通知》，调整工伤保险费率政策。根据不同行业的工伤风险程度，由低到高，依次将工伤风险类别分为一至八类，其基准费率分别为：一类0.8%、二类0.9%、三类1.4%、四类1.5%、五类1.6%、六类2.2%、七类2.3%、八类2.4%。零陵区工伤保险费率总体下降20%，新的费率政策更加科学、合理，进一步完善工伤保险制度，更好地适应零陵区经济社会发展需求，有效减轻零陵区参保企业负担。

【劳动关系管理】规模以上企业劳动合同签订率95%以上，已建工会组织企业工资集体协商建制率90%以上。2016年，开展日常巡查116次，下达行政处罚15份，审查用人单位规章制度420条，纠正用人单位违法条文190条，补签劳动合同140份，指导102家新成立的用人单位建立工资支付制度及工时制度，督促4家新成立单位办理劳动保障登记。接受劳动监察日常投诉54件，立案52件，结案件48件，法定期限内结案率100%，为劳动者追讨工资260万元，涉及劳动者640人，清退押金1.7万元。成立零陵区劳动人事争议仲裁院，建设劳动人事争议仲裁庭。全区共有62家建筑单位缴纳农民工工资保障金近1300万元。

【社保卡工作】全区共发放社会保障卡42.6万张，持卡缴费或待遇领取33万人，完成社会保障卡应用目录89项，占总应用80.2%，设立服务窗口1个，各乡镇（街道）、社区专网使用正常，覆盖率100%。

【劳动保险】为摸清底数，主动深入各类用人单位，对全区各类用人单位开展一次拉网式的调查，认真盘点未参保单位和人员情况，分门别类，分类推进。将机关事业单位编外人员、失地农民、非公有制企业、股份制企业、城镇个体工商户和灵活就业人员、已参保单位的未参保人员作为扩面重点，切实提高社会保险覆盖率。主要是采取多形式、多元化宣传养老保险政策法规。及时向政府、企业主管部门通报征缴情况，争取政府的重视和有关部门的配合扩大养老保险覆盖面。加强部门配合，与监察大队联合执法，对于拒不参保企业予以行政处罚。通过共同努力，共收缴养老保险费9600万元，完成全年任务9000万元的107%。

加强退休人员管理。对离退休人员的生存状况采取实地验证、异地社区协助验证、人脸建膜系统验证多元化的认证方式，为充分体现以人为本的精神，对卧病在床、不便行动的退休人员，实行网上与上门验证实行双重验证方式，杜绝冒领养老金现象发生。养老金社会化发放率100%，未发生一例拖欠和错漏现象。

及时做好养老保险关系的转移。由于国有企业大多破产改制，零陵区劳务输出流量大，所以养老保险关系的转移更为频繁，2016年，办理异地养老保险关系转移手续1055人次，其中省内转移469次，省外转移310次，退役士兵养老保险接续276次。建立健全社保经办机构内部监督制度，做到业务经办岗位严格分离，形成相互制约机制，养老基金支出业务实现各岗位人员密码分离管理，业务实行“一事两岗两审”。

审　计

【概况】区审计局人员编制33人，在编27人，设有办公室、财政金融审计股、经济责任审计室、行政事业审计股，社会保障审计股、经贸投资审计股、法规审理股，下属二级机构为零陵区审计服务中心。全区审计机关共审计（调查）单位38个，依法收缴违规资金175.41万元，移送纪检监察机关案件线索7条，立案查处6件。

【财政审计】2016年，预算执行审计紧扣科学发展主题和转变经济发展方式主线，以推动财政政策贯穿落实、促进盘活财政存量资金、提高财政资金使用绩效、维护公共资金安全、推进财税体制改革为目的。关注财税政策执行、财政预算体系完善、财政支出结构优化、财政存量资金使用，关注重要预算执行部门及重大民生资金项目，关注政府预算执行、体制改革和法制建设情况，关注财政支出结构变化及使用效益。2016年，完成预算执行审计（调查）项目10个，依法收缴违规资金124万元。

【专项审计】按照上级审计机关的统一安排，零陵区审计局对双牌县的城镇保障性安居工程的投资、建设、分配、后续管理及相关政策执行情况进行跟踪审计。同时对精准扶贫、“零陵古城”建设、医疗保险资金三项重点专项资金进行审计。

【固定资产投资审计】以促进提高投资效益为目标，重点选择投资规模大，党委、政府关注和群众相关的民生项目进行审计，切实加强对财政性资金投入的审计监督，做到投资、审计同步跟进，有效发挥审计在规范投资管理和遏制损失浪费上的重要作用。2016年，全年开展5个项目预决算审计，核减投资额31.5万元。

【经济责任审计】注重对主要领导干部的经济决策权、经济管理监督权、经济政策法纪执行权，包括党风廉政建设规定落实情况进行审计监督，努力提升审计评价水平，指出领导干部任期内存在的问题和应承担的责任，分析存在的问题的主客观原因并提出改进意见，督促被审计单位及时制定、落实整改措施，发挥经济责任审计的惩治和防范作用。2016年，全年共对11名领导干部进行经济责任审计，依法收缴违规资金34.32万元。

统　计

【概况】零陵区统计局为区人民政府工作部门，内设机构三个：办公室、综合业务股、法规督查股。下属事业单位三个：永州市零陵区城乡社会经济调查队（副科级参照公务员管理）、永州市零陵区普查办公室（参照公务员管理）、永州市零陵区电子计算站。全局编制21人，2016年底在职人员19人，离休1人，退休4人。根据机构改革“三定”方案规定，局机关核定编制数为7人（其中工勤编制1人），实有人员6人；城乡调查队核定编制数为7人，实有人员6人；普查办核定编制4人，实有人员4人；计算站核定编制3人，实有人员3人。

主要职责是贯彻执行国家、省、市统计局统计工作的方针、政策和统计法律、法规，研究统计制度和统计改革，完成国家、省、市统计调查任务；检查监督统计法规的实施情况，查处各类统计违法行为。制订并组织实施全区统计改革和统计信息化建设规划以及统计调查计划；建立健全国民经济核算体系和统计指标体系。指导和协调全区统计业务工作，组织开展全区性的区情区力普查及有关专项调查；审核区直各部门的统计调查计划及其调查方案。为区委、区人民政府编制国民经济和社会发展规划提供统计资料，并对全区国民经济、科技进步和社会发展等情况进行统计分析、预测、检查和监督，向区委、区人民政府及其有关部门提供统计信息和咨询建议。统一核定、管理、公布全区经济、社会、科技的基本统计资料，定期发布全区国民经济和社会发展情况统计公报以及有关普查和专项调查公报；公布社会经济统计信息。建立健全和管理全区统计信息自动化系统和统计数据库体系；指导各级基层单位加强统计基础建设。组织协调全区城市、农村、企业调查工作，负责全区生猪监测工作。指导全区统计专业队伍建设，会同有关部门组织管理全区统计专业资格考试和从业人员资格认定工作；指导全区统计科研、统计教育、统计宣传工作。承办区委、区人民政府交办的其他事项。

根据上级安排部署，扎实推进投资、服务业等统计改革，制订完善投资等统计数据质量审核评估制度，实现与上级统计部门方法制度衔接、操作流程统一。2016年获全区深化体制改革先进单位。

【常规统计调查】组织实施农业、工业、能源、投资、贸易、人口、就业、科技、园区、服务业以及新经济、新业态等24个大类统计调查，完成300余种统计报表，获得大量的统计数据信息，为各级党委、政府科学决策，谋划经济社会发展提供统计依据。

【农业普查】严格按工作要求搞好阶段性农业普查工作任务，按时搞好普查摸底培训和清查摸底工作，组织开展农业普查试点工作，及时组织开展全区第三次全国农业普查入户登记录入上报审核工作。

【统计基础】建立完善统计“经济调度会议”机制，加强乡镇统计站规范化达标建设，作好常规统计调查。加强业务培训和教育，开展业务培训达300余人次，进一步提高乡镇统计人员的业务水平。准确研判全区经济形势，及时向区委、区政府提供基础性调研材料和对策建议，特别是对二、三产业各支撑数据进行详尽分析，提出对策建议，得到区委、区政府主要领导的肯定。

【小康监测】为全区小康创建收集、统计、汇集处理各项指标数据，形成各指标考评结果，有序推进全面小康进程监测。完成20个粮食监测调查点的粮食产量抽样调查任务，做好20个生猪养殖散户监测村和198户生猪养殖大户的生猪监测工作。建立健全住户可支配收入监测工作统计台帐，严格规范账本编码、报表录入、审核，扎实搞好城乡住户人均可支配民收入监测调查工作。

【统计执法】持续加强《统计法》的执行，加大统计执法力度，高频次开展对重点领域、重点单位的《统计法》履职执行和统计数据质量检查，坚决反对、严肃查处统计上弄虚作假等违法行为。全年共依法检查单位12家。组织开展“中国统计开放日”等重大专题宣传活动，大力宣传《统计法》，构建依法治统良好氛围。

全面排查整治数据质量隐患，对名录库、源头数据质量、统计工作行为等进行全面深入排查，开展多轮次数据比对，组织限期整改，统计数据质量明显提高。加强对基本单位名录库的动态管理，坚决从名录库剔除不符合条件的直报企业，全年退统18家；狠抓“四上”企业“入统”工作，全区新增联网直报“四上”企业44家，尽力做到应统尽统，客观反映发展实情。精心组织220余家企业和投资项目联网直报，企业直报率100%。

【党风廉政建设】2016年，严格按上级要求，组织开展“两学一做”学习教育和“三提升三争当”活动，采取集中研习和自学相结合方式，安排专门时间进行集中学习，以“立足岗位找位置，找准位置创实绩，努力为零陵经济社会发展发挥应有作用”为主题进行党课讲座。通过学习教育，深入查摆问题，坚决抵制在统计数据上弄虚作假的不正之风。持续推进党风廉政建设。严格落实“两个责任”，认真履行“一岗双责”，党政同责，结合党风廉政建设与行风建设，层层签定《统计行风建设责任书》，坚持两手抓、两促进，形成统计系统风清气正、干事成事的氛围良好。

质量技术监督

【概况】永州市质量技术监督局零陵分局于2009年3月19日正式挂牌成立，其前身为2001年成立的永州市质量技术监督局稽查二队，是永州市质量技术监督局在零陵区的派驻机构。2008年底湖南省机构编制委员会办公室同意设立永州市质量技术监督局零陵分局。2016年，区质监分局内设4个股室、1个稽查大队，共有干部职工10人。

【名牌战略】2016年，深入开展“质量强区”活动，大力实施名牌战略，将“质量强区”与名牌战略、优质服务、规范市场经济秩序和地方经济发展紧密结合起来，形成质量工作齐抓共管，实现质量与经济的良性互动。全区现有省级旅游标准化示范项目企业1家，获中国驰名商标2件、著名商标9件、知名商标2件，湖南名牌4个、市长质量奖1个；永州市“质量强市”示范企业1家，永州市“质量强市”特色企业2家；帮助1家企业申报国家地理标志保护产品。推广“卓越绩效管理模式”和“首席质量官制度”，帮助2家企业推广“卓越绩效管理模式”和“首席质量官制度”。

【质量监督】引导11家企业采用国家标准，2家企业采用行业标准。加强企业建档工作，实行动态管理。对2家危化品生产企业、4家食品相关产品生产企业、其他25家生产企业建立质量档案，督促5家实验室、3家安检机构开展自查工作，对全区4家通过农产品认证企业、5家通过质量体系认证企业进行监督检查。

【质量月宣传活动】结合春季农资打假活动，制订活动实施方案，发放宣传资料750份，帮助群众了解相关知识；开展“质监利剑护农”农资执法打假专项行动，对全区2家复混肥料生产企业进行监督检查，下达责令改正通知书2份，规范企业的生产经营行为。

【特种设备安全监察】全面落实特种设备安全监管责任，确保特种设备安全运行，同全区75家特种设备使用单位签订“安全生产目标管理责任书”，落实安全主体责任。对全区75家单位的1162台特种设备进行全面检查，现场检查率达100%。协助市特检院对全区设备进行年度检验，共检验锅炉29台，容器90台，电梯358台，起重机械54台，气瓶631只。开展特种设备“打非治违”专项行动、气瓶充装站和检测站专项整治、住宅小区电梯安全专项整治、高风险锅炉压力容器安全监察专项整治工作、特种设备安全生产大排查大管控大整治集中行动工作、特种设备安全风险管控工作等特种设备专项整治，全年出动安全监察人员600人次，车辆200台次，下发《特种设备安全监察指令书》74份，排查安全隐患60余起，并将所有隐患督促整改到位。

国土资源

【概况】零陵区国土资源分局系永州市国土资源局派出机构，实行市局、区政府双重管理。现有干部职工274人，下辖14个股室、6个二级机构、15个乡镇国土资源所。负责全区土地、矿产等自然资源的规划、管理、保护、合理利用，测绘行业管理和地质灾害防治等职能。

2016年，全区国土资源工作紧紧抓住“保增长、守红线、惠民生”主线，切实围绕全区中心工作，积极主动服务，严格规范管理，实现保护资源、保障发展的互促双赢。连续4年获全国县级政务信息网上公开第一名；连续9年实现地质灾害零伤亡；连续17年实现耕地占补平衡。

【保障发展】2016年，共签批项目14个，审批土地总面积1756亩（合117.06公顷）。严格依法按程序征地，共完成征地2082亩，征收房屋11000平方米，发放征地补偿款3800余万元，拆迁安置补偿款5000余万元。致力提高土地储备能力，通过收回、收购、征收等方式储备土地29宗，储备土地面积3435亩。严把土地出让关，共出让国有土地使用权10宗，成交金额2.15亿元，为零陵经济社会发展提供了强有力的支撑。

【耕地保护】2016年，加大土地违法案件查处力度，共实施动态巡查160余次，及时制止违法行为28宗，保护土地资源7000平方米；查处各类违法案件30宗，处罚款70万元，有效确保全区耕地保有量

524835亩不减少。积极开展土地开发与综合整治，完成石岩头镇、珠山镇土地综合整治项目，共投入资金6000万元。完成接履桥李家巷等5个村和黄田铺秦岩洞村、老庙村土地整治项目，完成投资450万元，建设高标准农田3.6万亩。极大地改善项目区群众的生产生活条件，促进农民增产增收。

【执法监察】2016年，中心城区控违拆违，累计对城郊结合区域巡查160余次，发现在建、拟建违章建筑28宗，面积约7000平方米，依法下达《责令停止国土资源违法行为通知书》48份。累计出动执法人员390人次，拆除违法建筑面积7300平方米,历史遗留违法建筑处理率100%。组织对存地违法用地行为的11个图斑进行整改，全部顺利通过市级验收，确保卫片执法“零问责”。全区需消除政府原因的闲置土地33宗，面积505.87亩，已消除政府原因30宗，面积473.94亩，开工建设29宗，协商有偿收回1宗。

【矿政管理】2016年，配合区人民政府完成对中心城区100平方公里范围内5家红砖厂的关停，组织对全区矿山企业开采进行专项清理整治行动，共清查持开采许可证的矿山企业34个，对存在超深越界等违规开采的5家采石场、6家非法开采经营红砖厂进行严厉打击。扎实开展“矿山复绿”行动，零陵区塘家锰矿“矿山复绿”示范工程成功立项，完成设计预算编制、省国土资源厅评审批复、招投标等工作，施工建设正在进行中；财家锰矿“矿山复绿”示范工程按设计规范要求已完成全部野外工作量，正组织编制竣工资料申请验收。

【权益维护】为朝阳大道、零陵古城、袁家碣路等重点项目完成征地2080余亩，征收房屋11000余平方米，共发放征地补偿款3800余万元，所有征用土地及拆迁安置全部依法依规按程序足额补偿、安置到位。2016年，共受理信访案件90件，其中省级转办2件、市级转办6件、区级交办60件、直接来访22件，及时办结率98%。做好地灾防范，发放避险明白卡4000余张，建立和完善警示标志280个，落实监测责任人574个，落实排险处置措施7处，发现达到地质灾害统计标准的地质灾害30起，下发乡镇督办通知20个，实现地质灾害“零伤亡”目标。加强地质环境治理，争取地灾治理和地灾防治体系建设项目1个，争取资金150万元。

【夯实基础】2016年12月，零陵区不动产登记中心共计发放不动产权证书1180本、不动产登记证明454份。加强档案管理，完成文书档案整理82盒，地籍档案整理4800盒，其它档案整理50余盒。

【矿产资源】零陵区是湖南省的重点产锰区，已发现的矿产18种，包括锰、钴、金和煤、石灰石等，其中有色金属矿产7种，黑色金属矿产2种，非金属矿产7种，能源矿产2种，水气矿产2种。锰为优势矿产，储量达1400万吨；建筑用石材、砂砾、粘土为主要矿产。全区共发现矿床（点）103处，探明储量的矿种4种，小型规模以上矿产地14处。其中中型矿床2处，小型矿床12处。

工商行政管理

【概况】永州市工商行政管理局零陵分局成立于1979年，原名东风镇工商行政管理局。1982年成立县级永州市，撤消东风镇，更名为永州市工商行政管理局。1996年撤区建市，更名为永州市工商行政管理局零陵分局。作为政府监督管理市场和行政执法的重要职能部门，依法承担着确认市场主体资格，规范市场主体经营行为，维护公平竞争环境，保护消费者合法权益等重要职责。现有公务员（职工）132人，内设24个职能部门，包括办公室、政工股、财务股、纪检监察室、企业个体私营经济监管股、消费者权益保护股（12315申诉举报中心）、注册登记股、经检大队、市场规范网络交易监督管理股、政策法规股、商标广告股、信息中心等14个内设股室，徐家井、七里店、南津渡、朝阳、珠山、水口山、富家桥、邮亭圩等8个工商所，同时指导零陵区保护消费者权益委员会、零陵区个体劳动者协会和私营企业协会工作。

2016年度，永州市工商行政管理局零陵分局主动适应经济新常态，将工商行政管理工作融入经济社会发展全局，坚持服务为先、同频共振、依法行政，切实当好大众创业、万众创新的“先行者”，市场监管的“主力军”，市场秩序的“守护神”，圆满完成年初确定的各项目标任务，得到区委、区政府和市工商局的充分肯定，被授予“创建省级文明城市先进单位”、“社会管理综合治理先进单位”、“作风建设示范单位”、“行政处罚信息公示工作先进单位”、“市场主体年报公示工作先进单位”、“无证无照综合治理工作先进单位”、“消费维权先进单位”等荣誉称号。

【商事制度改革】2016年，围绕简政放权、放管结合、优化服务主线，持续巩固和扩大“先照后证”和“三证合一”改革成果，通过放宽市场准入、注册登记便利化等举措，充分激发市场的活力和创造力，并配合去产能、消除僵尸企业，简化市场主体简易退出机制，不断优化产业结构，全面改善营商环境。9月20日，在“三证合一、一照一码”的基础上开始全面实行企业“五证合一、一照一码”登记模式；12月1日，正式开启个体工商户“两证整合”登记模式。全年共网上核准企业名称800个，核发“三证合一”营业执照406个、“五证合一”营业执照333个，“两证整合”营业执照215个，清理“僵尸”企业215户，有效地保持市场数据的鲜活。

【市场主体发展】2016年，全区新增市场主体2729个，同比增长36.11%，其中，内资企业19户，同比增长90%，私营企业310户，同比增长44.18%，农民专业合作社130家，同比增长96.97%，个体工商户2270个，同比增长32.44%。平均每天新登记企业1.53家，个体工商户7.57个。新增市场主体累计向社会提供超过3万个就业岗位，有效地缓解当前的就业压力，为保稳定、保民生发挥了重要作用。2016年底，全区实有市场主体15426户，其中，内资企业206户，私营企业1388户，农民专业合作社436户，个体工商户13396户。

【事中事后监管】严格执行工商登记前置审批事项管理，深化“先照后证”后置审批事项改革，全面履行工商部门“双告知”职责。强化市场主体信息公示工作，将企业登记信息、年报信息及行政处罚、行政许可、经营异常名录、严重违法企业名单等信息进行关联整合、统一公示，实现企业信息归集共享。配合相关部门建立健全企业信用奖惩机制，争取跨部门联动响应和失信联合惩戒，实现“一处失信，处处受限”。探索实行“互联网+信用监管”，推行联合抽查、联动监管、综合执法新模式，避免重复、多头检查。2016年6月30日，零陵区2015年度企业、个体工商户和农民专业合作社年报公示率分别达到93.13%、98.79%和89.57%。全年累计公开各类市场主体违法行为记录217条，其中，无照经营类110条，消费维权类60条，竞争执法类23条，商标广告监管类19条，合同监管类5条。

【市场秩序维护】围绕民生热点，清理整治地区封锁和行业垄断，严厉打击商业贿赂、傍名牌、侵犯商业秘密、公用企业滥用优势地位限制竞争等违法行为，加大重点民生领域商品质量、侵害消费者合法权益以及商标侵权、广告违法等案件的查处力度，打击传销和规范直销，组织查办具有重大社会影响的大要案件，坚决阻击劣币驱逐良币行为，为优势企业发展腾出空间，维护公平竞争的市场秩序。全年累计查处各类经济违法案件217起，案值1250万元。

【企业融资渠道拓宽】积极

引导市场主体用好、用活、用足股权质押、动产抵押等相关优惠政策，拓宽融资渠道，最大限度扩大受益群体。全年累计办理股权出质11笔，担保债权金额1.27亿元，动产抵押9起，融通资金4023万元。

【商标品牌战略】将实施商标战略作为服务地方经济加快发展的重要突破口，通过完善引导帮扶、宣传教育、品牌保护和品牌培育等机制，切实加强对企业的商标法律宣传培训，提高企业主动注册商标、正确运用商标、自觉保护商标的意识和商标管理使用水平，并围绕具有零陵特色、富有核心竞争力的现代产业体系，大力培育驰名、著名商标和地理标志证明商标。2016年底，全区实有注册商标810件，其中，中国驰名商标2件、省著名商标9件、市知名商标4件，商标品牌引领发展的重要作用已初步凸显。

【构建和谐消费环境】突出涉及国计民生的重点商品，进一步强化流通领域商品质量监管。大力推行随机抽查，加强对商品质量的一体化监管。继续开展"红盾质量维权行动"，以儿童用品、装饰装修材料、汽车配件等与消费安全密切相关的商品为重点，全面开展市场检查和质量抽查，依法惩处违法经营者。加大对网购7日无理由退货、售后维修等服务领域侵权行为的打击力度，切实做好服务领域消费维权工作。规范消费维权执法信息公开，依法及时公布抽检信息和相关处罚案件信息。针对消费侵权集中、消费者反响强烈的消费领域开展专项整治，回应消费者关注，展示工商部门的形象。全年累计开展流通领域专项整治36次，抽检重点商品105批次，受理消费者诉求141起，查处消费侵权案件60起，为消费者挽回经济损失97.13万元。

食品药品监督管理

【概况】零陵区食品药品监督管理局于2001年7月成立，2010年11月由省垂直管理改为地方政府管理，2015年加挂区食品药品安全委员会办公室牌子，为区人民政府工作部门，正科级行政单位。局内设综合办、餐饮监管股、药械监管股、食品生产流通股、保化监管股、法规股、综合协调应急管理股7个股室及5个食品药品监管所，下辖2个副科级（酒管办、稽查大队）及1个正股级（快检中心）全额拨款事业单位。全局现有干部职工115名，其中本科以上学历46人，中共党员58人。主要负责全区食品、保健品、化妆品、药品、医疗器械（"四品一械"）的监督管理工作。区现有食品、药品企业4779家，其中餐饮企业870家、中小学校食堂98家、托幼机构食堂105家、副食店1800家，小食品小摊贩1561家，小作坊53家，药品经营和零售企业168家、医疗机构45家、医疗器械经营企业15家、医疗器械生产企业2家、药品生产企业2家、药品批发企业3家、保化品店21家、农贸市场36个。

2016年零陵区食品药品监管工作取得骄人的成绩，成功创建省级出口食品农产品质量安全示范区，在全市食品药品绩效评估考核中排第一名，被市委、市政府授予先进县区；零陵区食品药品监管局被市局推荐为全国先进集体候选单位，被区委、区政府授予全区经济社会发展综合考核先进单位和突出贡献奖、精准扶贫工作先进单位、社会管理综合治理工作先进单位、人口和计划生育工作先进单位、安全生产工作先进单位、开放型经济工作先进单位。

【联合执法】2016年，认真落实食安委联席会议制度，坚持每季度召开1次联席会议，对食品安全进行专题研究部署，及时调度各部门工作，形成平时各负其责，集中整治时密切配合、统一行动的良好协作机制。组织区食安委成员单位联合开展"清源"、"净流"、"扫雷"、"利剑"、"飓风"等5次联合整治行动，出动执法人员1210人次，车辆267台次，联合办案41件。建立行刑衔接机制，联合区公安机关立案查处食药犯罪案件26起，刑事拘留22人，对食品药品违法犯罪形成强大惩戒震慑作用。

【夯实监管网络】严格按照“四有两责”的要求，强力推进基层监管机构规范化建设。区食品药品监管局在城区办事处及珠山镇设立5个区域性基层食品药品监管所并进行规范化建设；区公安分局成立食品药品安全犯罪侦查大队并配备5名专职民警；各乡镇办事处都设立农产品质量监管站，配备农产品安全监管人员。全区村（社区）建立以支书或村长为协管员的食品安全监管队伍，将监管触角延伸到神经末梢，形成区、乡镇（街道）、村（社区）三级纵向一体化监管体系和相关职能部门各司其职、密切配合的横向协作体系。基层食品监管网络建设走在全市乃至全省前列,真正实现“关口前移，重心下移”，成为“泛珠三角食品药品监管交流洽淡会”外省及本省市州参观学习的典范。

【专项整治】组织开展“春节期间食品药品安全”、“学校及周边食品安全”、“非法生产销售地沟油、潲水油”、“非法疫苗”、“查无证清死角端窝点”、“打击冷冻肉品”、“中考高期间食品安全”、“三小行业无证无照经营”、“餐饮服务环节食品安全”、“打击食品中非法添加有毒有害物质”等12次专项整治行动，共出动执法车辆2130台次，执法人员6400人次，立案查处食品药品违法违规行为160起，罚款160.7万元,有力的震慑食品药品行业违法违规行为，促进生产经营者增强遵法守规意识。

【快检机构建设】整合原区食品药品检验所职能职责,组建成立区食品药品快速检验中心，将快检经费40万元纳入区财政预算。认真组织开展食品药品检测检验工作，全年完成上级抽样检测任务309批次，自行开展快速检测427批次，对抽检不合格的35批次产品和监测中发现的问题样品，根据风险高低及时采取相应措施核查处置到位。检测检验任务完成情况排全市第一。

【科普宣传】组织开展“3·15”、“12331”、“食品安全宣传周”、“药品安全宣传月”、“一法一条例”等主题宣传活动5次，制作宣传栏80个、悬挂宣传条幅220条、印制宣传册20000册、举办培训班12期，集中宣传食品安全法律法规。大力开展“进机关、进农村、进社区、进学校、进企业、进单位”等六进宣传活动，现场受理咨询群众3000余人次，发放食品科普知识宣传资料60000余份。组织召开食品药品安全新闻发布会1次，通报食品药品案件查办、食品药品抽检、农村食品安全治理工作等情况，增强公众对食品药品安全的认知度，并将食品安全科普知识制成光盘在全区进行流动宣传，真正把食品药品法律法规知识普及到千家万户，增强食品监管者的责任和担当意识，消费者的安全防范意识和维权意识，经营者的守法意识。

市场服务

【概况】零陵区市场服务中心是1999年以国务院关于工商行政管理部门与所办市场实行管办脱钩的方针、政策为指导，依据《湖南省人民政府关于全省工商行政管理系统自办市场移交工作的通知》，经区委研究同意设立“永州市芝山区市场管理局”，该机构为正科级自收自支事业单位。2016年确定为正科级公益一类事业单位，归口区商务和粮食局管理。区市场服务中心机关内设三股一室，共有干部职工116人。辖11个市场管理所：百万庄市场管理所、富家桥市场管理所、邮亭圩市场管理所、黄田铺市场管理所、珠山市场管理所、水口山市场管理所、徐家井市场管理所、潇湘大市场市场管理所、河西市场管理所、七层坡市场管理所、黄古山市场管理所。

负责各种投资主体所建市场业务指导工作；负责市场经营者的思想政治工作和法制教育，引导市场经营者依法依规文明经营；制订市场服务管理的规章制度，督促、检查规章制度的执行和落实，对违章行为采取必要的处罚措施；负责经营管理市场的资产，负责市场内的物业管理、市场规划、市场开发和维修；负责市场内治安、消防、卫生等日常服务；负责提供交易所需的服务设施，开展代储、代运、信息咨询和其他服务；负责收取市场设施租赁费、交易手续和其它符合国家和省规定的有偿服务费；负责完成区政府交办的其他工作。

【市场管理】2016年7月22日，区人民政府组织工商、城管、办事处等相关职能部门召开工作推进会，就农贸市场日常管理工作存在的问题进行认真的分析与探讨，并作出精心部署与安排，明确部门职责，强化部门配合。8月16日再次召开协调会，讨论通过《零陵区农贸市场专项整治方案》，明确任务，明确人员，明确时间。从8月16日至9月30日由市场服务中心牵头组织相关职能部门进行45天的专项整治。9月21日出动人员1000余人，出台车辆70余台次，完成河西、徐家井、潇湘、七层坡、黄古山、百万庄、芝城、日升、金阳、安置、万发、杨梓塘等市场的整治，主要解决了市场内部秩序、环境卫生、食品安全、占道经营、出店经营、乱摆乱放、乱停乱放等问题，规划车俩停放位320余个，规范自产自销区经营面积5500平方米，拆除乱搭乱建15余处、查处无照经营21家，暂扣违规经营商品150余件，有效地制止农贸市场及周边区域场外场反弹现象。同时加强市场内保洁工作，督促保洁工作定人、定岗、定责、定时，全天候动态保洁。

【市场建设】2016年，零陵区市场服务中心完成邮亭圩、秧坵埠、石山脚（续建项目）、安置市场二期（续建项目）等市场的建设，建设面积11780平方米，投入资金2510万元，主要建设为：排水系统、摊位设施、地面设施、照明设施、消防设施等及其配套设施。其中投入210万元完成邮亭圩市场排水管沟、地面浇筑、摊位砌筑、柱子加固、屋顶亮化、钢结构雨蓬制作、安装及其装饰工程和市场附属设施，完成改造面积2600平方米。投入96万元完成了秧坵埠市场排水管沟、地面浇筑、摊位砌筑、柱子加固、屋顶亮化、钢结构雨蓬制作、安装及其装饰工程和市场附属设施，完成改造面积600余 m^2。石山脚市场按照设计要求完成新建任务，并通过市级相关部门初步验收，完成了问题整改，市场投入了运营，完成建筑面积3380平方米，完成投资约859万元。安置市场（二期）按照设计要求完成了建设任务，并通过市级相关部门初步验收，市场投入了运营，处于试业阶段，完成建设面积5200平方米，完成投资1350万元。

【基础设施】区财政安排专项资金20多万元，修复城区农贸市场破损地面；更换豆制品、熟食区“三防”设施；安装市场病媒生物防制设施；市场熟食、活禽销售区吊顶更换；市场监控、语言显示系统设施维护。

公共资源交易

【概况】零陵区公共资源交易中心于2015年6月正式设立，为区政府直属正科级公益一类事业单位，主要负责辖区内各类有形和无形公共资源的交易活动。根据《永州市零陵区公共资源交易中心主要职责内设机构和人员编制规定》明确的职责调整，将原区政府采购中心、区产权交易中心的职能归并到区公共资源交易中心，将市国土资源局零陵分局下属区地产交易中心国有土地（矿产）交易职责，区级负责的药品集中采购职责，区林业局的国有林权交易职责，区房产局的“公房”交易职责，区住房和城乡建设局的建设工程交易等相关职责进行整合划入永州市零陵区公共资源交易中心。

2016年，区公共资源交易中心人员编制18名，在编18人，其中领导职数4名。设有5

个职能股（室）：办公室、信息监督股、政府采购交易股、建设工程交易股、国土资源、国有产权及无形资产交易股。

【交易成果】2016年，全年完成区内各类有形和无形公共资源交易项目共125个，中标成交金额88644.35万元，节约资金4442.54万元，节资率4.77%。其中，政府采购项目49个，中标成交金额3536.58万元，节约资金497.49万元，节资率12.33%；工程招投标69个，中标金额73978.97万元，节约资金3945.01万元，节资率5.06%。

【积极探索】中心直面当前公共资源交易领域存在的各类问题与各种弊端，坚持推进"互联网+"模式。投入200余万元建立区公共资源交易网站，实现从项目交易入场登记、专家抽取、开标、谈判到成交确认全过程的信息化管理，规范交易秩序，严格交易监督，真正实现了技术"突破"推动机制"转型"，让公共资源交易成本"降下来"、政府公信力"提上去"；坚持"管办分离"监管模式。服从于"一委（公共资源交易管委会）、一办（公共资源交易管委会下设办公室）、一中心（交易中心）"三位一体的监管体制，实现决策权、执行权、监督权独立运行、相互制约；坚持交易活动"统一管理"模式。全面实现项目统一进场，审批统一备案，信息统一发布，场地统一安排，开标评标统一监管（全程音频监控全覆盖），评标专家统一抽取，代理机构库统一比选，保证金统一收退，招标文件统一模式，备案资料统一内容和管理。

【平台整合】根据《国务院办公厅关于印发整合建立统一的公共资源交易平台工作方案的通知》和省政府办公厅《整合建立统一的公共资源交易平台工作实施方案》《永州市加快整合建立统一公共资源交易平台工作实施方案》等文件要求和全市推进公共资源交易平台整合工作电视电话会议精神，市交易中心对各县区交易中心进行整合，全市只保留市公共资源交易中心一个交易平台。从2016年11月10日起，全市各县区公共资源交易活动全面停止，全部纳入到统一的市公共资源交易平台实施交易。按照区委区政府的安排部署，区交易中心负责本区辖区内所有公共资源交易活动的协调、衔接工作。

建设　环保

城乡建设

【概况】区住房和城乡建设局主要负责区行政范围内城镇规划编制，乡镇规划管理，城市基础设施建设及建筑管理等职能。局机关内设办公室、政工股、城乡规划建设股、计划财务审计股四个股室，归口管理市政公司、建筑设计院、城建开发公司、城乡规划办、建工办、质安站、市政维护站、招标办等8个事业单位及七公司、华厦公司两个企业单位。其中规划办、建工办、质安站、市政维护站、招标办为局直属全额拨款事业单位。

2016年，根据市政府相关文件精神，区局城市规划审批管理职能上交，市政府委托区局负责中心城区440平方公里以外的乡、村规划管理职能，由规划办负责全区各乡镇（接履桥、菱角塘、石山脚除外）的规划管理工作。建筑工程管理、安全生产按属地原则由区局负责。区市政道路、桥梁等市政设施的维护和管理由区局负责，市政维护站负责城市破道挖掘的审批工作，城市基础设施配套费由零陵区收取，用于市政维修，道路建设等城市基础设施建设。

【配套建设项目】2016年，按照区委、区政府的工作安排部署，依据区委经济工作会议和政府工作报告的既定目标，紧紧围绕“一核一群一带一圈”的潇湘城市群的主中心发展定位，以加快城市扩容提质，推进城市品牌创建，全力打造独具潇湘文化特色的文旅新城为目标，加快推进中心城市建设。区局正在实施的城建重点项目14个、完成投资约12亿元；正在实施的商业开发项目61个，建筑面积140多万平方米，完成税费征缴2471万元，超额完成全年税费征缴任务800多万元。城区建成区面积扩大到33平方公里，城镇化率基本实现56.2%，建筑业总产值目前已超过19亿元。

【城市建设】完成城区5大片区控规修编工作，加快“融城”步伐，不断优化城市功能布局。年度计划投入22亿余元，完成了零陵古城拆迁工作，加快了城区“六纵六横”路网建设，正在全力推进南津路、潇水东路提质改造工程建设，启动了朝阳大道等新建道路建设工程，持续推进萍洲路网、工业园路网、零陵古城市政配套道路建设。加快了城区微循环路网建设，完成背街小巷改造26条，加快了“三场四位”建设，正在强力推进市政广场、黄古山生态停车场等项目建设。

【村镇建设】投入1500万元，完成了编制133个村的村庄规划。投入3亿余元，全力推进品质活力乡镇建设，重点是供水、垃圾站、污水处理厂、公园、小区、市场等基础设施，其中各乡镇道路改造、风貌整治、污水处理等项目建设成效突出。计划完成农村危房改造任务385户、目前已完成330户，基本完成黄田铺镇鱼塘村、石山脚办事处井塘尾村、凼底乡桴江村、邮亭圩镇新街村、富家桥镇何仙姑村5个整体推进示范村建设。

【“三创一管”工作】成立组织机构，建立工作台帐，推动志愿服务活动的规范化和制度化。积极参加了南津渡社区市容市貌环境大整治“坚攻月”帮扶等工作。建立以网格为基本单位的体系，将权力下沉到网格，形成“1+X”的管理体系，确保了城区基础设施的完好率。按创交模要求完成了黄古山中路、芝山北路、潇水中路等道路的中央隔离栏杆安装、标线施划和标志安装；完成了火车站、日升西路、康济大道等公交首末站、社会停车场建设的设计、预算等前期工作，开工建设了区种子公司社会停车场、火车南站停车场、烈士公园停车场、日升西路停车场等；徐家井人行天桥建设项目方案已经区领导审定，按照时间节点要求，正在加快工程建设进度。完成了市政广场、萍洲西路的绿化建设，绿化种植直径10厘米以上各类树株700多棵。完成城区建筑工地20余次文化墙更新和维护，共计面积6万余平方米。

【安全生产监督管理工作】 2016年共检查在建工程项目158个（次），施工单位138个（家），监理单位125家（次），各种施工机械、机具621台（次），工程质量安全监督覆盖率达100%；共下发事故隐患整改通知书158份，提出安全隐患515条，现已全部整改到位，整改率达100%。查处违法非法案件3起，行政处罚金额60余万元，确保了建筑工程的质量，消除了安全隐患。

【建设工程管理和建筑节能】 2016年，共受理建设工程行政审批许可和非行政审批许可业务87件（其中施工许可67件），建筑面积90万 m^2，办结87件，办结率100%。项目报建收费2471万元，历史遗留问题收费55.58万元，办结44件。发放办事指南手册200余份，提供业务咨询200百余人次。开展了两次专项检查，共抽查了8个项目，其中公共建筑2个，居住建筑6个，下发整改通知书6份，下达《行政处罚决定书》2份，对2个工程项目的违法行为进行了依法处罚，罚款总额37.28万元。完成居住既有建筑节能改造5500平方米，超额完成年初预定计划。

【工程招标投标管理】 2016年11月底，共开展完成建设工程类招标55余项，中标金额达5.9亿。2016年至今，完成房屋建筑招标29余项，中标金额达1.87亿；市政工程招标14项，中标金额达1.87亿；设计招标6项，招标金额1729.15万元；监理招标6项，招标金额642.36万元。

【党风廉政和精神文明建设】 2016年，开展“两学一做”学习教育，同下属单位签订年度廉政建设责任书，继续深化推行政务公开，接受群众监督。开展“雁过拔毛”式腐败问题整治，排查出9起违规违纪问题，并进行相应处理。加大对精准扶贫工作的支持力度，对黄田铺镇舜帝庙村完成投资10多万元，修建了村级活动中心。协调项目资金150多万元扶持村级产业，安排经费12000多元走访慰问困难党员和贫困家庭。

【信访维稳工作】 2016年，承办上级部门信访交办件50余件，接待群众来信来访90余起，全部给予答复处理。共办理人大、政协议案、建议和提案22件，全部按时按质办结，并对符合政策、有条件办理的建议给予落实。

城乡规划

【概况】 零陵区城乡规划分局根据《永州市机构编制委员会办公室关于印发<零陵区城乡规划分局主要职责内设机构和人员编制规定>的通知》于2014年3月正式挂牌成立，为市住建局派出的正科级事业单位，配有编制12名，现有12人，设3个内设股室。根据三定方案，零陵区城乡规划分局的业务范围为：参与本辖区内中心城市总体规划、详细规划、村镇规划以及各类专项规划的编制和审批管理；负责受理本辖区中心城区规划范围内建设工程规划报建、资料初步审查；负责辖区内房屋立面改造、小型公共设施及其他建筑规划审批管理工作；负责辖区内小城镇和乡村建设规划管理，核发《乡村建设规划许可证》；负责本辖区内各类建设项目的规划实施和监督管理，以及建设工程的规划放线、验线和规划条件的核实工作；参与查处违法建设行为；承办区委区政府和市住建局交办的其他工作任务。2016年，零陵区城乡规划分局完成各项工作任务，获年度全区经济社会发展综合考核“先进单位”、市住建系统绩效考核暨创先争优活动“优秀单位”、“法规宣传先进单位”。

【国家历史文化名城申报】按照市委市政府确定的“六城同创”战略部署，全力配合零陵区委、区政府做好国家历史文化名城申报工作。规划编制工作，积极完成《永州历史文化名城保护规划（2001—2020）》（2013年修订）和柳子街、解放南路、老埠头3个历史文化街区保护规划的编制和报批工作。配合完成廻龙塔保护规划、廻龙塔修缮加固设计、柳子庙保护规划、周家大院保护规划、大零陵古城文化旅游项目规划等古城配套项目规划的编制和审查工作；配合完成历史文化街区的修缮。按国家住建部、国家文物局的要求，在湖南大学柳肃教授的指导下，积极配合零陵区住建局、零陵区名城办完成了解放南路、老埠头两条历史文化街区的修缮，得到了国家、省、市专家的充分肯定；参与完成历史建筑调查挂牌工作。配合完成零陵区历史建筑的摸底调查、建档，及市人民政府公布的171处历史建筑的挂牌保护工作；配合完成名城申报工作。积极参与完成名城申报资料的编写，赴省进京与国家住建部、省住建厅衔接汇报。

【“零陵古城”及配套项目规划报批】加快推进“零陵古城”文化旅游综合保护开发项目，安排一名副局长和一名业务骨干专门对口联系“零陵古城”项目，主动提供专业技术服务，加快出具“零陵古城”项目A、C地块的规划条件，并核发《建设用地规划许可证》，组织召开“零陵古城”项目A、C地块规划建筑方案的专家评审会。2016年12月27日，经市住建局规划审查小组会议通过后报市规委会审查通过。积极配合完成潇水两岸景观规划方案、愚溪两岸景观规划方案、柳子街修缮规划方案等“大零陵古城”配套项目规划方案的审查和报批，为零陵古城项目建设顺利推进奠定坚实的基础。

【规划编制工作】组织完成零陵城区香零山片、萍洲片、徐家井片、古城路片、河西片、零陵工业园河西片等6大片控制性详细规划的编制和审批，确保城区控规覆盖率达100%，为实施规划管理提供法定依据；配合完成中心城区中小学布局规划、农贸市场规划、加油加气站布局规划、给排水规划等专项规划的编制和审批；完成石山脚城乡一体化规划的编制和初步审查，启动菱角塘城乡一体化规划的编制。

【规划审批工作】严格按照《中华人民共和国城乡规划法》等相关法律法规进行规划审批，按市住建局要求，推进行政审批制度改革，完善落实好专家评审、规划公示、社会监督等机制，规范工作程序，提高办事效率。2016年，召开规划审查会议19次，审查项目279余个，共核发《建设项目选址意见书》12本，《建设用地规划许可证》22本，《建设工程规划许可证》95本。着重加强对政府公益事业、重点项目和招商引资项目等的技术服务工作；共审批通过城市道路规划设计方案11个，约20公里；学位建设项目9个，新增学位11000余个；医院项目2个，新增床位约500个；民生工程4个，如电力公司调度指挥中心等；公共建筑6个，如零陵区档案馆等；办理了规划手续的新增重点招商引资项目3个；共审批通过房地产开发项目13个，面积约100万平方米，如苏通国际的聚贤苑、玫瑰苑，嘉信新城（公园大地）等。

【批后管理工作】严格按照批后管理工作要求，对辖区内在建项目按要求进行批后公示，按要求做好规划放线和验线工作。建立工作台账，完善巡查制度，2016年年底，共有108个在建项目纳入到日常监管范围。全年共发放查处违法建设函88份，整改通知7份，停工通知13份，违章建筑得到有效遏制。同时，对申请规划条件核实的项目严格把关，共对30个项目进行规划验收，21个项目核发规划条件核实单。

【小区清理整顿和历史遗留问题处理工作】为解决历史存留违法建设问题，化解信访矛盾，配合小区集中整治办完成了小区清理整顿和历史遗留问题处理工作。2016年年底，完成102个小区的调查摸底和规划定性、500余个历史遗留问题的规划定性等工作，为后续设施配套完善、产权发证、税费清缴等各项工作的开展奠定良好的基础。

历史文化名城建设管理

【概况】永州市零陵历史文化名城建设管理处于2013年成立，为正科级全额拨款事业单位。内设五个股室，办公室、规划申报室、文物保护室、景区开发室和管理监督室，核定单位编制30名，其中主任1名，副主任2名，在编职工11人。

2015年12月，国家评估考察工作结束后，申报国家历史文化名城领导小组召开会议，专题研究部署整改工作，制订《永州市申报国家历史文化名城整改工作方案》，按照划分的三大块13项具体工作，以“安排表”形式逐项落实责任单位、责任领导，明确每项工作的具体要求和完成时限，推动整改工作有力、有序、有效进行。

【成立名城保护专家委员会】2016年3月7日，市政府下文，同意成立名城保护专家委员会，选定16名国内有影响的文物保护、古建筑、规划设计方面的专家为名城保护专家委员会成员，并开展名城保护咨询指导工作。

【落实保护措施】2016年，根据评估考察组专家的意见，启动中心城区省级文物保护规划的编制工作。保护柳子街打铁铺等民俗文化生活方案已完成编制，老埠头历史文化街区修缮工作计划已经制定，解放南路历史文化街区基础设施改造计划已纳入零陵古城建设计划，解放南路历史文化街区历史建筑保护修缮方案已经制定。大力开展文物修缮工作，周家大院古建筑群的修缮工程正在紧张施工，子岩府已完成修缮，四大家院、老院子的修缮工程已经启动；廻龙塔的修缮工程已基本完工；完成香零山观音庙修缮方案的制订，对画眉山村红色革命遗址进行抢救性修缮；张浚故居已对外开放。

【完善申报文本】结合评估考察组提出的修改意见，按照国家住建部规划司名城处的要求，组织名城保护专家组成员对《永州市国家历史文化名城申报文本》进行反复修改，于2016年5月完成定稿。

【文化研究】组织专家对永州历史文化进行深度研究、挖掘和整理。邀请清华大学建筑学院的专家开展“零陵古城营建历史及特色价值研究”的课题研究，目前课题研究基本完成。研究工作将为永州古城保护提供科学依据，丰富永州历史文化名城的内涵。

【名城申报工作】为确保名城申报工作顺利开展，区领导严兴德、唐烨、盘志元、彭江辉、胡乃湘等带领工作人员多次到国家住建部和国家文物局汇报申报工作。2016年6月，国家住建部和国家文物局联合会签，将永州市作为国家历史文化名城候选单位向国务院报批。2016年12月16日，国务院正式下文，授予永州市为国家历史文化名城。

房　产

【概况】区房产局组建于2002年6月，是隶属于区住房和城乡建设局的正科级差额拨款性质的事业单位，受区住房和城乡建设局委托承担全区住宅与房产行业管理的行政职能。2016年6月，按中央、省市的关于不动产登记的工作布署，将房屋所有权登记、抵押权登记等职能划入区国土分局下属区不动产登记中心，并向该中心划转工作人员28人。现实有干部职工190人，其中在职职工106人，退休职工84人。内设办公室、政工股、财务室、监察室、业务股、安监办、收费审核室7个内设股室。

【保障性住房建设】2016年保障性住房分为两块：一是公租房建设，本年度列入全区重点项目的“续建公租房项目”共23个，建设2226套保障房，现已基本建成。本年度新开工建设的永大九疑油茶公租房1个项目，该项目计划建设公租房100套、0.4万平方米，正在进行房屋基础建设。二是棚户区改造。2016年全区棚户区改造项目共4个，即潇水两岸、湘运总公司及双牌水库管理局、五一机械厂和织布厂、永汽总公司永州改装厂棚改项目，4个项目共签定安置协议1746户，其中货币安置1453户，实物安置293户，已开工建设安置住房293套，2.6万平方米。其中潇水两岸棚改范围包括河西、河东两大片区，共划分为4个地块，其中河东3个，河西1个，改造区域总占地面积8.88万平方米，2016年计划实施1553户，全部为货币安置，是为推动零陵区经济和旅游发展而建设的一个标志性项目，现已签定货币安置协议1350户，拆除房屋9.8万平方米，腾地130公顷。

2016年，全区共发放租赁住房补贴资金81.5万元，保障家庭802户约6000人，通过货币补贴相与实物配租相结合，基本实现低收入住房困难家庭住房保障“应保尽保”，解决低收入家庭住房困难问题。

【房产管理】2016年，将业务股室45名工作人员安排到区政务中心上班，设置10个政务窗口，由一名班子副职专门负责，所有办证业务均实现在窗口“一站式”办结；坚持实现首问责任制、一次性告知制、限时办结制等服务制度，不断完善办事流程，及时更新办事服务指南，设立服务公示牌以方便群众办事，接受群众监督。

【房屋安全监管】2016年，对全区保障性住房项目建设加强安全管理，落实安全生产责任制和各项安全措施，开展安全排查，及时整改巩固。每月对直管公房进行安全检查，建立台账，防范于未然。共出动检查人员332人次，检查企业38家，排查安全隐患4处。对城区及各乡镇危旧房屋进行加固维修或对存在安全隐患的房屋派专人定时巡查并做好记录。对生活在危险房屋内的住户认真做好劝离工作，确保全区不发生重大房屋安全生产事故。2016年共督促危房户进行危房鉴定14宗，发放危房整改通知书63份，联系各类房屋进行白蚁预防面积达18.2万平方米。

【房地产市场监管】2016年，共查处3处无资质开发建设商品房项目相关违法行为，共处罚金15万元，并做好结案归档备案工作。组织3次房产执法检查，查验房地产开发企业办理有关手续以及相关文件上墙公示情况，建立房地产开发项目管理台账。另外积极参与控违拆违行动，维护房地产市场发展秩序，打击房地产领域违规违法行为。编印《购房须知》《商品房销售合同（范本）》和《购买商品房风险提示牌》等，加大房地产政策宣传，积极引导购房群众购买商品房，维护购房者的合法权益，进一步优化房地产市场环境。

【物业管理】2016年，全区累计有实施物业管理的小区达53家，另有20余家不具备条件开展物业管理工作的小区，区房产局联合各办事处和社区，引导小区业主采取自治模式，聘请人员自行搞好物业服务和管理居民事务，认真化解小区存在的矛盾纠纷。一年来，共化解香樟绿城、日升小区等40个小区各类矛盾纠纷65起，维护小区稳定和一方平安。设立“零陵区房屋维修资金专户”，对资金实行“专户储存、专账管理、专款专用”。12月底，全区累计归集房屋维修资金5624万元。

【小区整治】2016年，采取“先办证、后处理、边办证、边处理”的办法，积极为小区业主解决办证历史遗留问题，为名城山庄、日升小区等51个小区累计办理国土证1693本、房产证3972本。2016年，共受理因水、电、路等基础设施及房屋质量、办证等问题引发的矛盾纠纷120起，整治办通过召开协调会议、职能部门现场办公等方式使问题得到及时解决。建立一批小区管理制度，引导小区成立业主委员会7个，引进合适物业管理方式，对12个小区采取自治模式聘请人员做好物业管理，为小区管理打下坚定基础。

【商品房建设】2016年，全区共有在建房地产开发项目29个，计划开工面积72万平方米，新建恒立首府、公园大地项目2个。续建鑫龙.城上城、苏通国际等项目27个，1至12月新增建成面积46.87万平方米，相比上年同期增长24.18%。全区新建商品房住宅销售面积达39.06万平方米，成交额约为12.7亿元，两项指标相比去年分别增长19.85%、15.36%。2016年，全区新建商品房住房供销总体平稳，全年共销售商品住房4146套，51.9万平方米，相比上年减少11.69%。2016年底，零陵区累计有存量住房2823套、27.93万平方米，相比上年增长152.76%。2016年，新建商品住房价格稳中有升。全区商品住房均价为3300元/m²,相比上年上涨7.14%。房价较高的小区有古城香桂园一期,均价在4500元/m²,公园大地、苏通国际、仙域华庭等，均价约3600元/m²，房价较低的小区有萍洲文化广场等，均价约2800元/m²。

住房公积金管理

【概况】1994年12月15日湖南省人民政府印发《湖南省贯彻<国务院关于深化城镇住房制度改革的决定>的实施意见》和《湖南省职工住房公积金制度实施办法》的通知，永州开始全面推行住房公积金制度，1997年4月，永州市住房公积金管理中心正式组建成立。2002年底，根据国务院和省、市政府要求，经省政府、市编委批准审定，顺利完成了机构调整工作，原市住房资金管理中心和11个县区住房资金管理机构全部撤消，设立新的永州市住房公积金管理中心。在永州市设立11个县区管理部为派出机构，分别负责各县（区）住房公积金的营运工作，按照“统一决策、统一制度、统一核算”办法实行垂直管理模式。永州市住房公积金管理中心零陵区管理部（以下简称零陵区管理部）是中心11个区县管理部之一，现有工作人员12名。

【住房公积金管理】零陵区管理部始终坚持“以人为本、关注民生、服务社会、造福百姓”的宗旨，以满足职工群众日益增长的住房需求和实现广大人民群众的住房利益为出发点，按照“取之于民、用之于民”和“严格管理、规范运作、防范风险、确保安全”的原则运作，高起点定位、高标准要求、高质量营运、高效益推进。全区住房公积金归集和贷款从无到有、由小到大、快速发展，管理工作实现了从粗放型、经验型向科学化、规范化的转轨；资金运营实现良性循环和持续、健康发展，实现经济效益和社会效益双丰收。住房公积金为零陵区经济建设、市民居住条件的改善和提高、房改事业和房地产市场的发展做出了重要贡献。在新体制、新机构、新管理方式作用下，资金归集和使用年年创新高，取得空前业绩。截至2016年12月31日，总开户单位407个，全年新增开户23个缴存单位，计划新增归集人数900人，实际完成归集人数1267人（含财政新参加工作人员），超额完成41%；计划归集任务21000万元，实际完成归集25353万元（含公积金利息收入941万元），超额完成21%；提取公积金11855万元，归集余额74725万元；计划发放贷款22000万元，实际发放公积金贷款24560万元，超额完成12%；计划发放公转商贷款5500万元，实际发放公转商贷款5502万元，收回贷款利息2124万元，收回贷款本金6869万元，贷款余额70259万元，实现增值收益2041万元。各项业务指标均超额完成年度计划，资金运营安全。

【归集管理】永州市住房公积金管理中心零陵区管理部负责零陵区域内住房公积金的缴存、提取、个贷等工作。内设综合、资金归集、资金营运、稽查、财务核算等5个业务。零陵管理部在零陵区委、区政府的正确领导下，坚持通过多渠道、多形式对住房公积金政策进行广泛宣传。强化归集管理，夯实基础工作，扩大归集覆盖面，把住房公积金归集管理工作纳入重要议事日程，常抓不懈。加强日常归集管理工作，健全住房公积金归集工作责任制度，加大公积金催缴清收力度，督促缴存单位按时、足额为职工缴存住房公积金；加强与各有关部门单位的协调联系工作。注重加强与财政、缴存单位、银行等单位的协调和联系，理顺缴存秩序，及时发现和解决住房公积金归集工作中存在的问题，规范缴存行为；深入各个企业单位，积极做非公有制企业扩面工作。为抓好非公企业建立住房公积金制度工作，坚持上门宣传，督促非公企业为职工建立住房公积金制度。

【计划信贷】强化住房公积金贷款发放和风险控制，大力支持职工贷款购建住房，努力提高资金使用效益。市住房公积金管理台始终坚持一手抓贷款发放，一手抓风险控制。加大住房公积金贷款发放力度，不断扩大贷款规模，积极支持广大中低收入职工贷款购建住房，改善居住条件，保证职工的购房贷款需求。严格按程序认真审核、审批贷款，坚持依法、公正、公平发放贷款，杜绝违规贷款行为的发生。加大贷款风险防控力度，完善贷款风险防范机制和催收办法，严格落实贷款回收责任制，及时处理和化解贷款风险，防止逾期贷款的发生，确保贷款资产质量。

【文明创建活动】2016 年，全面推行服务承诺制度，落实“一站式”服务、一次性告知、首问负责制和限时办结制等制度，全面推行文明用语服务。管理部全体干部员工自觉投入“创国卫”活动、文明劝导、夜巡、创建国家交通管理模范城市等活动。积极参与全国文明城市、园林城市创建活动，配合潇湘门社区及牵头单位做好包干区域的创建工作，全员投入“文明劝导“志愿服务活动，各项创建活动取得显著成效。管理部立足窗口服务平台，扎实开展各项文明创建活动，成效显著，树立了住房公积金的良好形象。

征收与补偿

【概况】永州市零陵区国有土地上房屋征收与补偿办公室是归口于零陵区人民政府管理的正科级事业单位，2016 年经永州市机构编制办批准正式设立永州市零陵区国有土地上房屋征收与补偿办公室。负责全区国有土地上房屋的征收与补偿工作。机关内设综合办公室、法制股、征收股、安置股、财务审计股等 5 个股（室）。

【房屋征收与补偿】2016 年，房屋征收办坚持依法依策、以人为本、公开透明、公平、公正、公开原则，入户调查了解，答疑解惑，讲明政策，讲清讲细协议，最大限度争取被征收户的理解和支持，进一步规范房屋征收工作流程，确保被征收人的合法权益得到保障，推进全区城镇提质建设，做到依法征收、阳光征收。2016 年共征收私产 1553 户，征收面积约 18.8 万平方米，发放补偿金额约 10.4 亿元。征收公产面积约 4.9 万平方米，发放补偿金额约 1.65 亿元。征收土地 21544.71 平方米，补偿金额约 900 万元。其中：322 国道改线项目征收 235 户，征收面积约 15000 平方米，发放补偿金额约 6855 万元；东山景区东山文化广场建设项目征收 236 户，征收面积 26000 平方米，发放补偿金额约 6900 万元；单位公房征收面积约 3.78 万平方米，发放补偿金额约 1.3 亿元；芝山北路改扩建项目征收 49 户，征收面积约 4700 平方米，单位公房征收面积约 6200 平方米，发放补偿金额约 2600 万元；工业园征收 21 户，征收面积 1200 平方米，发放补偿金额约 250 万元；沿江大道征收 113 户，征收面积 11600 平方米，发放补偿金额约 1820 万元；湘江东路征收 41 户，征收面积 8520 平方米，发放补偿安置资金约 1100 万元；福寿亭广场征收 9 户，征收面积 1760 平方米，发放补偿金额约 750 万元；市政广场建设征收附属物 5492.73 平方米，补偿资金 8229164 元；征收土地 21544.71

平方米，补偿金额约900万元；垠地广场建设项目征收31户，征收面积约5000平方米，发放补偿金额约2800万元，安特公司安置小区征收14户，征收面积约1300平方米，发放补偿金额约490万元，“零陵古城”文化旅游综合保护开发项目征收804户，征收面积约112850平方米，发放补偿金额约8亿元，还完成及何仙姑景区周家大院项目、人民银行金库项目、公检法办公用房等项目房屋征收工作。

环境保护

【概况】区环境保护局成立于1989年，局机关内设工会、办公室、财务、政工监察室、“三创一管”办公室、环境监察大队、法制宣传股、自然生态保护股、污染物排放总量控制股、行政审批办公室、固废辐射管理站、环境监测站、污染防治股，现有干部职工104人。

2016年，编制环境保护规划计划，以及污染防治的监督管理，调查处理环境污染事故和纠纷，组织开展环境执法、环境监测、宣传教育和自然生态保护等工作。以提高人民群众生活环境、优化环境质量为目的，以削减总量、改善质量、防范风险作为着力点，坚持环境保护优化经济发展，大力发展循环经济、低碳经济、绿色经济，积极探索环境保护新思路。

【环境监察】2016年以来，围绕全区经济发展大局，以污染减排为重点，强化环境监察，坚持监管与服务并重，全面推进各项环保工作，环境质量稳中有升。2016年以来，零陵区潇湘流域断面水质保持在Ⅱ类标准，城区集中式饮用水取水口水质保持在Ⅰ类标准，河流出境水质Ⅲ类标准达标率100%；城区空气质量优良率为95%；放射性废物收贮率达到100%，辐射安全得到保障；中心城区饮用水源水质达标率为100%；区域环境噪声平均值为49.3分贝，城区噪声环境质量达到功能区噪声标准；城市生活污水处理率为87%，境内自然资源丰富，森林覆盖率达55.7%，2016年化学需氧量削减2.6%、氨氮削减4.5%、二氧化硫削减10%、氮氧化物削减5%，全面完成减排任务。

城市管理

【概况】区城市管理行政执法局是以区管为主的独立行政执法机构，内设9个股室、6个执法大队，现有干部职工223人。

【市容市貌管理】2016年，对全区主次干道推行路段包干责任制，强化责任主体，加强考核力度，每个执法大队由一名局党组成员具体分管，纪检室每周上街督查，确保市容秩序管理到位。对夜宵市场坚持“堵疏结合、综合治理”的原则，取缔城区占道经营的夜宵摊点，通过市场融资的方式投入300多万元，先后在萍阳南路、芝山北路、百万庄八号路新建3座可容纳400多个摊位的夜宵市场，规范夜宵摊点入市经营行为，彻底解决夜宵摊贩占道经营问题。定期开展市容市貌集中整治，规范马路市场、取缔沿江大道占道经营、整治商业城经营乱象，不断改进零陵城区市容市貌秩序，提升零陵古城形象。

【“国家卫生城市”创建】自创建“国家卫生城市”以来，区城市管理行政执法局紧密围绕创建目标，扎实推进各项创建任务落实到位。严格规范店牌广告设计。按照“统一设计，统一制作，业主出资，政府补贴”的模式，建成了南津路、潇水中路、黄古山路、芝山路等街道店牌广告示范街，街道立面环境更加美观。治理城市“牛皮癣”。每年安排专项经费，将城区主次街道“牛皮癣”小广告治理工作承包给专业保洁公司，安排专门的人员和设备进行清理。集中整改空调外机。按照创国卫的要求，对临街店面采取“逐条街道、逐个门店”的方式进行宣传，对自行整改到位的，给予适当补贴，逾期未整改的，予以强制拆除，全区共整改空调外机800余台。全面开展文明劝导工作。通过劳务派遣方式，公开招聘100名专职文明劝导员，安排在城区芝山路、潇水路、南津路等主要道路执勤，制订《文明劝导员考核管理办法》。严控违章建筑。每年定期组织开展拆违行动，违建苗头有效遏制，确保零陵城区违章新建“零增长”。

【数字城管建设】零陵区数字城管系统属全市数字城管系统的二级平台成立于2016年2月。现零陵区数字城管指挥中心已建成一块液晶拼接显示屏、6个操作平台，开通2部“12319”城管热线服务电话，发放45台“城管通”手机，用于问题事件信息采集和复核、反馈。全区已有4个办事处，17个社区和37个联动单位开通了电子政务外网对接数字城管指挥系统。建设数字城管系统是城市管理从粗放型管理转向精细化管理的创新之举，零陵区数字城管系统建成后，区指挥中心与市指挥中心信息联系畅通，问题事件上报、接收派单、处置反馈等工作流程顺畅，城市管理效率和管理水平大幅提高。

【执法队伍建设】2016年，区城市管理行政执法局不断加强队伍建设，在全局开展外树形象内强素质专项整治。提升城管执法形象。统一制定城管制服，采购一批执法设备，要求执法大队班子成员配备对讲机和执法记录仪，执法队员在执法期间必须做到“统一着装，配齐设备，文明用语，服务于民”，切实转变城管执法形象。加强正面宣传。鼓励全局干部职工为城管工作的典型事迹、先进队员、优异成绩等积极方面写报道、做宣传。拍摄以“零陵城管，为古城代言”为主题的城管形象宣传片，并在全区大型电子显示屏循环播放，树立城管新形象。加强理论学习和业务培训。每年组织党委中心组学习12次，会议学习8次。不断提高党员领导干部的马克思主义理论修养，坚定党员理想信念，提升领导班子决策能力。严格督查考核机制。制订城管执法日常工作督查考核和奖惩方案，涵盖市容市貌管理，违章建筑管理，队伍执法管理等各个方面。每周由1名局领导轮流带队，对各大队采取日督查，周通报，月评比措施，有效打造人人创先争优的工作作风。

城市供水

【概况】区自来水公司最早建于1965年，前身为芝城镇自来水公司，1979年改称为永州镇自来水公司，1982年更名为永州市自来水公司，1994年7月为筹建南津渡水厂，成立永州水龙头股份有限公司，1999年4月与冷水滩自来水公司合并为永州市自来水公司，2002年6月体制调整，与市自来水公司分离成立芝山区自来水公司，后随芝山区更名为零陵区，改为零陵区自来水公司，隶属区城管执法局系统，属自收自支、企业化管理的正科级事业单位。公司下设水厂、综合办、供水服务中心、生产技术科、客户服务部、经营管理所、供水安装公司、供水稽查队、供水维修队等22个中层科室，现有干部职工442人（在岗298人，退休144人），其中专业技术人员29人、副高职称3人，中共党员101人。

【城市供水】公司下辖娘子岭和南津渡两座水厂，总供水能力18万吨/日。其中：娘子岭水厂供水能力8万吨/日，于1979年筹建，1983年8月初步建成试运行，1984年3月正式建成供水，1988年9月全部投产运行；南津渡水厂设计供水能力为20万吨/日，一期10万吨/日，于1995年始建，1999年建成投产。

【安全生产】2016年对制水加氯系统集中更新改造，配备完善液氯吸收装置及变频和脉冲设备，提升生产效率，消除安全隐患，增强供水保障。2016年底，已完成监控探头布点55个，生产重要区域和环节均设置了红外线监测装置，实现厂区安防监控全面覆盖、重要部位重点盯防，并与公安监控系统对接。生产区实行“全封闭”管理，安保、生产一线人员24小时在岗在位，供水设备每日巡检、定期保养，坚持取水源头常态巡查监控，严格执行水质“日检测、月分析”制度措施，不定期开展安全生产检查、问题隐患排查整改，始终保持设备完好率在98%以上、水质合格率达到100%，供水生产运行始终做到安全有序。

【管网设施】 城区现有DN100及以上供水管网约330千米，城市供水区域东至阳明大道东侧、南至朝阳办事处荷叶塘村、西至河西工业园、北至接履桥高速公路互通，城区供水覆盖率达到96%以上。“十二五”以来，重点抓好了芝山北路、河西工业园、萍洲工业园、阳明大道、潇水东路等一批重点管网建设，新建DN200以上供水主管56千米。配合国卫创建、古城建设、提质改造，对七里店路、黄古山东路、金阳路、湘口馆路、何家坪路等城区十余条主次干道管网系统改造。2016年，实施了南津路、潇水东路道路沿线管网提质改造，共计改造更新老旧管网37千米。此外，新建和改造康济大道、永州大道、阳明大道及立交桥、南津渡大桥小游园等园林绿化和小游园给水工程10处，实施城区公厕“旱改水”改造150座。为解决城北区域供水水压不足难题，积极申报筹建城北二级供水加压泵站，并于2013年获省发改委审批立项，总设计规模为供水处理能力11万吨/日，2015年2月一期6万吨/日建成并投入运行。

【营销服务】 2003年10月，建立电脑收费系统，2013年3月，建立立户报装系统、短信平台系统，2015年2月，建立智能水表远传系统，2016年，全面推行手机抄表模式，逐步实现营销管理电子化、信息化。推行政务阳光服务，履行供水社会承诺，对群众诉求落实登记受理、勘查调度、反馈回访和督查考核，供水业务“一站式受理，全程跟踪办结”。积极拓展银行水费代扣代缴业务。创建了零陵供水公众微信号，方便用户通过平台业务查询、水费缴纳、关注信息等，2016年底，群众服务满意率达到97.7%。

园林建设

【概况】 区城市园林局成立于2012年8月，系零陵区政府直管的正科级事业单位。2016年，区城市园林局机关内设机构为办公室，财务室、政工室、园林绿化建设股、园林绿化管理股等5个，下辖零陵区园林绿化一大队、零陵区园林绿化二大队、永州市朝阳岩公园管理所、永州市怀素公园管理所。

主要职责是贯彻执行有关园林绿化方面的方针、政策和法律、法规、规范性文件；参与城区园林绿化中、长期发展规划的制定并具体实施；负责组织城区园林绿化建设管理年度经费预算初步方案；根据授权参与城区新建、扩建、改建工程项目中园林绿化工程项目的监管，负责城区工程建设项目的附属绿化工程设计方案和占用城市绿地的初审；负责对城区各单位附属绿地建设进行技术指导，参与城区新建、扩建、改建工程项目中园林绿化工程、道路绿化工程和小游园建设工程的竣工验收；负责城区公共绿地、防护绿地和风景林地、道路绿化、小游园的绿化建设、维护和管理工作。协助主管部门查处城区内违反园林绿化管理方面法律、法规、规章规定的违法行为；负责区级园林式小区、园林式单位评选及考核复查等相关工作；负责城市雕塑的管理和维护；负责城区古树名木保护；负责城区风景园林建设项目招商引资的具体工作；开展城市园林科研，推广园林科技成果，开展园林对外交流；负责城区园林绿化养护管理监督考核工作。

【园林绿化】 2016年，按照“绿色生态零陵”总体战略，以创建国家园林城市、国家卫生城市为契机，坚持“以人为本，还绿于民”的方针，大力实施规划建绿，拆墙透绿，拆违还绿，见缝插绿，高标准规划建设城区绿化精品，精心绿化美化城市节点，打造立体节点景观；因地制宜布局城市公园、游园；提质美化亮化道路景观；高标准设计、高品质建设城区外围绿化，拓展城市空间，提升城市景观效果，努力打造城市绿色网络。2016年底，建成区绿地率达到38.5%，绿化覆盖率达到41.7%，人均公园绿化面积达到11.8平方米，位列全市第一，全省前列。

【园林建设】 2016年，加快

推进城市生态园林建设，实施南津路、潇水东路绿化、萍阳北路绿化提质改造，大力推进瑞祥大道、日升路、绿影路、潇湘大道延伸段、萍洲西路绿化工程建设。强力推进城区街头节点重点布景造景，投入300余万元，实施潇湘大道交通岛、虎啸交通岛、零陵楼、南津路桥头、安康广场等重要节点摆放花卉128万余盆；实施南津中路中间隔离带及人行道两侧花箱造景。统筹规划建设城区公园、游园，投入140余万元，实施人民公园健康主题改造及七里店小游园建设；初步规划设计张飞公园建设方案；规划设计怀素公园、朝阳岩公园提质改造；推进潇水湿地公园编制总体规划方案，现已获省级和国家审批。

城市建设投资开发

【概况】零陵区城市建设投资有限公司成立于2003年3月，是经永州市芝山区人民政府批准成立的国有独资公司，注册资本32872.5万元。2008年12月，市编办批准成立永州市零陵区城市建设投融资管理中心，与公司“一套人马，两块牌子”合署办公。2010年11月更名为永州市零陵区城市建设投融资管理办公室，办公室主任兼任公司总经理，下设6个子公司。

2013年8月，为发行企业债券，经区委、区政府研究报市政府批准同意，将该公司100%国有股权划转至永州市人民政府国有资产监督管理委员会，股东相应变更为永州市人民政府国有资产监督管理委员会，成为市级融资平台，零陵区人民政府具体负责公司的经营管理。2016年10月，公司完成转型改制。公司下设6部1室，直属1项目部，辖子公司4个，现有员工95人。主要经营范围是：筹措、管理、营运城建资金，招商引资、物资贸易、引进外资、物业管理、土地整理与开发、国有资产经营管理、政策性住房建设、环境污染防治、城市基础设施项目的投资及开发建设（以上经营项目国家禁止经营的除外，涉及行政许可的凭许可证经营）。

2016年底，公司总资产182.47亿元，净资产124.4亿元,信用评级AA，申贷融资达81.73亿元，储备土地12000亩，完成建安置小区建设约20万平方米，投资约105.97亿元完善城市主干道及基础设施建设，如期完成城区30多条纵横道路及其配套，城区主干道及20条背街小巷提质改造。

【融资瓶颈破解】近年来，充分挖掘信贷政策资源对接金融机构，通过项目申贷、信托、发行企业债券等多种途径融资破解融资瓶颈。2016年，对接项目9个，贷款融资27亿元。(国开行9.048亿元、华夏银行5亿元、长沙银行4亿元、农业银行3亿元、华融湘江银行6亿元)；通过包装教育、医疗、自来水、道路等项目采取融资租赁、资产证券化等方式融资，加大直接融资力度。启动10亿元中期票据和15亿元企业二期债发行工作，完成15亿元PPN审批。

【项目建设】2016年，承建各类建设项目有23个，其中区城建领导小组下达城建项目任务16个，计划投资14.5亿元。项目包括道路项目13个，安置小区建设1个，保障性住房项目2个，其他项目7个。其中竣工项目4个，续建项目16个，启动项目7个。项目矛盾和问题多，公司派驻班子领导和工程技术人员加强项目管理和质量监督，倒排工期，按时间节点落实到人，完成投资13.18亿元。

【偿债及资产经营】2016年，加强资金归集与调度，按时足额还本付息，维护信用。按期足额偿还到期贷款本息4.2亿元，财政调度1.03亿元。

【经营能力强化】加大土地储备，增加存量土地，全年征收土地425亩，报批土地522亩。参与安置小区和棚改安置房建设，延伸土地二级开发经营。潇水西路棚改房基本竣工，古城棚改安置小区（杨塘）、茆江桥棚改安置房项目已完成前期立项、规划、设计方案报批，河东片区公租房已开工建设。拓展经营途径，投资入股当地农商行，成立小额担保公司，经营城市特许经营权。投资建设的第四医院大型户外广告电子显示屏已投入使用，全区自行车租赁系统投入运营，正在进行社会停车场、客运站及物流中心。

【党建工作】2016年，组织开展"两学一做"学习教育，领导班子成员带头深入专题讨论，积极落实问题整改。开展精准扶贫，深入排家洞、芬香、阳岩头等村开展帮扶活动，筹集帮扶资金400多万元。加强社会治安综合治理，参与干部夜间巡逻，积极实施网格化管理，及时解决社区网格化问题和矛盾。全力支持创建全国文明城市、国家交通管理模范城市、国家园林城市，组织志愿者队伍，开展文明劝导活动，巩固提升"国卫"创建成果。

农业和农村工作

农　业

【概况】2016年6月，原零陵区农业局、零陵区乡镇企业局、零陵区农村工作部合并成立永州市零陵区农业委员会，为区人民政府工作部门,挂中共永州市零陵区委农村工作办公室牌子。区农业委员会机关设9个内设机构，16个下属事业单位，行政编制为22名，事业编制143名，在职干部职工169人。

【美丽乡村建设】2016年，按照省、市美丽乡村建设要求，将美丽乡村建设与“农村环境、产业发展、乡村旅游”相结合，科学布局，点面兼顾，统筹推进，全区美丽乡村建设成效显著。2016年，完成全区6个省市级美丽乡村示范村、15个区级领导办点示范村和47个人居环境重点整治村建设任务，精心构建“永州之野”美丽乡村旅游精品线路建设规划，较好的实现“布局美、产业美、环境美、生活美、风尚美”的建设目标。其中香零山、何仙姑村顺利通过省、市级美丽乡村建设示范村的考评，已进行授牌。全区共确立美丽乡村建设项目133个，其中农业产业项目36个，农村环境专项整治12个，基础设施项目48个，投入资金2.6亿元，重点建设香零山、何仙姑、涧岩头村等一批“乡风文明、村容整洁、管理民主”的美丽乡村建设示范村，精心打造古城零陵—香零山—何仙姑永州之野“美丽乡村”示范带，全面启动沿线村落“美丽乡村”建设，集中展示零陵区崭新的农村面，在全市率先全面铺开农村污水处理工程，较好实现“村庄美、环境优”的治理目标。

【农村产权制度改革】2016年，以“回头看”工作为重点，对全区15个涉农乡镇办事处104844户、41173.33公顷、919347地块的各类数据和台账进行全面复查核对和校正，确权颁证的准备工作基本就绪。成立农村土地流转指导服务中心、农村土地承包纠纷调解仲裁委员会及仲裁机构，正在积极组建农村产权交易中心。围绕粮食、生猪、油茶、蔬菜等主导产业，发展家庭农场186家，农民专业合作社350个，新发展流转土地1000公顷以上的大户5户。以“雁过拔毛”式腐败专项治理为抓手，积极开展村级财务清理和维权减负监管工作。2016年，查处违纪违规案件46起，查处金额116.96万元，对64名村（社区）干部进行党纪政纪处理。

【粮食生产】2016年，粮食生产面积和总产略有增加，全区落实粮食播种面积65240公顷，粮食总产38.044万吨，同比分别增加440公顷、0.314万吨。完成优质稻推广51566.67公顷，发展承包30亩以上耕地的种粮大户3093户，承包15公顷以上以种粮为主的家庭农场153个。

【经济作物】2016年，经济作物生产提质增效，完成蔬菜播种面积21707公顷，实现总产58.29万吨，完成其它经济作物种植面积24120公顷，完成提质改造城镇专业蔬菜基地267公顷，完成水果扩园333公顷和水果提质改造203公顷，完成茶园扩园6.7公顷和提质改造45公顷，创建香零山蔬菜标准园和邮亭圩镇对塘坪村优质早熟蜜柑标准果园。

【农业产业】2016年，全区农产品加工企业283家实现销售收入22.7亿元，其中规模以上农产品加工企业27家，实现销售收入16.8亿元，带动基地面积22666.67公顷。全区现有省级农业产业化龙头企业4家，市级龙头企业23家，拥有全国驰名商标2个，省著名商标7个。2016年，全区农产品加工投资2000万元以上大项目4个，有浙南竹木有限公司投资6000万元的竹木家具和工艺品生产项目、永州市零陵区罗汉果生态科技有限公司投资1.4亿元的罗汉果GAP种植基地及深加工项目、永靛中药有限公司投资3500万元的永靛中药饮片项目、永州市永大九嶷油茶开发有限公司投资6500万元的永大九嶷油茶项目。加大农业内部结构调整力度，全区发展形成了46666.67公顷优质稻、1333.33公顷商品蔬菜、5333.33公顷加工型宽皮柑橘和脐橙、2000公顷杂交稻制种、2000公顷优质玉米、200公顷红麻种植等农业产业。以实施三个“百千万”工程为契机，2016年，全区重点续建现代农业综合产业园优质油茶项目和龙山现代农业示范园等现代农业园区，带动全区农业由传统农业向现代农业转变。2016年，实施建设面积377.33公顷，龙山现代农业示范园现已初步形成333.33公顷优质水稻、66.67公顷果园、333.33公顷油茶、2000公顷紫薯、400公顷莲藕、66.67公顷特种渔业养殖、66.67公顷名贵风景苗木等7大产业。全区现有农家乐43家，同比增加6家，有休闲农庄10家，2016年，接待游客11万多人次，同比增长12%以上，已经成为发展农村经济的新生动力。

【农产品质量安全】2016年以来，共检测农产品样品3095批，合格率99.96 %，省、市农委对全区监测抽样合格率100%，全区农产品质量安全事故零发生。15个涉农乡镇办事处成立农产品质量安全监管站，配备监管工作人员和农残检测设备，开展日常农残抽检工作。建立香零山蔬菜基地等7个农业标准化生产基地，严格执行“一个产业，一套标准，一个品牌，一套监管制度，一批新型农业经营主体，一批示范基地”的要求。对全区农资市场进行全面清查，共出动农业执法人员700余人次，检查生产企业1家，农资经营门点230多个，抽送检种子、农药、化肥样共53个，调处农资纠纷7起，查处农资违法案件4起，挽回经济损失近54万元，严厉打击生产经营假冒伪劣农资和坑农害农等各种不法行为，为农业生产保驾护航。

扶贫开发

【概况】区扶贫开发领导小组办公室成立于2016年，为正科级参照公务员管理单位。在编人员9人，其中主任1名，副主任1名，设办公室（党风廉政建设室）、计划项目股、监察审计股（信访办公室）、社会扶贫股等股室4个。

【扶贫开发工作】2016年是脱贫全面攻坚的关键一年，脱贫攻坚顶层设计已基本成型，政策措施逐步健全。零陵区坚持以推进供给侧结构性改革为主线，坚持精准扶贫精准脱贫基本方略，针对工作中存在的突出问题和短板，加大力度夯实基础，做好低保与扶贫政策的衔接，把建档立卡、产业扶贫、易地扶贫搬迁等工作抓得更实，着力培育集中连片贫困村自我发展能力；切实加强扶贫资金管理，提高资金使用效益，严肃查处贪污侵吞行为。

【精准扶贫】2016年，采用“11266”新的工作模式，即“一本、一袋、两套台账、六张挂图、六个方案”，不断深化扶贫工作。“一本”，即：2016年的42个贫困村印制了整村脱贫任务分解本；“一袋”：即每个建档立卡贫困户订制精准扶贫工作资料袋，将工作台账、涉农补贴明细表、扶贫手册、培训记录、帮扶计划、民情联系卡等统一装入资料袋中，做到精准帮扶一本账、补贴政策一口清；“两套台账”，即精准扶贫到村台账和精准扶贫到户台账；“六张挂图”，即各村制订扶贫对象、扶贫目标、扶贫内容、扶贫措施、扶贫责任以及干部驻村计划等六张挂图，对每个具体帮扶项目、帮扶单位、联系人的电话、资金来源等进行公示，在精准扶贫上看图施工，挂图作战，达到定点、定人、定时、定责帮扶的目的；“六个专项方案”，即针对贫困村、贫困户的致贫原因，研究制定了因建房致贫、因病致贫、因学致贫、因灾致贫、因残疾致贫精准扶贫方案和精准扶贫金融支持工作方案等，使精准扶贫工作更加精细化、更有针对性。

【审计扶贫】成立扶贫资金审计工作领导小组，常态化开展扶贫项目审计工作。加大对扶贫领域的审计监督力度，审计调查建档立卡贫困户的“精准识别”情况；审计调查扶贫资金的分配管理及使用情况；审计财政扶贫资金的使用是否规范和使用效益情况；审计扶贫建设项目的管理实施情况，确保对零陵区所有扶贫项目的审计做到全覆盖，零失误。预防、整治和严厉查处扶贫领域的职务犯罪，从严惩处扶贫领域虚报冒领、套取骗取、截留私分、贪污挪用、挤占浪费等违纪违法问题，对发现的问题限期整改、严厉处罚，并将有关问题线索移交区纪委或有关乡镇（办事处）纪委立案审查。协助区直相关单位、乡镇、村（社区）建立项目资金监管机制，加大对扶贫资金的专项管理，有效预防扶贫领域违纪违法问题的发生。

【社会保障扶贫】就业扶贫培训。2016 年,先在全区 15 个乡镇和永州市第二技工学校开展就业技能培训，根据各乡镇摸底情况确保完成培训贫困人口 4000 人，重点培训“两后生”50—60 人，每期给予培训学员 100 元/人的补助。以从事农业生产和服务的农村劳动力为重点，围绕种植，养殖，农产品加工等重点产业，按照生产经营型、专业技能型和社会服务型等三类不同的从业方向，开展农业和公共基础、专业技能能力拓展的培训。技能培训以计算机操作、会计、涉农专业为主。城乡居民医保扶贫。2016 年度贫困人口城乡居民参保率 100%。2016 年，省、市要求参保人数为 54 万，全区实际参保人数达 548165 人，参保率达 101.5%，超额完成省、市下达的参保目标任务。大病保险覆盖所有城乡居民医保参保对象，城乡居民大病保险筹资按 30 元/人的标准从城乡居民医保基金中提取，共筹集资金 1644.4 万元。对建档立卡贫困户参加综合保障保险的，给予 40%的保费补贴。建立贫困人口健康档案，实行分类救治，采取“先诊疗、后付费”。劳务协作。2016 年，在全区 42 个贫困村，劳务协作脱贫 1000 人，实现贫困家庭中有培训需要的劳动职业技能培训全覆盖，每个贫困家庭中有培训需要的劳动力至少有 1 人拿到职业资格证书；转移贫困家庭劳动力就业 500 人，实现贫困村贫困家庭中有就业需求的劳动力至少 1 人找到就业岗位；帮扶贫困村返乡农民工创业 25 人，带动贫困村劳动力实现就业 100 人。对劳务协作脱贫 1000 人。根据上级文件精神对转移就业的建档立卡贫困劳动力（凭企业招用劳动合同、就业协议）按照省外、省内、市内区外分别给予一次性不超过 400 元、200 元 100 元的交通路费补助，所需资金从财政扶贫专项资金中列支。

【小额信贷】2016 年，零陵区创新开展扶贫小额信贷工作，切实解决建档立卡贫困户贷款难、利率高的问题。制订方案。零陵区以金融产业扶贫为契机，充分借助零陵农村信用联社帮助贫困农户脱贫致富的金融杠杆作用，有效落实贫困农户小额信用贷款等措施，切实解决贫困农户产业发展的资金困难，稳步实现贫困农户增收脱贫，制订零陵区金融产业扶贫工作实施方案。区扶贫办向区信用联社提供各乡、村建档立卡贫困户花名册，有承贷银行会同各乡、村信用评定小组一起开展评级授信工作，根据评级情况（分为优秀信用户、良好信用户、一般信用户）确定授信贷款额度（5 万元）。同时建立增信、减信机制，鼓励贫困户诚实可信，按期还款。宣传动员。全面深入学习宣传省扶贫小额信贷和金融扶贫相关文件及会议精神，成立区金融扶贫小额信贷工作领导小组，召开相关会议，明确职责，落实分工，尽快与合作金融机构和保险机构签订框架合作协议；建立制订扶贫小额信贷实施细则和各项规章制度；建立落实各乡镇、村信用评定小组工作责任和相关工作要求；承贷银行要明确相关授信等级标准、工作流程，在各乡镇、村、金融服务网点公开“贫困农户小额信贷”办理流程及财政贴息相关政策，建立贫困农户贷款绿色通道，设立扶贫小额信贷风险补偿基金，在全区形成区、乡、村分级负责、相关部门协调联动的金融扶贫小额信贷工作格局。

【扶贫宣传】2016年，在精准扶贫精准脱贫工作中,不断加大宣传力度、拓宽宣传渠道、创新宣传方式,营造人人关心精准扶贫、人人重视精准扶贫、人人支持精准扶贫、人人参与精准扶贫的良好氛围。强化扶贫宣传组织领导。零陵区把精准扶贫宣传工作摆在重要位置,与业务工作同谋划、同安排、同部署、同推进，区主要领导亲自过问，每个乡镇确定2名专职信息员，严格执行精准扶贫精准脱贫宣传信息报送机制,定期报送相关信息。创新扶贫宣传方式方法。充分利用政府网站、微信公众号、宣传单、宣传栏、LED显示屏等，围绕精准扶贫工作微信等宣传媒体,发布最新工作动态和扶贫政策,利用媒体营造浓厚的扶贫氛围。发放《扶贫政策明白卡》、《扶贫开发惠农政策汇编》和农村适用技术等宣传资料,向广大群众大力宣传精准扶贫精准脱贫最新政策,确保家喻户晓、人人皆知。推介扶贫工作典型经验。大力宣传精准扶贫精准脱贫工作政策措施、扶贫攻坚典型经验以贫困户典型材料,以座谈会、学习交流会、群众会等形式让更多的贫困户自我寻找脱贫致富的门路。召开宣传专题会。召开精准扶贫精准脱贫专题办公会，明确职责，细化任务，将精准扶贫精准脱贫宣传工作及时落实，为精准扶贫精准脱贫宣传工作提供有力保障。全区共制作宣传专栏57个，书写宣传标语300幅，发放宣传资料25000余份。

移民开发

【概况】2016年11月7日，零陵区机构编制委员会批复零陵区移民开发办公室为行政类事业单位，同年12月8日批复，同意将零陵区移民开发办公室更名为永州市零陵区移民开发局，机构规格由副科级调整为正科级，局长1名，副局长2名。2016年，认真落实各项移民后期扶持政策，移民后扶直补资金发放、基础设施建设、移民产业开发、移民培训、示范点建设、移民信访维稳等工作开展有序，2016年被市移民局评为全市移民系统优秀单位。

【产业开发】2016年，完成富家桥镇荷叶塘塘村26.67公顷油茶基地培育管理、道路扩宽硬化提质改造工作；完成凼底乡凉水井村33.33公顷槐花基地培管、农电改造等工作。完成政府承建三峡移民房屋129户，15363.07平方米补漏、维修加固。

【资金发放】2016年，发放直补资金528.79万元，后扶直补资金以农村信用社“一卡通”形式及时发放到移民个人，发放率达100%，核减移民自然减员人口20人。

【项目开工】完成移民路灯项目招标 208.09万元，组织21家有资质的建筑企业参加移民后扶项目的招标，总标金额为463.3万元。移民村组自行组织建设项目全部开工建设，开工率达95%以上。对已经完工的163个项目组织验收结算，并及时拨付扶持资金875万，占已到位资金的85%。

【移民资金管理】建立健全移民专项资金财务管理审批制度、内部控制制度。移民资金实行区级报帐并分类核算，建立项目资金台帐，报表准确及时。有组织地开展年度移民专项资金自查自纠工作，对自查出的问题进行整改，及时向市局上报自查自纠报告和整改报告。配合市局完成年度审计任务，及时、准确无误提供相关资料，按市局要求及时整改。建立健全内部审计台账。移民资金做到专款专用，没有调剂、挪用移民资金，没有滞留、截留、强占和巧立名目收取移民资金，没有挤占、挪用移民项目资金，没有贪污、非法占用移民资金。积极推行政务公开，推行移民工作“阳光行动”。移民项目资金审批、使用情况及时在移民网和本单位办公场所、项目所在乡镇、村组公开公布。

【精准扶贫】2016年，投入资金175万元，重点改善排家洞村、芬香村、舜帝庙村等13个道路交通条件较差的村庄。投入63万元解决荷叶塘村、晓宝田村等5个村安全饮水问题，基本解决贫困人口安全饮水困难。维修渠道19处，投入资金164万元，维修山塘7处，投入资金52万元，改善和新增灌溉面积80公顷，确保移民贫困村旱涝保收。投入资金18万元，支持省定贫困村大庆坪乡芬香村、排家洞村发展光伏发电产业，壮大贫困村村级集体收入。投入资金7.5万元，扶持芬香村及联户包扶对象发展罗汉果、养牛、土猪等种养殖业，产业扶持保障移民脱贫致富。

畜牧水产

【概况】1986年5月，成立永州市养殖业服务中心。1990年5月，更名为永州市畜牧水产局。1996年，更名为芝山区畜牧水产局。2005年，更名为零陵区畜牧水产局。2016年11月，机构改革调整为区农业委员会所属正科级公益一类事业单位。主要职责是受区农业委员会的委托，负责全区有关畜牧业、渔业、兽医医政、兽药药政、饲料管理行政审批和监督管理，负责生猪定点屠宰监督管理；承担动物和动物产品检疫和动物防疫及监督、监测、预报、发布动物疫情，组织实施动物疫情的控制与扑灭，负责畜禽养殖废弃物的综合利用和无害化处理；负责动物疫情监督、检验、诊断、风险评估和重大动物疫情预警预报，承担人畜共患病防治和兽医卫生工作。

2016年，区畜牧水产局设办公室、政工人事股、计财股、饲料工业办公室、生猪定点屠宰管理办公室，归口管理区水产示范场及区动物疫病预防控制中心、区水生动物防检站、区水产渔政监督站、区药政监督站、区动物卫生监督所5个公益一类事业单位。局机关在职干部职工52人，退休人员33人。

【质量安全示范】2016年，抢抓出口肉用猪质量安全示范契机，始终坚持“政府主导、部门联动、企业主体、市场运作”的工作机制，全面推行以“标准为核心、基地为依托、企业为龙头、品牌为引领、市场为导向”的质量安全发展模式。按照“源头无隐患、投入无违禁、管理无盲区、出口无障碍”的创建要求，努力建立组织保障体系、质量安全标准体系、农业化学投入品控制体系、疫情疫病监测体系、质量安全追溯体系、预警通报和应急管理体系、宣传、培训、诚信管理体系等七大体系，全力推进示范区创建工作，2016年底，成功创建省级出口食品农产品（活大猪）质量安全示范区。

【重大动物疫病防控】2016年，全区猪瘟共免疫90.48万头、免疫密度95.08%，猪蓝耳病共免疫88.38万头、免疫密度91.51%，猪口蹄疫共免疫90.48万头、免疫密度94.77%，牛口蹄疫共免疫8.22万头、免疫密度94.19%，羊口蹄疫共免疫3.14万只、免疫密度94.33%，羊小反刍兽疫免疫2.6万只、免疫密度95%以上，家禽禽流感共免疫260.88万羽、免疫密度95.50%。强化落实疫情报告制度，加强举报疫情核查，及时排查疫情隐患，查找防控工作漏洞，制定科学应对措施。2016年，送省兽医实验室小反刍兽疫样品300份；兽医实验室检测羊布病血清320份，血清学检测鸡血清1270份、猪血清860份、牛羊血清450份。经检测高致病性禽流感、口蹄疫、高致病性猪蓝耳病、猪瘟等重大动物疫病免疫抗体合格率监测结果均达到了国家规定的标准。

【质量安全整治】2016年，“瘦肉精”抽检（养殖场日常监管、产地检疫和屠宰检疫）出动监督执法和抽检人员1561人次，共检生猪样9862份，检出阳性尿样0份，检出阳性率0。送畜禽水产品检测中心猪肉、猪肝样186份、牛肉46份、羊肉样46份、禽肉样97份、禽蛋样90份、草鱼样60份、鳙鱼样60份，合格率100%。检查养殖投入品生产经营企业86家，其中饲料生产经营企2家；生猪等规模养殖场903家；活畜收购贩运户16家；屠宰场1家，未发现违法行为。共组织指导培训3次，培训400人次，发放宣传资料22000余份，全年没有发生畜禽水产品质量安全事故。

【养殖污染治理新模式】积极引导养殖场建设集中清粪、雨污分流、干湿分离、沼气配套、农牧结合、种养平衡等养殖污染防治先进技术，形成一批“投得起、用得起、效果好”的污染防治新模式。重点推行三种养殖场粪污治理模式。对年出栏10000头以上的大型养殖场推行工业化治污模式，生产有机肥，实行资源化利用；对年出栏在3000—9900头的中型养猪场推行种养结合模式，除配备相应的粪污处理设施外，根据生产规模，配备适度的种植面积，合理消纳养殖粪污；对年出栏在3000头以下的小型规模场，推行“四池一机”建设，即建设沼气池、无害化处理池和沉淀池、干粪收集池，安装干湿分离机。

【水库、河流沿岸养殖污染防治】完成省政府“一号工程”治理任务。根据省、市有关要求，湘江干流7家规模养殖场、城中村136家大小养殖场全部退养搬迁，并通过省环保厅和省畜牧水产局的检查验收；2013—2015年出栏2000头以上的22家规模场粪污综合治理已经完成。全区50头以上生猪单位规模养殖场污染防治设施改造场数2710户，按拆、停、并、转、改等方式。2016年10月底，已完成治理改造2311户，改造完成数达85.2%以上。完成市政府确定的规模场污染治理任务。2016年市政府确定零陵区4个规模养殖场治理任务，现完成全部基础设施改造，总投资750万元。建设沼气池20000平方米，曝养系统、生物吸附系统一套，肠道式发酵系统210米，沉淀池1300立方米，52栋栏舍实行雨污分离，约10980米，安装干湿分离机1台，配套苗木绿化66.66公顷。完成禁止投肥养鱼工作任务。2015年4月，通过专项整治，基本杜绝投肥养鱼行为，取得较好的成效。全区140座中小型水库，39座收回承包权、29座实现人放天养。搬迁7家水库边的养殖场，对22家水库周边的养殖场进行雨污分离改造。新建沉淀池、化粪池等环保基础设施。

【渔业资源】2016年6月6日，在零陵区香零山浮桥放流鱼苗300万尾，改善零陵区天然水域生态环境，保护生物的多样性。加强渔政管理，严厉打击电、炸、毒鱼等违法捕捞行为。全年共印发宣传资料3000余份，召开渔民会议8次，共查获电、炸、毒鱼等渔业违法犯罪案件8起，没收电捕工具8套。

【定点屠宰】根据中央、省、市有关精神，6月，生猪定点屠宰监督管理职能从区商务局移交到区畜牧水产局，7月9日实现老屠宰关闭和新屠宰场启用。区畜牧水产局接管后，规范生猪定点屠宰场台帐管理和内部制度建设，通过屠宰监管工作痕迹化管理工作的落实，做到从生猪的来源到屠宰后生猪产品去向的可追溯源。

林　业

【概况】2016年，零陵区完

成造林1336.4公顷，其中石漠化综合治理工程人工造林246.66公顷，油茶造林466.66公顷，面上造林623.06公顷；完成义务植树100万株；完成通道绿化467千米；完成森林经营6266.67公顷，其中中幼林抚育2333.33公顷，封山育林1666.67公顷，毛竹低改1333.33公顷，油茶低改933.33公顷。

2016年，零陵区共有花卉苗木基地建设102.87公顷，其中常规苗木完成10.67公顷，绿化苗木完成92.2公顷，全区现有苗木花卉品种广，数量多，绿化大苗主要品种有樟树、桂花、红豆杉、红叶石楠、罗汉松、竹柳、柏木等；常规苗木主要有湿地松、杉木、马尾松、枫香、桤木、木荷、栾树等；绿化花卉品种主要有红叶石楠、红㭎木、黄杨、紫薇、古桩茶花、彩叶树、银杏、红豆杉、红枫迷迭香、杨梅、桃花、东北大皂角等。全区出圃一级、二级苗木451.3万株，其中杉木118.8万株，湿地松90.5万株，枫香28万株，柏木4万株，栾树、樟木、桂花等其它210万株，共投入资金3000余万元。

【绿化工程】2016年，通道绿化工作以点、线、面全面铺开，以零陵城区为中心，国道、省道、县乡道为主轴辐射到各乡镇办事处所在地，绿化里程467千米，通道绿化以樟木、桂花和一年生桤木为主，共调运桤木67.85万株，樟木大苗3050株，银杏大苗1000株，桂花大苗1710株，红豆杉大苗400株，罗汉松大苗400株，垂柳大苗400株，桃花、栾树大苗各150株。重点打造人民桥至周家大院17千米绿化风光带建设，种植桂花、紫薇、黄金槐、红叶石楠、金丝垂柳大苗3271株，珠山322国道新改线5.5千米种植樟树、桤木。

【秀美村庄建设】2016年，完成166个行政村的秀美村庄建设任务，其中秀美村庄建设示范村27个，达标村139个。完成美丽乡村示范村6个。全区结合美丽乡村建设、精准扶贫等工作，各秀美村庄绿化美化工作坚持高规格设计，高标准建设，坚持种大树、种好树原则，完成种植各类苗木85万余株。完成种植桂花树、红叶石楠、楠木、红豆杉、罗汉松、银杏等绿化大苗1.2万株，其中种植精品桂花树、红叶石楠、黄金槐等绿化大苗0.4万株。高标准完成南津渡办事处香零山村、朝阳办事处青角井村、富家桥镇涧岩头村和何仙姑村、邮亭圩镇新街村、珠山大冲村的美丽乡村示范村绿化美化建设。

【天然林保护】制订《零陵区森林禁伐减伐三年行动实施方案》，从2016年开始，在全区范围内实施森林禁伐减伐3年行动，禁伐范围为全区范围内的国家级公益林、省级公益林，洛湛铁路、二广高速、泉南高速、322国道、207国道、216省道、217省道两旁第一层山脊以内的商品林，有效地保护了现有森林资源。天然林一直以来都是零陵区森林资源的主体，更是实施森林资源保护的主要对象。“十二五”期间，已全面禁止采伐天然林，尤其是随着近些年生态公益林补偿和天然商品林管护补助等项目的实施，使天然林资源保护力度得到提高，林分质量提升，补偿资金也让老百姓得到实惠，生态保护意识不断加强。零陵区现有天然林总面积73300公顷，占林地总面积的62%，主要包括天然乔木林、竹林、灌木林三大资源类型，其中天然乔木林35360公顷，占天然林总面积的48.2%；天然竹林面积13760公顷，占天然林总面积的18.8%；天然灌木林24180公顷，占天然林总面积的33%。

【森林防火及森林病虫害防治】多措并举，加强森林防火工作，加大宣传力度，落实防火责任，强化督查考核，确保全区不出现大的森林火灾；积极做好松毛虫虫情监测和防治工作，共防治马尾松毛虫总面积9.33公顷；森林火灾发生率、受害率和林业有害生物成灾率均控制在省控指标以下。

【野生动植物保护】加强野生动植物保护，开展“世界湿地日”、“爱鸟周”等宣传活动，每周不定时到市场检查，2016年共收缴鸟网40张，收缴蛙类100公斤，蛇类101条，鸟类72只。

【古树名木资源普查】对全区古树名木资源进行普查，根据普查成果资料，零陵区现有古树名木1215株，古树群9个，散生1055株，群状160株。全区古树名木共计33科、51属、65种。

【林地保护】2016年，共审批征占用林业用地63.6625公顷，征缴植被恢复费966.5482万元；开展城区内红砖厂“林地清理整顿”专项活动，共查处10起征占用林地案件，行政处罚10人，罚款1.5万余元。

【林业行政执法】不断加大林业执法力度，有力打击各类涉林案件，2016年，共立林业刑事案件30起，侦破22起，移送起诉14起，批捕3人，查处林业行政案件51起，治安案件7起，调处各类矛盾纠纷39起。

【油茶产业】零陵区是全省油茶生产重点县区之一，现有油茶林面积19666.67公顷，培植油茶生产专业户96户，成立油茶合作社14家，油茶经营专业公司8家，创造油茶现代农业高产示范基地11个，其中新造6个，低产林改造5个，有效地推动全区油茶产业的顺利发展。

【林业改革】根据中央、国务院和省委、省政府的安排部署，为全面贯彻落实国有林场改革精神，零陵区委、区政府把国有林场改革工作列为政府工作重点。2015年5月18日，区委常委会和2015年第8次区政府常务会议专题研究省国有林场改革工作，制订《零陵区国有林场改革实施方案》报省改革领导小组审批，并严格按照省国有林场改革领导小组批复全面落实，全力推进，全面完成国有林场改革任务，顺利通过省改革领导小组的检查验收。零陵区国有林场改革工作资料完善齐全、改革成效显著，达到了妥善安置职工、保护森林资源、促进林场发展的预期目标。

水　利

【概况】1954年8月，零陵区设立农林水利局，下设水利股，配有水利专干5人，负责当时全县的水利工作。1956年9月设零陵县水利电力局，以后随着行政区的更名数易其名，2005年8月始有现名“永州市零陵区水利局”，系零陵区人民政府工作部门。内设：办公室、水政水资源股、水利建设管理股、人事股、农村水利股、水土保持股和地方电力管理股。机关行政编制12名，局长1名，副局长3名，纪检组长1名，总工程师1名。

主要工作职责是拟订全区水利发展规划，指导、监督全区水利工程建设和水利工程运行管理，组织取水许可制度、水资源论证制度等的实施和监督，负责水资源保护工作，负责防治水旱灾害、承担区防汛抗旱指挥部的日常工作，负责节约用水工作，负责全区水能资源开发利用的统一监督管理，审核划定区级河道管理范围，负责水域及岸线的管理和保护，指导河道治理项目的实施和管理，负责防治水土流失工作，指导农村水利工作，负责重大涉水违法事件的查处，负责水利行业安全生产工作，指导全区水利行业的国有资产监管工作，宣传水法律法规等。

【防汛抗灾】受厄尔尼诺现象影响，2016年入汛早，1月份降雨量为历年平均的133%，4月份降雨量为历年平均的196%。3—6月出现10次强降雨，上半年降雨量达到历年平均降雨总量的66.5%，凼底等部分乡镇多次遭受洪水的严重威胁。7月以后，气温高、降雨少，7月份降雨量仅为历年平均的37.5%，防汛抗灾工作有惊无险，实现“三个确保”，得到上级领导和群众的肯定，局长欧学钊被省政府评为先进个人，局机关被市政府评为先进集体，房署安等3位人被市政府评为先进个人。

【水利建设】2016年，零陵区水利建设继续保持大投入、大建设、大发展的态势，总投资近8000万元。其中，区水利局争取中央和省级财政投资2875万元，用于病险水库除险加固工程、抗旱应急水源工程、“四水”治理、大型泵站改造、小水电增效扩容和小型农田水利等项目建设。区政府整合涉农涉水资金3000万元，用于高标准农田建设、移民村水利工程建设等。中央补助、区财政配套、群众自筹资金共计1513万元，用于饮水工程建设，新增和改善农村饮水安全人口2.63万人。区财政奖补资金500万元，用于全区“五小水利”项目建设。

【水利管理】严格依法开展取水许可及水资源论证工作，对用水大户实行计划用水管理等。水保法规宣传力度空前。世界水日和中国水周期间，在永州五中和永州第五小学宣传水法律法规；在城区公交停车位广告栏悬挂水土保持宣传挂图；举办第一届“生态水利，美丽零陵”摄影作品大赛；5月和10月，两次特邀市委党校刘燕萍副教授，为2016年全区科干班和青年骨干班学员讲授《加强水土保持，建设生态永州》知识。提升水土保持意识和生态文明理念。水保监管能力得到提高。全区开发建设项目的立项审批、日常监管和验收已进入常态化。河道管理工作得到加强。2016年，开展涉水执法例行检查61次，有针对性的专项检查18次。积极开展城区河道保洁工作，全年共打捞水上飘浮物1200个编织袋，出动打捞船只200余艘次，出动人员380多人次，基本达到“河面无漂浮物、河中无障碍物，河岸无废弃物”。水库禁止投肥养鱼成果得到巩固。2016年，共查处违法事件6起，重点查处荷叶塘水库投肥养鱼事件，由环保部门移交至公安作刑事案件处理。区财政列支100万元，用于水库污染治理。水利规费收缴工作得到加强。2016年，依法征收水利行政规费88.3万元，比上年增长33.8%。

【为民办实事】坚持问题导向抓好扶贫工作。针对帮扶对象毛坪里村的现状，找准贫困根源，有针对性地开展工作。会同村支两委积极向市交通运输局申报修建毛坪里村到广西东山瑶族乡黄蜡洞村2.9千米的省际公路。筹集资金9万余元，维修村级活动中心，购置电脑、桌椅等办公物资，并对村主干道步行路维修硬化。筹备水利资金12万元并修建水渠、山塘。组织村民自筹资金，联系施工方垫资建设毛坪里村安全饮水工程。成立2个合作社，大力发展种植业。开展小额信贷扶贫，并赠送贫困户4.38万元生产启动资金，帮助贫困户解决切实困难。2016年，筹措资金1400万元，建设22处饮水安全工程，新增或改善农村饮水安全受益人口为2.63万人。在国家投入锐减的情况下，积极向群众宣传新的国家资金投入政策，解释零陵区财政困难的实际情况，让群众自主掌握建设决策主动权，克服扎根在心里的等、靠、要思想，积极主动自筹资金。创造条件鼓励社会资金投入或联系施工方垫资建设。积极向区委区政府汇报争取，整合相关资金或将工程建设缺口资金列入区财政预算。2016年底，建设任务基本完成。

【队伍建设】2016年，按照“五抓五看”的要求，把“一岗双责”和“两个责任”落到实处，把党风廉政建设与水利业务工作一同研究、一同部署、一同落实、一同检查、一同考核。结合“两学一做”“三提升、三争当”，加强党性党风教育。落实中央“八项”规定，领导带头，厉行节约，不搞超标准接待，严格控制“三公”经费支出。作风建设持之以恒。制订《机关作风建设实施方案》，实行挂牌上岗制度、上下班按指纹打卡制度。加强作风建设督查，并将结果登记在册，严格奖惩。水管体制改革取得重大进展。石坝仔水库管理所等6个水管单位定性为公益性一类全额拔款事业单位，定编160人，极大地调动基层水利人的工作热情和积极性，有利于基层水利人更好地服务“三农”。

工 业

工业企业改制

【概况】 区工业企业改制服务办公室成立于2016年6月，为区科技和经济信息化委员会管理的过渡性事业机构，不核定人员编制和领导职数，不制定“三定”规定，所需人员从已撤销的原区二轻事务管理办公室的人员中划转。

主要工作是承担原区国有工业企业改制的相关事务和离退休人员管理服务工作，具体包括企业改制服务、企业改制遗留问题的处理、职工养老保险办理、医疗保险办理和职工维稳等职责。

【工业企业服务及改制工作】 全区现有国有工业企业19家，分别为东湘桥锰矿、矿产品公司、锰粉厂、机械厂、酒厂、香料厂、营养食品厂、羽绒厂、农修厂、开心中心、黄麻厂、煤炭公司、针织厂、镀膜厂、玻璃厂、荣盛公司、轻纺供销公司。2016年12月底，原国有工业企业尚有2家企业没有完成改制工作，其中印刷厂于2005年启动改制，因资金缺口问题，改制没有终结；荣盛公司改制于2004年启动改制，因资金缺口问题，改制停滞。

工业·电子信息

【概况】 2016年，零陵区科技和经济信息化委员会照“创名城、建园区、盘活存量、引进增量、做大总量、提升质量”的工作要求，突出创新驱动、转型发展、绿色发展，以项目建设为抓手，努力培育新的增长点，区属工业经济保持平稳增长，新型工业化实现新突破新跨越。新增规模工业企业12家，超额完成10家目标任务，规模工业实现增加值41.9亿元，增长2.0%。工业投资完成78.2亿元，下降9.2%，技改投资37.1亿元，增长7.0%。

【工业生产调度】 加大工业经济运行监测力度，建立工业经济运行联席会议制度，定期分析工业经济运行形势，会同有关部门开展“一帮二促”活动，深入重点行业、重点企业指导工业经济运行，帮助企业解决实际困难，确保工业经济平稳增长。全区规模以上工业企业92家，其中央省5家，区属规模工业企业87家，全区规模工业企业完成产值99.5亿元，比去年同期下降18.8%。区属规模工业企业完成63亿元，比上年同期增长18.6%，高于市定目标15%的3.6个百分点，其中央省企业完成产值36.5亿元，同比下降47%，零陵卷烟厂完成产值34.2亿元，同比下降48.9%，累计减少32.8个亿。

【项目建设】 坚持以项目为经济社会发展主抓手，推动经济社会发展，全年工业投资完成78.2亿元，同比下降9.2%；技改投资完成37.1亿元，同比增长7%，其中永禾一新材已累计完成投资3.3亿元，厂区围栏和厂区道路已建设完成，8万m^2厂房主体及装修已基本完成；8月新签约的永田一新材项目，已累计完成投资500万元，厂区主体工程已完成；精信源五金目前已累计投资1亿元，完成土地招、拍、挂，厂房主体及内外装修已基本完成，拟进行设备调试，筹备试生产；九嶷油茶完成投资1.63亿元，

4#、5#、7#厂房框架已基本完成，2#厂房正在进行主体施工；浙南竹木、石岩头风电等重大项目顺利推进。

【企业服务】为贯彻落实《全省“百千万”企业矿帮扶行动实施方案》，切实做好 “一帮二扶”企业帮扶活动,制订《零陵区2016年“工业服务年”实施方案》，确定28家企业为重点服务对象，每个企业安排一个工作组，每工作组由一名区级领导牵头，一个职能部门负责。争取领导重视，采取有力措施，降低企业生产成本，支持鑫城锰业、湘科软磁恢复生产；帮助企业解决融资、用地、用工、用电、用水等问题40多个；抓好政策落实，减轻企业负担，保护企业合法权益。一方面全面清理涉企收费，建立和实施涉企收录目录清单制度，确保清单之外的涉企收费一律取消，并在全市率先公示收费清单。另一方面进一步细化、实化和补充完善促进中小微企业发展的政策措施，确保已出台的各项政策取得实效；帮助企业申报项目，向上争资，全年共帮助10多家企业申报节能创新、信息化、新型工业化、中小企业等项目，共争取上级各项资金820万元；积极开展“大众创新、万众创业”活动，扶持小微企业发展，全区共新增小微企业400多家。

【小区用电整治】成立以分管领导为组长，电力执法大队所有人员和零陵供电公司相关人员为组员的小区用电专项整治领导小组，制订《小区用电安全隐患集中整治工作方案》，领导小组每周召开小区用电整治工作调度会并每月向零陵区科技和经济信息化委员会党组汇报情况，及时解决整改中的难点问题。2016年，合同小区整治工作扎实推进，14个存在问题的小区，通过督办和整治，4个小区整改到位，2个小区正在进行整改，1个小区进行部分整改。

【节能降耗】2016年，大力推广先进实用的节能技术和节能新产品，积极争取政策性扶持资金，鼓励引导企业开展节能技术改造。湘科软磁年产20000吨硫酸锰技改建设项目等顺利实施，并获得湖南省经济信息化委员会、湖南省财政厅“四千工程”项目资金90万元；雅大酒业等企业已完成清洁生产改造，并组织永靛中药、瑶妹子食品等企业申报省经信委2017年自愿性清洁生产审核计划。通过宣传和发动，2016年零陵区规模工业增加值能耗下降13.4%，超额完成市里下达的4.5%目标任务。

【“两化”融合】2016年，零陵电信加大全光网改造力度，将传统的宽带接入设备全部予以更换、淘汰，并实施免费迁转光网宽带计划，免费体验“光网宽带”。零陵城区内除6个小区采用“光纤到楼”的接入方式外，其它小区均采用“光纤到户”的接入方式，顺利实现城市居民家庭宽带接入能力100%达到20Mbps/秒以上；全区12个乡镇实现全光网改造，共有357个行政村已光网覆盖，预计固定宽带家庭普及率已达到60%以上，接入能力已达到20Mbps/秒。推进“互联网+”建设工作，城区内4G移动通信信号覆盖达到100%，各乡镇、村组4G移动通信信号覆盖率达到80%。同时，按照永州市经济信息化委员会的统一，已将教育局等单位的数据迁入华为云计算中心。两化融合重点项目德福隆科技和时代阳光、敬和堂，数字企业达61家。1—12月，信息产业产值超过9亿元，增幅远超18%以上。

【精准扶贫】2016年，扶贫工作全面铺开，联系村为零陵区接履桥办事处尚木井村，该村共有12个村民组974人，其中贫困人口319人。全年共筹集扶贫帮困资金20万元，架通关塘便桥，实现2.1千米台渠“三面光”，完成了1.8千米水泥道路硬化。

电 力

【概况】国网零陵公司成立于1984年（原名永州电力局），担负着零陵区8镇4乡4个办事处的供电任务。2016年，公司下设综合管理部、客户服务中心、运维检修部、安全质量监察部、发展建设部、财务资产部、乡镇供电所管理部（辖七所两中心）、集体企业劳动服务公司，现有主业人员110人，集体工25人，农电员314人。所辖220千伏变电站2座，主变4台/600兆伏安；110千伏变电站6座，主变10台/336兆伏安；35千伏变电站8座，主变12台/60兆伏安。110千伏输电线路15条/258.155千米；35千伏输电线路11条/179.560千米。10千伏城区配电线路34条/197.203千米；配电变压器312台/142.225兆伏安。10千伏农网配电线路51条/1576.22千米，配电变压器1458台/132.020兆伏安。

【安全生产】2016年，根据省市统一安排部署，扎实开展“精益安全年”、“安全生产月”、“安全警示日”等安全主题活动，安全意识深入人心。加强安全稽查力度。全年按要求对626个作业现场100%稽查到位，及时下发处理通报，共查处严重违章现场9处，累计罚款金额6万余元。先后获省公司标准化作业现场2个、市公司标准化作业现场8个。深入开展“治、降、控”，实现台区总保投运率100%，连续4年没有发生责任性外人触电伤亡事故。季节性工作持续优异，公司连续4年获得市公司春秋季安全大检查优胜单位。截至2016年12月31日，未发生影响和损害公司形象的重大事件以及其他影响企业稳定的事件；未发生一般及以上人身、电网、设备、消防、交通和误操作等事故，实现人身、设备安全4599天。连续两年获得省公司“安全生产先进集体”。2016年，公司坚持“依法从严治企、精益规范管理”主基调，落实“严抓严管”引领安全生产、“五类制度”管控安全生产、技术监督支撑安全生产总原则，各项工作取得新成绩、新进步，新突破。“治、降、控”成效明显，农配网跳闸同比降低29%。春节期间，配变零损毁，服务零投诉。全面完成南津路、潇水东路电缆下地工程，系统应用不断提升，在全省率先通过“县级供电企业PMS实用化应用查评”验收，状态检修连续两年排名全省第一。带电作业稳步推进。全年开展不停电作业541次，增供电量155.66万千瓦时，圆满完成市公司下达工作指标，所辖输电运检班被评为“省公司安全生产先进班组”。变电运维班、菱角塘供电所、富家桥供电所、七里店供电所被评为“市公司安全生产先进班组”。

【电网建设】2016年，滚动修编《零陵区“十三五”新一轮农村电网改造升级规划大纲》，完成2016—2017年23个中心村农网改造升级工程可研报告和全部初步设计工作；完成2017年10千伏及以下配电网规划项目优选排序编制工作。积极协调政府，完成工业园区供电框架协议签订。以“低电压”专项治理示范县创建活动为平台，在全区范围内率先完成2015年所有项目施工与结算报审。严抓集抄改造时间节点和任务，积极协调物资材料供应，强化施工前公告、施工时旧表底度告知、施工后接线检查等环节的监督，坚持日周通报制度，及时掌控施工进度，高质量完成948个台区7.2万户集抄改造任务，实现了公司采集全覆盖。累计完成新建改造10千伏线路50.88千米、0.4千伏线路182.59千米、配变169台、配变容量13.31MVA，解决107村、191个台区、2515户低电压问题，极大地提升了农网安全运行水平和供电质量。累计完成成本进度1771.7万元。深化线损管理，促进降损增效，线损指标排在市公司县级供电企业的前列。

2016年，零陵电网开工建设石岩头风电场~柴君山110千伏线路工程，线路长度22千米，主要解决石岩头风电场送出问题；城网新建、改造10千伏杨银线等线路，线路长度8.7千米；农网新建改造农网10千伏线路7.6千米，配变28台，变电容量2.995兆伏安，改造完善村352个，改造户表73605户，新建、改造低压线路310.8千米。2016年，合计投资7134

万元。2017年，零陵电网开工建设梁山岐风电场~蔡家110千伏线路工程，线路长度31.5千米，主要解决梁山岐风电场送出问题；城网新建10千伏线路4条，新建、改造台区27个，新增配变容量8360kVA；农网改造线路13条，改造村网70个，新增配变容量27440kVA。

【经营管理】2016年，深入开展“控投诉”工作，全年95598工单量同比下降11.68%；“降线损”工作不断深化，追补电量70万千瓦时，收取违约金10.48万元，消灭高损台区100个。营销现代化建设“日监控、周通报、月考核”专业化监控体系已初步形成。实现6000户“四表合一”的水表接入，建设完成率100%，水表采集成功率100%；业扩报装时限达标率100%，低压新装和高压新装线上受理率100%；全年累计推广掌上电力5.01万户，完成率113.86%。通过掌上电力、电E宝手机APP交费2.06万笔；完成燃煤锅炉替代项目3个，电能替代指标1644.36万千瓦时，完成率121.33%；开展电价现场核查活动4次，查处不规范问题206起，追补电费及违约金2.3万元；完成全网口径20.45万条数据的采集，累计整改营配异常数据13.35万条。并与建华精密就“三供一业”供电分离的施工、分户改造工程签订了实施协议。中烟集团（零陵分公司）已基本同意“三供一业”供电分离改造，正在洽谈框架性合作协议。零陵区政府已同意石岩头镇小水电自供区共7个村600余户，交由零陵公司接管。

【党建和精神文明建设】2016年，制订出台党建工作清单、更新领导班子党风廉政“一岗双责”责任清单，结合“两学一做”学习教育，开展基层党组织换届选举。督促成立农电党总支，完成68名党员组织关系接转工作。规范组织发展程序，积极开展“一创两优”、深化共产党员服务队活动，强化品牌塑造，暴雨抢修、应急抢险等工作被央视《新闻直播间》播出。深入桴江村、大冲村、大仙观村精准扶贫，投入60万元帮扶产业脱贫。推进6S管理，在班组建设中落地，菱角塘、七里店供电所获省公司四星供电所。深化精神文明工作，坚持以人为本，组织职工参加乒乓赛、篮球赛等，提升职工精神面貌。

园区经济

工业园区管理

【概况】零陵工业园全称为零陵工业园区管理委员会，成立于1997年，2006年经省人民政府批准为省级工业园区，总规划面积33.08平方千米。园区为区委、区政府派出机构，行政级别为副处级，现有编制35名，实际在编人数25名，下设综合办公室、招商合作局、产业发展局、财政科4个职能科室。

主要职责是保证党的路线、方针、政策和区委、区政府的批示、决定在园区内的贯彻实施，确保全区工业持续健康快速发展；编制园区总体规划和分步实施详细规划及经济社会发展计划，经批准后组织实施，负责园区内产业结构调整；制定园区的行政管理规定；管理园区所属范围内的各项基础设施和公共设施；负责园区内的企业进行协调服务、事务管理等。园区另设有事业单位零陵工业园区工程建设事务管理办公室负责园区工程建设事务管理相应工作。截至2016年底，园区完成投资3亿元，建设园区面积达10平方千米，入驻规模以上企业67家，规模以上工业总产值达53.65亿元，占工业总产值比重达89.3%，年缴税金1.2亿元，总利润达4.5亿元以上，带动就业12000人。鑫城锰业、荣华集团、时代阳光、唐人神集团、湖南瑞翔、德福隆科技、崧顺电子、金茂展微电机等一批投资过亿元的公司和国内外知名企业纷纷落户园区，园区先后被评为“湖南省最具投资潜力园区”和“湖南省推进新型工业化示范基地”。

【非公企业党建工作】园区非公有制经济企业党委成立于2012年11月28日，非公企业党委书记1名、专职副书记1名、兼职委员4名、专职工作人员2名，共有党员人数46名。园区的非公企业党支部覆盖园区生物医药、新能源新材料、电子信息、农林产品加工等四大支柱产业。2016年底，通过非公企业联合党支部的建立和园区非公经济党委的悉心指导，园区非公企业党组织覆盖率达到100%，非公企业党支部的各项党建日常工作和党员生活也重新步入正轨，并逐步形成常态，各个非公企业党支部不仅认真完成党建的“规定动作”，并结合自身企业的实际情况，开展有亮点的“特色动作”。

【产业发展】2016年，园区大力开展“135”工程建设，实施“十三五规划”的重要战略，狠抓产城融合配套、新型工业推进和重大项目建设。实现经济平稳增长，全年共计完成规模工业总产值52亿元，同比增长25.71%，实现规模工业增加值15.3亿元，同比增长31.6%；新增入统企业12家，实现工业实缴税金6000万元，增幅达28%。

2016年8月份签约的永禾一新材项目，累计完成投资500万元，厂区土方工程完成；精信源五金，目前已完成2.6万m^2厂房主体及部分墙体装修，正在筹备试生产。全年新增高科技术企业23家。

【规划建设】园区采取“一园两区”的管理模式，下辖河西工业新区、珠山锰产业专业园区。河西工业新区位于零陵城区以西，东至洛湛铁路、南抵五里堆路、西临长发路、北靠狮子岭路，规划用地面积为441.0公顷。建有零陵工业园区创新创业园、零陵工业园区软磁新材料产业园、创新创业大厦、标准厂房等，并设有五里堆、黄泥桥、桥坪、蒋家田、火车站等五个安置小区。片区以一、二类工业用地为主，适当配套商业、住宅等配套用地，主要发展新能源材料、生物医药、电子信息、农副产品加工四大产业体系。锰产业专业园，位于全国著名的“锰矿之乡”珠山镇城区西南方向，东起X030县道，南抵岔江塘村，西邻G72泉南高速，北至322国道改线，规划面积295.84公顷，具有良好的区位和交通优势。重点发展锰系原材料、锰系铁合金、电解金属锰、电解二氧化锰及锰系新能源新材料等五大系列产品。锰产业专业园区环评已于2013年8月取得省环保厅批复并完成园区控制性详细规划设计，2014年1月被省经信委授予“湖南省推进新型工业化产业示范基地”。

【开发建设】2016年，园区共计建成道路3450米，建成雨、污水管共7700米，建成DN500给水管7150米、DN400给水管650米、DN300给水管850米，建成10KV电力线路3330米。其中，永洛路、华源路、黄泥桥路、泉井路、沙叶塘路、桃河塘路、桐梓坝路、五里堆路、西爽亭路九条路网建成道路1550米，雨、污水管建设完成3900米，完成投资约2400万元。瑞翔大道及延伸段道路建设完成1900米，雨、污水管建设完成3800米，完成投资约4600万元。瑞翔大道沿线及工业大道二期工程沿线的绿化、亮化工程全部完工。

创新创业大厦占地面积为11840平方米，总投资约1.08亿元，总建筑面积为27775.36平方米，层高为16层，附有1万平方米市民中心广场。建成后的创新创业服务中心集政务中心、会展中心、商务中心、市民中心于一体，并引入互联网+综合服务平台，全方位、多功能服务于入园企业。2016年，完成投资200万元，完成立项、规划审批、初步设计审批工作。

标准厂房项目位于零陵工业园河西工业区，总占地面积为360公顷，计划总投资8亿元。主要引进新能源新材料、农副产品加工、电子信息类等产业。2016年，完成15万m^2标准厂房主体建设，年度计划投资2亿元。其中永禾一电子项目开工建设的标准厂房面积为8万平方米、永大九嶷油茶项目开工建设的标准厂房面积为1.4万平方米、精信源五金项目开工建设的标准厂房面积为2.6万平方米、创新创业园标准厂房一期场地已平整、永田一10万平方米标准厂房项目已正式签约入驻。

【招商引资】2016年，工业园邀请社会各界人士做客园区，宣传园区，营造全民招商氛围；完善和更新招商引资资料，制作集政策、成本、环境、项目于一体的投资指南。制订新的工作目标和详细的工作计划，创新工作方式方法，出台园区招商引资工作流程，将招商引资工作规范化、程序化，提高招商引资工作效率。热忱接待客商，做好客商来访登记，积极与客商进行交流、沟通，认真对待客商的业务咨询并及时给予回复。加强与有投资意向的客商的联系洽谈；加强与沿海各级商会、零陵籍在外名人及招商中介组织的联系与沟通，及时了解沿海各地企业的投资计划、发展方向等信息。

全年园区共接待考察客商36批450人次，签订三氧化二铁、香港美源达2个项目投资合同合同资金40000万元人民币（其中外资3000万美元），共实现新引进项目到位资金内资4215万元人民币，外资500万美元，为企业争取政策补贴1600万元。2015年引进的聚森供热项目已建成试产，新增加投资5000万元。形成以漓源饲料为主的农林（副）产品加工业，以时代阳光为主的生物医药产业，以永禾一软磁新材料为依托的新能源新材料产业，以德福隆科技为主体的电子信息产业和锰产品精（深）加工产业，五大主导产业在园区已初步形成，产业集聚效应已逐步显现。

交通 通信

交通运输

【概况】区交通运输局是全区交通行政主管部门，为区人民政府工作部门。主要负责全区公路建设、公路养护管理、客货运输市场管理、水上交通、汽车维修、驾驶员培训等工作。

【农村公路改造】2016年，省、市实际下达零陵区128千米农村公路提质改造工作任务，区委、区政府从零陵区农村公路道路实际和精准扶贫工作的需要出发，要求完成400千米的农村公路提质改造工作。为全面完成区委、区政府制定的目标任务，区交通运输局成立农村公路提质改造工作领导小组，制订下发《零陵区农村公路提质改造工作实施方案》，全力推动农村公路提质改造工作的实施。2016年共计完成420千米的农村公路提质改造工程，超额完成改造任务。

【农村公路日常养护】2016年底，零陵区省市统计口径内农村公路管养里程2049千米，其中：省道64千米，县道286千米，乡道466千米，村道1233千米。全区16个乡镇办事处,299个行政村全部实现100%通水泥路，全区农村公路列养率、县乡道经常性养护率、县、乡、道中等路率等指标都达到了100%,县、乡、村道绿化率分别达到了91.5%、90.43%、90.09%，综合绿化率达到90.37%，广大人民群众出行条件得到极大的改善。

【安保工程建设和危桥改造】2016年，投入资金1000多万元完成Y419、Y193、Y063等线路安保设施建设157千米，安装防护栏40000米，防撞墙400多米，警示标志牌400多块，提高农村公路安全通行能力。全年完成危桥改造19座，渡改桥4座，占计划数的100%。

【农村运输市场改善】2016年，加大农村招呼站建设的力度，推进工程进度，全年建成农村招呼站18个，全区共建成农村招呼站98个，极大地方便老百姓的出行。围绕服务新农村建设和省厅“农村班车进城、公交客车下乡”工作要求，组建农村客运公司15家，开通农村客运班线172条，投入营运车辆388台，全区行政村客运班线实现“横向到边、纵向到底”的全覆盖和通达率100%的目标，299个行政村全部开通客运班车。持续推进城乡公交一体化工作，增加农村地区百姓更多的出行选择，改善人民群众的出行方式，与城区邻近10千米范围内的接履桥街道、富家桥镇、石山脚街道、黄田铺镇、菱角塘镇、凼底乡全部开通公交客运班车。拥有汽车货运站场1个，道路货物运输企业27家、货运车辆2938辆；吨位11008吨。全年完成公路货运量1962.7万吨，完成公路货运周转量54.9亿吨千米。

【维修保障】严格把好营运车辆技术管理，全区所有危货、客运、教练车辆的综合性能检测、二级维护作业过程、二级维护竣工检验，全部实行实车现场拍照留存备查制度，从源头上杜绝虚假检测和不进行二级维护作业签发出厂合格证的违法行为。加强维修从业人员管理，对全区机动车维修技术负责人、质量检验员和维修技工开展培训考证和换发新的证件，通过培训考证和换发新的证件，提升维修行业的服务保障能力和服务水平。2016年底，全区共有机动车维修企业255家（其中：一类维修企业4家、二类维修企业21家、三类维修企业230家），汽车综合性能检测站3家。2016年，机动车维修企业共完成主要工作量6738辆次，汽车综合性能检测站共完成检测量8110辆次。

【驾培市场服务】组织开展全区教练员教学技能比武竞赛，表扬先进，激励后进，为教练员队伍素质提升打下坚实的基础，推进道路运输从业人员继续教育工作，提高从业人员素质。同时，加大对驾校、教练员的投诉处理力度，规范教学行为。2016年底，全区共有机动车驾驶员培训机构12个（其中一类1个、二类1个、三类10个）、教练车560台、教练员700人，年培训能力约20000人。

【安全生产管理】全区道路运输系统广大干部职工认真落实安全生产两个责任和“一岗双责”，严格督促运输企业和汽车客运站场落实安全生产管理措施，通过开展“百日安全生产大检查”、“道路运输安全生产年”、“安全生产月”、“平安车站”、“打非治违”等一系列活动，清除安全隐患，确保全区道路运输安全生产形势平稳。全年道路运输行业未发生一起造成人员死亡的行车事故。

【水上交通安全监管】2016年，区地方海事局结合全市水上交通安全整治行动，继续加大安全检查力度，全年出动海事执法人员1905人次，排查水上安全隐患30处，跟踪整改30处，整改率达到100%，全年未发生一般及以上等级水上交通上报事故。“春运”“汛期”“五一”“安全生产月”“十一黄金周”及有关特别防护期等重要时段，制订具体的工作方案，加强水上安全现场监管力度。区地方海事局执法人员不定期对各有船乡镇办事处进行督察，加强对重点水域、重点时段的现场安全值守，做到全天候、全方位安全监控。制订完善《零陵区地方海事局2016年水运安全工作要点》《零陵区地方海事局海事巡航工作方案》《零陵区水上交通应急救援预案》《零陵区地方海事局安全生产“一岗双责”》等文件并及时下发，按照省、市、区交通部门的统一部署，采取专项检查与日常巡查相结合的方式开展工作。深入重点渡口、码头、学校等人口密集区，宣传水上交通安全知识，在“安全生产月”期间共发放宣传资料2000份，开展宣传教育活动5次，组织水上交通突发事件应急预案演练1次。充分发挥水上交通视频监控系统的监督作用，对全区14个重点渡口、码头进行全时段、全天候的监控。

【船舶和船员管理】2016年，共办理船舶变更登记9艘次、初次登记2艘次、注销登记1艘、到期换证31艘、遗失补发1艘开展船员培训40人次，发放船员《适任证书》13本。组织开展客渡船船员安全知识培训，参加船员共计200人次。

道路交通管理

【概况】永州市公安局交警支队零陵大队是零陵区城乡道路交通安全的管理部门，受永州市公安局交警支队和区公安局双重领导。2016年底，在职交通民警83人。零陵交警大队有股、室、所、中队13个，内设办公室、人事监察室、法制宣传股、车辆管理所、巡逻中队、事故处理中队、珠山中队、黄田铺中队、接履桥中队、富家桥中队、水口山中队、河东中队、河西中队。

【驾驶人管理】机动车辆驾驶人管理关系到交通主体行为人的素质，是道路交通安全管理工作的重要入口和基础。驾驶员分为学习驾驶员、实习驾驶员、正式驾驶员。学习驾驶员必须经正规培训学习转为实习驾驶员，实习一年后再转为正式驾驶员。2016年底，全区共有机动车辆驾驶员近8万人。

在机动车辆驾驶人的管理上，工作程序、考场设施、档案资料日趋规范，科技含量越来越高。零陵交警大队依法受理报考“五小车”（轻便摩托车、二轮摩托车、三轮摩托车和低速载货汽车、小四轮运输车、小型拖拉机）驾驶员的资格审验、考试、发证；负责对在册驾驶员的年审、安全教育、复验、转籍异动、换补、违法记分以及驾驶证的吊扣、吊销、注销、撤销等办理上报；负责机动车辆驾驶员学校的监管；负责“五小车”驾驶员各类资料的归口管理、建档保管和数据登记、统计及分类上报。2016年，共核发“五小车”驾驶证1543本，换证9864本，补证2263本，增驾666本，办理注销、更正、转出等业务527本。

【车辆管理】2016年底，零陵区机动车注册登记有7万余辆。车辆管理，主要是对机动车辆管理，贯彻国家有关机动车辆管理的法律、法规及政策；依法对全区“五小车”和国产小汽车进行登记管理，对机动车数据库进行检索、查询；负责全区特种车辆安装警灯、警报器和使用证的呈报、审批和核发工作，对区内机动车上户、改装、维修、报废进行安全技术监督；负责全区“五小车”档案管理。2016年，共办理“五小车”注册登记7557辆，注销登记3642辆，摩托车年检14995辆，档案更正14本。承接市级车辆管理所下放到区级车辆管理所的国产小汽车上户业务422辆。

【交通秩序管理】道路交通秩序管理是以道路为主的交通执法综合行为。主要是贯彻国家、省和上级有关道路交通安全、交通秩序的法律、法规和规章，指导处理各类道路交通违法，指挥疏导交通，维护国省道公路、城乡道路的交通秩序，依法打击危害道路交通安全的违法犯罪活动。

2016年，零陵区先后开展客运交通安全教育整治、机动车涉牌涉证违法行为专项整治、交通违法行为大清理大执法专项行动、校园周边环境交通安全管理专项整治、“迎国庆、创文明、保平安”交通秩序整治百日行动等大规模的整治行动32次，在G207线施工期间应急疏导和分流车辆38500辆次，减少了交通乱源，规范行车秩序，缓解交通压力。

在城区管理创建工作中，合理施划标志标线，组织专家加强调研，优化路网结构，提高科技管理含量。全年增补交通标牌75块，施划标线3500米，增补和完善南津中路、南津北路、南津度大桥的红绿灯和电子警察系统工程。

2016年，零陵交警大队承办区政府为民办实事项目“校车安全工程”。在“校车安全工程”中，投入资金增补交通标志、人行横道线和重新施划停车泊位，为符合申领程序的接送学生及幼儿车辆统一核发校车准运证和校车专用标识。同时，对接送学生及幼儿车辆进行审核、检验、检查和整治，排查中小学校130余所，排查接送学生及幼儿车辆280余辆，查处超员等交通违法行为130余起，报废和处理不合格接送学生及幼儿车辆32辆。

【交通事故处理】2016年，零陵区共发生各类大小交通事故5914起，共立案上报道路交通事故14起，死亡14人，受伤278人，直接财产损失28000元，依法刑事打击99起，行政拘留600余人。

2016年，零陵交警大队认真调研交通事故处理的突出问题及对策，坚持“有效预防，积极化解”的原则，制订恶劣天气条件下辖区道路交通管制预案、恶劣天气条件下交通管理应急处置预案、重特大交通事故处置预案、道路交通逃逸事故处置预案和危险化学品事故应急救援预案，加强事故信息系统的录入管理，健全交通事故研判机制，完善社会救助管理办法。

【交通违法处罚】2016年，零陵区交通违法处罚中，一般程序处罚7500起，简易处罚7000起，电视抓拍违法行为54000起，移动抄牌摄录违法行为10800起；同时，依法对交通轻微违法行为教育放行1800人次。在行政处罚中，增强程序意识、证据意识和服务意识，实行案前、案中、案后全程监管，坚持从程序、实体、文书、卷宗、流程等环节入手，对每个案件全面进行评查。全年召开执法监管例会12次，印发案件质量评查通报15期，通报并整改存在问题的案件56件，提高了办案质量。

【交通安全教育】2016年，按照“为了增强学生安全意识，加强平安校园建设，努力构建和谐、安全、文明、幸福的校园环境”的基本思路，全面启动和实施文明交通行动计划，发放《文明交通行动计划倡议书》10万份，在市级以上各类媒体发表新闻宣传稿件454篇。

公路管理

【概况】区公路局前身为零陵县养路段，成立于1953年，1996年3月，更名为芝山区公路局，后更名为零陵区公路局。2011年，因国家税费改革，由市直管下放至零陵区政府管理，属于机关参照公务员管理的正科级全额拨款事业单位。现有在职干部职工177人（其中机关107人，养护70人），退休人员101人。2016年，区公路局内设办公室、政工股、工程股、养护股、路政股、财务股、法制安全股、纪检监察室8个股（室），下辖东湘桥中心养护站和公龙岭中心养护站及一个治超站。主要职责是贯彻执行国家、省、市有关公路方面建设、养护和管理的方针、政策和法律法规，并拟订相应的实施办法和措施；参与制订全区公路建设中长期发展规划和年度县乡公路改造计划；在上级交通、公路部门的指导下担负境内2条国道、1条省道及县道共250.763千米的建设、养护、管理任务；负责公路建设工程材料检测试验工作；组织实施所管养公路水毁抢修、危桥改造、安保工程建设及公路应急抢险；负责所管养公路桥涵和其他公路附属设施的日常养护和维修工作；负责公路绿化和养护；依法依规组织全区公路路政管理和治理超限超载运输工作，按规定权限审批（核）全区公路行政许可事项。依法查处违反路政法律法规行为，依法保护公路路产路权和维护公路安全畅通等。区公路局发扬“追求一流、锐意创新、敬业自律、立路为民”的永路精神，大力优化路网结构和实施科技强路战略，统筹协调多方资源，因势利导发挥各种优势，克服资金短缺、任务繁重等诸多困难，全力推动零陵公路实现统筹、协调、可持续发展，保障辖区公路安全畅通。

2016年，区公路局按照“公路建设塑造文明、公路养护展示文明、路政管理规范文明、行风建设延伸文明、深化改革发展文明”的公路创建理念，不断提升文明行业创建水平，努力构建美丽、和谐公路，推动和促进零陵公路文化事业全面发展，文明创建成果显现：2016年被评为全区经济社会发展综合考核良好单位、全区平安单位、全市公路系统安全生产、综合绩效考核、路政、养护、综合服务优胜奖等多项荣誉。

【公路建设】2016年，区公路局始终坚持以项目为中心、以项目为抓手，大力推进各项目进展，各项目建设成效显著。G207线零双一级公路零陵段建设项目4月份完成招标，6月4日开工，年底完成全线12.071千米土路基和K0+000—K6+860水稳层第一层全幅施工以及部分桥梁构造，完成总投资达1.7836亿元，超额完成市政府下达的1.6亿元任务，并获全区重点项目优秀奖。投资750万元的322国道3.483千米“白改黑”大修工程于11月顺利竣工并通过验收。瑞祥大道西延伸段完成投资3000万元。

【养护工作】2016年，在公路养护工作中，区公路局以“四大专项行动”和雨季养护竞赛为契机，以提高好路率，建设畅安舒美公路为目标，大力开展干线公路“水沟大清理、涵洞大疏通、路容路貌大提升、安全隐患大消除”四大专项行动，为公路“美容”，极大改善路容路貌。全年区公路局养护共清挖水沟53000米，铲除反坡路肩310平方米，清理疏通桥涵180处，清除滑坡塌方3000立方米，砍伐行道树570棵，埋设涵管350米，修复波形护栏430米，新建挡土墙260立方米，新建防撞墙12.5米，修复防撞墙472米，路肩打草75千米，沥青路面挖补2500平方米，水泥路补灌缝9000米，在S216线K0+800开挖新建大型沉沙井一处并新建水泥砼水沟65米，S216线K18—19路段新建石砌水沟520米，G322线K145+400新建石砌水沟及盖板100米，G322线K189处开挖新建涵洞24米，新建石砌水沟230米，路面巡路和保洁250.763千米。

【路政工作】2016年，区公路局紧紧围绕“依法治路，保障畅通”工作目标，积极采取多项措施，加大路政管理力度。采取多形式宣传有关公路法律、法规，多渠道深入沿线群众讲解道路安全重要意义，增强群众爱路、护路及安全意识；加大路巡路查力度，实行分线包段目标责任制，严格控制建筑红线，确保干支线公路无新违章建筑出现；对所辖干线公路私开平交道口、私自乱设非公路交通标志进行集中整治。全年共制止违法建筑63起，拆除临时厂棚31处，清除路障70处，拆除非公路标志210块，书写宣传标语40条,共处理案件17起，收回公路损失费3.407万元，共处罚案件2起，收取罚款0.45万元,结案率、立案率分别为98%和100%。黄田铺治超站紧紧围绕省人民政府《关于进一步加强货运车辆超限超载治理工作的通告》文件精神，加强宣传、开展源头治超和路面治超行动，全年共出动宣传车辆50余台次，出动人员500余人次，参与单位40多个，进入源头企业50余家，悬挂横幅300余条，发传单2000余份，张贴省人民政府下发《关于进一步加强货运车辆超限超载治理工作的通告》通告1000余份，在红网、永州新闻等主流动新闻媒体发表治超新闻报道10余篇，营造良好的治超氛围和环境。查处违法超限车辆500余台次，卸载超限货物495.55吨，查处超载车辆200余台次，驾驶证记分50余人次，强制切割“马槽车”50余台次，限期恢复“马槽车”200余台次，“马槽车”死灰复燃现象得到有效的扼制，整治和治超行动的开展，有力维护公路畅安和路产路权的完整。

交通建设投资

【概况】2016年6月2日，零陵区交通建设投资有限责任公司正式成立。作为区级融资平台公司，交建投属国有独资企业，领导成员由区委、区政府按程序任免。依法设立董事会、监事会，实行董事会领导下的经理负责制。董事会董事5人，董事长1人，董事长兼总经理，为法人代表。监事会由5人组成，设监事会主席1人，其中职工代表2人。经理层由3人组成，设总经理1人，副总经理2人。内设五部一室，融资部、财务部、工程部、资产部、人力资源部和综合办公室。主要职能是：从事授权范围内交通基础设施的投资、建设、经营；依法依规对授权范围内公路沿线土地和政府划拨的国有土地进行开发、经营；从事授权范围内区级交通、公路部门建设或管养的国、省、区、乡、村道沿线广告经营权和冠名权经营，以及客运线路和道路动物特许经营权；从事授权范围内物流和客运站场经营；对外投资和资本运作；对接省、市交通融资平台，积极争取省、市交通融资平台的支持；从事经区人民政府批准或允许的其他业务等。

【项目融资】2016年，包装完成9个项目，申报融资28.9亿元，向远东国际租赁有限公司以售后回租的方式融资10000万元，以G207国道改造工程项目向华融湘江银行贷款的2.3亿元都及时到位投入到工程项目上。争取国、省定额补助资金3500万元，全年实际到位资金3.65亿元。超额完成融资额度，融资成本控制在6.5%以内。投资完成额、融资成本、投资完成额等各项经济指标平稳可控。

【工程建设】2016年，G322改线工程和G207改造工程项目建设顺利推进。G322改线工程的亮化、绿化于11月底完成，12月23日进行竣工验收并交付使用。G322改线工程完美收官，全年完成投资8500万元。2016年，零双一级公路富家桥安置小区规划、设计、征地、拆迁和杆线搬迁加快，有力地推进了G207改造工程的进程。G207改造工程全年完成工程建设投资17836万元，重点工程进度率达到和超过100%。

【党建工作】2016年，开展基层帮扶工作，党支部成员全体参与，认真履行岗位职责，派出党员干部到零陵区大西门社区和精准扶贫村石山脚街道办事处燕朝村进行扶贫工作。建立完善党员访谈制度和“三会一课”制度，积极开展支部成员和党员、党员和党员之间的谈心活动，沟通思想，加深感情，增强党的向心力、凝聚力。组织观看《焦裕禄》等专题教育片，深化党员理想信念、道德品行、优良传统和党风、党纪教育，引导党员干部进一步提高党性。

移动公司

【概况】零陵区移动公司是中国移动通信集团在零区的分支机构。2016年是中国移动湖南公司实施“战略转型能力打造”工程，以客户为中心，以市场为导向，以执行力提升为保障，面向流量经营时代转型，打造可持续发展新能力，推动公司可持续健康发展。2016年12月底，零陵移动公司全年完成计费收入13484.53万元；全年净增通话用户28138户，占三方净增通话份额86.73%；期末通话用户225851户；宽带全年累计净增10983户，达到全年计划任务的112.14%；期末4G套餐客户数174787户，累计净增114804户；期末网内通话4G终端131051台，换卡率99.24%；已开通4G服务客户229548户；零陵分公司2016年市场发展情况在全市排位第二。

【市场份额提升】2016年，主要集中在校园市场、农村市场、集客市场等细分市场展开客户发展工作，大力开展非存量客户及渠道的回归工作。针对农村市场，要求乡镇营业部员工及直销队进行扫村营销，定期开展“逢集必赶”活动，大力发展新客户，对老客户进行“四网”、“合约”等营销捆绑，并对异网客户实行大力策反，确保份额提升；针对校园市场，抓住秋季开学黄金期，抢占新增市场，新增市场占比达73.3%，期末市场占比达68.12%，期末校园4G客户渗透率达65.57，校园客户保有率达95.6%，校园宽带净增2043户，获2016年永州市秋季校园营销发展竞赛优秀单位；针对集客市场，公司常态化组织客户经理到单位摆摊设点或电话营销，利用新政策针对集团异网客户进行集中策反，确保集团客户份额稳步提升。同时，公司把大力策反异网渠道视为全年的重点工作，尤其是核心商圈的异网优质渠道，对客户份额的提升起到了关键作用。

【业务发展】2016年，加大宽带建设力度，大力推动宽带建设工作，基本实现城区全覆盖，农村乡镇主街全覆盖，并积极开展宽带资源扩容工作，有力的保障2016年宽带业务的发展。同时，加大宣传力度，对已有资源的小区、单位粘贴宣传海报、设立宣传栏并发放宣传单页，大力发展宽带业务受理二级点。对新开通资源的小区、单位，公司第一时间组织员工和渠道到现场开展阵地促销活动。对每月宽带到期客户明细，安排指定人员对客户进行电话营销，提升续费率。统计宽带目标客户，组织人员开展精准营销，有效的挖抢宽带客户。

【集团客户发展】在集团单位客户通过4G终端团购、4G套餐迁转整体提升集团客户ARPU值。同时，加大集团专线、IMS、政企宽带等集团业务的发展力度，凭借服务优势和价格优势抢占市场，提升口碑。重点宣传集团彩铃、集团彩印等集团重点业务，提高集团客户粘性，提升集团产品收入。2016年，公司与市公安局合作建设永州市第四期平安城市工程。

【工作任务】2016年，完成128个4G基站建设任务，完成市公司2G行政村基站建设任务52个，传输线路、驻地网宽带小区建设、汇聚机房等建设工程基本完成，各项维护指标基本达到要求，客户满意度在全市一直处于领先。对基站设备、传输线路完成必要的整治工作，全年重点整治整改共计近10个基站、40处传输线路段落和10个宽带小区的电力、网络设备及光缆线路安全隐患。狠抓传输接入层PTN成环工作。加强用电管理，检查清理多处用电漏洞。做好现有基站维稳工作，有效地处理10多起基站维稳问题。关注市场业务发展工作，为业务发展提供网络支撑。

【代维管理】2016年，每月对铁通、宜通、美联通代维按照维护规程严格要求执行各项维护作业计划，结合内控，加大对作业计划、各种日志、记录表格、安检记录等各项维护作业计划和巡检的检查力度，并根据实际工作需要，不断完善和更新相应的表格，加强对代维工作的基础管理。

联通公司

【概况】中国联合网络通信有限公司零陵区分公司成立于2001年10月，是中国联合网络通信有限公司在零陵区的分支机构，承接在零陵的基础通信建设、运营和业务发展及服务工作。现经营的业务有：移动通信业务、固话业务、互联网接入及应用、数据通信、国际及港澳台通信等多种综合信息服务。现有正式员工16人，其他员工36人，合作代理渠道达到100家以上。2016年公司用户规模超过11万户，收入规模达到5600万元。2016年度，零陵联通公司获中国联通永州市分公司先进集体荣誉称号。

【重点经营】2016年，零陵联通公司按照省、市公司分类市场营销策略，逐步推进专业化管理与专业化运营，渠道稳盘，实现4G业务全面转型；深化政企合作，成功签定零陵教育城域网等项目；深化存量经营、提升用户满意度；结合互联网营销思维，线上线下同步发力；推进固网业务提速降费，实施乡镇、农村宽带进村工程。

【存量经营】2016年，通过存量中心团队联动各专业线、渠道聚焦老用户价值提升及老用户维系营销，紧盯存量用户的保有率与收入保有率，保持各类存量经营指标全市排名前列。

【集团项目拓展】聚焦法治E本、沃教通、十户联防、教育城域网，2016年，成功签订《零陵教育城域网项目》《零陵区城管通业务》等项目。

【项目建设】2016年，零陵城区将自有资源新建与合作项目网改为保障资源，扎实推进固网网络覆盖；乡镇以名单制资源延伸，扩张区域市场。加强移固渠道复用，大力推广智慧沃家，解决城、乡、村组的“电脑屏（联通极速宽带业务）、电视屏（联通沃家电视业务）、手机屏（联通4G流量应用）”的三屏应用需求。

【廉政建设】2016年，零陵联通公司严格按照民主生活会与党员群众路线要求、坚持员工绩效公平公正公开，常态化召开骨干成员会议决策重大事件，严格按照相关财务制度收支两条线管理，严格控制年度预算，营业款收缴严格管控，各类物资管理帐实系统三方面相符。严格按照党员“两学一做”要求，提升廉政建设与执政能力，建设风清气正的管理团队。

电信公司

【概况】中国电信股份有限公司零陵分公司（简称中国电信零陵分公司）是中国电信股份有限公司在零陵区行政区域

内设立的分公司，是零陵区内重要的基础网络运营商和综合信息服务提供商，依托于中国电信的全程全网。中国电信零陵分公司可向客户提供丰富多彩、优质高效的固定和移动电话业务、互联网接入及应用、数据灾备、视讯服务、国际及港澳台通信等多种类综合信息服务。公司下辖3个部室、7个中心班组和4个农村支局，共有干部职工117人（含业务外包人员），服务网点遍布零陵区城乡。

【业务发展】2016年，中国电信零陵分公司完成收入6067万元，完成年度预算的104.89%，较2015年完成数增幅14.64%；全年净增移动用户15746户，期末数达到65120户；全年净增ITV用户8636户，期末数达到22348户；全年净增宽带用户3930户，期末出账用户数达到27761户。

【网络保障】2016年，共完成建设投资896万元。新增移动基站54个，移动基站总数达到268个，C网信号覆盖率达到98.5%以上；4G站点完成新建49个，累计达到175个；新增光缆226皮长千米，累计达到2257皮长千米；新建FTTH端口8563个，FTTH端口总容量达到55848个；新增电路430条。

贸 易

商务和粮食

【概况】2016年5月，原零陵区商务局与原零陵区粮食局合并，组建永州市零陵区商务和粮食局，为区人民政府工作部门。主要职责是贯彻执行国家、省、市有关国内外贸易、国际经济合作和区域经济合作的发展战略、政策，拟定全区国内外贸易、招商引资、承接产业转移、对外援助、对外投资和对外经济合作的规范性文件；负责推进流通产业结构调整，指导流通企业改革，促进商贸服务业和社区商业发展，推动流通标准化和连锁经营、商业特许经营、物流配送、电子商务等现代流通方式的发展；促进城乡市场发展，指导大宗产品批发市场规划和城市商业网点规划、商业体系建设工作，推进农村市场体系建设，组织实施农村现代流通网络工程；负责组织实施重要消费品（含粮食）市场调控、重要生产资料流通管理和粮食、成品油流通的监督检查；承担粮食、商业物资及外贸等系统的国有资产管理和行业管理工作，承担政策性粮食供应工作等。

原区商务局承担的生猪定点屠宰监督管理职责划入区农业委员会（区委农村工作办公室）；原区商务局承担的酒类食品安全监督管理职责划入区食品药品监督管理局。增加的职责：原区商务局除生猪定点屠宰监督管理职责和酒类食品安全监督管理职责以外的其他职责，原区粮食局的职责并入区商务和粮食局；划入原区商业事务管理办公室、原区物资事务管理办公室承担的国有资产管理和行业管理职责。

区商务和粮食局归口管理区商业企业改制服务办公室及下列公益一类事业单位：区市场服务中心、区投资促进事务局、区对外劳务服务中心、区粮食执法大队。2016年，区商务和粮食局内设12个股室，共有干部职工67人。

【项目引资】2016年，共引进35个项目，其中17个内资项目，其中过亿元的项目是投资8亿元的卜蜂莲花超市城市综合体、投资4.5亿元的富家桥风力发电测风项目、投资1.3亿元的生物质供热、投资2亿元的日升民办学校、投资3.6亿元的四季青华南总部基地、投资2.5亿元的年产15万吨三氧化二铁生产线、投资1.5亿元的仙姑花海农业项目；3个外资项目，分别是投资1.5亿元美元的永州茂盛副食贸易有限公司（收购永州之野异蛇实业有限公司）、投资1亿美元的永州三生中医药开发有限公司（收购敬和堂药业）、投资3000万美元的年产1亿只毛绒玩具生产基地;15个创新创业项目分别是永州市贸一电子商务有限公司、永州市子向电子商务有限公司等。

【外经外贸】2016年，全区新增外贸进出口备案登记企业7家，即舜升粮油农业科技发展有限公司、永州之野异蛇实业有限公司等，外贸业绩破零企业3家，即零陵三湘电化有限公司、美源达玩具有限公司、永州湾潭贸易有限公司等；新增境外投资企业4家，分别是舜升粮油农业科技发展有限公司、永州之野异蛇实业有限公司、零陵龙湘贸易公司、零陵湾潭贸易有限公司，外派劳务人员502人，名列全省前茅。

【内贸工作】2016年，全区实现社会消费品零售总额89亿元，同比增长11.8%。牵头组织区统计局、区税务局、区食药局等单位，新增商贸企业入统13家。2016年3月，会同前海八实万互联网公司在红太阳大酒店成功举办中国永州首届商品对接峰会，邀请全国各地客商320人参加；与零陵区鸿翔电器公司在零陵区体育馆举办零陵区第二届家博会，展销品种有上百种；与永州潇湘汽车城商会于7月29—31日在永州大道汽车会展中心成功举办夏季汽车展销会。2016年，全区实现电子商务销售额8.2亿元，同比增长25%，网络销售额达2.4亿元，同比增长50%。引进阿里巴巴农村淘宝、前海八实万移动超市、今日农产、京东、广东子向等知名电商企业20多家，电商从业人员已达7000余人。2016年，阿里巴巴农村淘宝共实现工业品下行2526万元，农产品上行650万元。

【粮食工作】2016年，在修好梅溪、桐梓坪、天字地、集义、水市桥、于家6个一线收储点和邮亭圩省级骨干粮库新建一栋标准仓基础上，在邮亭圩省级骨干粮库新建一栋5000吨标准仓。会同区财政局对轮换的1727吨区级储备粮于2016年6月17日进行公开拍卖，以104元/50kg拍卖成功并按计划轮换出库。在中储粮永州直属库零陵分库（本库点）和区粮油购销有限责任公司梅溪收储点、邮亭圩收储点、天字地收储点、集义收储点腾并仓容2万多吨，敞开收购农民余粮，圆满完成全年收购任务。

烟草专卖

【概况】区烟草专卖局推进“师带徒”和“三谈一访”项目，根据员工特点引导其进行职业规划和调岗；引导专业人才与青年员工参与课题创新，全年开展3个创新项目，设置“创新”、“文明风尚”、“孺子牛”等奖项，形成“尊重劳动、崇尚先进”的良好风尚。

【企业管理】2016年，推进以6S管理为核心的“精益四佳”建设工作。突出精益预算。完善“食堂管理、业务外包、三项工作再评审”等配套管理制度，建立费用情况定期通报制度，实现可控费用大瘦身。突出精准考核。全面修订“三维二层”考核体系，利用多向考核，由“被动考核”向“我要考核”转变。突出精益研究。使用自主研发的“办公用品管理”软件，实现办公用品以“机”代“人”的管理模式，有效降低管理成本；开展“精益服务模式”、“提升卷烟零售新客户的经营能力”的QC课题研究工作，实现降本增效。更加突出安全隐患精准防范。开展6S安全目视化标准管理体制建设，实行住户网格化管理，建立群众居住安全服务管理网格的数据库；开展“全员找茬”隐患治理专项活动，以增强自我安全防范能力。

【市场治理】加强打假协作机制。卷烟打假工作被纳入规范市场经济秩序和‘平安零陵’建设体系，与相关部门联合开展“春雷6”、“3.15”和“金剑4”三个市场清理整治行动。加强市场监管力度。推行“APCD工作法”，梳理全区2200余户近两年来的经营情况，实行分类监管；加强“八小时外”的“夜间监管流动检查”；设立珠山专卖管理所，加强对边界市场的管理。加强依法行政。推进依法办事示范工作监督与考核，保持“湖南省依法办事示范窗口单位”与零陵区“依法行政示范单位”称号；完善“一站式”便民服务流程，加强对无证零售户的清理与取缔。

【加强打假协作机制】2016年，卷烟打假工作被纳入规范市场经济秩序和‘平安零陵’建设体系，与相关部门联合开展了“春雷6”、“3.15”和“金剑4”3个市场清理整治行动。不断加强市场监管力度，推行“APCD工作法”，实行分类监管；加强“八小时外”的“夜间监管流动检查”；设立珠山专卖管理所，加强对边界市场的管理。

旅 游 业

旅游工作

【概况】区旅游外事侨务局是独立设置的正科级行政机关，区人民政府办公室归口管理。在职人员11人，公务员编制3人。

2016年，参与完成“零陵古城”项目概念规划设计及修建性详规、“永州之野”零陵乡村旅游精品线路规划设计、编制怀素书艺文化旅游区、周家大院、异蛇科技生态文化园等景区景点的旅游总规及修建性详细规划；制作《香零山村乡村旅游点总体规划》以及修建性详规；编制零陵区旅游产业发展“十三五”规划。

【重点景区打造】2016年，总投资70亿元的“零陵古城”文化旅游综合保护开发项目，土地招拍挂工作顺利摘牌，一期规划已通过评审，完成现场初步勘察，9月25日正式开工建设。完成愚溪沿岸景观初步整顿和柳子街初步保护修缮，并对小石潭、西小丘、节孝亭等景点重新设计讲解牌，在城区进出干道与景区内部全面架设新的旅游路牌与标识系统，增加公共休息设施，景区果皮箱全面换新，对景区内环境、景观进行全面整治，配套设施按AAAA级标准逐步完善。2016年，武庙保护展示工程基本完工，法华寺工程已完成“三通一平”，东山文化广场除南部生态停车场外其余都已完成。接待中心已完成主体建设，正在装修；游客中心与忠烈碑亭的建设方案与施工图完成设计，正在进行财评和招标工作。周家大院子岩府修缮工程全部完工,已正式对外开放。老院子一期维修工作顺利完工，正在申报二期维修方案。“人何”（人民桥—何仙观）旅游公路（S349线）已获省交通厅立项，将按国家二级公路标准建设。完成人民桥到周家大院的旅游公路改造升级，建好3座旅游公厕、5200平方米简易停车场和全套旅游标识牌。异蛇科技文化园按照AAA级景区标准对异蛇科技文化园进行指导，整合资源，改善软硬件设施，基本完成异蛇养殖体验区、旅游厕所建设。种植花木、药材休闲面积6公顷，游步道、柳文化广场正在加紧施工，游客接待中心装修设计已完成，异蛇科普馆主体建筑完成投资1800万元。2016年，投资30余万元制订《香零山村乡村旅游总体规划》，清理村内乱搭乱建、固体垃圾。道路、河滨、民居、菜地、沟渠等都用篱笆、花草、树木等进行点缀和装饰，周边树林皆进行林相改造。仙姑故里拟打造以“十里花谷和亲情漂流”为主题的特色乡村旅游项目，主要建设内容为大仙观村到小江河村全程6千米的漂流和中南地区最大的紫薇花谷建设，项目已投入1000万元资金，漂流河道清理美化等收尾工作初步完成。

【规范管理】2016年，围绕“优美环境、优良秩序、优质服务、游客满意”的总体目标，强化安全生产工作，与区内各景点（区）及涉旅单位签订《旅游行业安全生产目标责任书》，与文化、安监、海事等部门联合开展各类安全生产大检查加强星级饭店、景区防火、防汛、治安管理。加强旅游行业管理，以规范旅游市场秩序为重点，强化对旅游行业的监督和行政执法力度，开展以

“零负团费”为重点的旅游市场整顿专项行动。做好各项服务工作，为酒店评星、景区创A等创建工作创造有利条件，为涉及旅游业的各企业及各重点项目做好服务工作。狠抓《旅游法》的贯彻实施，2016年，举办旅游行政管理部门、景区景点、星级饭店、旅行社及相关旅游从业人员《旅游法》专题学习培训班，深入开展以“零负团费”为重点的旅游市场整顿专项行动。

东山景区建设管理

【概况】根据《关于成立永州市零陵区东山景区建设管理委员会的通知》，成立永州市东山景区建设管理委员会（简称“东山景区建设管委会”），东山景区管委会设主任1名，副主任5名。

2011年4月1日，零陵区人民政府与天誉置业（控股）有限公司，在红太阳大酒店签订《零陵区东山景区及商贸城打捆开发协议》（简称《框架协议》）。2011年6月30日，区政府与天誉置业（控股）有限公司在区政府签订《永州市零陵区东山景区及商贸城综合开发项目合作开发建设合同书》，项目范围：东山景区项目范围：规划控制面积约1.9平方公里，具体区域：东至南津南路、百万庄三号路与一号路、徐家井路，西至中山路，南至羊角山路，北至芝山路，合作开发面积约为1.0平方千米。商贸城项目范围：零陵区南津中路东侧北起黄古山东路，南至沿江大道，零陵区工人文化宫、体育馆一带及其东侧。投资规模：项目总投资30亿以上。其中征地拆迁和基础设施建设8亿元以上，五星级酒店2亿元以上，旅游配套商业开发20亿以上。2015年11月20日，零陵区政府与天誉置业（控股）有限公司签订《终止〈永州市零陵区东山景区及商贸城综合开发项目合作开发建设合同书〉的协议》。2016年区委、区政府决定将东山景区项目业主确定为永州市零陵旅游建设投资有限责任公司，东山景区项目建设和管理整体移交，东山景区建设管理委员会行使项目协调小组职能。

【景区建设】扩建法华寺、武庙，修复文庙、古东门，恢复部分古城墙，恢复绿天庵、洗砚池、千字碑文；新建怀素艺术馆、东山广场、怀素广场、撒珠井广场；修建东山路，整修东山湖；完成景区景点水电路等基础设施建设和绿化亮化工程，恢复景区自然景观；完成商贸城项目区内电力高压线的改线和安康广场的扩建，建设期限为6年。将东山景区打造成AAAA级以上景区，建设一家五星级酒店并投入营运，建设高档旅游配套商业及高档房地产开发，提高城市品位。2011年7月2日，永州市发改委完成对东山景区项目的立项批复。2011年9月22日，东山景区项目举行开工仪式；2012年10月，文庙主体修缮工程开工，2014年底基本完成修缮；2013年7月，武庙保护展示工程开工，2016年底完成建设，并通过初步验收；2014年6月东山文化广场开工建设，2016年底基本完成建设；2016年下半年景区西部区域绿化、亮化、游步道、阁亭等建设项目及2号路北段、2号楼接待中心建设项目开工并基本完成建设；2016年12月，法华华修缮工程开工建设。

【旅游规划】2010年，零陵区人民政府委托中国规划设计院完成东山景区控制性规划的修编工作；2011年5月，永州市规划委员会专家委员会评审通过《零陵东山景区概念性规划设计方案》；2012年下半年完成东山景区旅游策划和旅游总体规划；2012年11月14日，东山景区修建性详细规划及武庙、高山寺、东山文化广场单体设计，由市住建局组织专家进行评审原则通过；2013年2月，取得省宗教事务局对扩建高山寺的行政许可；2013年3月，取得省文物局对武庙保护展示设计方案的批复。

旅游建设投资

【概况】永州市零陵旅游建

设投资有限责任公司成立于2016年6月13日，是零陵区委、区政府批准，永州市零陵区国有资产监督管理办公室出资成立的国有独资企业，直属零陵区人民政府管理。公司主要职能是进行重大旅游项目的投资开发建设和招商引资；对与旅游相关的重要设施进行投资、参股，从事旅游线路、景区、景点的开发和经营；从事旅游产品的开发、加工、储备、销售；从事水务输供、排污处理、城市防洪、水利水电、港口码头等公共设施的投资建设和开发经营；从事酒店等旅游配套服务产业的投资开发经营管理等业务。公司内设投融资部、资产经营部、工程管理部、计划财务部、人力资源部和综合办公室,核定人员编制60人，现有员工19人。秉承“整合旅游资源、打造旅游品牌、做强旅游产业、实现旅游强区”的宗旨，全面贯彻落实区委、区政府“生态立区、开放活区、工业强区、旅游旺区”战略部署，全力投入“历史文化名城”保护与利用和“零陵大古城”建设，着力于推进零陵旅游、文化、建设、投资融合发展，为零陵区经济社会发展做出应有的贡献。

【旅游项目开发】2016年，推进景区项目建设，实施东山景区、柳宗元文化旅游区、周家大院景区、“永州之野”美丽乡村旅游精品线路等项目的投资开发，并逐步整合区域内的旅游资产，统筹零陵全域旅游资源的整体开发。

【项目建设】东山景区项目规划控制面积1.9平方公里，建设面积1平方公里，其中，法华寺占地面积14952平方米，建筑面积为3208.6平方米。包括山门、钟楼、鼓楼、素菜馆、云水堂、流通处、天王殿、伽蓝殿、祖师殿、大雄宝殿、药师殿、观音殿（原有)、三圣殿及尊客寮、方丈楼、藏经阁等建筑群。2013年2月，取得省宗教事务局对扩建法华寺的行政许可，法华寺修缮方案于2013年3月19日由市规委会进行评审并原则通过，其修复工程施工图设计基本完成，2016年12月开工建设，将于2017年全面完工，总投资2100多万元；永州武庙保护展示工程占地面积9600平方米，包括山门、钟鼓楼、仪门、照壁、戏台、盥洗所、省牲所、献殿、大雄宝殿及抱厦、五龙坍墀、东西厢房等建筑群，恢复了明代武庙的旧有规模，总投资2600多万元；东山景区西游客中心总占地面积541.31平方米，建筑面积为1290.62平方米，主要建设内容为游客服务楼，该项目建成后是一座多功能、现代化的游客服务中心，具有引导、服务（如寄存、失物招领、简单救护等）解说、集散及游憩五大功能，总投资261.25万元；东山文化广场总占地面积14000平方米，依山就势，设四级平台，牌楼高耸其中，总投资1600多万元；整个景区建设面积达300亩，包括征地拆迁在内共完成投资3亿多元。

【战略目标】2016年12月底，东山景区已正式向市民开放，接待游客量达100万人次以上。协调推进周家大院保护修缮工作，打造AAAAA级何仙姑旅游景区，完成张飞公园立项、用地预审、环评、规划选址、土地报批和部分征地拆迁工作，全面实施“旅游旺区”战略。

财政 税务

财 政

【概况】2016年末，区财政局有干部职工135人，内设股室15个，下属二级机构9个；归口管理单位2个。区财政系统下辖乡镇财政所12个、办事处财政所4个，财政所干部职工人数186人。机构职能，负责组织财政收支、落实财税政策、财政监督、管理国有资产和政府性债务等工作。

2016年，区财政局围绕“四化三城”全区发展战略，克服资金短缺任务重等诸多困难，积极履行职能，完成经济社会发展和全面建成小康社会进程的各项工作任务。2016年，零陵区一般公共预算收入完成10.8257亿元，比2015年增加1.678亿元，增长18.34%。其中税收收入完成5.3494亿元，比2015年增加286万元，增长0.53%；非税收入完成5.4763亿元，比2015年增加1.7065亿元，增长45.27%。全区一般公共预算支出完成31.7273亿元，比2015年增加2.0044亿元，增长6.74%。

【收入征管】2016年，面对经济下行压力加大、政策性减收因素增多等一系列困难，区财政部门切实履行牵头组织收入职能，支持税务部门依法征管，大力挖掘增收潜力，合理收入调度，促进全区收入总量和质量稳步提升。年度全区财政收入完成14.0936亿元，为预算的101.25%，同比增长16.47%。其中，区财政一般预算收入完成10.8257亿元，同比增长18.34%。分部门完成：国税部门完成30575万元，同口径下降18.4%；地税部门完成5.8322亿元，同口径增长20.97%，财政部门完成52039万元，同比增长47.32%。同时，通过分析政策倾向包装项目向上争取文物保护、安居工程、污染治理等资金4.7亿元。

【支出管理】2016年，坚持民生优先导向，调整优化支出结构，严格控制“三公”经费等级一般性支出，严肃预算约控力，把节省下来的资金向民生领域倾斜。2016年度，全区一般公共预算支出完成31.7273亿元，同比增长6.74%；上解支出3221万元，同比增长1.29%；地方政府一般债券还本支出4241万元；安排预算稳定调节基金9857万元。“三公”经费在上年压缩10%的基础上只减不增。年度累计评审项目953个，审减5.24亿元，减率20.64%；采购金额1.5亿元，节约2000万元。

【民生建设】2016年，在财政收入增长减缓、收支矛盾突出的情况下，采取压减一般性支出、整合专项资金、盘活财政存量资金等方式，合理统筹财力着重民生事业投入，增进民生福祉。教育方面支出6.32亿元，比上年增长20.6%。全年度投入4200万元，用于配置图书、器材、信息网络等。筹措资金1.15亿元进行城区小学校改造，建设合格教学点9所，新增城区学位4100个。安排297万元提高边远山区老师待遇，安排1613万元区级配套资金用于义务教育保障机制、学生资助。社会保障体系方面。社保就业支出4.98亿元，比上年增长15.86%。筹集5.2亿元用于基本养老金与城乡居民基本养老金的发放；落实创业扶持政策，新增发放小额担保贷款3680万元，扶持400余人创业；保障性住房、公租房配套设施全年支付8500万元，新建公租房1977套。医疗卫生方面。全区投入3.45亿元，比上年增长10.5%。统筹资金2.3亿元，落实城镇居民基本医疗和新型农村合作医疗保险财政补助，推进公立医院综合改革年度投入900万元，支持6800名农村适龄妇女实施“两癌”免费筛选。

【经济建设与社会事业发展】2016年，充分发挥财政职能作用，大力支持县域经济发展。区财政预算安排各类产业发展资金1050万元，支持商贸物流、电子、新材料，推进新型工业化和旅游事业发展。同时，成立交建投、旅建投、农建投三大融资平台，全年融资24亿元。支持投融资公司筹资34.9亿元，用于“零陵古城”城区景点、道路改造；争取重点项目资金4.7亿元用于周家大院文物保护、保障性安居住房工程与重金属污染治理。全年，文体传谋支出0.91亿元。筹集720万元，扶持重点企业实施技术升级、节能改造与农业自主创新；统筹4200万元，完善公共文体服务体系、周家大院古建筑群保护、体育馆维修及农村文化建设。“三农”与美丽乡村建设年度支出5.02亿元，比上年增长16.5%。安排扶贫资金1500万元，支持42个精准扶贫村贫困人口脱贫致富；落实涉农补贴3.3亿元解决发放农资综合、粮食直补、农机具补贴等56项惠农补贴。筹款资5160万元推进美丽乡村、农村环境大型沼气及重点地区污染治理工程建设；570万元支持油茶、农产品加工现代农业发展。

【财政改革】2016年，按区委、区政府改革总体部署，围绕提高资金效益，进一步推进财税体制改革，着力完善财政运行机制，推行依法科学理财，预决算体制做到全面公开。各社区纳入国库集中支付改革范围。非税征管，全区200人以上的公办学校实现POS机刷卡缴费，行政事业单位实行联网在线征收，非税票据电子化率达95%。

【财政监督管理】2016年，零陵区制订《关于加强区级财政预算管理的实施意见》，出台9项专项资金管理办法，完成“十三五”发展规划，为加强财政管理提供制度保障。全区实现“一检三年、三年一检”常态化管理，开展“纠四风治陋习”、“雁过拔毛”式腐败问题专项治理；落实对医疗卫生行业会计信息质量检查，收缴违规资金51万元，清退违规资金71万元。

国家税务

【概况】1994年9月，国税、地税分开，建立永州市国家税务局，2005年3月更名为永州市零陵区国家税务局 。主要职责是负责所辖区内税源调查测算、税收计划分解、收入任务完成；税务登记、增值税一般纳税人认定管理、纳税评估、发票管理、减免抵缓退税审核；辖区内企业和个体税收管理；辖区内纳税企业的日常检查及一般性的行政处罚；金税工程系统的管理工作。

2016年设置有办公室、财务管理科、监察室、信息中心、机关党委办公室、征收管理科、收入核算科、税政法规科、纳税服务科、税源管理一科、税源管理二科、税源管理二科、人事教育科及城区税务分局、珠山税务分局等共15个职能科室和分局。

2016年，区国税局主要负责城区6个办事处，农村10个乡镇的税收工作，现有6656户国税纳税人。征收的主要税种是国内增值税、国内消费税、企业所得税、个人所得税等。2016年纳税额50万元以上的89户，其中50万元至100万元的47户，100万以上至500万的32户，500万元以上至1000万的10户。

【税收收入】2016年，共组织各项税收收入34212万元(不含车购税)，占市局分配计划2.98亿元的113.11%，完成区级税收收入3.03亿元，税收总量和增幅均列全市11个县区第5

位，较2015年提升了6位。其中：国内增值税29169万元，增长59.16%；国内消费税45万元，下降2.17%；企业所得税4430万元，下降4.59%；个人所得税409万元，增长363万元；城市维护建设税78万元，增长66万元；教育费附加53万元，增长47万元；文化事业建设费23万元，下降30.3%；罚没收入5万元，增长66.67%。

【税收政策落实】2016年，全面打响“营改增”攻坚战，成功承办全市国税系统营改增“零点启动”,开具全市第一张由税务机关代开的营改增增值税发票，试点纳税人达1402户，入库增值税1.33亿元。落实成品油、电池、涂料、卷烟等消费税改革。精准落实小微企业系列优惠政策。起征点以下免征增值税3828户，占开业总户数的93.66%。免征个体工商业户增值税477万元；对享受免征增值税的638户小微企业，减免税收45.7万元；对享受企业所得税优惠的47户小微企业，减免税收26万元。

【税收征管】2016年，落实税收征管规范和省局简政放权后续管理指导意见、工作方案和风险防范指引制度。落实“三证合一”改革，完成514户纳税户领取统一社会信用代码企业涉税基础信息的采集登记。落实《湖南省税收保障办法》，与区公路局、交通运输局、城建投、非税局等15个单位签订协税护税协议书，共应用涉税信息增加税收收入3709万元，占全部入库税收的12%。强化普通发票管理，规范委托代征工作。进一步规范税控收款机管理，排查税控机用户461户共523台，查补税款21743.04元，滞纳金707.05元。

【大企业与国际税收管理】推广应用大企业服务APP平台，共有6户涉外企业进行网上联合年检工作。加强反避税工作，开展非居民企业特许权使用费和利息所得专项检查。通过关联申报、同期资料审核分析和后续跟踪管理，对36户A类企业进行关联企业申报核查，入库非居民企业税收23万元。深化“一带一路”战略和“走出去”企业管理与服务，核查4户“走出去”企业和5户外商投资企业股权变更情况。

【电子税务管理】组建营改增专业技术团队，按照时间节点逐步推进金税三期营改增开票系统。2016年5月1日，成功实现四大行业的营改增运行，全面推行增值税发票系统升级版。优化网上办税系统和税库银刷卡业务功能，强化涉税数据资源的采集、查询，实现外部信息的共享应用，大力推广运用绩效管理系统4.0版和执行力平台建设。

【执法督察与内部审计】创新督察与执法监察合并开展。认真开展疑点核查，保障落实税收执法责任制，共发现违规税收执法行为问题3个，涉及金额8.35万元，同2015年相比，违规税收执法行为问题减少11个，完成领导干部经济责任审计项目1个。结合湖南省国税局《关于全面严肃财经纪律切实加强巡视整改工作的通知》和《中共湖南省国家税务局党组关于对照共性问题抓好整改工作的通知》，对“三公”经费、会议费、培训费及大宗政府采购项目、基本建设项目等资金使用情况开展自查整改，实施自查审计项目13个。

【专题教育】2016年，组织开展“纠四风，治陋习”和“雁过拔毛”式腐败问题专项整治工作、税务人员及家属子女违规参与涉税中介情况自查自纠活动。制订落实党支部联络员制度、交叉检查制度。广泛征求意见建议，开展交心谈心、批评与自我批评，高标准召开专题民主生活会和组织生活会。开展党组书记抓基层党建工作述职评议考核，边学边查边改，落实责任制、督办制、公示制、销号制、通报制，收集整理的各项问题逐一整改到位，为巩固专题教育成果起到很好的效果。2016年，开展党员进社区、精准扶贫、重走长征路、道德讲坛等系列党员志愿服务活动。

地方税务

【概况】区地方税务局成立于1994年9月，现有在职工作人员108人，内设7个行政科(室)，下设3个直属机构、1个税源管理科、4个税务分局，担负全区12个乡镇、4个办事处的地税征管工作。2016年，区地方税务局坚持以组织收入为中心，以深化改革为动力，突出抓好征管改革、推进依法治税、优化纳税服务、提升队伍素质，各项工作取得长足的进步。区局先后获全国税务系统先进单位、2016—2018年全省依法办事示范窗口单位、湖南省地税系统文化建设先进单位和湖南省地税系统首批法治建设示范基地等。

【税收工作】2016年，面对经济下行、“营改增”全面扩围、主体税种缩减的组织收入新常态，坚决贯彻组织收入原则，勤征细管、精准发力，力保收入规模良性增长。1—12月份共完成各项税收收入57110万元，同比减收6636万元，下降10.41%，其中区级考核口径收入62886万元，同比减少2940万元，下降4.47%，为全年计划62340万元的100.84%。

【征管改革】推进征管改革。深入探索国地税合作，先后三次召开联席会，制订合作方案，成立国、地税合作领导小组，建立联席会议制度，确定办理税务登记等10余项重点合作事项。2016年，国、地税共联合办理税务登记124户、变更和注销登记100余户，受到纳税人的一致好评。对全区308户纳税人信用等级评定，其中A级2户，D级11户。定期与国税部门交流沟通，共同开展营改增试点工作的督导和调研，研究解决“营改增”试点过渡期间遇到的各种征管业务问题。全面部署营业税“清零”行动，全面清缴陈欠并妥善处理好相关遗留问题。向国税移交建筑业、房地产业、生活服务业等三大行业营业税纳税人共855户。抓好征管转型。建立《纳税人税源分类分级管理办法》等管理制度，成立风险管理中心和风险评估分局。开展“三个规范”业务培训和税收风险管理业务培训，采取“1+1”的培训新模式。2016年，已完成税源分类，对管理机构职责进行了配套调整；修正各类系统数据258条，清理发票风险信息183条，缴销发票22347余份；实施纳税提醒、调查核实1226户次，实施纳税评估60户，经评估自查补缴税款26万元；回复人大、政协代表纳税信用信息245人次，工商部门企业税法遵从信息68户次，联合实施税务登记注销3户。开展法治税务。依托网络教育培训学院、法治湖南等法制教育平台，建立海量“知识库”，打造个性“微课堂”，开展全局性学法用法和普法知识无纸化学习考试；开展集网络、热线、短信、微信、QQ群“五网并行”的纳税服务平台，以金三系统、房地产税费一体化管理平台等系统为支撑，构建管理、执法、监督机制，降低税收执法风险。取得明显成效。

【党风廉政建设】2016年，开展“两学一做”学习教育，围绕“服务中心、建设队伍”核心任务，完善党建工作责任制，真正把党建工作渗透到税收中心工作的各个阶段、各个环节、各个方面。积极推进“三会一课”，开展大规模的思想政治教育特别是“两学一做”学习教育、岗位大练兵、业务大比武竞赛活动。坚持“绩效考核+督查督办”双轮驱动，构建“督考合一”的绩效管理新模式。成立绩效考核督查办公室配置专干16人，承担督查督办和绩效考评工作。推行创新创优等重点工作实行“项目化”管理，对每个项目制订成考评指标，纳入重点督查的内容，倒逼提升各项工作质量。在法治税务、文化建设、党建工作方面都取得明显的成效。创新“互联网+零陵微税务”平台，将沟通、宣传、调研、督查贯穿于绩效管理工作全程，渗透于绩效管理各环节。依托“柳子文化”底蕴，将柳子文化中“恪勤为公、吏为民役、废贪立廉”的“民本”思想精髓，与基层地税工作相融合，挖掘、提炼和确立具有零陵地税特色的“勤政为民、善政惠民、廉政亲民”文化理念，形成兴税利民、敬业担当的地税核心价值观。

2016年，采取日常督查、专项督查、明察暗访等方式，对基层干部督查。建立QQ群和微信群平台开展警醒提示，筑牢拒腐防变的思想防线。全年以来，通过QQ群和微信群平台发布“廉政警醒语”600余条。2016年，确定“纪检日”和党风廉政“自省日”活动主题，采取分散组织与集中行动、请进来与走出去、实景体验与网络教育、典型示范与反面警示等多个结合，适时邀请纳税人、特邀监察员、干部家属等参与。

金融　保险

金　融

【概况】零陵区金融工作领导小组办公室成立于2003年6月，是区政府的一个临时性机构，领导小组组长由区委副书记、区长兼任，副组长由区委常委、常务副区长兼任。2016年修订完善《零陵区金融机构支持地方经济发展考核办法》，实行财政性资金存放与贷款规模挂钩，积极引导信贷资金优化投放。12月底，零陵区金融机构各项贷款余额108.12亿元，较2012年余额48.6亿元，增长100%，各项存款余额181.78亿元，人平存款为32694元，比年初任务32000元多694元，存贷比为59.48%。

【金融招商】2015年，在引进华融湘江银行和交通银行的基础上，继续开展金融招商工作。区委、区政府领导多次走访省、市银监局以及驻湘、驻永股份制银行，开展对接洽谈，向驻湘和驻永股份制银行发函邀请来全区设立分支机构。2016年8月，组织村、镇银行考察团赴江苏等地学习村、镇银行的设立和运行，积极为全区组建村、镇银行做好前期论证和准备工作。

【发展多层次资本市场】永州市异蛇科技有限公司和湖南时代阳光药业有限公司为零陵区后市上市企业，金融工作领导小组办先后4次深入企业调研，了解企业上市筹备情况，加大培训力度、组织企业负责人外出学习考察，重点帮助企业法人熟悉资本市场运作规律，出台各项鼓励引导政策，为挂牌企业用好新三板营造良好氛围和条件。

【金融环境优化】大力宣传金融法规，不断增强社会公众的金融意识和风险意识，引导公众远离非法集资、高利放贷等违法行为，合理合法投资理财。全年累计25天在黄古山安康广场电子显示屏播放非法集资典型案例视频；先后5次租用宣传车赴乡镇和城区主要街道宣传各类金融风险表现形式和防范手段；在各金融机构柜台摆放宣传资料4000余份，在城区广场、商业集中的人口密集地段先后发放非法集资宣传资料39000余份。突出信息闭塞的乡镇群体的宣传力度，先后9次下基层发放金融风险防范资料45000余份。

【金融风险排查】2016年，加强对各类金融活动的监督管理，层层落实风险防控责任，对金融风险做到早发现、早预警、早报告、早处置。开展互联网金融风险专项整治。成立全区互联网金融风险专项整治领导小组，出台《零陵区互联网金融风险专项整治工作实施方案》，通过对市指定的两家企业即永州市零陵亨利投资管理有限公司和前海八实万（永州）互联网有限公司，其中永州市零陵亨利投资管理有限公司注册的平台（注册地为零陵区萍洲东路31号，注册时间为2013年10月12日，注册资金100万元，平台名称为亨利财富，网址为www.hritpim，ICP备案号为15010795湘ICP备，2015—11—1，该平台2015年12月停止使用，）未投入使用和无业务开展；前海八实万（永州）互联网有限公司为淘宝天猫性质的购物网站，不涉及众筹业务。开展涉嫌非法集资广告资讯信息排查。组织人员对全区户外广告、印刷品广告进行全面实地检查。重点到各类投资公司、投资咨询公司、担保公司等领域进行抽查。活动期间，全区共检查各类企业共70余家，监测各类平面媒体广告7500条次，户外广告450条次，责令停止发布违法广告8条次。10月，全区组织开展2次宣传活动，提高群众的识假防骗能力。

【依法依规处置金融案件】积极协调永州市茹园堂文化传媒有限公司民间债务纠纷，该公司在原零陵商业学校内建有石雕艺术馆，有展厅11个，面积3000m²，内有藏品价值3亿元。该案起因为3000万元的债务纠纷，由于流动资金断裂造成，零陵区将此案定性为民间债务纠纷，通过招商解决债务纠纷，该纠纷未造成不良社会影响。依法处置永州市敬老山庄幸福园涉嫌非法吸收公众存款案，确保社会大局稳定。

中国农业发展银行永州市零陵支行

【概况】1996年12月，中国农业银行政策性业务分开，成立中国农业发展银行永州市分行营业部。2001年改名为中国农业发展银行芝山区支行，2005年改为中国农业发展银行永州市零陵支行。2016年，内设3个部室，共有干部职工19人。全行现有信贷企业9个，各项贷款余额84049万元。

主要职责是以办理粮食、棉花、油料、食糖、猪肉、化肥等重要农产品收购、储备、调控和调销贷款，办理农业农村基础设施和水利建设、流通体系建设贷款、办理农业综合开发、生产资料和农业科技贷款、办理棚户区改造和农民集中住房建设贷款、办理易地扶贫搬迁、贫困地区基础设施、特色产业发展及专项扶贫贷款，办理县域城镇建设、土地收储类贷款，办理农业小企业、产业化龙头企业贷款、组织或参加银团贷款，办理票据承兑和贴现等信贷业务；吸收业务范围内开户企事业单位的存款，吸收居民储蓄存款以外的县域公众存款，吸收财政存款，发行金融债券；办理结算、结售汇和代客外汇买卖业务；按支付宝设立财政支农资金专户并代理拨付有关财政支农资金，买卖、代理买卖和承销债券，从事同业拆借、存放、代理收付款项及代理保险，资产证券化、企业财务顾问服务，经批准如果是看与租赁公司、涉农担保公司和涉农股权投资公司合作等方式开展涉农业务；经国务院银行业监督管理机构批准的其他业务。2016年，实现各项收入4558万元，同比上年5206万元减648万元，减幅12%；各项支出2467万元，同比上年4139万元减1672万元，减幅40%；实现账面利润2091万元，同比上年1068万元增1023万元，增幅96%，完成市分行下达年度任务1173万元的178%。

【存贷款业务】2016年，各项贷款余额84049万元，比年初83961万元增加88万元，增幅为0.1%。1—12月，累计发放各项贷款 32861万元，比上年31736万元增长1125万元，累计收回各项贷款32774万元，比上年19392万元增加13382万元。通过开展存款组织“百日竞赛”活动，全行牢固树立“存款增效”、“存款兴行”的经营理念。深入动员，及时分解目标任务，并制订考核办法，按季考核并兑现，同时明确全员考核，形成全员抓存款的良好局面，存款组织工作取得突破。利用政府平台贷款营销之际抓存款组织，要求企业贷款资本金、约期还款资金、还本付息资金等配套资金提前到位，企业财政及闲置周转资金全部通过农发行帐户存入、结算。

2016年，各项存款余额57147万元，比年初38416万元净增18731万元 ，增幅49%；各项存款日均余额58290万元，比年初14685万元净增43605万元，增幅297%。各项存款余额57147万元，比年初38416万元净增18731万元，增幅49%，完成市分行下达年度任务48900万元的117%，各项存款日均余额58290万元，比年初 14685 万元净增 43605 万元，增幅 297%。完成市分行下达年度任务 34987 万元的 167%。

【信贷业务】2016 年，全力做好粮油收购信贷工作，始终坚持在不打“白条”的情况下防控风险的指导思想，立足用政策性收购解决粮食收购问题，坚持粮油传统业务基础地位不动摇，认真贯彻落实国家粮油收储政策，倾力支持最低价粮食收购，全年累计委托监管收购粮食 190 万公斤,收购值 505 万元，发放县级储备粮贷款 599 万元，收购粮食 227 万公斤,收购值 594 万元；发放省级储备粮贷款 1050 万元，收购粮食 500 万公斤，有效地维护粮（油）农的利益，保障国家粮油安全。

【基础建设】以全市农村基础设施建设中长期信贷项目对接和金融支持永州市经济发展政银企商会为契机，大力营销培育水利、易地扶贫搬迁、县域公共设施等领域项目贷款。1—12 月，着力营销政府平台农村基础设施建设项目 4 个，共 19.2 亿元，审批项目 1 个，计 3 亿元。以水利建设为重点，成功获批零陵区沿江大道开发有限公司潇水河水利设施 PSL 项目贷款 3 亿元，并发放到位。主要支持潇水河零陵区段的防洪综合治理工程建设，贷款期限 15 年。同时，营销贷款储备库项目 3 个，计 12.8 亿元，包括双牌通逮水利项目 3 亿元、零陵棚改项目 5 亿元和零陵愚溪河域治理项目 4.8 亿元。

【基金投资业务】按照“稳字当头、严控风险”的原则，严把基金申报审核关，对行政审批手续不全、条件不成熟的项目坚决不报。此外，还加大基金的支付力度，累计支付 810.59 万元。

中国工商银行零陵支行

【概况】2016 年，工行零陵支行全面贯彻落实年初全省行长会议精神,紧紧围绕市分行建设“服务最好、同业最强、客户首选”银行为目标，坚持“四要两确保”总体要求，通过强化“三大引擎”、深耕“三化战略”，强化内控管理和风险控制，坚实信心，振作精神，全力突破资产质量关、经营转型关、改革创新关，不断提升市场占比和系统贡献水平,通过全行员工的共同努力，各项工作取得较好的成绩。

【储蓄存款】2016 年 12 月底,各项存款余额为 80492 万元，较年初净增 13428 万元，同比增长 20.02%，创历史最好记录。其中，储蓄存款净增 4640 万元，完成全年必保任务的 116%；对公存款净增 8788 万元。各项贷款余额为 93210 万元，全年累计营销贷款 37916 万元，贷款净增加 12225 万元，增长 15.1% ，签发银行承兑汇票 1.5 亿元。强势介入医药企业康都药业、湖南科技学院的贷款前期营销工作，贷款储备项目政府购买服务项目贷款 68000 万元，新型养老行业项目贷款 28000 万元，为来年自身效益的提升奠定坚实的基础。

【信贷质量】2016 年，支行采取一系列的有效措施和手段，在处置公司和个人不良贷款、清收信用卡不良透支等方面，做出了努力。成功打包处置 2 户金额为 4410 万余的不良资产，现金清收金润源公司不良贷款 778 万元，依法起诉 5 户金额为 1080 万元的个人不良贷款，现金清收和依照相关政策核销信用卡不良透支 347 万元，有效的防范和化解信贷资产质量劣变风险，切实防范信贷资产质量劣变风险，为实现信贷资产的良性循环和经营效益的提高打下坚实可靠的基础。

中国农业银行零陵支行

【概况】中国农业银行是中国四大国有大型上市商业银行之一，最初成立于 1951 年，总部设在北京，是新中国成立的第一家国有商业银行，也是中国金融体系的重要组成部分。中国农业银行永州零陵支行是农行设立在永州市零陵区的一级支行，隶属于中国农业银行永州分行，是零陵区面向三农，服务城乡，深受广大客户信赖的优质综合金融服务商。

【服务品质提升】为提升服务品质，全行以6S管理为抓手深化网点经营转型。潇湘支行、营业部和芝城分理处等营业网点按照6S标准进行软、硬件升级转型，积极创建星级网点，并在验收检查中取得骄人的成绩。其中，潇湘支行、营业部被市银行协会评为五星级网点，网点营销能力和服务质量得到有效加强。

【服务三农】2016年底，支行通过“代理服务点”代理519742笔业务，交易总金额9100.9万元；实现金融性交易笔数242052笔；代理助农取款68987笔，金额3417.8万元；代理涉农资金取款金额1106.2万元；通过服务点代理缴费业务160473笔，代缴费金额1510万元，点均业务量55笔。

惠农通等惠农工程的扎实推进，做实代理服务点的代理服务，较好的改善零陵区农村支付环境，解决广大的农村居民基本金融服务不出村的问题，打通支行惠农服务的“最后一公里”，实现区域内的普惠金融。

【服务地方经济发展】2016年，围绕区委、区政府“七大战役”重点目标，支行以政府购买服务贷款为着力点，全力支持零陵区地方经济发展。全年，审批通过永州市香零山路桥开发有限公司南津路、潇水路、阳明大道地下管网及配套设施建设项目贷款3亿元，永州市零陵交通建设投资有限责任公司贤水河流域综合治理项目贷款3亿元和永州市零陵交通建设投资有限责任公司国道322改线工程项目贷款2亿元。2016年底，支行已对路桥公司发放项目贷款1.2亿元，拟对旅建投发放贷款1000万元，对交建投发放贷款700万元。同时，支行正在积极准备城建投零陵古城建设项目22.5亿元贷款资料，零陵古城项目已完成信用等级初评工作。

【风险防范】2016年，加大不良贷款清收、处置以及委托资产清零工作的力度，效果良好；规范从严治行，从管理上出效益，切实提升全行内控合规管理水平，促进全行依法合规经营，有效防范和化解经营、操作风险，具体考核严格执行内控合规管理考核办法，争取2017、2018年实现内控优秀行目标。

【信贷结构优化】坚持落实上级行业务经营方针，在业务发展谋划上强调突出重点，保当前、强化基础利长远、保证质量不混乱。在个人信贷业务上提出住房按揭贷款优先发展，集约经营的战略思想。2016年底，个人住房贷款余额为2亿元，较年初净增7933万元。在优化信贷结构的问题上，支行合理利用绩效考核指挥棒，调动员工积极性与主动性，在信贷绩效考核上既做到与上级行要求一致，又突出本行特点；既有利当前重点，又兼顾长远发展，得到全行绝大多数员工支持，促进信贷业务发展和结构的调整。

【信贷管理】强化信贷管理，完善管理细则，做到有章可循。以上级行规章制度为篮本，出台不良贷款管理等系列管理细则，形成比较完善的管理制度体系和事事有规则的管理局面；以预防为主强化制度执行，按季组织内控案防和贷后管理例会及安全检查等，对风险隐患和苗头不遮掩、不姑息，将制度落实、保障监督落到实处；认真开展三化三铁、合规网点创建和员工行为、重点信贷领域风险排查等活动，在全行提高内部管理质量活动中树立样板、查找漏洞；举全行之力全力化解风险，针对信用卡和农户小额贷款不良问题，实行责任认定与责任清收、支行专职清收与责任清收、自主清收与司法清收三同步。

农村信用合作联社

【概况】1995年12月，零

陵区农村信用合作联社从中国农业银行永州市支行脱离，成立湖南省永州市零陵区农村信用合作联社。2006年6月，湖南省农村信用合作社联合社成立，零陵区农村信用合作联社党务、行政实行垂直管理。2016年9月26日。经国家银监委批准，零陵区农村信用联社、冷水滩区农村信用联社和潇湘农村商业银行合并，成立永州农村商业银行股份有限公司。全区信用社员工340人。联社机关内设11个部室，在编员工61人。区内营业网点34个，其中13个信用社，20个信用分社，一个营业部。合并后，原零陵区信用联社法人单位资格注销，设立零陵中心支行，机关人员编制13人，行级领导3人，员工10人。内设综合、业务发展、风险管理三个部。其职责是对零陵区辖内 26 个支行和 11个分理处的存款组织、贷款发放、不良贷款清收及相关业务实行管理、指导和协调。

【信贷支农】盘活存量，优化增量。一季度，对2010年以来形成的不良贷款全面逐户清查，共清查出16978笔，18662万元，盘活1978户，金额2622万元，腾出更多的投放空间。扩大有效投放。发放农户自主经营小额贷款25861万元，制造加工业小微企业贷款3600万元，支持何仙观休闲观光旅游项目特色产业贷款1000万元。拓展服务领域和服务范围。针对农村消费需求新变化、新特点，对农户购房、购车、大宗商品给予贷款支持。

【贷款扶贫】精准扶贫是一项政治任务，联社在金融产业扶贫工作中的主要做法是：扶持贫困农户个人自主发展产业脱贫；对接产业项目帮扶脱贫并轨实施的扶贫贷款发放模式。产业对接坚持扶贫户与项目公司双方自愿原则；信用联社与区政府扶贫办联合办公，共同评估推介项目，引导龙头企业、经济能人吸纳扶贫贷款资金，做到“资金跟着贫困对象走，贫困对象跟着能人走，能人和扶贫对象跟着产业项目走，产业项目跟着市场走”。联社为140户农户发放贷款700万元，农户从多方面增加了收入。永州兵马山穇子酒业有限公司20万斤酒窖项目，资金需求300万元，农户以贷款资金投资分红，劳动力参与原料作物种植，产品由公司统一收购，为种植农户发放贷款170万元。石山脚乡内的永州天惠油茶开发公司油茶基地的500万元贷款，黄田铺的潇湘生态园农场开发和“温氏集团”订单养殖牲猪项目都采取以上形式。在梳子铺乡，扶持农户个人自主发展产业脱贫344户，金额1653.05万元。

2016年6月，完成11938户贫困农户授信，占全区13003贫困户的91.81%。发放扶贫贷款1058户，金额5056.8万元。发放贫困农户自主生产经营的贷款194户，1051.6万元，对接帮扶项目的贷款275户，1313.6万元，委托政府扶贫公司帮扶的贷款509户，2691.6万元。截止9月底止，评级受信户12283户，共发放贷款12215万元。省、市、区扶贫办和相关部门经过三次暗访，肯定联社精准扶贫工作。

【经营管理】筹资早谋划。出台《2016“春风行动”资金组织活动方案》，开展元旦迎新抽奖、春节上门拜年回访、闹元宵送汤圆活动，6月，开展《零陵区农村信用社资金组织专项竞赛活动》，联社领导带头，机关率先垂范，人人参与，齐抓共管。9月30日，各项存款净增9.8亿元，完成全年任务的173.52%，全市农信系统排名第四位；存款个人优质客户净增4150户，完成全年任务的546.77%；存款对公客户净增144户，完成全年任务的202.46%。拓展新业务。2016年1月，联社组织人员到炎陵、湘潭农商行学习线上业务。为零陵三湘电化有限责任公司开出1000万银行承兑汇票，在永州市农信系统中尚属首单。3月，向人民银行永州市中心支行申请办理法人行社40万元的再贴现业务，5月，省联社批准开通电票业务，为永州市三联商贸有限公司办理10万元的电子银行承兑汇票业务。2016年1—5月，联社资金业务累计交易笔数221笔，交易量达到285亿，资金业务收入1051万元，同比增加收入218万元，占全部业务收入的11%，营运杠杆1.3倍。其中，质押式、买断式回购177笔，交易金额264.5亿；现券买卖43笔，交易金额19.5亿，现有余额14.24亿元；存放同业1笔，金额1亿元。与国开行、光大银行、上海银行、国泰君安证券公司130家机构建立业务交易，其中购买农发行发行的10年期金融债3.3亿元，进出口银行发行的10年期金融债2.1亿元，国开行发行的10年期金融债8.84亿元。1—9月份实现各项收入26630.02万元，其中：贷款利息收入21461.55万元，中间业务收入747.82万元；实现经营利润9948万元,完成全年任务的85%。清收不良贷款。责任清收。建立责任目标管理和清收风险保证金。 2016年，联社对表内、表外、股东购买三项不良贷款压缩清收实行专项考核。对网点主任实行责任目标管理，不降反升的要引咎辞职。员工新增不良贷款要扣减风险保证金。1—5月，共对新增不良贷款的48个责任人追责，其中撤职、引咎辞职3人。扣减风险保证金25.62万元。依法清收。加强与政府司法部门联系，以筹建农村商业银行为契机，成立司法清收组和乡镇清收组。法院对41名被执行人列入失信黑名单。在《永州日报》、工人文化宫电视屏幕公示，收回贷款本息256.3万元。社会化清收。与湖南国文资产管理有限公司、天天盈公司合作，在全区12个信用社试点，共收回贷款本息1893万元。联合清收。针对水口山、大庆坪、石岩头信用社，大部分贷款投放在广西南宁地区钢管架行业，利用与南宁永州商会人熟、地熟、工程项目进度清楚等优势，实行联合清收。收回贷款本息127万元。9月底止，信贷系统不良贷款余额4638.23万元，较年初下降172.27万元，不良贷款率1.34%，较年初下降0.36个百分点；收回表外不良贷款1413.32万元，完成全年任务的73.83%；收回股东购买不良贷款本金2993.94万元，利息212.92万元，完成全年任务的48.94%。

【电子银行】为保持电子银行持续、健康发展，制订和完善电子银行管理规章制度37个，其中，网上手机银行类6个，自助银行类5个。制订《2016年电子银行业务营销考核办法》，将电子银行质量及交易指标纳入绩效考核体系，在电子银行业务开展、任务分配、绩效考核方面，调整考核权重。提高一线员工办理电子业务的工作积极性。《零陵区农村信用合作联社助农金融服务终端实施细则》的实行，对便民金融点的审核、助农服务终端安装、设备维护、现金存、取、转账结算等业务进行全面规范，提升农村电子金融服务的功能。湖南省农村信用社联合社永州办事处出版的《永州辖内农商银行业务操作规范指引》“电子银行业务”章节中，综述零陵联社电子银行经营管理的成功作法。

【业务推广】合理配置自助设备，以较低的建设成本组建功能齐全的自助银行。年内共购自助设备172台，其中：取款机（ATM机）22台，存取款一体机（CRS机）85台，存折补登机33台，查询机11台，发卡机12台，助农服务终端9台。改善和提高农村电子银行服务新形象，拓展金融服务空间。为确保用卡安全，加快福祥磁条卡向芯片卡迁移。整合第三方行业应用资源，实现一卡多用。信用社的福祥惠民一卡通，具有集财政惠农补贴、新农合医疗卡、居民健康卡、金融IC卡于一体，可实现存取款、转账，财政惠农补贴发放，新农合门诊、住院报账等功能，共制卡17.7万张，免交年费，全部发放老百姓手中。向车主营销ETC不停车电子收费业务，净增 834户，拓宽电子银行服务领域。

扩展商户POS机领域。新安装POS机431台，由单一的餐饮、娱乐、社区领域扩展至公交、出租车等公共交通领域，以及水电燃气、生活小区等生活服务领域；在5月31日前，签订电费代扣代缴协议3306户，签订水费代扣代缴协议363户，全部由福祥卡缴费，实现水、电费代扣代缴电子化，让老百姓切实享受到电子银行带来的便利。

【内控管理】为完善内部监督体系，规范监督行为，有针对性制订《专职稽核员工作职责协议书》《党风廉政建设及案件防范责任保证书》《员工家属承诺书》以及五个禁止，即：严格禁止本社员工代客户办理业务；严格禁止本社员工代保管客户印章、证、卡、折；严格禁止本社员工利用员工卡充当资金周转中介；严格禁止本社员工借用、挪用客户资金；严格禁止本社员工参与高利贷、非法集资，进一步完善案防制度，规范岗位责任和操作规程。特别是信贷、会计、出纳一线业务岗位，相互衔接、相互监督、相互制约、职责明确，使各项工作流程纳入制度化、规范化管理的轨道。

邮政储蓄银行零陵区支行

【概况】2016年，邮储银行零陵区支行紧紧围绕省分行提出的“夯实基础，精细管理，转型升级，稳中求进”的十六字方针，贯彻落实市分行各项工作部署，严控资产质量，完善合规体系，优化团队管理，整合营销渠道，强化作风建设。以服务“三农”、服务小微企业己任，践行“普之城乡，惠之于民”的服务理念，支持地方经济发展，实现个人存款余额达到20.94亿元,公司存款余额1.11亿元，零售贷款余额6.39亿元。

【业务创新】2016年，坚持“零售金融升级，公司金融拓展，金融市场创新”的发展战略，做好城市农村区域联动、批发零售板块联动、表内表外业务联动、线上线下渠道联动等“四维联动”，更多依靠创新与转型推动盈利可持续增长，加快培育更具特色的竞争优势。

【“三农”金融】2016年，推进“三农”金融改革，与同业错位经营，重点对接新型城镇化、农业现代化，优先支持行业、民生产业、新兴产业，积极而已民生行业、新闪产业、科技产业链及新三板企业，重点培育具有高成长性的优质小微企业及高科技小微企业，对接“紧密型”政府合作平台和“小微企业风险补偿金”政策，提高政银合作成果转化效率。以消费信贷作为城市零售业务的增长基础，拓展线上线下渠道，抢占作为金融市场制高点的城市主战场。

【风险防范】2016年，巩固夯实风险合规工作在银行经营管理中的核心基础地位，发挥前中后台联动作用，建立健全风险管理、资金案防、内控管理、监督检查机制，实现风险合规向标准化、科学化、习惯化演进。

中国人保财险零陵支公司

【概况】2016年，紧紧围绕省、市分公司年初工作会议精神，坚持“加快改革创新力度、继续保持稳健增长、更加注重价值创造”工作主基调，强化市场对标管理遵循“短期有效、长期有利”的工作原则,坚持“算着干”的经营方法，各项工作取得新进展。截至年底，全区累计完成保费收入6596.26万元，同比增长22.34%；综合成本率为86.64%，同比上升6.24个百分点；综合赔付率为59.1%，同比上升3.35个百分点；综合费用率为27.54%，同比上升2.89个百分点；未决赔款准备金净额2053万元，净增195万元。

【业务发展】2016年，加快销售体系改革，强化市场对标管理，全面提升续保力、转保力、新增力和渗透力；着力强化差异化经营、精细化管理、专业化服务、团队化建设；加大刚性考核力度，坚持“效益优先、依法合规”的经营理念不动摇。截止12月底，车险实收保费3303.6万元，同比增长26.75%；农险实收保费1574.58万元，同比增长7.90%；财产险实收保费236.33万元，同比增长30.75%；船货险实收保费8.28万元，同比增长53.33%；责信险实收保费实收保费405.36万元，同比增长17.11%；意健险实收保费294.85万元，同比增长2.34%。新农合补充意外伤害保险实收保费766万元，同比增长23.15%。

【服务三农】2016年，在零陵区开办水稻、玉米、杂交水稻制种、油菜四个农业保险品种，为15个乡镇（办事处）近10万农户参保，提供30285.39万元农业保险保障。面对干旱及病虫灾害，积极配合区委、区政府开展抗灾救灾工作，共计派车176车/次、派人385人/次，赔付水稻保险灾害赔款738.18万元，赔付杂交水稻制种244.35元，赔付油菜14.33万元，全区受益农户达13847户。加强与政府及职能部门的沟通汇报，共同营造农业保险依法合规经营的良好外部氛围。加大农业保险宣传工作力度，发放宣传手册、挂图、横幅、墙面广告、宣传车和《致全市农户的一封信》。加强服务能力的提升，已在全区设立三农营销部1个、三农保险服务站15个，村级三农保险服务点514个，聘请乡镇兼干和信息员、村级协保员共544人。大力推动三农保险网点的建设，加大对三农保险基层服务人员的培训力度和考核力度，将考核结果同工作经费及兼干所在相关部门的工作考核挂钩。

【业务拓展】2016年，按照“专业的人做专业的事”工作思路，分别成立车险、商业非车险、农险和营销专业化团队。成立车商业务团队，新拓展8家车商、2家综合修理厂，新增保费350万元。成立续保业务团队，设立续保专员和二促专员，加强续保管理，利用营销管理平台，按流程进行续保业务追踪和竞回业务落地工作。成立团车业务团队，强化与旺达、湘运、公交、砼业团车单位的合作，实行专人专管，负责提供承保、理赔服务，并设立考核机制，确保份额稳中有升基础上，先后竞回嘉信、宏兴、环卫团车业务。在深化团队化管理的同时，运用车险销售费用差异化配置，在上级公司配置的车险销售费用额度内，匹配与市场相应的销售费用标准，引导各团队发展优质业务和转入业务。通过设置非车险业务团队及中介业务团队，加大与重点客户、重点渠道的维护和拓展。推行个代营销业务团队化管理。依据上级公司个代营销员管理“基本法”，结合零陵营销队伍实际情况，制订《零陵支公司个代营销管理实施要点》，将全体营销员全部纳入团队管理，通过明确职级、考核奖励办法，规划营销生涯，消除营销员顾虑，稳定营销队伍。

科技·教育·文化

科　技

【概述】 2016年5月，零陵区实施机构改革，撤销零陵区科学技术局与零陵区经济信息化委员会，组建为零陵区科技和经济信息化委员会，加挂零陵区知识产权局牌子，为零陵区人民政府工作部门。同时，将原零陵区科学技术局（零陵区知识产权局、零陵区地震局）的职责、原零陵区经济信息化委员会除国民经济运行调节职责之外的其他职责、原零陵区二轻事务管理办公室承担的国有资产管理和行业管理等职责划入零陵区科技和经济信息化委员会。撤销原零陵区科学技术局下属全额拨款股级事业单位零陵区生产力促进中心；撤销零陵区二轻事务管理办公室，设立零陵区工业企业改制服务办公室，为零陵区科技和经济信息化委员会归口管理的过渡性事业机构，主要承担原零陵区国有工业企业改制的相关事务和离退休人员管理服务工作；归口管理公益一类事业单位：零陵区新型墙体材料改革和散装水泥管理办公室、零陵区电力行政执法监察大队。区科技和经济信息化委员会内设10个股室，行政编制26名，其中：主任1名，副主任3名，纪检组长1名，总工程师1名；机关后勤编制2名。

【科技项目申报】 2016年，零陵区共组织申报市级以上科技项目14项，其中：永州职业技术学院的《永州双牌虎爪姜的脱毒提纯、快繁技术研究》《极濒危地域物种—曲茎石斛的抢救与繁殖》在省里立项，共获项目资金30万元；湖南时代阳光药业股份有限公司的《儿童专用药“小儿扶脾颗粒”大品种培育关键技术研究》省里立项，获项目资金100万元；永州市异蛇科技实业有限公司的《湖南省珍稀蛇类繁育及产业化工程技术研究中心》争取省级资助资金50万元；市级项目立项6个，项目资金共25万元。与此同时，认真抓好到期科技计划实施项目结题工作，全年组织省级项目验收4项。

【科技成果】 2016年，共有6个项目单位获永州市科学技术奖和技术发明奖。其中：永州市职业技术学院、永州伊园科技有限公司、永州市林业科学研究所的《油茶新品种引种栽培、筛选及丰产栽培技术研究》和湖南时代阳光药业股份有限公司的《儿童专用药小儿扶脾颗粒的升级研究》获永州市科技进步一等奖，永州职业技术学院、永州臻兰生物科技有限责任公司的《永州铁皮石斛组培快繁及人工栽培研究》和双牌县东顺农业开发有限公司、零陵区农业委员会的《山区再生稻隆两优华占机收高效栽培技术研究与应用》获永州市科技进步二等奖，湖南省烟草公司永州市公司零陵区分公司《烟草APP零售终端服务平台研究与应用》获永州市科技进步三等奖；永州市异蛇科技实业有限公司、永州异蛇生物研究所的《尖吻蝮（蕲蛇）精深加工及产品研发应用》获永州市技术发明奖一等奖。

【科技宣传与科技交流合作】 2016年，零陵区科技和经济信息化委员会紧紧围绕“大众创业、万众创新”，营造科技创新社会氛围，优化科技创新政策环境。全年共组织人员参加省、市举办的知识产权培训、高新技术研讨2次；结合社会主义新农村建设工作，于5月14—21日举办以“创新引领共享发展”为主题的科普宣传周活动。此外，联合相关部门开展了“科技三下乡”、“全国科普日”活动，并注重加强日常科普宣传。2016年，共展出科普宣传挂图30块，发放各类科普资料近2万（册），接受科技咨询100余人次。大力加强培训力度，2016年，共举办知识产权培训、农村实用技术培训4期，并组织区内3家企业参加湖南省创新创业大赛。

【科技服务体系建设】 深化与高校院所的产学研合作。支持湖南时代阳光公司与湖南中医大学、永州异蛇科技实业有限公司与中南林业科技大学进行深层次合作，实现产学研同步发展；搭建农村科技创新服务体系。通过整合现有农业信息网、农村远程教育网和科技信息“户”联网等信息资源，形成农村科技服务体系，以12396星火科技服务中心为基础，搭建信息服务平台、农副产品供求信息平台、科技咨询和服务平台。进一步加大科技特派员推行力度，采取现场讲解、示范指导、入户面授、集中培训等形式，把科技渗透到千家万户，使农民在最短的时间内掌握先进的农业实用技术。

【知识产权与创新平台】 2016年，实施知识产权强区战略，组织开展“4·26”世界知识产权日系列宣传活动，深入厂矿企业、科研院所，采取多种形式宣讲知识产权法律法规、基本知识。同时，配合永州市知识产权局开展企业专利清零行动和专利执法活动。2016年，全区共申请国家专利267件，其中获得授权132件；发放专利资助资金8万元；开展专利执法10次，查处假冒专利案件14件。目前，全区共有省级工程技术研究中心3家，市级专利试点企业1家。

【防震减灾】 零陵区地震局成立于2009年8月，与零陵区科技局合署办公。2016年，零陵区地震局结合送科技下乡活动、科技宣传活动周、5·12防震减灾日开展防震减灾宣传活动；同时，积极做好建筑工程项目抗震设防备案工作。加强应急救援工作。2016年7月31日17时18分，广西梧州市苍梧县发生5·4级地震，零陵区部分乡镇有轻微震感，区地震局得知后立即向区政府汇报震感，并迅速做好相应应急处理。

教　育

【概况】 区教育局是区人民政府工作部门，主要负责全区教育发展规划的拟定、实施，教育经费的筹措、管理和使用；管理并指导全区中小学、幼儿园的教育教学；管理和服务4300多名教师工作。区教育局内设业务股室设有19个，设有下级机构2个，即招生考试中心、电教教研中心。2016年，在职工作人员100人，离退休干部职工74人，干部职工72%具有大学本科以上学历。

2016年，全区共有公办学校77所（其中义务教育阶段学校73所，高中阶段学校4所；不包括村小、教学点），民办学校13所（其中小学9所，九年一贯制4所），幼儿园174所（其中公办幼儿园32所，民办幼儿园142所）；现有教职工4512人，在校学生74823人（其中小学46665人，初中17236人，高中5274人，职高5648人），在园幼儿18516人。另外，湖南科技学院、永州职业技术学院、永州电大和在建的永州幼儿师范高等专科学校4所高校和永州一中、永州特殊学校驻在零陵区，全区形成了学前教育、基础教育、职业教育、特殊教育、高等教育体系完备、竞相发展的教育格局，是全市的教育文化中心。

【全区议教】 2016年，坚持教育优先发展战略，把教育当成最大的民生，将“教育优先”列为全区“三项优先”发展战略之一，打造“学在零陵”品牌，办人民满意教育。2016年，区委常委召开议教会议6次、政府常务会议召开12次研究教育工作。研究教育经费投入、城区学位建设、教育设施建设、教师队伍建设、教育综合改革、义务教育均衡发展等多项教育发展重大问题；制订出台《零陵区建设教育强区规划纲要（2013—2020）》《零陵区义务教育均衡发展规划》《永州市零陵区乡村教师支持计划（2016—2020年）实施细则》《零陵区城区学位建设三年行动计划》等系列文件，为教育改革发展提供强力的政策支持。

【高考工作】2016年，全区3467人参加高考（含市直学校生源），比2015年增加167人，一、二批本科上线952人，比2015年减少176人，一、二本上线人数居全市第三，一、二本上线率居全市第八。

【职业教育】2016年11月13日，永州市工商职业中专被评为“永州名校”和湖南省“黄炎培优秀学校”，并入选“湖南省卓越职业院校”项目建设单位，工商中专作为全市唯一的中职学校被教育部评为“2016年全国国防教育特色学校”。工商中专学生参加国家、省、市技能比武，获得市级一等奖14个，省级一等奖1个，三等奖10个，国家级二等奖1个。文明风采：市级一等奖35个，二等奖52个，三等奖46个；国家级二等奖1个，优秀奖2个。教师参加各类竞赛，获得国家级二等奖1个，省级一等奖2个，省级三等奖3个，市级一等奖3个。永州市工商职业中专被评为“永州市中等职业学校技能抽查先进单位”和“永州市中等职业学校技能竞赛先进单位”。2016年工商中专本科录取130余人，秋季招收新生2216人，推荐就业1013人，学生就业率100%，对口就业率为89.37%。

【项目建设】2016年，实施学前教育推进工程，投入1430万元，完成梳子铺乡中心幼儿园、黄田铺镇中心幼儿园、菱角塘镇中心幼儿园、珠山镇中心幼儿园及凼底乡涯次渡完小公办幼儿园的建设，秋季全部交付使用。投入563万元，完成8所农村教学点合格学校建设项目的改建，进一步实施“全面改薄”工程，投入1853万元，完成凼底中学、富家桥阳河完小等17所薄弱学校改造，改善农村薄弱学校的办学条件。加快推进城区学位建设，投入1.9亿元，新建七里店小学、改扩建神仙岭小学和中山路小学、改造原零陵商校为荷叶塘学校，完成5600个城区学位建设任务。进一步改善农村寄宿制学校的寄宿条件，投入资金400万元，为农村30所寄宿制学校配置热水洗浴设备27套、节能灶5套。投入资金7706万元，对城区高中学校的债务进行化解，2017年春节前化债资金全部拨付到债权人账户，减轻高中学校的办学压力。投入1391万元，改善农村中小学校和城区工商职业中专的办学条件。投入资金4099万元，完成中小学校图书、饮水设备配置及班班通、电脑教室、校园网络等信息化建设，实现中小学校“三通二平台”建设目标，为创建湖南省现代教育技术实验县区做好准备。

【廉政建设】2016年，认真落实中央改进作风八项规定、省委九项规定、市委十项规定和区委有关作风建设规定，积极开展纪律教育。把监督执行中央、省、市、区有关作风建设规定作为经常性工作来抓。组织部分党员干部观看《邓小平登黄山》，以学校为单位组织全体教师观看《作风建设永远在路上》等警示教育片。利用典型案例，对党员干部进行廉政教育、警示教育。深入推进监督检查工作。加强对重点领域、重点环节、重点岗位的监督，6月起，全区中小学教师实行打卡上班，集体坐班制度，推行师德师风建设一票否决制。查办教育“三乱”违纪案件及“四风”问题，全年共立案12起，结案10起，给予党政纪处分12人，对相关责任人诫勉谈话6次，约谈24人次。严格执行廉洁自律各项规定，加强《廉洁自律准则》执行情况检查，整治领导干部违规收受礼金等问题；严格执行“三重一大”事项监督制度，建立和完善党员干部重大事项报告、礼品登记等制度。

【教师管理】2016年，全区招聘录用教师248名，通过考试选送100名高、初中毕业生到高校免费定向培养，为教育储备力量。制订并实施《零陵区乡村教师支持计划(2016—2020年）实施细则》和《零陵区义务教育学校校长教师交流轮岗实施方案》，科学、合理、有序地组织校长教师交流轮岗，全区共交流校长13人，交流教师450人，促进教师的均衡配置，促进教育的均衡发展，为迎接省两项督导评估和国家义务教育均衡发展县区评估打下坚实基础。严把教师入口关，坚持持证上岗。全年春秋两次共办理、发放教师资格证121本，严格教师资格证管理，组织全区4200余名教师完成教师资格证首次注册工作。完善校长考核方案和培训模式，选送12名年轻优秀校长到上海四所名校挂职锻炼，学习先进管理经验和育人理念，提升学校管理水平。组织推荐3名优秀校（园）长参加市第二批名校（园）长评选，2名校长成功入选，制订《零陵区名校（园）长评选方案（试行)》，评选出4名首届区级名校（园）长，引领着零陵教育发展。

【安全管理】加强安全宣教，开展形式多样的安全生产宣传活动，增强师生的安全意识；开办分管安全生产的副校长、民办学校校长、幼儿园园长近300人的培训班，提高安全管理水平；认真组织应急演练，增强师生自救自护能力。校车安全管理。组织交通、交警、教育等部门进行校车安全营运联和督查，开展100次的常规督查，与教师、家长、司机、公司签订交通安全责任书；增购校车14台，投入300万元的视频监控系统和投入200万元的校车运营系统正式交付使用，投入40万元（学校自筹近百万元）使学校消防设施设备基本达标。开展隐患排查和整治。配合区交通运输局对校车运营线路再堪验及安全隐患排查，与食品药品监督管理局联和开展两次学校及周边食品安全专项整治，与公安局联和开展两次学校内保工作专项督查整治等等，全年没有发生重大信访维稳案件。全年共发放通报6期，下发各类整改函72件，所有需整改的问题基本得到落实。创先争优工作。零陵区7所学校获2016年市级安全文明校园，1所学校获省级安全文明校园，零陵区获湖南省平安校园建设先进县市区立项县区；区教育局分别获2016年零陵区安全生产工作先进单位、综合治理工作先进单位、食品药品安全监管工作先进单位等荣誉。

【校园文化】2016年，制订《零陵区校园文化建设实施方案》和《评价细则》在全区中小学开展“一校一品”的校园文化建设活动，各校通过校园文化特色建设、班级文化建设、学校艺术活动和阳光体育活动、书香校园活动的开展，营造浓厚的校园文化气息，全面提升学生素质，提升学校管理内涵，徐家井小学把讲规矩、守秩序、重感恩的“井”文化做为校园文化；黄古山小学把正直、有气节、有骨气的“竹”文化做为办校特色；杨梓塘小学的国学文化和神仙岭小学的廉洁文化独具一帜，受到上级领导和社会各界的好评。

【课堂教学改革】零陵区教研室按照补齐教研短板，提升教师综合素养，促进教育质量均衡发展的原则开展教研教改工作，成效显著。2016年9月，教研室在全区中小学中招聘了53名兼职教研员，充实教研队伍；分组分学科开展调研，共同编写《零陵区初中毕业学业水平考试质量分析报告》，为整体提升初中教育质量打下坚实的基础；5—12月，开展“三优”下乡活动，促进城乡教育质量的均衡发展；优质教育科研成果下沉基层学校，全年下校开展教育科研专题讲座6次，并将“十一五、十二五”的教育科研规划课题的优先成果，推广到全区的中小学。

永州三中

【概况】永州三中始创于1914年，1981年定名为永州市第三中学，1982年被评为零陵地区首批重点普通高级中学。学校现有校园面积220公顷，绿地面积55549平方米，校舍面积96225平方米。2015年下期，教学班级69个，在校学生4413人，教职工261人。2016年上期，教学班级69个，在校学生4315人，教职工268人。教师学历结构合理，其中研究生学历20人，本科学历233人。职称结构合理，其中高级教师78人，中级教师109人，特级教师1人，市级学科带头人、骨干教师17人，区级学科教师带头人、骨干教师8人。学校大力加强基础设施建设、师资队伍建设、教育质量建设，高考本科上线数一直居市级示范性高中前列。先后获得“湖南省五四红旗总支（团委）”、“国家课题研究先进学校”、“湖南省中小学综合实践活动常态实施先进单位”、“湖南省学校心理健康教育先进单位”、“永州市文明单位”、“永州市科普文明大院”、“永州市志愿服务先进单位”、“永州市五四红旗团委”等荣誉称号。

【教研教改】以培养打造省、市两级骨干教师为抓手，积极实施“名师培养工程”，有计划、有步骤地培养，加速骨干教师专业化成长和发展，在骨干教师评选的人数或级别上，有了新突破，郑玉英老师被评为湖南省特级教师。学校现有省特级教师1人，中小学名校长1人，市学科带头人7人，市级以上骨干教师共20人。

【重视继续教育】2016年，共组织232人次参加市级以上培训，全校共计完成市级以上培训学时3684学时，平均每人完成市级以上培训86学时，教师参加培训率高。学校要求外出学习、考察培训的骨干教师，必须写出学习汇报材料，并利用校本培训时间对全员教师进行培训，传达学习精神，形成一人学习，多人受益的效应。

【“教学一体化”】2016年，开展为期两天的“新晋级教师汇报课”活动，新晋级高一级职称的教师面向全校开设汇报课，学校提前一周向全校师生公布开课教师名单、上课时间、评课地点。

定期举行以“基于教学一体化的课堂实践”为主题的公开教学活动，活动涉及多个学科。开课教师中既有颇具知名度的市学科带头人、中青年骨干、教学能手，也有初露头角的教坛新秀，进一步推进由“课前案、课中案、课后案”有机组合的校本“教学一体化案”在有效教学中的应用。

市工商职业中专

【概况】2016年，永州市工商职业中专被评为“永州名校”、湖南省第四届“黄炎培优秀学校”和教育部“国防教育特色学校”，并以位列全省第二的成绩入选为“湖南省卓越院校”项目建设单位。学校紧紧围绕“中国制造2025”、“互联网+”、“大众创业，万众创新”和“一带一路”国家战略，实施深化供给侧结构改革，立足全市经济社会发展和零陵区“创名城、建园区”的实际，按照“抓技能、创卓越”的理念，以“稳规模，抓管理，提质量，树品牌”为新的战略目标，不断深化推进校企合作、产教融合，强化内涵建设，优化和升级管理机制，融入国家战略和地方经济社会转型，创造出更多的人力资源红利。学校以“依法治校和建立现代职业学校制度”为统领，全面加强治理能力建设。修订和完善内部管理制度，2015—2016年学校制订和完善30个方案与制度，形成《工商职业中专制度汇编》；以领导力、执行力作为“核心素养”，全面强化队伍建设，完善《学校章程》，使学校的制度和规范深入人心，化解管理过程中“栓塞”和“瓶颈”问题。制订《永州市工商职业中等专业学校中长期发展规划》，分布实施攻坚计划，逐步建设现代职业教育体系。2016年学校继续推行平民教育的方针，实施“6S”和“准军事化”管理，加强学生技能培养和开展社会服务，对口支援，转变单纯以升学率、高端就业率等为评价指标的传统质量观实现职业教育改革红利。

【教育教学】对接地方产业，服务区域发展。坚持走校企合作之路，助推永州市“一核一群一带一圈”经济发展战略。整合资源，调整专业，建设特色专业群，实现办学与永州地区企业有效对接。机械加工制造专业群对接湖南长丰汽车零部件有限责任公司、湖南菲斯克汽车工业股份有限公司；现代信息技术专业群对接湖南弘电电子有限公司，湖南象外科技有限公司；现代艺术设计专业群对接奔腾彩印有限公司、零陵古城旅游产业。学校专业群辐射带动全市中职学校相关专业的建设与发展，并在全省相关专业起到骨干示范作用。

【专业结构优化】学校依据专业之间的共享程度和产业跨界趋势，以“适应产业链岗位需求，专业之间共享”为主体目标，修订人才培养方案。坚持以企业为主体的“三联一主体”的校企合作办学模式，努力实现政、企、校三方联动。学校与80家企业签订校企合作协议，开设“长丰汽车班”“富仕康机器人班”“鸿准模具”“鑫城锰业班”“三甲电子班”“名臣制衣班”等64个以企业为主体的定向班。学校与企业合作创办校办企业“名臣制衣有限公司”和“永邦电子有限公司”，服装、电子类专业教学实现了“学校与工厂一体，学生与员工合一”的人才培养模式。至2016年底，合作企业共投入设备2030万元，学校与企业共建研发中心5个，建立校外教师培训基地32个。2016年，市级技能抽查，合格率为100%，优秀率85%以上。毕业生共1701人，一次性就业率为100%，本地就业占39.4%，对口就业率达95.6%，就业稳定率达91.7%，毕业生月平均工资为3864元/月。

【提高教学质量】采取“双层师徒制”的教学方式和“一课一得”的理念，努力提高技能教学水平和实践动手能力。加强技能培训，开展校内技能大比武，营造“学技术、用技术、比技术”的校园氛围。以国家、省、市技能竞赛为切入点，积极选拔学生参加各类技能竞赛；邀请企业精英到学校讲课，了解前沿知识，新兴工业技能，做到精准对接市场，培养学生。2016年，湖南省职业院校中职学生技能大赛工商职业中专共有11名同学获奖，其中获得一等奖1个，二、三等奖共10个，其中邓若兰同学代表湖南省参加全国职业院校中职学生技能大赛获全国二等奖。

【开发校本教材】组织专业教师讨论，邀请企业参与和指导，精减细化专业课程。2016年，学校与合作企业共同开发《平面设计与胶印技术》《汽车零部件的数控加工》等10余门专业核心课程。编写12本校本教材，建立20门核心课程试题库，制作电子教案、多媒体课件、专业教学视频资料222GB，开展5个省级课题研究。

【加强师资培养】坚持“五大培养工程”，加强教学团队建设。通过实施“双师型教师培养”、“名师培养”、“专业带头人培养”、“骨干教师培养”、“兼职教师培养”培养专业教师。2016年，29名教师参加省级培训，67名教师参加市级培训，组织校内培训800人次。共派遣42人次专业教师到企业顶岗实践，学校现有省级专业带头人9人，市级专业带头人5人，区级骨干教师7人，校级名师培养对象76人，“双师型”教师比例占专业教师的91.2%。学校建设10个名师工作室，先后投入100万元为名师工作室配备现代办公和专业仪器设备。教师参加各类竞赛，获国家二等奖1个，省一等奖2个，省三等奖3个，市一等奖3个。教师在省级以上期刊上发表论文40余篇。

【社会培训】2016年配合区人社局、农业局开展电商培训、创业培训、企业岗前培训、大学生创业培训等共计 20期，共培训6000人次。成立技术应用与服务团队2个，名师工作室10个，计算机、服装等各种专业服务组1个。开展对外技术服务和送科技下乡，免费为城乡居民开展家电维修、计算机操作、服装裁剪与缝纫、汽车维护、培训考证等工作。

永州九中

【概况】永州市第九中学是零陵区于1984年创办的全日制完全中学，2005年整合教育资源撤销高中部，2008年8月，经市区两级教育评估，被授予零陵区“示范性初级中学”。学校位于零陵城北南津北路63号，交通便利，占地面积120余公顷，学校教学设备值501万余元，学校规划科学合理，环境优雅，教学设备设备齐全、先进。学校现有在校学生4556名，64个教学班，在职教工242人，其中高级教师33人，中级教师122人，省、市、区级骨干教师和学科带头人近50人。学校秉承“以人为本，承诺差异，发展个性，注重未来”的办学理念，全面贯彻落实党的教育方针。学校省级课题“生态式课堂的构建”获省级三等奖，省级一般资助课题《永州柳文化与中学生核心价值观整合研究》正在进行中，市级获奖课题三个。教师在各级报刊杂志发表论文100余篇，获奖论文50余篇，重点建设团队1个，各级教学比武获省市获奖60多人次。学校先后被评为永州名校、国家级示范性家长学校，英语、物理组被评为省级优秀教研组，省级五四红旗团委，教学管理先进单位，文明单位，书香校园等20多项荣誉称号。

【教师管理】坚持制度管理和人文关怀相结合，注重教师的情感需求，提升教师的主人翁意识，注重师德师风建设。学校坚持用高尚的教师培养高尚的学生，用智慧的教师培养聪慧的学生，用快乐的教师培养快乐的学生。持续强化教师纪律观念，既要办好事，也要管坏事。每期开学时，每位教师必须签订师德责任状，加大对德才兼备教师的宣传表彰力度，从严查处师德失范个别典型，严格执行师德一票否决制度。教师管理把冷的刚性管理和柔性人文关怀有机结合，既要强化制度执行，又要增强人文关怀因素，以文化积极，心灵舒展，精神充盈，生活如意为目标，关注教师健康，关注教师的生活，提升教师的福利待遇，营造有品位的工作环境，有品质的教师生活，有品格的职业尊严，激发教职工的成就感。

【安全管理】始终把安全工作放在首位，全面落实安全责任制，定期开展全校性安全检查、督促、整改，杜绝各种安全事故的发生，为全校师生创造安全的工作、学习、生活环境。开展多种形式的宣传教育，提高师生的安全意识和防范能力：在学校显要位置悬挂安全标语，利用各班黑板报和学校宣传栏定期刊出安全知识专栏，通过国旗下的讲话、主题班会等形式，向师生宣传交通、食品卫生、防溺水、防火、防震等安全知识；邀请供电所领导来校进行安全用电知识讲座，派出所、消防中队领导到校播放消防安全影像资料，使安全工作深入人心。制订安全应急预案，定期进行应急演练，提高全校师生应对危机的能力。

【课堂教学改革】学校强化“学校为主战场，教师为主力军，课堂为主渠道”的课改意识，创设“突出校园生态特征，突出教师教学特色，突出学生自主管理”的行动模式，全面推进课程改革。一边带领教师“走出去”，一边创建平台“请进来”。学校省“十二五”规划课题《初中生态式课堂教学研究与实践》获湖南省教学成果三等奖。“为学生提供适合的课程，才能为学生提供适合的教育。”学校依托省“十二五”规划课题《初中生态式课堂教学研究与实践》，把写作纳入课题研究，2009年，以省级资助课题《永州柳文化与中学生核心价值观整合研究》为依托的校本课程《走进柳宗元》，立足本土，以圣贤的济世情怀深化学生的养成教育。课程被遴选为中国教育学会“优质在线教学资源”。课程的改革呼唤课堂的转型。学校构建具有本校特色的生态课堂四环节操作模式，由“自学—互学—点拨—训练”四个基本环节构成，保证课堂教学的规范化。

徐家井小学

【概况】徐家井小学始建于1951年，2006年3月从芝山路搬迁到徐家井路，是目前全市最大的一所全日制普通小学。学校占地面积41037平方米，校舍面积23176平方米，共有4栋教学楼（80间教室），1栋科技楼，有250米的塑胶环行跑道运动场。现有101个教学班，7674名学生，教职工346人，其中特级教师1人，市级骨干教师13人，市级学科带头人4人，中学高级教师3人，小学高级教师188人，学历合格率100%，平均年龄37.5岁，教师队伍结构合理，师资力量雄厚。校园环境优美，整洁舒适，文化氛围浓厚，为儿童全面健康成长、教师快乐教书育人创设了一个宽松和谐的环境。

【教师管理】为更好的管理和树立良好的名校教师形象，提高教师队伍的整体素质，全面提高教育教学质量，学校制订和完善教师学习制度、考勤制度、办公制度、集会制度、教研制度、课程制度、集体备课制度、上课及作业批改制度、课外活动制度、家校联系制度、教师交流制度等各项管理制度。各项制度由学校各管理部门负责执行，分工明确，责任清晰，实现了学校管理制度化，管理工作常态化，教师也将制度内化于心外化于行，严格按制度规范自己的教育教学工作。

【课堂教学改革】“创新课堂教学方式方法，提高课堂教学效益，切实减轻学生课业负担”是新课程改革的基本理念。学校在规范教学行为，严格落实教学常规检查的同时，要求教师优化课堂教学，向课堂40分钟要质量。利用“课例研究”探讨新课程的教学新特点、新方法、新思路、新途径、新模式，努力做到“五个优化”：优化教学思想、优化课堂结构、优化教学方法、优化课堂的人际关系、优化师德的影响，从而提高课堂教学效益。分管领导蹲点到各年级，每周安排专人巡视课堂，并全面开展“推门课、随堂课、同课异课“等听课活动加强家长与学校的双向反馈交流，实现家庭教育与学校教育的互动，促进学生健康发展。

【教师队伍建设】针对在校学生多，教学班级多，教师缺编严重，区教育局尽力为学校补充教师，优化教师队伍结构。2016年，学校新进公开招聘和交流教师近100名，其中英语、音乐、美术、体育教师30余名，学校教师队伍的年龄结构、学历结构、学科结构日趋合理，教师队伍的整体素质有很大提高。

【安全管理】加强工作责任制度，层层签订工作责任书，进一步明确和强化工作职责机制。建立一支学校安全、综治维稳、民调工作管理队伍，树立人人都是工作人员的观念，共同做好学校安全及综治维稳、民调工作。落实定期检查制度，严格按照“及时排查、各负其责、工作在前、预防为主”的十六字方针，把检查作为做好安全工作的一个重要方面。学校政教处每月都会对学校的各项设施设备进行全面的排查，并根据排查隐患情况，及时汇报到有关的部门和上级领导，并制订出整改方案，及时进行整改。成立护校队，加强大门、楼道、围墙、校园周边环境、交通及课间和重大活动的安全管理。利用集会、国旗下讲话、学校放学时集合、班队会、家长会、家访、家校通等途径根据实际情况有针对性的对学生进行安全教育。

【校园文化建设】徐家井小学办学历史悠久，人文底蕴丰厚。2014年9月，学校通过整合零陵特色地域文化、悠久人文历史文化和先进时代文化，结合学校教育实际，创建并完善以“井文化”为核心，以“思源立品、开源成器”为校训，以“掘井及泉、盈而不竭”为学校精神，以“求知若渴、行则井然”为校风，以“大爱于心、洒甘育人”为教风，以“汲知蕴乐、明礼美习”为学风的校园文化体系，彰显学校的办学特色，提升学校的办学品位。2016年，学校进一步完善教室文化、办公室文化、花坛文化、廊道文化建设，真正发挥“墙壁说话，花草育人”的校园文化教育功能，推动校园文化建设向纵深发展。

文体新闻

【概况】零陵区文体新闻出版局为政府组成局，正科级行政单位，编制为6人，其中，局长1名，副局长3名，纪检组长1名，现有班子成员10人。下设8个单位：文物管理所、全民健身服务中心（副科级全额事业单位)、文化馆、图书馆、柳宗元纪念馆、文化艺术团、电影放映管理站和青少年儿童业余体校。除文物管理所外，其余均为全额拨款事业单位。2016年，启动体育馆全面维修改造工程，完成维修改造设计，工程总造价约1450万元，已报区委、区人民政府审定。

【思想作风】2016年，深入开展“两学一做”学习教育活动，注重“学”与“做”相互结合，融会贯通，取得初步成效。党员干部按照党员标准规范言行的自觉性不断提高，理想信念，政治意识、大局意识、核心意识、看齐意识进一步增强。风清正气，勇于担当的作为进一步树立，在推动全面从严治党向基层延伸、保持党的先进性、纯洁性方面均有改观，主动性、积极性明显提高。

【体育彩票发行工作】2016年，全力抓好体育彩票的销售工作，通过一手抓管理，一手抓服务，进一步落实责任，明确分工，通过采取加强宣传、扩大网点建设，体育彩票销售大有起色。全区68个销售点全年销售总额为1690万元，收到较好经济效益和社会效益，为体育事业的发展提供经费保障。

【全民健身工作】2016年，协助承办“三·八”工间操赛、“五·一”乒乓球赛、端午节龙舟赛、“七·一”羽毛球赛、“十·一”篮球赛、老年人门球赛等全区性的大型全民健身活动，经常性参加锻炼人数和开展全民健身活动排名全市前茅。实行免费、低收费开放了体育馆主场馆和部分副场馆，提升体育馆运营能力和公共服务水平，满足人民群众日益增长的体育健身需求。

群众文化工作

【概况】区文化馆建于1982年，馆舍面积500平方米，系区人民政府设立的公益性事业单位，由区文体新闻出版局主管。2016年，共有干部职工12人。其中专业人员11人，非专业人员1人。内设办公室、群文辅导部、群文创作部、群文活动策划部、非遗保护工作办公室共五个工作部门。设置音乐、舞蹈、美术、书法、摄影、非遗保护、群文管理、财务、档案管理等岗位。区文化馆是全民艺术普及、为公众提供免费文化服务、传统文化保护。业务范围为组织开展群众文化活动，生产文艺作品，开展群众文化辅导、培训，举办展览、讲座，开展群众文艺理论研究和非物质文化遗产保护等工作。区文化馆加大免费开放力度，将全部活动场地常年对外免费开放，每周免费开放50余小时，全年接纳群众3000余人次。另外，立足实际，采取集中培训和随到随学相结合的方式，开办书法、美术、舞蹈、器乐等培训班8期，培训学员400余人。8期培训班中，有2期是为未成年人和老年人举办的专班。举办艺术知识讲座2期，惠及群众近百人。

【文艺作品创作】2016年，零陵区文化馆业务人员创作音乐、美术、书法、舞蹈、小品等作品30余件。舞蹈《江雪》于8月7日参加“欢乐潇湘”大型群众文艺汇演市复赛获一等奖，《当家作主享幸福》入选由湖南省文化厅主办、湖南省文化馆承办、湖南省音乐家协会协办的“我们都来跳”社会主义核心价值观湖南省原创广场舞歌曲，并编排广场舞向全省宣传推广。《亲亲的老家》、《铭记不忘》等10余件作品在《歌曲》、《军营文化天地》、《音乐教育与创作》等省级以上刊物、媒体发表、演播。

【群众文化活动】2016年，组织开展各类大型群众文化活动10余场次，组织队伍多次参加各级各类比赛，极大地丰富群众文化生活，为广大市民送上丰盛的精神文化食粮。3—12月间组织开展10场“百姓月月乐”广场文化活动；2月4日，组织实施零陵区2016年春节联欢晚会；2月22日，组织实施零陵区“喜闹元宵”舞龙舞狮比赛；6月22日，组织参加永州市庆祝中国共产党成立95周年“红旗颂”大型群众合唱比赛，零陵区代表队获二等奖，文化馆获组织奖；8月9日，组织13名选手参加永州市第七届少儿音乐舞蹈大赛，获1金1银7铜，文化馆获组织奖；11月3日，组织排练广场舞《梦幻羌寨》参加湖南省“欢乐潇湘”第六届全民广场舞大赛永州市选拔赛暨永州市“幸福跳起来”广场舞复赛，获银奖。

【辅导培训】结合“百姓月月乐”广场文化活动、“欢乐潇湘”大型群众文艺汇演、少儿音乐舞蹈大赛和重大节庆活动等，积极组织业务人员深入企业、学校、乡镇、办事处、区直单位、文艺团体等开展免费辅导培训100余次，惠及群众3000余人。另外，组织本馆4名舞蹈专干参加永州市“湖南省原创广场舞”教练员培训班。

【非物质文化遗产保护】区文化馆克服诸多困难，加强非物质文化遗产保护工作。加大传习力度。每周开设传习课程4小时，全年开课200余小时，吸纳群众40余人。加大展演力度，场文化活动、下乡等演出15次。加大宣传力度，6月11日，结合全国第十一个“文化遗产日”，在安康广场举办宣传、展览活动。通过制作展板、发放资料、出动LED宣传车、悬挂横幅、现场讲座等形式，运用视频、音频等手段生动地宣传非物质文化保护法规、保护的重大意义以及全区近几年来非遗方面取得的成效。活动期间，共制作展板120m，发放宣传资料10000份，流动宣传8小时，悬挂横幅20余条。开展非遗进景区，全年组织非遗项目在传统节假日中进周家大院景区、柳子文化景区、萍洲书院景区演出10余次，丰富景区的文化内涵。加大传统曲目保存力度。利用录音的方式整理、保存传统曲目《三姑记》《薛仁贵》《杨六郎斩子》。广泛开展对外交流活动，7月18—19日，编创零陵渔鼓节目《古情古韵古零陵》赴省城参加“渔乡鼓韵”2016年首届湖南渔鼓汇演；9月9日至12日，组织零陵渔鼓节目《拆迁》参加“紫菱杯”第二届全国“鼓书”观摩交流座谈会及湖南常德·全国“鼓书”优秀节目学术观摩展演。

【文化志愿者活动】2016年，区文化馆文化志愿者群文服务分队的10余名志愿者深入群众文化活动第一线，深入农村开展文化志愿服务活动30余次，收到了良好的社会效益。文化馆杨斌峰被评为全省“星级文化志愿者”。

文化艺术

【概况】区文化艺术团位于零陵区正大街157号，是全额财政拨款的事业单位，以作好戏剧文化服务为宗旨。主要业务范围是筹划大型文艺晚会、舞台装置、舞美装璜，戏曲辅导。

2016年，挖掘、整理编排传统零陵花鼓戏戏曲联唱1个，共创作排练小品4个：《家有贝贝》《回家》《家有女儿是福》《扶贫记》，其中《回家》参加零陵区2016年春节联欢晚会，《扶贫记》代表零陵区参加全省“欢乐潇湘和美永州”群众文艺演出。

【送戏下乡】2016年，为进一步做好“演艺惠民、送戏下乡”惠民工程，年初组织编排一台集小戏、小品、器乐、舞蹈等于一体的综合节目，利用流动演出车，跑遍全区16个乡镇、街道办事处。克服困难，响应政府文化精准扶贫要求送戏下乡到岭尾村等7个偏远贫困乡村进行宣传演出，完成演出60余场。

【非物质文化传承保护】为结合零陵历史文化名城的保护和文化旅游景区与零陵旅游业紧密相联，加强零陵花鼓戏的展示，实现零陵花鼓戏保护传承和文化旅游的有机结合。大力推广零陵花鼓戏。作为湖南花鼓戏六大流派之一的零陵花鼓戏，区文化艺术团是零陵区唯一的传承单位，中心积极参加省里关于花鼓戏的艺术研究和项目申报工作，组织单位骨干参加省“花鼓戏声腔音乐编曲人才培养”交流学习，培养戏剧编剧，导演人才，组织人员参加永州市首届戏剧研修班进行培训学习。积极做好国家艺术基金项目的申报工作、申报省级小型舞台艺术作品专项扶持资金项目及省级非物质文化遗产代表性项目补助费申报书、配合全省申报“全国地方戏曲剧种普查工作”。收集、整理《小砍樵》《雕龙宝扇》等优秀传统零陵花鼓戏，完成零陵花鼓戏传统戏曲串联《零陵花鼓戏戏曲联唱》。其中传统小戏《小砍樵》正紧锣密鼓地整理复排中。在零陵区老年大学开办零陵花鼓戏兴趣班，对零陵花鼓戏进行推广传播。

【传承发展】为更好的传承和发展零陵花鼓戏，贯彻落实中央《关于支持戏曲传承发展的若干政策》的指导思想，招收新学员编制，将剧团纳入全额拨款事业单位，纳入公益(一类)性质的零陵花鼓戏保护传承中心，专门从事零陵花鼓戏的艺术研究、保护、传承和展演工作。

柳宗元纪念馆

【概况】柳宗元纪念馆成立于1985年5月，1986年对外开放，占地面积1公顷，建筑面积4000平方米，现有工作人员9人，内设5个职能部门。

纪念馆依托古代建筑群柳子庙，以建设“社会主义精神文明阵地、爱国主义基地、柳学研究园地和展示永州古今文明窗口”为宗旨，坚持保护和利用相统一，坚持宣传和教育相结合，面向社会生动活泼地开展以陈列展览为中心，以爱国主义教育为主题，向社会传播科学文化知识，向人民群众进行历史唯物主义、爱国主义和革命传统教育，在物质文明、政治文明、精神文明建设中取得丰硕成果。2016年，被湖南省评为“文明旅游先进单位”；被零陵区文体新闻出版局评为“优秀单位”“先进基层党组织”。

2015年10月，落实关于免费开放“(零陵人民游零陵)”的各项制度和安全应急措施，向社会公示服务项目、开放时间、参观须知等，对参观游客进行登记，自免费开放以来各项工作安全有序。

【清明祭柳】2016年，举办清明祭祀柳宗元活动，400余人参加祭祀仪式。市柳宗元研究学会原会长蔡自新主祭并宣读祭文，湖南科技学院马列学院学生和柳子中学学生分别朗读《小石城记》《雨晴至江渡》《零陵春望》等柳文，表达永州人民缅怀先贤的诚挚感情。

【项目建设】2016年，为更好地推介永州历史文化、柳宗元纪念馆对柳宗元陈列展览进行改造升级工作，并与湖南省中诚设计装饰有限公司签订柳子庙文物展示工程设计方案项目，此设计方案已报送国家文物局，并获通过。向国家文物局申报展示工程资金，以及申报柳子庙消防、安防整改工程方案。

文化市场

【概况】2012年1月，成立永州市文化市场综合执法局零陵分局，为正科级事业单位，实行双重管理，以区管为主，设局长1名，副局长2名，工会主席1名。同年6月，设永州市文化市场综合执法局，零陵分局为市局派出的正科级事业单位，2012年8月，零陵分局成建制上收市局。2016年，零陵区共有互联网上网服务营业场所48家，歌舞娱乐经营场所11家，游艺经营场所4家，艺术品经营单位3家。

【网吧整治】以严厉打击违规接纳未成年人上网为重点，对网吧场所进行多次治理整顿。加强对网吧经营场所的管理，共举办法律、法规等培训4次，同网吧营业者签订遵纪守法责任状，针对网吧经营特点，确定早中晚和节假日为重点检查时段。2016年，开展网吧集中整治行动3次，全年日常检查出动1230余人次，查处网吧违规经营43家次，整治行动中突出“严管重罚敢碰硬”的特点，对5家接纳未成年人的网吧给予停业整顿30天的行政处罚。

【扫黄打非】根据上级统一部署，认真制订“扫黄打非”专项整治实施方案以及出版物市场专项整治方案、“双打”工作方案、创文市场组集中整治月工作方案、校园周边整治等专项工作方案，并组织开展清源、秋风、净网、剑网等各项专项整治活动。以查处非法音像制品为重点，开展音像市场和出版物市场专项治理整顿工作。共组织音像市场和出版物市场专项检查5次，检查经营场所120余家次，收缴盗版车载CD光盘1000余张，收缴非法广告1200余册；共取缔非法流动书摊5个，查处非法出版单位2家、违规经营书店5家、无证经营音像店3家、违规经营音像店2家、违规印刷厂3家、邮政报刊亭1家，取得开展创建省级文明城市和出版物市场专项整顿工作的阶段性成果。

【校园周边环境整治】针对未成年人自制力差的特点，同教育部门在学校开展“远离网吧珍惜年华”宣誓签名仪式和“远离网吧从我做起”的主题教育活动。向社会公布文化市场举报电话，跟踪报道专项整治行动动态，以此赢得全社会对网吧、游戏厅以及新闻出版市场管理工作的理解和支持，对违规经营者形成强大的震慑力量。2016年高考、中考期间，共查处非法经营单位12家，确保高考期间校园周边文化环境规范有序。结合文化市场“法制宣传周”等活动，在区主要街道和学校周边悬挂大幅标语，在学校门前、街头设立宣传咨询服务台，向过往群众、学生、家长散发宣传资料，答复群众咨询，现场接受群众举报。

青少年儿童业余体育运动

【概况】区青少年儿童业余体育运动学校为永州市零陵区文体新闻出版局所属的正股级公益一类事业单位，2016年，在职干部职工15人。

主管全区业余训练、青少年儿童体育竞赛和学校体育工作，对区业余体校各训练网点实施具体指导；负责制订业余体校竞赛计划和竞赛规程，指导、协调、监督有关部门办好省、市青少年各项体育竞赛，为省和市体校选拔培养、输送后备人才；指导学校重点抓好《国家体育锻炼标准》的实行，传统项目学校建设和“0714”工程的实施；研究制订全区竞技体育发展规划，负责运动项目设置和分类管理，负责制订全区综合性运动会和竞技体育项目的单位体育竞赛计划、竞赛规程，指导单位体育协会、俱乐部的业务工作，综合训练情况，督促、检查训练计划和训练质量。

【竞技体育成绩显著】2016年，以积极备战湖南省第13届省运会为抓手，重点抓竞技体育训练工作。全区60多名运动员参加全国锦标赛、湖南省常规赛跆拳道、摔跤、举重、游泳、赛艇、射击、体操项目的比赛，取得显著的成绩。

卫生计生

卫　生

【概述】区卫生局和区人口计生委2015年底合并，更名为零陵区卫生和计划生育委员会。内设机构有13股、3室、1会。有政工与宣传股、政策法规股、综合监督股、财务股、基层卫生股、疾病预防控制股、医政医管股、药物政策与科技教育股、妇幼健康服务股、流动人口计划生育管理股、计划生育基层指导股、计划生育家庭发展股、会计中心、规划信息股、卫计委办公室、计生协会办公室、委纪检监察室、红十字会。

【改革攻坚】2016年，是区卫计改革攻坚的一年，根据国家、省、市安排，区卫生计生各项改革工作向纵深推进。先后相继出台《关于加快全区医疗卫生事业改革发展的实施意见》《关于加强床位建设和乡镇卫生院标准化建设三年行动计划》《零陵区社会事业发展战役实施方案》，明确提出加快“健康零陵”建设的发展战略，并确定具体发展目标、任务、措施等。2016年区委、区政府加大公立医院改革的支持力度，安排近一千万元支持医改，重点解决公立医院实行药品零差率的财政补贴、医院贷款贴息、离退休人员的生活津补贴、中医发展基金、门诊提标费用等，确保医改顺利实施。2016年9月，正式将新农合管理经办职能整体划至人社局，实现城乡医保统筹和机构合并平稳过渡。将司马塘社区、大西门社区、黄古山社区三个社区公房整体移交区卫计委，建设社区卫生服务站，落实区妇幼保健和计划生育服务中心整体搬迁选址。12类46项基本公共卫生服务覆盖全区城乡居民，对全区所有医务人员建立了医德医风考评档案。

【警示教育强化】2016年，区卫计委成立党风廉政建设领导小组，落实中央八项规定和省委九项规定，查处违反医疗卫生行业“九不准”行为，持续开展“四风”突出问题专项整治和监督检查工作和省委巡视组交办的问题的整改落实。加大案件查处力度，接受群众举报线索6件，上级交办问题8件，截止2016年底全部办结。

【医药卫生体制改革】2016年5月，各乡镇办事处整合资源成立卫生和计划生育办公室、妇幼保健计划生育服务站。2016年3月15日，永州市第四人民医院和区中医医院正式启动公立医院改革，实行药品零差率。2016年6月，区妇幼保健计划生育服务中心纳入公立医院改革范围。2016年开始，基层卫生专业技术人员招聘工作由区卫计委负责组织实施。

2016年，在全区乡镇卫生院和社区卫生服务中心开展以“院容院貌、室容室貌、仪容仪貌”为主要内容的“三容三貌”整治活动，严厉整治脏乱差现象和不规范行为，塑造卫生系统的“窗口”形象。全区109家个体诊所、门诊部落实医疗废物集中处置。乡镇卫生院、社区卫生服务中心、村卫生室组织签订医疗废物集中处置合同，由区财政拨付25万元作为医疗废物集中处置的经费保障，确保全区医疗废物集中处置全覆盖。对全区389家村卫生室开展全方位不留死角的集中整治行动，严格标准，对不合格、不规范的5家村卫生室进行严格整顿和处罚，经过整改，村卫生室规范建设明显改观。查处无证行医10家，移送公安机关的非法行医案件5起，取缔非法行医4家，没收器械10件，药品15箱。全年共受理群众信访举报14件，办结14件；查处医疗卫生方面损害群众利益案件2起，给予纪律处分7人，给予免职、通报批评、扣发绩效工资等组织处理11人；查实乱收费金额127多万元，深入开展医疗卫生领域仅商业贿赂专项整治，对医务人员建立医德医风考评档案，全区医务人员主动拒收红包礼金16290元，主动上缴红包礼金51万余元；核查过度医疗违规费用及药品加成101万余元。

【爱国卫生】 2016年，区爱卫办被评为2016度全市爱国卫生工作目标管理先进单位。3月17日，在区委党校举办一期“永州市零陵区2016年病媒生物防制专业技术培训班”，邀请省疾控中心病媒生物防制专家龙浩宇教授现场授课。参训人员有省、市驻区单位，物业管理小区、医院、学校、市场管理、办事处（社区）、乡镇等单位的除“四害”具体操作人员140余人。印发防制知识手册6000多本，制作除“四害”宣传栏200多期。4月11日与长沙高德生物科技公司于在黄古山安康广场举办了一期“2016年永州市零陵区第28个爱国卫生月主题活动”，活动共投入资金1万余元，制作宣传展板13块，发放宣传资料1万份，发放灭鼠毒饵500公斤，灭蚊药片5000瓶，灭蟑饵剂5000小包，受益群众达8000余人。开展卫生集中整治。制作宣传栏320块、板报213块、条幅108条，印发病媒生物防制宣传资料2.3万份。

卫生创建有成效。2016年，筛选一批基础设施较为完善，群众卫生素质较高的单位和乡镇、村开展卫生创建工作，成功创建邮亭圩镇省级卫生镇，创建省级卫生村6个，市级卫生村35个，市级卫生单位2个。

【传染病防控】 2016年，全区无甲类传染病报告，11月17日，共报告乙丙类传染病25种2556例，死亡12例，报告发病率为470.94／10万，死亡率为2.56／10万，报告发病数比2015年同期下降0.55%，死亡数下降33.3%。其中甲类传染病报告0例；乙类传染病共报告19种1160例，死亡12例。总报告发病率为213.73/10万，死亡率为2.21/10万，病死率为1.03%，与2015年同期相比乙类传染病总报告发病数下降16.61%，报告死亡数下降33.33%。丙类传染病报告6种1396例，报告发病率257.21/10万，报告发病数比2015同期年上升18.40%，无死亡病例报告。坚持24小时疫情值班，有效处置3起人感染H7N9禽流感疫情和4起学校流行性腮腺炎聚集疫情，10起食物中毒。

【艾滋病防控】 2016年，对符合治疗条件的病人纳入国家免费抗病毒治疗。全面推广安全套综合干预措施，安全套使用率达99%以上，HIV检测每年一次。生活困难、愿意接受帮扶的艾滋病病毒感染者和病人及其家庭90%以上得到帮扶。开展“全国农民工预防艾滋病宣传教育工程”，在农民工就业技能培训、建筑工地等农民工集中的工作场所，向广大农民工普及艾滋病性病防治知识。2016年，对全区看守所、强制戒毒所和监狱中当年新入所被监管人员中的高危人群免费艾滋病病毒抗体检测,共检测307人次。全区12个乡镇和4个办事处全面开展艾滋病和梅毒免费自愿咨询检测（VCT）工作，设立3个咨询检测服务点，共完成564人次的咨询和初筛检测服务，其中阳性5人次。为艾滋病病人提供免费抗病毒治疗药物，新增治疗病人24例，在治疗过程中，为每位接受治疗的病人每年提供免费CD4细胞检测2次和病毒载量检测1次，CD 4细胞检测率为96%和病毒载量检测达到100%,治疗率达到93%。

【健康教育】 制订全区2016年健康教育工作要点，实施全民健康生活方式和健康素养促进行动项目，健康教育网络覆盖率为100%。全区建设健康食堂、健康社区、健康单位、健康学校、健康公园等健康支持性环境12个，成功创建省级慢性病综合防控示范区。开展以无烟生活、艾滋病、结核病防治、健康素养、慢病防治等为主要内容的健康巡讲活动7次，覆盖1400余人次。开展重点疾病和重点领域健康教育活动10次，共悬挂宣传条幅10幅，设立宣传展板20块，发放各类宣传资料20000余份，粘贴宣传画200多张，发送手机短信20万条，接受群众咨询5000余人次，受益人群达20000多人。全区共印发重点疾病和重点领域健康教育宣传资料60万余份，张贴宣传标语100余条，设立宣传展板80余块，举办现场咨询70余场。

计划生育

2016年，全区总人口62.24万人，已婚育龄妇女119675人，总出生8049人，其中计划内出生7540人，其中男性3320人，女性1592人，符合政策生育率93.68%，人口出生率12.66‰；死亡人数为4912人，死亡率7.72‰，自然增长率4.93‰；病残儿童鉴定11人，男5人，女6人，符合政策人数11人。

【人口管理】全区省内流动人口未匹配对象为14775人，其中户籍核查的流入人口未匹配个案301人，户籍地核查的流出人口未匹配个案8920人，现居地核查的流出人口5554人。2016年1月27日召开乡镇、办事处分管计划生育工作领导和流管专干会议，并进行业务培训，通过公安户籍信息进行核查，对未采到流入人口信息的个案，通过全面清理流入人口的方法进行核查。

【常住人口管理】零陵区常住人口管理工作改手工操作为微机管理，原乡镇管理的户口，逐步移交给派出所录入微机统一管理，后放宽户口进城关，实行城乡户口落户自愿的常住人口管理政策，2016年，全区常住人口489312人，总户数186895。

【暂住人口管理】2003年，区计划生育委员会成立流动人口计生管理站，具体负责城区流动人口婚育证的发放，定期对行政企事业单位育龄妇女进行妇检，查孕查坏，查处违法生育案件。2016年，零陵区流入人口134921人，流出人口11647人。

【基层指导】组织开展例会业务点评、业务技能竞赛、远程协助等多样化的培训，2016年度共组织开展4次集中调查，在全区进行通报。全面"两孩"政策实施以来，组织乡镇统计人员培训，下基层指导乡镇、办事处利用网络远程协助对信息的处理及软件信息的安装进行指导服务工作、客户端、PADIS平台、实时通、村直报一系列软件的开发应用，保证全区16个乡镇、办事处计算机信息网络畅通。实行业务考核月通报制，在全市业务考核中居全市前列。组织学习《湖南省生育登记服务和生育证管理办法》，指导乡镇、办事处在网上办证大厅办理一、二孩生育服务证，每月做好定性上报系统资料的上传工作，利用《全员人口数据质量评测表》，数据项目完整率和逻辑准确率均达100%。生养信息上报及时率92.38%、避孕节育信息上报及时率98.84%，配合有关部门和股室开展"两扶"工作、流动人口、优生缺陷干预工作、打击"两非"工作等。在业务竞赛中有六名工作人员获得奖励。

【家庭发展】2016年，确认农村奖扶2097人，特扶确认244人，手术并发症确认51人，农村两女结扎户、独生子女考取一本以上奖励19人，农村独生子女保健费发放确认1884人，城镇退休独生子女父母确认8178人，其中单位发放1845人，人社部门发放6125人，计生发放208人，奖励对象及时率、准确率达100%。3月、9月对乡镇办事处的分管领导、计生办主任、利导专干、社区专干、直属医疗单位及各乡镇卫生院院长进行了业务培训，编印小册1万本发放到参会及基层工作人员手中。自筹资金68多万元对“特扶”对象中独生子女死亡的每人每年提标780元、独生子女伤残的每人每年提标480元、手术并发症三级的每人每年增补1200元、二级的每人每年增补2400元、自筹44万余元资金发放独生子女保健费每人每年发放240元，奖励农村独生子女及两女结扎户考取一本以上2000元/人，对暂没达到享受“特扶”政策年龄的人群纳入了生育关怀资金走访慰问4.5万余元，零陵古城拆迁，落实30户独生子女多分一人份额全部到位和独生子女户和农村两女结扎户共435人中考加10分。整治“两非”专案组联合区卫生计生综合执法监督局6月12日、6月25日、7月6日、7月29日对4家非法行医医疗点进行取缔。对永州丽人妇科专科医院非法施行计划生育手术给予顶格处理，罚款14.8万元，没收违法所得1.416万元，收缴黑白B超4台，处理涉案人员17人。综合治理出生人口性别比深挖线索12条，查处“两非”典型案件5例均已结案。

【公共卫生项目】2016年，0–6岁儿童人数44739，健康管理人数43390，健康管理率95.1%，其中0–3岁儿童人数21808，系统管理人数19618，系统管理率89.96%，新生儿访视率97%。

全区孕产妇系统管理人数6141，早孕健册率94%，健康管理率96%，产后访视率96%。完成免费婚检5788人，孕前健康检查7200人，孕产妇死亡率为0。65岁及以上老年人健康管理人数65617，健康管理率94.8%，体检表完整率100% 建档高血压患者21504人，规范管理率87%，血压控制率为67.9%。纳入糖尿病规范管理的患者5020人，规范管理率87.4%，血糖控制率为61%。排查确诊的重性精神病患者2531人，纳入管理的患者2448人，精神病患管理率97%，规范管理率达86.9%，重性精神病患者稳定率达77.8‰。并给予90名重性精神病患者免费救助救治。11月底，报告传染病2656例，传染病疫情报告率和及时率均为100%。新增肺结核患者524人，管理人数476人，管理率100%，规范管理率91%，管理人群控制率94.5%。0–3岁儿童管理人数23361，接受中医药健康管理人数13438人，健康管理服务率57.5%；辖区内65岁以上老年人数44263，接受中医药管理人数29066，健康管理服务率65.6%。各乡镇卫生院按规定确定了卫生监督协管员48名，卫生监督协管坚持每个季度巡查一次，全年共巡查4次，信息报告率100%。管理高血压患者的血压控制率为67.9%、糖尿病患者血糖控制率为61%、重性精神病患者稳定率为77.8%，电话抽样调查全区公共卫生服务项目的知晓率为95%、重点人群的居民满意度为85%、基层医务务人员满意度为80%。

区计划生育协会

【概况】2016，年零陵区计生协会贯彻党的十八届三中、四中、五中全会精神，学习习近平总书记系列讲话，层层召开了专题学习会，共举办学习班538场，培训人员1.8万次。3月，召开创先争优服务大局工作总结表彰会，典型经验介绍46个、先进村（居）50个，先进协会小组74个，先进工作者69个，优秀会员95个，奖励资金6.8万元；4月份对全区54个村（居）进行了整建。建立村（居）社区、机关、企事业单位、民营企业计生协会684个，计生协会小组4945个实现了协会组织全覆盖。

【开展各项活动】开展形式多样的“5.29”协会宣传活动，统一印制计生政策、《条例》、协会知识。资料3万份，设立咨询站17个、悬挂横幅450条，宣传车下村415个，召开座谈会6场，举办知识竞赛一场，成就展版45块， 2016年共资助计生特困户343户，计生贫困学生20人，共资金29.09万元。组建计生志愿者义工队伍50人，发展村级计生协会骨干会员7900余人联系计生群众户10300余户。共为计生群众户做好事14600件，人平2件。收回到期“三结合l”项目资金6万元，申报省级“三结合”项目和创业贴息，争取计生创业贴息7户3.26万元、三结合项目3万元，共资金14.63万元。利用省级专项资金3.99万元，为266户计生特殊家庭入计生综合保险化解灾害风险，2016年，保险理赔5起，金额1.9万元，理赔率47.6%。用生育关怀资金26.583万元为8861户独生子女、两女结扎户入30元家庭意外伤害保险，共赔29起，金额18.06万余元，理赔率66%。完善计生协会组织16个，制订方案16个，发挥村卫生室作用448个，协助建立村健康档案4.8万人，为65岁以上老人免费体检6200人，发放出生缺陷防控资料5万份，发动怀孕妇女优检与筛查5500人，为慢病患者医治1.1万人次。在“5.29”协会活动日、“7.11”世界人口日期间，永州市商业城、零陵工业园开展了关怀关爱等活动。为流入群众联系小孩入学162人，联系住房438处，介绍就业340人，帮助维权120人次，代办生育证116人，指导落实避孕节育蔟326人。完成计生特殊家庭摸底录入工作，确立帮扶联系人18人，130户。对16个乡级创办的计生村民自治示范村(居)统一规划上墙五块板块，区协会推选永州商业城流动人口计生协会事迹，制作宣传碟片在零陵新闻播放。

市第四人民医院

【概况】永州市第四人民医院创建于1905年，是在原零陵地区人民医院原址上筹建的一家集医疗、教学科研、预防保健为一体的二级综合医院，隶属零陵区人民政府，又名零陵区人民医院，肩负着全区63万人民的基本医疗服务、预防保健及相应的公共卫生救援；是湖南省人民医院定点指导医院，全国百姓放心示范医院、全国爱婴医院，永州市紧急医疗救援中心（120）网点医院，零陵区高危孕产妇抢救中心。医院占地面积46亩，建筑面积34000平方米。2016年，市第四人民医院共有在职干部职工584人，其中高级职称人员68人，中级职称人员173人。医院核定编制床位780张，实际开放床位500张，病床使用率96.25%，2016年门急诊量19万余人次，年住院病人2.9万余人次；医院开设有心血管内科、呼吸内科、肾内科、内分泌内科、消化内科、神经内科、普外科、泌尿外科、神经外科、骨关节外科、脊柱外科、甲状腺乳腺科、妇科、产科、儿科、新生儿科、眼科、口腔科、耳鼻喉科、皮肤科、麻醉科、急诊科等23个临床专科和5个医技科室，配置有1.5T核磁共振、64排螺旋CT、数字化减影血管造影（DSA)、DR、四维彩色多普勒超声诊断仪、电子胃肠内窥镜、全自动生化分析仪、全自动化学发光仪、细菌培养鉴定仪、等离子消毒仪、血液透析仪、高压氧舱以及腹腔镜、宫腔镜、鼻窦内窥镜、经皮肾镜、输尿管镜、膀胱镜、前列腺电切镜等一系列先进设备。

【医院改革】在区委、区政府、区卫计委的统一领导和部署下，市第四人民医院有序推进县级公立医院改革。拟定《永州市第四人民医院县（区）级公立医院改革实施方案》《永州市第四人民医院县（区）级公立医院医疗服务价格改革调整方案》，并于2016年3月15日正式启动县级公立医院改革，适当提高医疗技术服务价格，降低医用耗材和大型设备检查价格，取消药品加成，实行零差价销售。通过改革，医院切实履行基本医疗服务职能，规范医疗服务行为，提高医疗服务效率和质量，为人民群众提供安全、有效、方便、价廉、满意的医疗服务。

【医疗质量与医疗安全体系建设】2016年，市第四人民医院医疗部门建立和完善《医院十六项医疗质量核心制度》和《医疗护理质量管理实施办法》，并制成手册，医务人员人手一份，人人过关；同时制订医院院内、科内业务学习的相关规定，医疗核心制度的各种实施办法，并专门组织医务人员认真学习。2016年，各督察组共查处各科室医疗缺陷及违规问题883人次，对责任人实施处罚，并在医院《监察月报》上公示，有力地保证医院医疗质量和医疗安全，医疗纠纷发生率持续下降。

【学科建设与人才梯队培养】2016年，制订和完善科室发展规划，同时，加强医疗操作及基本技能的培训和考试，采取请进来、走出去的办法,对全院医务人员技能操作进行系统培训。2016年，以现场招聘、高级人才引进、科室培养、选送到上一级医院进修等，逐渐建立一支相对较完善的人才队伍。选送基础好，事业心强，有吃苦耐劳精神，有培养发展前途的医生送出去进修学习，回院后，积极创新手术及技术操作项目，如：呼吸内科的支气管镜检查、脊椎外科的椎间孔镜手术；泌尿外科的钬激光弹道碎石、神经外科微创手术、腹腔镜；妇产科的宫腔镜、腹腔镜等大型手术的应用。

【救助活动开展】2016年，始终以救死扶伤，保障人民群众的健康为宗旨,以扶贫助困，救治弱势群体为己任，充分发扬人道主义精神，为全区及周边地区的贫困弱势群进行大量的医疗救助工作，减免医疗费用近80万元。组织医疗队走社区、下基层到农村、街头闹市、敬老院，为广大妇女、儿童、残疾人及广大农民群众进行医疗服务咨询等义诊活动达80余次。

【医疗卫生服务】2016年，制订“两学一做”工作方案，部署《加强医疗卫生行风专项整治工作》，认真做好贯彻落实，进一步完善各项制度。规范医药购销和医疗服务行为，做到合理诊断、合理治疗、合理用药、合理收费，切实减轻群众医药费用负担。2016年以来，采取强制措施，降低药占比，医院药占比由去年的32%降低至2016年的29%，抗生素使用比率已完全达到国家及湖南省有关标准。

区中医院

【概况】2016年，区中医医院共有在职职工270人，其中高级职称14人，中级职称83人。设有院办、党办、医务科、财务科、护理部、质控科、经管办、医保科、感控科、科教科、总务科、基建科、创卫办、工会、信息科、病案室等16个职能科室；有外科、伤科、内科、针灸康复科、疼痛康复科、急诊科、手术麻醉科、妇产科、口腔科等9个临床科室；有中药房、西药房、检验科、放射科、功能科等5个医技科室；柳子司法鉴定所常驻我院门诊三楼，是零陵区唯一一所经司法主管部门审批合格的鉴定所。

【医院管理】区中医院秉持“全心全意为人民服务”的办院理念，以“厚德、精诚、求实、创新”为院训，充分发挥中医药特色优势，努力提高临床疗效；坚持科学民主决策，严格执行“三重一大”广泛征询群众意见，实行职工代表大会制度和院务委员会制度。加强党务、院务、财务公开，积极开展创先争优活动，坚持医院廉政建设。

【学科建设】2016年，区中医院集建院60多年的中医智慧，强力筹建疼痛康复科，以弘扬中医，服务人民健康为目标， 衷中参西，以传统中医藏象经络学说结合现代医学理论为指导，预备筹划针灸理疗、脊柱微创、推拿康复三位一体的特色疼痛康复专科，填补全区疼痛专科空白。

2016年，区中医院秉持质量兴院，质量强院，始终以病人为中心，以质量为核心，认真开展“提升医疗质量安全管理和风险防控工作”，实行每日行政查房制；实行院科两级质量管理体系，逐步完善结构质量、环节质量和终末质量，实现“三级质量控制”，基础质量管理（也称结构质量管理）是在医疗工作中，对所涉及的各类基础组成部分所开展的质量管理，主要包括医疗服务人员、各种设备、器材物资、技术和信息五个方面。基础质量管理主要通过各类规章制度的落实与奖惩、思想政治教育和质量教育来进行。基础质量管理是决策层的管理，并贯穿于质量管理始末。自2011年开始，区中医院积极参与二甲医院评审，按照评审标准，包括坚持医院公益性、医院服务、患者安全、医疗质量安全管理与持续改进、护理管理与质量持续改进、医院管理等各方面建章立制，做到管理有章可循、有规可依，从决策层增强质量管理意识，建立完善的组织及制度。

【中医药继续教育】2016年，选送专业技术人员外出进修学习87人次，组织业务讲座15次，开展心肺复苏急救技能培训班3期。对口支援大庆坪等乡镇卫生院工作，组织医务人员开展下乡义诊、科普宣传、医学讲座以及健康教育讲座，均取得了良好的效果。利用乡镇医生例会平台，在全区推广中医适宜技术、中医治未病技术；采取多种形式对群众进行中医药防治疾病知识等的宣传，开展“冬病夏治三伏贴”、“冬病冬至三九贴”等群众认可的特色中医诊疗项目。对护理人员进行中医传统技术操作考核和推广，提高中医护理技能操作水平，提升中医护理队伍整体素质。以5·12国际护士节为契机，开展护理知识抢答赛，通过比赛的形式夯实了护理理论知识，增强集体荣誉感，促进医院的文化建设。

【行风建设】2016年，坚持“管行业、必先管行风”，组织开展医疗卫生行风重点问题“专项整治活动”，针对是否存在“将个人收入与药品和医学检查收入挂钩”、“开单提成”、“违规收费”、“违规接受社会捐助”、“违规发布医疗广告”、“收受回扣”、“收受红包”、“为商业目的统方”、“违规私自采购使用医药产品”、“医疗服务不规范”、“套、骗取医保基金”“两非”等12项问题进行全面整治；开展医药购销领域商业贿赂专项整治，纠正医疗服务中的不正之风，设立行风建设、医药购销领域商业贿赂举报箱，制订行之有效的各项监督制度，行风面貌得到明显改善。

【公立医院改革】2016年，区中医院实施公立改革，坚持公立医院的公益性质，执行基本药物制度，所有西药及中成药实行零差率销售，降低大型医疗设备CT的检查价格，同时加强医院服务能力建设，提交区域内基本医疗服务水平，以突出中医“简、便、验、廉”的特色和优势，严格控制医疗费用的不合理增长，使医疗门诊，住院患者人均费用增幅较明显下降。与此同时，通过以公立医院改革为契机，在制度建设、运行机制等方面下功夫，进一步规范医院内部管理，提升医院运行活力，对缓解群众看病难、看病贵等问题起到积极作用，得到社会、政府和群众的好评。

社会建设

民政工作

【概况】区民政局是区人民政府主管社会行政事务的组成部门，行政级别为正科级。机关内设纪检监察室、招商引资办、综治信访维稳办、办公室、救灾救济股、优待抚恤股、退伍安置股、区划地名办、基层政权与社区建设股、社会福利与社会事务股、规划财务股、老龄委员会办公室、社会组织管理股、政工人事股、保卫股等15个股室，下辖区社会救助局、区慈善总会办公室、区光荣院、区儿童福利院、区殡葬改革执法大队、区社会有奖募委委员会办公室、区城市生活无着流浪乞讨人员救助管理站、区婚姻登记中心区农村社会养老保险办公室、区扶优扶贫管理办公室等10个事业单位，2016年局系统共有在职干部职工111人，退休人员22人。

【民生保障】2016年，区城市低保7867户20921人，累计发放低保金6779.18万元，农村低保16431户33588人，累计发放保障金4966.8万元。农村五保供养保障有力。全区农村五保对象分散供养标准提高至3240元每年，全区共有五保对象5019人，累计发放供养资金2720.3万元。

【医疗救助】出台《零陵区城乡医疗救助工作实施办法》救助政策范围内对象在区、乡两级医疗救助机构救助比例提高至70%，市级医疗机构救助比例提高至60%，市外及市以上医疗机构提高至50%，同时开展特殊慢性病门诊救助和重特大疾病门诊救助。全年共发放医疗救助金66697人，1319.7万元，有效缓解患病困难对象的医疗负担。

【临时救助】2016年， 下拨125万元临时救助资金到乡镇、街道，用于解决城乡困难群众因病、因灾、子女就学或其它不可抗拒性因素等原因造成的生活暂时性、突发性困难。全年共审批救助城乡困难群众1925人次，发放临时救助金402万元。精准扶贫兜底保障工作全面完成。出台《零陵区社会保障兜底脱贫对象联合认定工作方案》全区社会保障兜底脱贫对象联合认定工作全面完成，共有兜底保障对象841户2065人，占农业人口0.45%。兜底对象月保障金在现行农村低保标准220元/月的基础上上浮8%，达到240元/月，实现政策性脱贫。

【防灾减灾救灾】全区共发生3次洪涝灾害，直接经济损失达2659万元。灾情发生后，民政局工作组第一时间赶赴受灾现场，配合乡镇及时转移灾民近千余人，发放救灾款50万元、衣被2000余件，妥善安排好灾民基本生活。以“5·12防灾减灾日”活动为契机，在全区开展防灾减灾知识宣传，发放宣传资料1.2万份，接受群众现场咨询2000人次。确定邮亭圩镇文斗阁村、菱角塘镇金坪村为多灾易灾村级避难点，各项创建工作已完成。乡镇网络报灾平台建设全面推进，投入资金近50万元，为15个乡镇、街道配备电脑、彩色激光打印机、相机等报灾设备，为灾害事故多发的5个乡镇增购航拍仪，指导每个乡镇建立网络报灾办公室。

【福利事业发展】养老事

业稳步推进。积极开展养老机构责任保险投保工作，为全区13个农村敬老院、4个民办养老院投保床位760张，保费9.5万元。着重抓好重点民生实事项目建设，全年完成新增养老床位332张。全面落实老年人各项优待政策，切实抓好90—99周岁老年人高龄补贴发放工作，全年发放补贴1041人，132.49万元；继续抓好65岁以上失能、半失能困境老人政府购买基本养老服务补贴工作，全年发放补贴4660人，106.43万元，养老补贴覆盖率达到100%。加强城乡基层老年协会建设，石岩头镇岭尾村老年协会新增养老床位4张，成功建设为示范性基层老年协会。开展老年人意外伤害保险工作，为符合条件的12078名“五类”特困老人购买保险25.36万元，并在全区的社会老人中进行推广。严把孤儿审批关，实行动态管理，全年退出孤儿补助48人，发放孤儿基本生活费180余万元。认真开展残疾人“两补”和农村“三留守”摸底排查工作。出台《零陵区困难残疾人生活补贴和重度残疾人护理补贴工作实施细则》，经审批通过的享受“两补”的残疾人共13759人，全年发放“两补”资金756万余元。制订《零陵区农村留守儿童、留守妇女、留守老人摸底排查实施方案》，经摸底排查全区共有农村留守儿童3123人，留守妇女3024人，留守老人4931人。慈善和视频彩票发行稳步推进。全年募集慈善资金及物资80余万元，发放救助金及物资60万元，救助困难群众1000余人次。建设1个慈善超市，设立9个慈善捐助点，全年发行视频彩票2302万元，获市福彩销售业绩奖三等奖、县区绩效考核一等奖，为福利事业做出积极贡献。

【优抚政策】2016年，全面开展优抚对象数据核查，着力解决优抚对象“三难”问题。认真落实优抚提标政策，加强抚恤补助资金的管理，全年共发放优抚对象抚恤补助金6428人，2500余万元。为零陵区217名自主就业退役士兵发放一次性经济补助款121万元，做好军休人员的服务工作，落实军休人员的政治、生活待遇和住房、医疗保障。为47名自谋职业退役士兵免费进行职业技能培训，提高退役士兵参与市场竞争的能力。拟订《零陵区2016年退役士兵安置工作实施方案》，完成年度安置任务。

【社会事务管理】2016年，在全区所有社区中推进网格化管理工作，全面提升社区管理服务水平，七里店神仙岭社区获全省和谐社区建设示范城市社区。积极推行政府购买社会组织服务，发展壮大社区社会组织。截至年底，零陵区共发展社区社会组织8家，备案管理12家。全面推进“社区、社团、社工”三社联动工作，重点培育南津渡街道福寿亭社区、徐家井街道潇湘门社区作为“三社联动”试点社区。加强社会组织孵化基地建设，意向入驻社会组织5家。协助指导行业协会商会与行政机关脱钩，出台《关于推进行业协会商会与行政机关脱钩的实施方案》第一批试点单位已完成脱钩任务。第二次全国地名普查外业工作大力推进，开设零陵地名普查专栏，起到很好的宣传、普及效果。已整理地名目录1.8万条，入库1万条，并做好平安边界创建工作，完成与双牌县两县区的边界线联检工作。

【婚姻登记】2016年，持续开展婚姻登记标准化管理服务，对婚姻登记档案室进行全面改造升级，全年依法办理结婚登记3897对，离婚登记1525对，补办婚姻登记2126对，婚姻登记合格率100%。

乡镇街道

大庆坪乡

【概况】大庆坪乡总面积156.5平方公里，耕地面积2933.33公顷，农业人口人均占地1.5亩。2016年并村后，大庆坪乡辖26个行政村1个社区，305个村民小组，9601户，自然村落185个。2016年，大庆坪乡工业产值总额约6000万元，主要是石材加工。现全乡共有三个农村集贸市场，年交易额3000万元。大庆坪乡共有49个基层党组织，1070名正式党员，发展预备党员11人。

【党建工作提升】2016年，按照“五个一”要求，全面完成3个软弱涣散基层党组织整顿任务，并对2015年整顿的4个软弱涣散基层党组织进行“回头看”，防止反弹。全乡55个支部1081党员集中参加“两学一做”学习教育，学习贯彻党章党规、习总书记系列重要讲话和党的十八届六中全会精神，开展4次专题讨论，每个支部上党课4次以上。进一步落实“三会一课”等基本制度，做好“双述双评”及民主评议党员工作。全面规范党员队伍管理，落实公推和发展党员联审、全程公示、责任追究等相关机制。建立流动党员台账，加强流动党员管理和教育。组织开展“纠四风、治陋习”及“雁过拔毛”式腐败问题专项整治，全年共查处违反作风建设行为11起，查处基层干部违法违纪9人。

【村级集体经济发展】实行因村制宜、分类发展的模式，鼓励村集体通过盘活闲置资产、土地流转等方式，发展集体经济。全乡村级集体经济年收入达3万元的村8个,1万元以上的村16个。

【产业扶贫】小额信贷助贫。大庆坪乡为245户贫困户小额信贷1120万，解决贫困户的燃眉之急。引领发展生产扶贫。在养牛大户的带动下，芬香村有5户贫困户主动养牛50头，1—2年内，每头收益4000至6000元。在村支两委的带领下，全村54户扶贫对象，利用山地优势，总投资约200万元，种植经济作物。种杉树66.67公顷、槐树60公顷，引进产业脱贫。2016年3月，引进罗汉果产业项目进行产业扶贫，采取公司联姻方式，引导贫困户种植100余公顷罗汉果，并将罗汉果加工基地落户零陵区工业园，有效地解决种植户愁销路的顾虑。发展村级集体产业。芬香村、排家洞村、近洞里村扎实推进光伏产业发展，2016年底，芬香、排家洞光伏基地建设成功，并投入使用。

【综治维稳】2016年，以“平安创建”、“百日大会战”、“春雷行动”、“机关工作人员夜巡”等活动为载体，结合“天网系统”工程，在全乡各主要路口实行电子监控，全面推进社会综合治理新局面，完善治安防控体系建设，积极预防各种群体性事件和突发事件发生，有效地遏制地痞村霸、聚众赌博和偷盗抢劫等现象的发生，全年没有发生一起恶性刑事案件。

大庆坪乡现有45个行政村，人口3.3万人，其中老人、儿童及各类弱势群体比例占总人口60%，各类矛盾纠纷较为突出。2016年，共召开12次信访工作专题会议，集中部署处理各类案件26余起。配备两名责任心强、善做群众思想工作的工作人员，积极做好群众来信来访，按照“谁主管、谁负责”、“属地管理”和“分级负责、归口办理”等原则，结合隐患排查制度的落实，对不稳定因素和群体性事件苗头做到发现得早、化解得了、控制得住、处置得好，切实把各类问题化解在本单位，解决在萌芽状态。全年有效遏制集体上访5起，越级上访16起。

【社会事务保障】2016年，大庆坪乡最低生活保障户有556户1174人，月人均115.52元。大病医疗救助20人次，救助金额3.85万元民政部门资助参加合作医疗1520人次，共支出12.234万元。国家抚恤、补助各类优抚对象125人，抚恤事业费支出128946。5元2016年底，有乡级敬老院1家，床位30张，收养农村五保人员20人。参加新型农村养老保险12382人，参保率87.9%。

【基础设施】2016年，新修和扩建水泥硬化路35千米，对所有的乡、村道路进行后续建设和养护。新增235处错车道，竖立450余处道路标识。全年共投入资金220万元，投工投劳0.7万人次，完成12处近11千米的渠道维修加固、9口骨干山塘的清淤、加固。为改善农村通讯条件，投资68万元在排家洞村新建一座移动基站，实现全乡移动通讯全覆盖。

【文教卫计】2016年，全乡农家书屋有图书14万册。全年送电影下乡放映80余场次。建有村级篮球场及农民健身广场两个，90%的村配备健身器材，群众自发健身热情高涨，身体素质，生活质量得到提升。乡有区教育部门认定颁证的幼儿园7所。全乡有中小学一所，全日制1—6年级完全寄宿制小学2所（不含一贯制学校），村小及多村联办的一至二年级小学为2所。2016年末，有小学专业教师92人、中学专业教师35人，小学入学率100%，小学升初中普及率100%。共有乡卫生机构1个，其中乡卫生院1所，乡卫生分院（原小乡卫生院）2所，村卫生室32所。全乡有执业医师43人（含助理医师40人），护士11人（含聘请护士4人）。乡卫生院有病床45张，每千人拥有医疗床位1.5张，每千人拥有卫生技术人员2人。2016年，完成诊疗1.3万人次，住院0.18万人次，出院0.18万人次。全年新农合参保率98%，全乡人均期望寿命74岁，孕妇死亡率0，5岁以下儿童死亡率0，婴儿死亡率为0.5‰，新生儿死亡率1.5‰，孕妇住院分娩率为99.8%，儿童规划疫苗接种率为99%，全乡居民规范化电子健康档案建档2.08万人，建档率为63%。认真贯彻执行新的《人口与计划生育法》《湖南省计划生育条例》，按照全区计划生育工作会议的安排部署，紧紧围绕零陵区下达的人口与计划生育目标任务，以狠抓基层、夯实基础为重点，认真研究解决人口与计划生育工作出现的新情况、新问题，积极探索人口与计划生育工作的新思路、新途径。

【财政金融】2016年度，全乡收入总计1457.70万元，其中财政拨款收入1457.70万元，支出总计1457.70万元，其中基本支出1202.60万元，项目支出255.1万元。财政拨款支出1202.60万元，占全年支出合计的82%。主要用于以下方面：一般公共服务（类）支出1202.60万元，政府一般服务公共支出430.70万元、教育支出41.90万元、文化体育与传媒支出22.40万元、社会保障和就业支出35.20万元、医疗卫生与计划生育支出87.20万元、节能环保支出5.60万元、农林水支出567.50万元、交通运输支出0万元、其它支出5万元。

水口山镇

【概况】水口山镇行政区域面积151平方公里，辖49个行政村，1个居委会，384个村民小组，10220户，总人口50878人。石坝仔水库右干渠灌溉全镇10个村。境内含有少量烟煤，锰、石灰石储量丰富。

【第六次党代会】 2016年4月20日，召开中国共产党水口山镇第六次党代会，与会代表122人。彭定国代表第五届党委做《清廉为民，实干兴镇，为全面建成小康社会而努力奋斗》的工作报告。回顾前五年的工作，提出今后五年的工作思路和主要措施：一是稳步推进现代农业；二是有序加快城镇建设；三是大力维护社会稳定；四是统筹推进社会事业；五是全面加强党的建设。大会选举产生新一届镇党委领导班子。全镇党员人数1124人，2016年新发展党员18人。

【第六届人民代表大会第一次会议】 2016年10月27日，召开第六届人民代表大会第一次会议，区人大代表17人，镇人大代表72人参加大会，区政协委员3人列席会议。唐友亮做人大工作报告，提出了今后人大工作的建议：一是把握方向，坚持党的领导；二是完善工作机制，依法履职；三是弘扬法治精神，全力推进依法治镇；四是强化自身建设，进一步提高人大工作水平，大会选举产生新一届人大领导班子。

代镇长卿方勇做政府工作报告，提出今后五年的工作打算：突出规模经营，发展现代农业。突出锰产业升级，壮大工业经济。突出发展边境贸易，活跃第三产业。突出城镇建设，打造边贸重镇。突出美丽乡村建设，实现生态靓镇。突出精准扶贫，确保全面小康。突出社会法治建设，确保和谐稳定。突出作风建设，提升干部执行力。大会选举产生新一届政府领导班子。

【纪律检查委员会换届选举】 2016年4月20日，在中国共产党水口山第六次党代会上，徐联国做《围绕中心，突出重点，全力建设风清正气的新水口山》的工作报告，一是以问责追责为抓手，推进”两个责任“落实；二是以党章及党内法规为遵循，切实加强党的纪律建设；三是以省委巡视为契机，加强基层党风建设；四是以纠正四风为重点，坚持不懈抓作风建设；五是以规范权力运行为目标，加强反腐倡廉制度化建设。大会并选举产生新一届纪委领导班子

【农业生产】 2016年，全镇总耕地面积2704.79公顷，人均耕地面积0.8亩。粮食作物以水稻为主，粮食播种面积4006.27公顷，全年生产粮食22770吨，人均0.5吨。拥有种植13.33公顷以上的种粮大户16户，其中水稻种植3469.6公顷，产稻谷51228吨。玉米2215公顷，523吨。高粱6.2公顷，17.48吨。红薯134.2公顷442吨。油菜种植面积12236公顷，产籽1101吨。畜牧业以牲猪养殖为主，全年牲猪饲养量25000头，年末存栏10000头，全年出栏200头以上养殖大户17户。饲养山羊2000只，牛2000头。家禽以土杂鸡饲养为主，养殖水面333.33公顷，年产鲜鱼320吨，总产量175万元。

【林业生产】 全镇林业面积7407.21公顷，草地面积327.97公顷，是零陵区重点林业基地。森林覆盖率60%，沿水口山国营林场建立国外松基地40公顷，楠竹面积333.33公顷。全年植树造林面积93.33公顷，其中荒山造林53.33公顷，经济林15公顷，四旁绿化110公顷，活木蓄积量7.88万立方米，油茶山地面积2466.67公顷，年产纯茶油27万公斤，产值250万元，油茶垦复面积333.33公顷。

【基础设施建设】 2016年，基础设施建设力度不断加大，实现村组通水泥路，总里程280千米。2016年，启动村级公路加宽工程,80%的村級公路完成了加宽任务。开通客运线路3条，营运车辆30辆，万人拥有量0.6台，年客运量9.8万人次。境内开往桂林的大巴车2台，开往零陵的中巴客车11台，开往珠山的短路客车17台。投资353.91万元，正在兴建自来水厂1座，已完成厂房建设，辅设干线水管4.2千米，设计日供水能力380吨，自来水受益村12个。全镇拥有110千伏变电站1个，主变压器168台，高压输电线路16条，总长

度110千米。

【文化教育卫生】2016年，水口山镇文化站运行良好，文化站管理规范，有电子阅览室、培训室、图书室，书目齐全。村村通工程全覆盖，网络入户率100%，入户率42.5%。全镇有中学1所，中心小学3所，幼儿园10所，在校学生3815人，专任教师119，在职中小学教师中具有中级职称110人，高级职称19人。全镇九年制义务教育普及率100%。全镇有中心卫生院1所，在长塘设有分院，49个行政村设有卫生室。全镇新型农村医疗参保人数42300人，参保率98.2%。居民平均寿命75.2岁，其中男性74.4岁，女性75.8岁。2016年医疗机构完成诊疗26487人次，出院病人3329人次。全镇专业卫生人员66人，其中，中级职称18人，专业技术人负62人，执业医师16人，职业助理医师10人，注册护士18人，平均每千人拥有卫生人员1.24人。农村安全用水率95.2%，城镇安全用水率98.6%，农村卫生厕所率90.2%。

【村镇建设】水口山镇有49个行政村，1个居委会，2016年，完成村级活动中心建设任务，村活动中心设有党员活动室和农家书屋等活动场所。

石岩头镇

【概况】石岩头镇辖23个行政村，1个居委会，296个村民小组，总人口为43528人。总面积95.6平方公里，山地面积2333.33公顷，水域面积505.33公顷，耕地面积2423.33公顷，其中水田2125.67公顷。境内有中学1所，小学3所，医疗机构1个，中型水库1座，国有林场1个。农民收入以劳务输出为主，以生产水稻、种植大棚蔬菜、畜禽养殖为辅。2016年全镇实现财政收入582.4万元，实现地方生产总值1030.4万元，同比增长12%。其中第一产业4.95亿元，第二产业3.38亿元，第三产业2.78亿元，固定资产投资完成4.6亿元，同比增长17%；农民人均纯收入达到13695.5元，同比增长15%。

【中共石岩头镇第六次代表大会】2016年4月20日，在石岩头镇人民政府大会议室召开中共石岩头镇第六次代表大会，参加会议代表118名，选举产生中国共产党石岩头镇第六次委员会委员：黄国梁、王晓鹏、罗海明、杨荣军、蒋天汉、全柏松、张波、唐爱民、陈海明（女）；书记黄国梁，副书记王晓鹏、罗海明。选举产生中国共产党石岩头镇第六次纪律检查委员会委员：全柏松、杨海荣、龙解轩、刘天鹏、李朝晖、秦文科、鲁军荣。书记全柏松，副书记杨海荣。会议主题：组织动员全镇广大党员干部群众解放思想、坚定信心、奋发有为、开拓创新，为加快新农村建设步伐，全力构建和谐社会，全面建成小康石岩头而努力奋斗。

【第六届人民代表大会与换届选举】2016年10月26日—27日，在石岩头镇人民政府大会议室举行石岩头镇第六届人民代表大会，与会代表68名。选举产生镇人大领导班子成员：杨荣军当选为镇人大主席，徐克正当选为镇人大副主席。会议主题：团结在镇党委周围，凝心聚力，奋发有为，不忘初心，继续前行，高标准完成党和人民交付给我们的光荣使命，为建成开放、文明、富裕、幸福的石岩头奋勇前进。

选举产生了镇政府的领导班子成员：王晓鹏当选为镇人民政府镇长，唐爱民、马斌当选为镇人民政府副镇长。

【政协换届】2016年4月20日，在石岩头镇人民政府大会议室召开中共石岩头镇第六次代表大会，参加会议的代表有118名，选举产生中国共产党石岩头镇第六次政协联工委委员蒋天汉。会议提出了3个议案，议题分别是：河道治理、如何恢复矿区植被、如何处理农村垃圾。

【廉政建设】2016年，党

委中心组开展反腐倡廉专题教育10次，举办廉政党课教育3次，组织党员干部观看警示教育电教片5次。镇党委严格按照中央“八项规定”、市委“十项规定”和区委“十不准”等有关规定的要求，以镇党委班子为重点，围绕党委中心工作，重点围绕转变机关作风、增强服务观念和提高办事效率，充分发挥纪检监察职能，坚决查处服务承诺不兑现、办事拖拉推诿等行为。处理违反作风建设有关规定共28人次。在“雁过拔毛”式腐败问题和纠“‘四风’、治陋习”专项整治工作中，改进工作方法，探索新思路，大力宣传“两项专项整治”工作，全面落实五个100%。2016年，查处村干部违反工作纪律、群众纪律以及损害群众利益等行为9起，查处党员参赌涉赌、吸毒涉毒问题2起。

【农业生产】2016年，石岩头镇总耕地面积2339.2公顷，人均稻田面积0.8亩；农业总产值达3.5亿元，比2015年增加4.5%，农业增加值占国有生产总值比重10.6%。2016年来，共流转土地600多公顷，发展种粮大户33户，其中种植7亩以上的达到10户，200亩的达到6户，共实现种植1868公顷，中稻534公顷，晚稻1334公顷，其中优质稻1335.33公顷，旱粮作物412公顷，粮食作物以水稻为主，粮食播种面积3620.4公顷，全年生产粮食43444吨，人均0.99吨。其中水稻32550吨，小麦42吨，红薯(折粮）650吨，玉米557吨，油菜种植面积215.93公顷，产籽1385吨，蔬菜种植面积1536.93公顷，产量27150吨。畜牧业以牲猪养殖为主，全年牲猪饲养量3.2万头，年末存栏1.6万头，周家村、加禾田村、黄溪洞村、罗家村、宅田村、石坝仔村、大禾坪村全年出栏500头以上的养殖大户8户，饲养山羊3100只、牛6500头。家禽饲养量达10万羽。渔业以石坝仔、小（二）型水库放养为主，养殖水面8350公顷，年产鲜鱼20万公斤，产值188万元。

2016年，石岩头镇林业用地面积5000公顷，占镇域面积的71.12%，林地面积4800公顷，分别占镇域和林业用地面积的61.7%和86.7%。其中乔木林地1400公顷，疏林地146.67公顷，灌木林地533.33公顷。全年植树造林面积200公顷，其中经济林80公顷，四旁绿化10.67公顷，林木覆盖率68%，活木蓄积量为4万立方米，水果种植面积80公顷，产量960吨。

【基础设施建设】2016年，石岩头镇大力实施通村公路拓宽工程以及村与村、组与组之间通畅工程，不断完善农村路网建设，加强农村公路养护力度，全年硬化乡村公路5千米，实现村组通水泥公路总里程128千米，开通客运线路7条，营运总里程83千米，营运客车12辆，今年投入60万元完成财家等村的道路窄改宽；加大8处河道治理投入，逐步解决部分区域河道变窄、河床升高的问题，完成所有小二型水库除险加固工程，对18处骨干山塘清淤扩容、五小水利、安全饮水等设施的建设；涉及19个村的土地整理项目正在施工建设；投入180万元完成石岩头镇敬老院的扩建；投入277万元的石岩头政府及中心小学的公租房建设已进入扫尾阶段；投入800万元的小城镇建设提质改造工程已全面铺开；投入60万元对石岩头村、石江江村、三房头村、落脚底村、洞口庙村进行路灯安装；垃圾焚烧炉建设已在财家及加禾田选址，并建立了完整的保洁队伍，改善人民生活环境；扩建镇中心卫生院的综合楼，解决人民群众看病难的问题，完善小城镇功能配套，提高小城镇的综合承载能力。

【民生工程】2016年，石岩头镇养老保险参保人数为17010人，参保率为92%。城镇最低生活保障5户，支出218万元；农村最低生活保障845户，1236人，支出154.5万元，月人均104.1元比2015年增加4%；农村五保集中供养13人，支出137.3万元，农村五保分散供养287人，支出92.9万元。

农村临时性救助82人次，支出5.8万元；自然灾害受灾人数6167人，紧急转移5人；农作物受灾面积9700公顷，倒塌房屋10间，直接经济损失60.8万元，救灾资金支出30万元，比2015年增长15%。国家优抚补助各类对象216人，支出79.9万元，比2015年增加7.5%。人均居住面积，城镇为22.5平方米，农村为18.4平方米，移动手机、彩电、空调、冰箱入户率分别为99%、98.6%、80%、95%。

【医疗卫生】2016年，石岩头镇新型农村合作医疗参保人数为39409人，参保率为98%，居民平均期望寿命76岁，5岁以下儿童死亡率、婴儿死亡率均为0。2016年，医疗机构完成诊疗12274人，出院病人1322人次。新农合门诊报帐1785人次，门诊报帐补偿金额28万元；住院报帐1258人次，住院报帐补偿金额75.2万元。农村安全用水率100%；城镇安全用水率100%；农村卫生厕所率为62%。卫生院下设新宅里、西头两个分院和33个村卫生室，固定资产总值180万元，现有专业卫生人员40人，其中卫生技术人员30余人，卫生技术人员中本科3人，大专16人，中专21人，其中执业全科医师2人，执业（助理）医师17人，执业护士9人。卫生院占地面积4773平方米，建筑面积4080平方米，其中业务用房2120平方米。编制床位35张，实际开放床位42张。设有门诊部、住院部、中医馆、化验室、放射科、B超室、中西药房、公共卫生科等科室。卫生院拥有全自动生化分析仪、B超、全自动血球分析仪、尿液分析仪、200MAX光机、自动洗胃机、数字化心电图机、电针治疗仪、TPD神灯、救护车等一批医疗设备，总价值约180万。

【城镇就业和劳务输出】2016年，石岩头镇外出务工13508人，比去年增加1213人。区内务工人数中1551，区外务工人数850人，州外1495人，省外9611人，输出劳务人员主要是从事建筑、加工、进厂务工等城市经济。2016年，共组织劳务培训3批，培训人员1220人次，印发《就业指导》12000余份，为下岗失业和自主创业的人员提供有利环境，完成新增城镇就业人数30人，下岗失业人员再就业9人，就业困难对象再就业5人，公益性岗位实现就业11人。

梳子铺乡

【概况】梳子铺乡总面积98.18平方公里，辖40个行政村，315个村民小组,总人口32039人。

【中共梳子铺乡第六次代表大会】2016年4月20日，在梳子铺乡人民政府大会议室召开中共梳子铺乡第六次代表大会，选举产生中国共产党梳子铺乡第六次委员会委员，书记卿铁军，副书记任佳勇、蒋大勇。选举产生中国共产党梳子铺乡第六次纪律检查委员会委员，书记李雄志。

【第六届人民代表大会与换届选举】2016年10月27日—28日，在梳子铺乡人民政府大会议室举行梳子铺乡第六届人民代表大会。选举产生了乡人大领导班子成员，何礼仁当选为乡人大主席，蒋财灵当选为乡人大副主席。

选举产生乡政府的领导班子成员：任佳勇当选为乡人民政府乡长，杨满庭、杨迪元当选为乡人民政府副乡长。

【政协换届选举】2016年4月20日，在梳子铺乡人民政府会议室召开中共梳子铺乡第六次代表大会，选举产生中国共产党梳子铺乡第六次政协联工委委员。

【农业生产】2016年，梳子铺乡耕地面积2693.33公顷，人均耕地面积1.3亩；总林地面积5200公顷，农业总产值达39230万元，比2015年增加4.5%；新增流转土地420公顷，新增33.33公顷以上种粮大户4户，20公顷以上6户；粮食作物以水稻为主，粮食播种面积3666.67公顷，全年生产粮食

4.8万吨，人均1.5吨，其中水稻4.1万吨，玉米75吨，红薯（折粮）372吨；油菜种植面积904公顷，产籽1236吨；蔬菜种植面积1753.33公顷，产量62230吨；畜牧业以生猪养殖为主，全年生猪饲养量2.5万头，年末存栏1.2万头，全年出栏500头以上养殖大户13户；饲养山羊800只，牛912头，家禽饲养量达7.2万羽；2016年渔业以水库放养为主，养殖水面331.33公顷，年产鱼40吨，产值80万元；2016年，植树造林面积194公顷，其中防护林20公顷，经济林160公顷，四旁绿化14公顷，林木覆盖率75%，活木蓄积量4.3万立方米；水果种植面积1666.67公顷，产量2200吨；油料种植面积120公顷，年产纯油1600吨。

【基础设施建设】2016年，硬化乡村公路30.5千米，实现村组通水泥公路总里程32.8千米；开通客运线路3条，营运总里程120千米；营运客车8辆，万人拥有量3台，年客运量4.5万人次。全乡拥有35千伏以上变电站1个，主变容量6300千伏安1台，高压输电线路5条，总长度120千米。

【教育卫生】2016年，梳子铺乡有中学1所，小学3所，公立幼儿园1所，完小附设幼儿园1所，私立幼儿园2所。在校学生1278人，专职教师116人，在职中小学教师中具有中级职称69人，高级职称7人。九年义务教育覆盖率100%。2016年教育经费178.8万元，比2015年增长23.6%。乡新型农村合作医疗参保人数为31398人，参保率为98%全。2016年梳子铺乡卫生院完成诊疗7125人次，出院病报告传染病发病率为0.43%。专业卫生人员32人，其中中级职称3人，专业技术人员15人，执业医师3人，职业助理医师6人，注册护士7人，平均每千人拥有卫生人员1.03人。

【民生保障】2016年底，城乡最低生活保障32户，76人，支出22.4万元；农村最低生活保障1160户，1949人，支出264.6万元，比2015年增加0.72%；月人均112.9元,比2015年增加1.8%；农村五保集体供养38人，支出26.6万元，农村五保分散供养276人，支出89.4万元。农村医疗救助162人次，民政部门资助参加合作医疗2300人次，农村临时性救助120人次，支出25万元；自然灾害受灾人数1510人；农作物受灾面积150公顷，倒塌房屋20间，直接经济损失102万元，救灾资金支出8万元。国家优抚补助各类对象285人，支出289万元。

珠山镇

【概况】珠山镇总面积199.6平方公里。陆地占99.2%，水域0.8%；常用耕地面积4195.7公顷，其中水田3738.6公顷，旱地457.1公顷。人口密度为每平方公里350人。珠山镇共有35个行政村，2个社区，525个村民小组，18549户。2016年生产总值总值20.67亿元，工业总产值17.92亿元，其中完成固定资产投资9.6亿元，规模工业14家，农业总产值7.1亿元。第三产业产值3.76亿元。社会消费品零售总额35261万元。镇本级财政收入2011万元，增长11.2%。农民人均纯收入8600元，人均可支配收入8692元。

【工业发展】珠山镇现有工业园区1平方公里，位于镇东南方向上田村，距镇城区1千米，全镇工业企业主要有鑫城锰业、荣华锰业、东湘锰业、万事达锰业、长城炉料、闽峰冶化、腾飞锰业、恒盛炉料等企业，其中锰矿开采企业24家，锰矿加工企业87家、投资过亿元的3家，主要从事电解锰、硅锰合金生产，年产值达到10亿元。

【商贸财政金融】2016年，珠山镇个体工商户3157户，其中营业面积2000平方米以上的大型超市5家，从业人员5200人；餐饮服务行业88户，从业人员900余人。辖区内中国人民保险公司、中国人寿保险公司各1家；共有银行网点6家，其中农村信用社网点4家，中国农业银行网点1家，中国邮政储蓄银行网点1家。2016年末，境内金融机构各类存款余额87137万元，比上年增长16%；各项贷款余额48689万元，比上年增长15%。

【劳动力转移】 2016年，农村剩余劳动力为增加家庭经济收入，自发向广东、深圳、浙江等沿海经济发达，劳动力短缺的地区转移就业，转移规模日渐扩大，2016年，转移输出人数2.3万人，创收16000万元，占全镇总收入的27%。

【村镇建设】 2016年，城镇规划面积10平方公里，建成面积6.2平方公里，现有商业住宅小区6个，建筑面积20万平方米，共有大小街道12条，共安装路灯400盏，现已形成“五纵四横”的路网格局，新拉通的322国道（珠山镇环城路）已作出规划设计，将打造具有现代特色的民俗风情街，新规划的城区有学校、影院、广场、公园等公共设施。

【文体教育】 2016年，珠山镇有镇文化站1个，村级文化活动中心37个，各类文化专业户60户，建有农家书屋37个，藏书35万余册，音乐、美术、书法、摄影及文学业余创作队伍达300人，龙狮队9队。珠山镇党委、政府始终把创建文化名镇、打造“生态、文化、旅游”乡镇作为镇域经济发展战略，通过定期举办的“全镇广场舞大赛”等活动，弘扬、传承优秀民族传统文化，加强内引外联，发挥资源优势，助推经济建设，文化事业日趋繁荣，经济持续快速发展。

2016年，珠山镇共有学校25所，其中公办学校6所，私立学校19所，在校学生10000余人。在区委、区政府大力支持下，规划投资1.5亿元在322国道改线旁的猴塘村地块新建一所高标准的农村九年一贯制学校，确保2019年建成投入使用。届时，将新增3360个学位，其中小学2160个，初中1200个。

【医疗卫生】 2016年，珠山镇建有医院3家，其中公立医院1家，民营医院2家，病床260张。其中，珠山镇中心卫生院是零陵区规模最大、硬件设施最好、技术力量雄厚的乡镇医院。2016年，镇内医疗机构完成诊疗15万余人次，新型农村合作医疗参合人数69853人，参合率100%。

【水利建设】 境内有石期河、梅溪河两条河流，水资源比较丰富。全镇共有小Ⅰ型水库1座，小Ⅱ型水库14座。由于地理自然条件限制，骨干性水源少，农田灌溉和农村人畜饮水难的问题较为突出。为加强农业基础设施建设和安全饮水工程建设，全年投入2200多万元实施基本农田改造项目，投入2380万元修建引水、排水渠道56000米。全镇15个村安装自来水，饮水管87000米。

【基层党组】 2016年，珠山镇有44个基层党组织，2236名正式党员，年内发展党员12人，处理违纪干部5人，党员4人，党建工作被评为先进单位。2016年组织开展志愿者义捐2次，捐款1.6万元。

【综合治理】 2016年，在境内主要路口安装电子监控，全年破获犯罪团伙8个，治安拘留58人，刑事拘留36人，逮捕12人，起诉35人，获全区社会管理综合治理先进单位。

黄田铺镇

【概况】 黄田铺镇总面积116平方公里，辖19个村，一个社区，328个村民小组，8249户，总人口33977万人。境内含锰矿、煤矿200万吨左右，地下水资源可利用量为1520万立方米，为零陵区有名的“油茶之乡”、“西瓜之乡”、“脐橙之乡”，2014年被评为“全国小城镇建设重点乡镇。”2016年，工业生产总值5.09亿余元，比2015年增加27.5%，工业增加值占国内生产总值的40%，其中境内年生产规模达亿元的远达新材料，全年完2成工业总产值4.1亿元，增速20%。

2016年，基础设施建设力度不断加大，完成了窄加宽硬化公路，实现村组通水泥公路，总里程达39千米。

【基层党建】2016年。全镇有50个基层党组织，1309名正式党员，年内发展预备党员10个，处理违纪在职干部0人，村干部3人。党员3人。

【农业发展】2016年，全镇总耕地面积3266.67公顷，人均稻田面积1.35亩；总林地面积8.66公顷；农业总产值达4.86亿元，比2015年增加8%，农业增加值占国有生产总值比重10.8%。粮食作物以水稻为主，粮食播种面积5333.33公顷，全年生产粮食3.43万吨，人均0.94吨。其中水稻3.2万吨，小麦12吨，红薯（折粮）320吨，玉米535吨，油菜种植面积1133.33公顷，产籽1469吨，蔬菜种植面积3450公顷。畜牧业以牲猪养殖为主，全年生猪饲养量6.9万头，年末存栏3.5万头，全镇有出栏500头以上的养殖大户12户。饲养山羊1100只，牛4020头。家禽以养鸡为主，家禽饲养量达19万羽。渔业以山塘、小（一）型水库、小（二）型水库放养为主，养殖水面346.67公顷，水产品产量1095吨，产值1553万元。全年植树造林面积1000公顷，林木覆盖率46.5%；水果种植面积277公顷，产量2.2万吨，油茶山地面积5933.33公顷，年产纯茶油765吨，产值7653万元。

【社会事业】2016年，全镇有中学1所，完小3所，中心幼儿园1所，民办幼儿园5所，在校学生2560人，专任教师173人，九年制义务教育覆盖率100%。2016年教育经费120万元，比2015年增长8%，在职中小学教师中具有中级职称73人，高级职称 30人。2016年，全镇新型农村合作医疗参保人数31092人，参保率为100%。居民平均寿命75岁，其中男性74岁，女性76岁。2016年医疗机构完成诊疗8894人次，出院病人1219人次。法定报告传染病发病率为3.53/万。农村安全用水率89%，城镇安全用水率95%。农村卫生厕所率为75 %，固定资产总值192万元，专业卫生人员39人，其中中级职称5人，专业技术人员35人，执业医生6人，职业助理医师23人，注册护士10人，平均每千人拥有卫生人员1.14人。

【民生保障】2016年底，城镇最低生活保障61户，140人，支出59万元，农村最低生活保障1420户，1793人，支出251.15万元，比2015年增加2%，月人均133元，比2015年增6%，农村五保集中供养29人，支出25万元，比2015年增加0.2%，农村五保分散供养273人，支出88.45万元，比2015年增加13%。农村医疗救助213人次，民政总门资助参加合作医疗2235人次，支出18.34万元，比2015年增长12%，农村临时性救助159人次，支出11.02万元，自然灾害受灾人数2883人，紧急转移1800人，农作物受灾面积2500公顷，倒塌房屋21间。直接经济损失1235万元，救灾资金支出11万元，比2015年增长28 %。国家优抚补助各类对象389人，支出148.9万元，比2015年增长5%。人均居住面积，城镇为26.2㎡，农村为20.5㎡，彩电、空调、冰箱入户率分别为99%、20% 、95%。

【商品交易】2016年，有城镇集市3个， 全年社会销售总额达1.86亿元，比2015年增加20.7%；集市贸易成交额1.53亿元，比2015年增加20%。

【财政金融】2016年，财政总收入1510万元，其中地方财政收入1058万元，税收452万元，其中国税260万元，地税192万元，分别比2015年增长15%。2016年有农商银行网点2个，邮政储蓄网点1个，各类存款4.5亿元，人均存款1.6万元，比上年递增12.5%。

【综治民调】2016年，境内主要路口安装电子监控，全年抓获犯罪团伙1个，治安拘留56人，刑事拘留27人，逮捕12人，起诉20人。

富家桥镇

【概况】富家桥镇土地总面积213平方公里，辖30个行政村，2个社区，现有463个村(居)民小组，共17407户，总人口52497人。境内有五岭之一的都宠岭余脉羊毛岭、锯子岭等。

【基础设施建设】2016年，新建公路12千米，道路扩宽52千米。全镇实现村村通水泥公路，里程达220千米。新建阳河大桥，永兴桥与峦石山、古木头与栗山里等贤水河两岸老马路的所有断头路，通往石山脚乡、梳子铺乡的乡际道路全线接通，人何公路沥青路面铺设、12座桥梁架设维修高标准完成。安装太阳能路灯486盏，完成干岩头、小江河等16个村的农网改造，全面实现电力“村村通”。

【农业生产】2016年，富家桥镇农业生产以种养殖业为主，主产粮食，种植业以水果、苗木、蔬菜为主，盛产水晶梨，养殖业以异蛇、鱼类为主，盛产异蛇，经济作物生产主要以蔬菜、甘蔗、西瓜为主。全镇总耕地面积2612.13公顷，人均面积耕地0.74亩。农作物播种面积3089.06公顷，年均粮食产量达32000吨，牲猪年出栏10万头，家禽年出笼20万羽，水产品年产量达600吨，农业总产值达95800万元。

【林业生产】富家桥镇现有耕地面积2817.8公顷，山地18666.67公顷，其中楠竹林6666.67公顷，杉木林5333.33公顷，森林覆盖率达75%。全年植树造林面积291.13公顷，其中人工造林142.73公顷，用材林148.4公顷。

【水利工程建设】境内水系发达，东有潇水，中有贤水贯穿全境，河流全长67.5千米，镇内流程达40千米，南有进水，山塘水库200座。乡镇工程和村骨干水利工程由乡镇和受益村共同投入，乡镇共投资135万多元，投工投劳31000多个。2016完工的水利重点工程有：清淤扩容的桃华洞司塘，大仙观沙丘上1200米灌溉树渠防渗改造;高贤村大山塘小二型水库引水渠600米，三面砼防渗。秋冬五小水利有18处。

【文化教育卫生】2016年，镇文化站管理规范，书目齐全，运行良好，每个村建有农家书屋。全镇有中学2所，小学5所，幼儿园（所）14所，在校学生3833人，专任教师257人，九年制义务教育覆盖率100%。在职中小学教师中具有中级职称118名，高级职称18人。2016年医疗机构完成诊疗1.1万人次，出院病人1100人次，固定资产总值423万元，在职职工39人，中级职称15人，专业技术人员20人，执业医师5人，职业助理医师9人，注册护士13人。

【社会保障】2016年，城乡居民医疗保险参保人数47011人，参保率96.8%。新建富家桥敬老院，并获得“全国先进示范敬老院”荣誉称号。累计补偿危房改造和无房户建房资金284余万元，解决305户危房户居住问题。

【旅游建设】富家桥镇是全市闻名的生态旅游区之一，也是有名的“鱼米之乡”、“楠竹之乡”和“水晶梨之乡”。境内珍贵野生动植物资源丰富，主产异蛇、甲鱼、石蛙、野生鱼类，盛产各类名优水果、竹笋、野菜及各类山珍等，曾发现国家一级保护动物中华鲟。潇、贤两水流域生态环境良好，水体、空气质量均达国家一级标准，恬静如诗，风光如画，泛舟之中让人飘飘如仙。全国重点文物保护单位“永州八景”之一的“淡岩秋月”蜚声中外，虎形山下的大仙观，相传是“八仙”之一何仙姑故居，给贤水河增添了神秘的神话色彩；全国生态文明村涧岩头周家大院古朴静穆的明清古建筑群、何仙姑村千年古树罗汉松、千亩紫薇花海、人民桥百里平湖、“水上大世界”、异蛇村、何仙观红玉洞等景观远近闻名。

凼底乡

【概况】凼底乡位于零陵区东南部，西临潇水与207国道隔河相望，东北与菱角塘镇接界，南与双牌县平福头乡、五里牌镇、茶林镇毗邻，北与朝阳办事处接壤。东经111°65′–111°70′，北纬26°07′–26°15′。乡人民政府驻凼底社区，距零陵区人民政府驻地25千米。辖12个行政村，1个居委会，187个村民小组，总人口为23126人，其中党员555人。贫困户619户，2147人，其中省级贫困村2个，分别是桴江村、江边村。辖区东西最大距离12公里，南北最大距离23公里，总面积83.5平方公里。陆地占90%，水域10%；耕地1301.5公顷，其中水田1165公顷，旱地136.5公顷。境内有中学1所，小学2所，乡卫生院1所，小二型水库3座。农民收入以劳务输出为主，以生产优质稻、杂交水稻制种、蔬菜种植、畜禽养殖为辅。

【水文资源】地处低纬度，光照能量和水量丰富，平均年降水1280毫。境内水利资源丰富，有潇水河、桴江河。潇水河从双牌县平福头乡狮子岭村流入凼底乡袁十万村，流经7个行政村。桴江河发源于阳明山脚下，从茶林镇杉木滩村流入凼底乡桴江村，直穿凼底乡6个行政村，沿河有邓家湾电站、桴江坝电站。

【区划改革】凼底乡原有羊公滩村、高桥村、涯次渡村、油山岭村、欧家坪村、冷山村、长田村、易家洞村、凉水井村、大桥坝村、土坪村、桴江村、赤石回村、黄皮村、袁十万村、杳塘村、江边村、伏塘村、晓江村、凼底村等20个行政村。2016年实行建制村合并：羊公滩村与高桥村合并，设立高桥村，村委会驻高桥；油山岭村与欧家坪村合并，设立油山岭村，村委会驻油山岭；冷山村与长田村合并，设立长田村，村委会驻长田；凉水井村与易家洞村合并，设立凉水井村，村委会驻凉水井；大桥坝村与土坪村合并，设立土坪村，村委会驻大桥坝；黄皮村与袁十万村合并，设立袁十万村，村委会驻袁十万；将杳塘村与江边村合并，设立江边村，村委会驻江边；凼底村设立为凼底社区，居民委会驻凼底。调整合并后，凼底乡辖凼底社区1个社区和高桥村、油山岭村、长田村、凉水井村、土坪村、袁十万村、江边村、涯次渡村、桴江村、晓江村、赤石回村、伏塘村等12个建制村。

【农业】农业人口22746人，占总人口的90.3%；耕地面积1301.5公顷，人均0.06公顷。2016年，农业总产值1.9亿元。粮食作物以稻谷、玉米、红薯为主，2014年粮食总产量2.8万吨，人均1272公斤，其中稻谷1.9万吨，玉米50吨，薯类220吨,杂交水稻制种667公顷，产量0.17万吨，经济作物有油菜、黄豆、高粱、花生等，2016年油菜产量200吨。

【林业】林地总面积0.44万公顷，原乡林场经营森林面积为0.2万多公顷。实施退耕还林0.01万公顷，生态公益林0.13万公顷，2016年末，森林覆盖率71%，活立木蓄积量20万立方米。

【畜牧业】畜牧业以猪、羊、牛为主。2016年，生猪出栏9800头；黑山羊出栏3300只；香猪出栏2000头。

【基础设施】投入资金5万元对凼底街道供水工程渗漏网管更换，增装抽水设备一套；配合区农委在赤石回、凼底、凉水井、易家洞、欧家坪实施的700万元的农业开发项目；投入资金25万元，对土坪村引水渠、油山岭台渠、赤石回引水渠、桴江河黄皮、凼底段水毁堤进行了修建；实施“点亮乡村”工程，投入移民资金200万元，对羊公滩、高桥、涯次渡、油山岭进行路灯安装；完善油山岭、江边客运码头配套设施建设，配备了8艘高标准渡船，总资产达250余万元，人民群众出行安全得到了保障。

【社会保障】2016年，全乡城乡最低生活保障户数15户，人数35人；农村最低生活保障户数661户，人数826人；有敬老院1家，床位50张；农村特困人员152人，其中集中供养39人，分散供养113人；农村医疗救助74人次，共支出8.9万元；国家抚恤、补助各类优抚对象164人，抚恤事业费支出48.4万元；参加城乡居民养老保险10255人，参保率98.8%，排全区第一名。

【医疗卫生】2016年末，有各级医疗卫生机构14个，其中乡卫生院1所，村卫生室13个，病床20张。专业卫生人员23名，其中执业医师13人，执业助理医师9人。2016年医疗机构完成诊疗21450余人次。新型农村合作医疗参合人数22255人，参合率98.2%。

【文化体育】2016年末，有文化站1个，综合文化大楼一座，有乡文化广播电视站1个，村级文化活动中心13个，农家书屋13个，各类文化专业户6户，广场舞队10支，各类图书室14个，藏书6万余册，音乐、美术、书法、摄影及文学业余创作队伍和业余文艺爱好者达150人。有学校综合运动场2个，乡政府灯光球场1个，村级健身运动场所4个，体育设施齐全。2016年成功举办"凼底乡第二届师生文化艺术节"；积极参加"欢乐潇湘，诗画零陵"群众文艺汇演，获得二等奖。全乡已有10个行政村的农家书屋，经省评估定级分别评一、二、三级农家书屋。文化站也已建起图书室、培训室、综合娱乐室、阅览室于一体的办公楼。免费开放，服务群众。

【党委】2016年4月20日，在凼底乡人民政府大会议室召开中共凼底乡第六次代表大会，参加会议的代表有120名，选举产生中国共产党凼底乡第六次委员会委员：谢良辉、眭国军、马小军、罗冬青、谷民荣、邓毅、廖杨鑫、周亮华、熊孝良；书记为谢良辉，副书记为眭国军、马小军。

【人大】2016年10月27日—28日，在凼底乡人民政府大会议室举行凼底乡第六届人民代表大会，参加会议的代表有56名。选举产生乡人大领导班子成员：罗冬青当选为乡人大主席，周普当选为乡人大副主席。选举产生乡政府的领导班子成员：眭国军当选为乡人民政府乡长，周亮华、涂鹏当选为乡人民政府副乡长。

【政协】2016年4月20日，在凼底乡人民政府大会议室召开中共凼底乡第六次代表大会，参加会议的代表有120名，选举产生中国共产党凼底乡第六次政协联工委主任谷民荣。

【纪委】2016年4月20日，在凼底乡人民政府大会议室召开了中共凼底乡第六次代表大会，参加会议的代表有120名，选举产生中国共产凼底乡第六次纪律检查委员会委员：邓毅、袁永红、唐立军、陈熳、黎明辉、李玉华。书记为邓毅，副书记为袁永红。

菱角塘镇

【概况】菱角塘镇总面积157.8平方公里，辖21个行政村（社区）、307个村民小组，总人口为33218人，耕地面积2420公顷，是湖南省杂交水稻制种名镇。菱角塘镇森林覆盖面积9666.67公顷，2016年共有生态公益林、速生工业原料林、原始次森林、楠竹、杉树等8333.33公顷，其中，生态保护林面积2072.93公顷，每年国家补助资金45086.3元。

【基础设施建设】2016年，全镇基础设施建设力度不断加大，实现21个行政村、社区通村公路全覆盖，里程达180千米。全年完成农村公路"窄改宽"40千米，投入资金500多万元，新修通组公路10千米，投入资金230万元。投入800多万元修建金牛社区35KV变电站工程；投资300多万元，在金牛社区建成日供水2000吨的集中供水工程；投入40万元对全镇范围内的通村公路进行养护。投入2000万元维修花山岭左右干渠及配套设施；投入100多万元亮化文雷、晓新、金坪、古江四个行政村道路工程。

【义务教育】2016年，全镇有中学1所，小学4所，幼儿园5所，在校学生1413人，有专职教师168人，九年制义务教育覆盖率100%。年度正常性教育经费74.76万元。在职中小老师中具有中教职称101人，高级职称11人，行政村有农家书屋35个，体育健身设施8处。镇政府教育办进一步抓实“雨露计划”等助学行动的落地生根，12名贫困学生享受该项目资助，争取确保无因学致贫、无贫困学子因贫失学。镇中学初中会考升入市区重点高中人数比上年大幅度提高。

【医疗卫生】2016年，投资200万元，占地面积1700平方米的镇卫生院住院大楼投入使用，极大地方便全镇百姓就医难的问题。镇卫生院有专业卫生人员27人，有中级职称8人，执业医师证5人，助理医生7人，注册护士5人，乡村医生28人。由于工作扎实，服务到位，计划生育工作成绩显著，荣获市政府“2016年计划生育工作管理先进单位”的称号。

【社会保障】2016年，全镇有农村最低生活保障1276户，享受低保人员1792人，发放低保款210.4万元。农村五保户279户280人，集中在敬老院供养49人，发放五保资金103万元。建卡残疾人1002人，发放补助款49.8850万元。国家优扶补助各类对象313人，支出132万元。2016年大力推进精准扶贫工作，全年实现预脱贫436户，1230人；易地搬迁扶贫13户，其中晓桥新村集中安置房，主体工程已完工。2016年全镇新型农村合作医疗参保人数为37280人，农村养老保险参保人数为13882人，已领取养老人数5943人。为发展农业机械化生产，年度全镇130户村民购买新机173台，财政补助62.9万元。全镇共发放粮补、惠农资金501万元，对贫困家庭危房改造24户，补助资金21万余元。

【基层党组建设】2016年，有基层党组织28个，1272名中共正式党员，发展预备党员13名，通过开展“两学一做”和“争先创优活动”党员整体素质得到提高。在从严治党过程中，对有“雁过拔毛”行为的4名村干部给予党纪处分。对在零陵区十届人大代表选举中，从事非组织活动和赌选行为的涉案失职人员给予党政纪处分。

邮亭圩镇

【概况】邮亭圩镇总面积323平方公里，辖34个行政村，2个社区，561个村（居）民小组，15250户，总人口52619人。境内河道属湘江流域，主要河流为黄溪河，发源于阳阳山脚下,流经境内桐木冲、新光等14个村，至祁阳进入湘江，全长38.5千米，为永州市国家级现代农业科技示范园示范区。

2016年，全镇总耕地面积5694.95公顷，人均稻田面积1.6亩；总林地面积24146.4公顷，农业总产值达9.7亿元，比2015年增加4%，农业增加值占国有生产总值比重3.2%。粮食作物以水稻为主，粮食播种面积9126.67公顷，全年生产粮食52100吨，人均0.99吨。其中水稻125500吨，红薯（折粮）3500吨，玉米4000吨，油菜种植面积20711公顷，产籽2278吨，蔬菜种植面积1623.67公顷，产量12100吨。畜牧业以生猪养殖为主，全年生猪饲养量12.6万头，年末存栏4.9万头，全年出栏500头以上的养殖大户27户。饲养山羊11600只，牛6840头,家禽饲养量达182万羽。渔业以山塘、小（二）型水库放养为主，养殖水面2666.67公顷，年产鲜鱼4600吨，总产值3680万元。全年植树造林面积48公顷，其中防护林0公顷，经济林27公顷，四旁绿化21公顷，林木覆盖率70.1%，活木蓄积量为42.98万立方米，水果种植面积1900公顷，产量5.7万吨。油茶山地面积160公顷，年产纯茶油1.44万公斤，产值172.8万元。2016年工业总产值1.8亿余元，比2015年增加20%，工业增加值占国内生产总值的30.2%，境内规模以上工业企业3家。

【基层党建】2016年，全镇有68个基层党组织，1955名正式党员，年内发展预备党员19个，处理违纪在职干部0人，村干部3人，党员11人。全年组织开展志愿者义捐12次，捐款16万元。

【基础设施建设】2016年，硬化村级公路6.5千米，实现村组通水泥公路，总里程35千米，开通客运线路3条，营运总里程45千米，营运客车56辆，年客运量25.8万人次。年末城镇道路总长度为8千米。建有城区自来水厂1座，铺设干线水管3千米，日生产能力80吨，自来水受益村15个。全镇拥有35千伏及以上变电站1个，高压输电线路5条，总长度157.2千米。

【文化教育建设】2016年，镇文化站管理规范，书目齐全，运行良好。全镇有体育场地25处，25个村安装健身体育器材，经常参加体育活动的人占常住人口的40%。有线电视入户率为45%，村村通工程全覆盖，网络入村率12%，入户率10%。2016年，全镇有中学1所，小学7所，在校学生1275人，专任教师219人，九年制义务教育覆盖率100%。2016年教育经费650万元，比2015年增长8.4%。在职中小学教师中具有中级职称98人，高级职称37人。全镇有各类科技人员696人，其中专业技术人才37人，经营管理人才16人，农村实用人才645人。

【医疗卫生工作】2016年，全镇新型农村合作医疗参保人数为33191人，参保率为97.65%。居民平均期望寿命75岁，其中男性74.3岁，女性75.7岁。5岁以下儿童死亡率、婴儿死亡率均为0。2016年医疗机构完成诊疗2.3万人次，出院病人1541人次。法定报告传染病发病率为0.4357/万。农村安全用水率85.6%；城镇安全用水率97.35%。农村卫生厕所率为81.56%。固定资产总值103.9万元，专业卫生人员40人，其中，中级职称10人，专业技术人员26人，执业医师11人，执业助理医师12人，注册护士4人，平均每千人拥有卫生人员1.16人。

【社会事业】2016年底，城镇最低生活保障141户，262人，支出82万元；农村最低生活保障1587户，2255人，支出284万元，比2015年增加3.2%；月人均105元，比2015年增10.5%；农村五保集体供养71人，支出69万元，比2015年增加17.9%，农村五保分散供养383人，支出116.1万元，比2015年增长7.5%。农村医疗救助383人次，民政部门资助参加合作医疗2494人次，支出396万元，比2015年增长11.3%，农村临时性救助623人次，支出22万元；自然灾害受灾人数7345人，紧急转移46人；农作物受灾面积1.3万公顷，倒塌房屋32间，直接经济损失289万元，救灾资金支出16万元，比2015年增长10.7%。国家优抚补助各类对象548人，支出206.5万元，比2015年增长25.4%。人均居住面积，城镇为21㎡，农村为26㎡，彩电、空调、冰箱入户率分别为90%、15%、95%。

【财政金融】2016年，财政总收入1564万元，其中地方财政收入50万元，税收34万元，其中国税6万元，分别比2015年增长14.3%。2016年末，有农商银行网点3个，邮政储蓄网点2个，农业银行网点1个，各类存款2.85亿元，人均存款5420元，比上年递增8.6%。

【民生保障】截止2016年底，城镇最低生活保障141户，262人，支出82万元；农村最低生活保障1587户，2255人，支出284万元，比2015年增加3.2%；月人均105元比2015年增10.5%；农村五保集体供养71人，支出69万元，比2015年增加17.9%，农村五保分散供养383人，支出116.1万元，比2015年增长7.5%。农村医疗救助383人次，民政部门资助参加合作医疗2494人次，支出396万元，比2015年增长11.3%，农村临时性救助623人次，支出22万元；自然灾害受灾人数7345人，紧急转移46人；农作物受灾面积1.3万亩，倒塌房屋32间，直接经济损失289万元，救灾资金支出16万元，比2015年增长10.7%。国家优抚补助各类对象548人，支出206.5万元，比2015年增长25.4%。人均居住面积，城镇为21平方米，农村为26平方米，彩电、空调、冰箱入户率分别为90%、15%、95%。

【综合治理】2016年，在境内主要路口安装电子监控，全年破获犯罪团伙1个，治安拘留57人，刑事拘留7人，逮捕30人，起诉3人，镇派出所，获零陵区政法工作先进单位。

七里店街道办事处

【概况】2016年，七里店街道办事处总面积25平方公里，辖2个行政村、5个社区，32个村民小组、45个居民小组，网格84个，常住户数17237户，常住人口53474人，户籍人口30114人，农业户籍人口6516人，是零陵城区发展的前沿，是永州市文化教育中心、交通枢纽。境内有耕地面积239.33公顷，其中水田230.9公顷，旱地8.46公顷，农村人均水田面积0.53亩，农业总产值15883万元，比2015年增长4.5%。粮食作物以水稻为主，2016年种植水稻面积425.4公顷，总产量2640吨，其中优质稻183.4公顷，产量1187吨；种植各种蔬菜面积682.1公顷，总产量23634吨；经济作物以花生为主，2016年种植花生面积15公顷，产量39吨。2016年有果园面积105公顷，水果产量2445吨，主要品种有柑橘、葡萄、梨等；种植花卉面积13.9公顷，观赏性苗木26万株。2016年，年出栏生猪3.2万头，产量2243吨；年出笼家禽23万羽，产量322吨；水产养殖面积191.6公顷，产量486吨，水产品捕捞产量36吨。辖区内有家禽、家畜批发市场1个，年批发家禽160万羽、羊和狗2万头，屠宰场1个，年宰生猪7.2万头，牛羊0.5万头（只）。

【党建工作】2016年，街道工委下辖26个基层党组织，正式党员609人，年内发展预备党员9人，培训入党积极分子21人。全年纪委处理违纪村（社区）干部1人，其中党员1人。全年组织开展自愿捐款活动3次，捐款金额2.1万元。

【综合治理】2016年，在辖区内主次街道、背街小巷、小区及路口等安装电子监控。全年破获犯罪团伙1个，治安拘留160人，刑事拘留57人，逮捕20人，起诉50人；全年排查各类矛盾隐患171起，调解各类矛盾纠纷169起，化解重大矛盾纠纷19起；全年各类信访案件96件，息访息诉2件，重点信访稳控对象51人；全年安全生产形势持续稳定向好，实现安全生产“零事故、零伤亡”的目标。

【工业发展】2016年，工业总产值12.1亿元，比上年增长16.5%，其中：规模工业总产值8.23亿元，比上年增长7.8%。工业企业实交税金1895万元，增长15.5%，工业投资2.25亿元。辖区有工业企业40家，其中规模工业9家。年生产规模超5亿元的湖南时代阳光药业股份有限公司，全年完成工业总产值5.2亿元。

【城市基础设施建设】2016年，城市基础设施建设力度不断加大，城市提质改造全面加速，城市活力不断增强，城市变化日新月异。投资6.8亿元的永州大道城市综合体试点改造全面启动。零陵区主干道南津路提质改造基本完成。芝山北路路网工程及配套工程建设基本完成。阳明大道路网工程及湘江东路路网工程基础性工作基本完成。南津路全路两旁所有电力线和通信网络线设计下地工程全部完成，南津路、萍洲路等主要道路两旁排水系统雨、污管道分离工程全部完成。阳明大道、南津北路、日升路、禄影路中间绿化带和所有道路两旁都种上不同珍贵的树木和花草，对辖区小游园的花草树木进行品质提升改造。2016年底，有生活小区53家，占全区小区51.5%。通过对小区的统一整顿，小区管理日趋规范有序，配套设施日臻完善，建成小区100%成立了业主委员会，聘请了物业公司，小区的绿化、美化、亮化工程同步进行，安保措施日益到位，小区业主的幸福指数全面飙升，获得感和满意度全面提高。322国道、衡枣高速、永蓝公路、永州大道穿境而过。村组公路全部水泥硬化。境内始发、终点站城乡客运线路6条，城内公交线路13条，县际客运线路3条。投资8000万元的公交车首末站暨大型停车场正在日升西路开建。永州水务向家亭水质净化有限公司，日处理污水能力达6万吨，城市生活污水和工业废水处理率从27.6%达到92% 。

【教育事业】2016年底，辖区内有幼儿园33所，在园幼儿4803人，专职教师486人；小学6所，在校生6584人，专职教师323人，小学适龄儿童入学率100%，小升初升学率100%；特殊教育学校1所，在校生274人，专职教师43人；初中2所，在校生8840人，专职教师490人，其中高级职称175人。初中适龄人口入学率100%，九年义务教育覆盖率100%；普通高中1所，在校生5276人，专职教师355人，其中高级职称132人；教师进修学校1所，2016年培训教师2100人次，专职教师25人，其中高级职称10人；大、中专院校3所，在校学生20556人，专职教师1123人，其中高级职称310人。永州幼儿师范高等专科学校全面启动，完成了征地、拆迁工作，项目进展顺利。

【文化体育事业】2016年，有工人文化宫1座，图书馆1座，文化站1个，社区、村级文化活动中心9个，各类图书室10个。辖区内有体育馆1座，学校综合体育场2个，足球场5个，篮球场132个，排球场65个，门球场15个，乒乓球室82个，残疾人健身室5个。

【医疗卫生改善】2016年底，有各级医疗卫生机构35个，其中综合性医院1所（永州市职院附属医院），区计生服务站1所，社区医院1所，专科医院7所（零陵外骨科医院、潇湘慢性病医院、金盾肛肠医院、眼科医院、丽人妇科医院、南雅康复医院、牙科医院），社区卫生服务站5个，村卫生室2个，个体诊所12个。辖区有零售药房10家、共有病床870张，专业卫生人员1250人，其中高级职称医师253人，注册护士370人。2016年医疗机构完成诊疗7.2万人次。参加城乡基本医疗保险人数 22709人，参保率99%；城乡居民规范化电子健康档案建档率81%。居民平均期望寿命76岁。农村安全用水率100%，农村卫生厕所率96%。

【民生保障工程】2016年底，城乡最低生活保障实现全覆盖，城市有648户1652人纳入城镇低保，人均253.6元/月，农村低保有154户242人，人均84元/月。城乡医疗救助39人次，共支出5.85万元。临时救助46人次，支出2.76万元。2016年末国家抚恤补助各类优抚对象117人，抚恤事业费61.29万元。2016年底实现城镇新增就业1907人，失业人员再就业828人，全年帮助5户零就业家庭实现每户至少1人就业。2016年底，参加城乡居民基本养老保险4191人，城乡领取养老金人数1686人。

南津渡街道办事处

【概况】南津渡街道办事处总面积24.9平方公里，辖南津渡、大西门、高山寺、福寿亭、茆江桥5个社区和香零山、牛皮滩、仙神桥3个建制村，下设91个居民小组，29个村民小组。

【党建引领】2016年，基层党组织16个，党员924名，年内发展党员11名。2016年筹资25万元，新建牛皮滩村支部活动中心，面积220平方米。筹资30余万元，高标准扩建香零山村支部活动中心，并统一配齐配全办公设施。辖区3个村的活动场所都在200平方米以上、5个社区党工委的活动场所均为500平方米以上。

2016年，对作风较懒散的6名社区干部进行换岗，撤换牛皮滩村秘书；对长期不参加支部活动、不按时缴纳党费的31名党员作自动脱党处置；对违反财政纪律的2名村干部做出严肃处理。

以党建引领各项工作，突出“书记抓，抓书记”，形成党员干部“人人头上有指标、个个肩上有担子”的工作格局。通过党建+引领，南津渡街道社会大局稳定，社会经济发展稳步推进。

【农业生产】2016年，种植水稻276.67公顷，总产量1900吨，其中优质水稻40公顷，产量540吨，各种时鲜蔬菜种植面积300公顷，种植蔬菜大棚1560个。香零山基地是冷零两区重要的蔬菜供应基地，许多蔬菜还远销广东等沿海城市，实现农业总产值1200万元，同比增长12%。香零山生态土猪饲养700余头，年末出栏500余头。农民人均纯收入2.2万元，人均增收2000元，同比增长10%。

【工业发展】2016年，共有个体工商企业1400多户，内资公司14户，内资分公司7户，内资企业法人23户，外商企业分支机构1个。2016年工业总产值1.69亿元，比上年增长22%。规模工业完成增加值0.9亿元，增长29%。工业企业实交税金380万元，增长13%。

【招商引资】2016年，已开工建设项目2个，总投资14.96亿元。其中沿江东路建设工程投资4.96亿元，工程已进入扫尾阶段；东山景区工程投资10亿元，第一期工程正在建设中。

【文体教育事业】2016年，有零陵花鼓戏剧团1个，业余文化艺术团3个,从业人员130人，其中有中级职称18人。文化站1个，建筑面积500平方米；村级农村书屋5处，总建筑面积650平方米，藏书9万余册。足球场2个，蓝球场12个，田径场2个，门球场3个，排球场2个，乒乓球室6个，游泳池2个。境内有幼儿园21所，在幼儿园2868人，专任教师189人；小学4所，适龄儿童入学率100%，小升初升学率99.9%；初中1所，在校生1030人，专职教师107人，初中适龄人口年学率100%，九年义务教育覆盖率达100%；普通高中2所，在校生4200人，专任教师179人。

【民生保障】2016年，城镇最低生活居民保障覆盖5个社区，1510户3566人纳入城乡低保共859632元，人均241元/月。农村最低生活保障，共有238户318人，人均110元/月。城乡医疗救助228人次，共支出374159元。城市特困（三无）救助27人，546元/月。农村五保10人，270元/月。社区服务设备5个，福利企业1个，安置残疾人118人。城镇新增就业1582人，失业人员再就业858人，城镇登记失业率4%，全年共帮助5户零就业家庭再就业。2016参加城镇居民基本医疗保险2.3万人，参加城乡居民养老保险2965人，领取养老金人数1639人。

【旅游产业建设】2016年以来，整合各类资金5000余万元，打造集观光、休闲、度假、旅游、采摘、体验的乡村旅游明珠。其中投资230万元修好10千米的通村、组公路；投资160万元进行村内“三边绿化”，栽种香桂、银杏大苗2800株；投资800万元进行村中环境整治，建成生态休闲广场2处1200平方米；投入资金80万元对村庄亮化；投入89万元建成观赏性阳光温室大棚；投入210万元建成山地自行车俱乐部赛道2.8千米；投入210万元建立

80亩荷花观赏池，及浅道300千米，投入108万元修建6000平方米的生态停车场；投入300万元修建休闲垂钓中心，面积200公顷。修建三星级农家乐生态果园三家，面积180公顷。投资20万元将牛栏变成咖啡屋。投资40余万元，对居民外墙进行涂鸦；投资20万元在村道、田园、菜园、池畔布置稻草艺术，让香零山村成为城市郊区的田园公园，市民观光、游览、度假、休闲的乐土。2016年以来，区政府投资3个亿着力打造东山景区的芯片，建设成零陵旅游黄金驿站。其中投资2600多万元完成总占地面积9600平方米包括山门、钟鼓楼等建筑群在内的永州武庙保护展示工程，恢复明代武庙的旧有规模。投资1600多万元建设占地面积14000平方米东山文化广场。投资700多万元修复老地委2号楼及接待展示中心。投资约1200万元完成规划总面积5万平方米西部区域绿化、亮化、美化、阁亭等建设；投资500多万元完成景区2号路、游步道、生态停车场建设。2016年，东山景区西部历史文化区建成正式免费对外开放。

朝阳街道办事处

【概况】 朝阳办事处地处永州市零陵区潇水西畔，属城郊结合部。区域面积50.2平方公里，辖7个行政村。辖区常住人口65020人，其中，农业人口9854人，非农人口55166人，耕地面积6456.07公顷。2016年，朝阳办事处共有在职干部职工103人，退休干部30人。街道是零陵城区河西片的重要组成部分，207、322国道，洛湛铁路穿境而过。潇水西路、萍阳路、站前大道、瑞翔大道和朝阳大道相互融汇贯通。朝阳大道、袁家碣路、桃江路全面开工。

【工业经济】 2016年，工业总产值15.2亿，比2015年增长16.7%，其中，规模工业9.79亿元，比2015年增长8.6%。工业企业实交税金2112万元，增长率为16.5%。全年有工业企业68家，规模工业12家。其中，年生产完成工业总产值超6亿元的三湘电化厂再上新生产线。异蛇科技做大做强走规模化生产道路，初步形成了新的支柱产业，促进产业多元化的发展。

【城市基础设施建设】 2016年，投资3.2亿元的朝阳大道全面启动，207国道改线工程正在有序推进，322线改线工程已基本完成，投资70个亿的零陵古城建设已全面完成征地拆迁工作，进入正式建设阶段，零陵古城配套路网建设正在启动征地拆迁工作，南津渡电站至香零山段道路提质改造全面完成。全年实现拆除违章建筑10000平方米。322线、德榜路、瑞祥大道等主要道路排水系统、污管道分离工程全部完成。

【教育事业】 2016年，有幼儿园9所，专职教师200人。小学3所，在校生1896人，专职教师96人，小学适龄儿童入学率100%，小升初升学率100%。初中2所，在校生1600人，专任教师110人，其中高级职称36人，初中适龄人口入学率100%，九年义务教育覆盖率100%。大中专院校2所，在校生27215人，专职教师1426人，其中教授168人，高级职称565人。

【文化体育事业】 2016年，建有文化站1个，社区、村级文化活动中心12个，各类图书室8个。学校综合体育场3个，足球场5个，篮球场56个，排球场16个，乒乓球室42个，门球场5个，残疾人健身室4个，户外健身场所12个。

【医疗卫生改善】 2016年，共有各级医疗卫生机构18个，其中三甲级综合性医院1所(永州市中心医院南院)，朝阳卫生院1所，社区卫生服务站2个，村卫生室5个，个体诊所11个。专业卫生人员2600人，其中，高级职称医师756人，注册护士860人，2016年底，医疗机构完成诊疗12.6万人次。全年参加城乡基本医疗保险人数23084人，参保率99%。城乡居民规范化电子健康档案建档率82%，居民平均期望寿命78岁。农村安全用水率100%，农村卫生厕所率96%。

【民生保障工程】2016年，城乡居民最低生活保障实现全覆盖，共核定380户585人享受农村低保，同2015年相比，下降3个百分点。城市低保1289户3278人，同比下降1%。精准扶贫工作持续发力，全年共有贫困户181户，实现脱贫91户，安排困难家庭特殊岗位就业35人次，居民幸福指数得到提升。

徐家井街道办事处

【概况】徐家井街道办事处位于零陵区菱角塘路28号，辖区总面积为7.3平方公里，为零陵区委、区人民政府驻地。辖徐家井、潇湘门、廻龙塔3个社区，37个网格，居住总户数11901户，总人口41296人，流动人口965户，2615人。

【党建工作】2016年，徐家井街道党工委把建设学习型党组织工作和基层党建工作纳入党建工作的总体规划中，强化党员管理，严把入党关。严格党内组织生活会，健全和落实"三会一课"、民主评议党员等制度。认真学习和贯彻"两学一做"活动，以创建先进基层党组织、争当优秀共产党员为主要内容，以街道中心工作为重要载体，全面推进学习型党组织的建设工作。通过加强学习型党组织的建设，徐家井街道广大党员干部锤炼党性，砥砺了品行，改进作风，树立了形象，促进了工作。全年共发展党员5名，重点积极分子11名。加大基层党建工作投入，2016年街道投入18万元高标准建立便民服务站，潇湘门社区投入63万元进行社区新建，其他社区进行改造，所有社区的办公场所均达到500平方米以上，便民服务站达到120平方米以上。大力推进网格支部"共驻共建"活动。7月，组建BOBO新天地小区联合党支部以来，相继组建了世纪中心、二建公司、御景豪园等居民小区联合党支部。社区共成立网格支部31个，共有在职党员500余名到社区报到。"两代表一委员"工作室，倾听民意，对来访的人民群众、党员反映情况事项进行登记，并及时作出解答、解决，解决不了的事情及时向上级及有关部门反映。全年，共接待来访群众100余人，解决和解释问题96个，"两代表一委员"发挥作用明显。

【综治维稳】2016年，徐家井街道认真贯彻"打防结合、预防为主、标本兼治、重在治本"的方针，加强治安防范工作，不断提高治安防控能力。全年夜巡队员共办好事实事86件（次），发现各类隐患（安全）问题46起（次），通报表扬5人次。办事处开展书记大接访活动12次，接待群众来访44批330多人次，组织矛盾纠纷排查136起，成功调处129起，矛盾纠纷调处率达95%。特别是意外死亡案件纠纷，调处8起，没有出现再上访及事态扩大现象，将矛盾消除在萌芽状态，有效避免群体性上访闹事的发生，维护了社会的和谐稳定。

【社会治理机制改革】2016年1月，将5个社区重新整合为3个社区，成立了3个社区党工委（潇湘门社区党工委、廻龙塔社区党工委、徐家井社区党工委），并在每个社区党工委下设"一委一会三站一办"。全年，网格员共发现问题315起，解决298起，解决了服务群众最后"一公里"的问题。

【安全生产管理】2016年，开展"打非治违""安全生产月""百日安全生产大检查"等系列安全生产专项行动。至年底，共检查工商业户及企事业单位760家，出动410人次，全街共成立5个专项检查组，各社区在领导的带领下对企业、工商业户进行认真细致的大排查，对存在的安全生产隐患问题进行督促整改，落实主体责任。坚持"安全第一、预防为主"综合治理的工作方针，开展了各项安全生产宣传活动及落实了各方面的安全生产工作。全年，办事处没发生一起重特大安全生产事故。

【计划生育管理】2016年，坚持党政“一把手”亲自抓、负总责，落实人员、经费和组织保障措施，确保各级责任、精力和投入到位。严格依法行政，做好优质服务，较好地完成各项人口责任指标。2016年，发放《再生育证》28本，出生人口277人，政策外生育出生9人，符合政策生育率96.6%，性别比为108：100。落实避孕措施率达到100%。免费为育龄妇女发放避孕药具12箱，开展妇科病普查2000多人次。全办综合节育率达98%，人口与计划生育统计准确率达98%,人口与计划生育知识普及率达95%。

【社会事务管理】积极开展“干部大走访”活动，深入基层开展社救优抚、救灾救助和送温暖活动，走访慰问残疾人困难户、困难党员、低保户160余户，送出慰问金及物资6万余元，切实保障社区困难居民的基本生活。第一季度优抚对象58人，发放优抚金75886元，四季度优抚对象58人，发放优抚金88876元。年初领取100元每月的90岁以上老人24人，年末为22人。2016年廉租房补贴185户，494人，每季发放补贴51225元。残疾人补贴250人。进一步完善低保工作，提高扶助水平，切实做到“应保尽保，动态管理，有进有出”。2016年，低保数从年初的923户，经过一年的动态管理及年检年审到年末为920户，保障人数2364人，月保障金为564368元。通过社区的大力宣传，居民养老保险征缴工作有了新的突破，居民医疗保险征缴工作扎实开展，确保每一个居民实现“生病有保障”的目标。2016年，新增就业人员990人，失业人员再就业365人，困难人员再就业170人；全年辖区城乡居民参保16370人，完成任务100%；宣传发动居民参加养老保险，共有663人参保，参保金额385500元。解决大病医疗对象128人，大病医疗费用255252元。

【“三创一管”机制】2016年，根据区国卫办安排，组织相关部门对辖区内进行彻底清除。对垃圾、污水、牛皮癣、污物和白色污染整治；取缔沿街(场)外经营加工、生产销售摊点，取缔主要干道两侧和居民小区内的临时摊点。加强市场管理，杜绝市场脏、乱、差，做到垃圾日产日清运率达100%。主要街道环卫设施有密闭的垃圾堆放设施容器100余个，布局合理。背街小巷、物业小区有专职清洁保洁人员。联合多个职能部门对东风大桥桥下出店经营、乱摆摊、开麻将馆等行为进行集中整治，对拒不执行整改、占道堆放的物品进行收缴。以“三创一管”进网格、进社区为突破口，对辖区内的杂草、占地种菜进地毯式的清除。进一步加大景观型、休闲型的生态景观体系，有计划、有步骤地对各社区居民区开展绿化、美化、序化、亮化工程，对各社区的绿化工作做了全面的提升，使辖区内的城市整体面貌焕然一新。2016年，投资近2500万元，实施多项“创园”（创园林城市）工程，完成新增绿化面积15万平方米，街道绿化覆盖率达30%，河岸绿化率近85%，辖区绿化覆盖率将近45%。开展创交模工作以来，6条中心城区主干道禁停。配合有关部门，对停车位进行整顿，使停车规范有序。

2016年，注重营造创建宣传氛围，在大街小巷、社区楼道设置宣传栏，悬挂宣传标语，向沿街商店，深入居民区分发4000多份创建文明城市《宣传手册》；召开党员干部，志愿者、居民楼长和群众再动员再部署会议。坚持以人为本，创建为民的理念，围绕群众需求搞创建，把改善小区人居生活环境，作为创建工作的切入点，取得小区居民群众的认可与大力支持。

2016年，加大申报历史文化名城力度，在辖区范围内通过发放宣传资料，利用文化背景墙等营造深厚的历史文化名城氛围。并对辖区范围内的廻龙塔、龙伯高墓、潇湘码头周边进行集中整治，确保历史文物的周边环境安全。

【党风廉政建设】2016年，坚决落实工委主体责任，强化责任落实措施，带头遵守廉洁从政规定，当好廉政表率。年初，制订下发办事处工委《关于实行党风廉政建设责任制的实施办法》，对办事处领导班子成员的党风廉政建设责任制进行分解，严格党风廉政建设责任制追究制度。办事处工委与3个社区工委签定党风廉政建设责任书，将党风廉政建设责任制工作做为一项中心工作摆到重要议事日程，常抓不懈。围绕区《加强机关作风建设的十条规定》《零陵区作风建设“十个不准”》及《零陵区党政机关工作人员作风问责暂行规定》，修订完善一系列办公制度、考勤制度、岗位责任制度、指纹打卡、工作去向牌等，突出抓作风、转政风、带民风，将干部作风建设活动延伸到社区居委会。

石山脚街道办事处

【概况】石山脚街道总面积121平方公里，街道办事处驻五里堆社区，辖18个行政村、2个社区，324个村民小组,7976户，总人口32799人，是零陵区重要的产粮基地和工业基地。2016年，全街道耕地3334.44公顷，其中水田3139.2公顷，旱地195.24公顷；陆地占93.6%，水域6.4%；人口密度为每千米271人。农业总产值4.57亿，较2015年增加 4.12%。

【党建工作】2016年，全街道共有47个基层党组织，1169名正式党员，年内发展预备党员12人。

【农业生产】粮食作物以水稻、玉米、红薯为主，粮食播种面积5560公顷，总产量3.28万吨，人均约900公斤。其中稻谷3.11万吨，玉米722吨，薯类430吨、各种油料1634吨，蔬菜种植面积1980公顷，产量6.74万吨。畜牧业以猪、黄牛、黑山羊为主。生猪出栏11万多头，年末存栏5.6万头，截止2016年，街道办事处有出栏500 头以上养殖大户23 户；黄牛年末存栏4900头；黑山羊年末存栏5700只；家禽饲养以鸡为主，2016年年末存栏36万羽；养蜂1200桶；养殖名鲑鱼10万尾。全街道共有一、二型水库23座，大小山塘720口。全年植树造林面积156.33公顷，其中防护林61.47公顷，经济林75.6公顷，绿化25.26公顷。油茶山地面积593.06公顷，年产纯茶油96000公斤。

【基础设施建设】2016年，投入1700万元的五里堆小学竣工开学；投入400万元集镇农贸市场已正常营业；完成马回村、南山村、光明村、玉禾田村、华源村、悟山里村等20个村的道路硬化，水渠、饮水、山塘等工程相继完成。开通客运路线4条，营运总里程68千米，营运客车共有16台，年客运量22万人次。全街道有3个村的15个村民小组建有自来水，在建的有四个村37个村民小组，待建的有9个村80个村民小组。33个村全部实施农村电网改造，全街道总用电量1280万千瓦时。有电信代办所1处，订报刊、杂志46种425份，固定电话用户105户，移动电话用户7218户，互联网用户132户，全年电信业务收入40万元。

【教育卫生】2016年，全街道有幼儿园4所，在园幼儿276人，专任教师7人；小学3所，在校学生529人，专任教师68人；中学1所，共8个班，在校学生275人，教职员工68人，小学适龄儿童入学率100%。预算内教育经费占财政总支出的17%。有各级医疗卫生机构29个，其中街道卫生院2所，村卫生室所27个，病床36张，专业卫生人员35名，其中执业医师14人，执业助理医师13人。新型农村合作医疗参保人数30180人，参合率98%。2016年医疗机构完成诊疗6.103万人次，出院病人21025人次。农村安全用水率98.95%，城镇安全用水率100%，农村卫生厕所率为85%。

【民生保障】2016年底，城镇最低生活保障户数14户，人数28人，支出6.8万元，同比增长3%，每月人均202元；农村最低生活保障户878户，人数1271人，支出152.6万元，同比增长33.%，月人均100元；农村五保集中供养80人，支出726800元，同比增长3%；农村五保分散供养242人，支出63.9万元，同比增长7.6%；农村医疗救助396人次，民政部门资助参加合作医疗1624人次，共支出9.7万元。国家抚恤、补助各类优抚对象396人，抚恤事业费支出119.9万元，同比增长1.25%；房屋倒塌352间，直接经济损失115万元。有敬老院1家，床位80张，收养农村五保人员80人，参加新型农村养老保险12128人，参保率87%。

【财政金融】2016年，财政总收入1859万元，其中地方财政收入1859万元，税收615万元，其中国税153.75万元，地税461.25万元，同比增长15%。到2016年末，境内金融机构各类存款余额5000万元，比上年增长18.2%；各项贷款余款6200万元，比上年增长25.6%。

【综合治理】2016年，在境内主要路口安装电子监控，各行政村都已安装视频监控。全年破获案件32起，治安拘留46人，刑事拘留21人，逮捕13人，起诉13人。

接履桥街道办事处

【概况】接履桥街道总面积110平方公里，耕地3000公顷（其中水田2800公顷），辖18个行政村，2个社区，8477户，总人口2.61万人。2016年，接履桥街道有37个基层党组织，1070名正式党员，年内发展预备党员11人，村干部4人，党员4人。

2016年，工业总产值5.1亿余元，比2015年增加16%。辖区内有大众、五菱、福特、东风等16家汽车4S店和高铝耐火材料有限公司、德鑫沥青搅拌场等4家规模企业。

【党建工作】2016年，接履桥街道有37个基层党组织，1070名正式党员，年内发展预备党员11人，村干部4人，党员4人。

【农业生产】2016年，接履桥街道总耕地面积3220公顷，人均稻田面积1.9亩；总林地面积2000公顷，可利用草地面积1866.67公顷，农业总产值达5.2亿元，比2015年增加4.3%。粮食作物以水稻为主，全年生产粮食32178吨，人均1.3吨，其中水稻30403吨，红薯（折粮）739吨，玉米448吨，油菜种植面积556.5公顷，产籽861吨，蔬菜种植面积1800公顷，产量60368吨。畜牧业以生猪养殖为主，全年畜牧业总产值4712万元。其中生猪饲养量6.3万头，年末存栏3.4万头，年末出栏1.8万头。牛饲养量3800头，年末存栏3097头，年末出栏230头；羊饲养量1735只，年末存栏1376只，年末出栏136只，畜牧业总产值比上年增长4.7%。养鱼面积21.1公顷，总产量1517吨。2016年，总共土地流转面积533.33公顷，新增面积200公顷。实现农业总产值51300万元，同比增长9.8%。接履桥街道林地面积1885.3公顷，其中人工造林54公顷，森林覆盖率为46%，林木种类主要以松树为主。2016年，共种植国外松、桤木、活木、樟树等100公顷，同比增长6%。

【基础设施】2016年，硬化乡村公路4千米，总里程164千米，实现村组通水泥公路，确保农用物资和农产品的正常运输。开通客运线路3条，营运总里程20千米，营运客车5辆，年客运量15万人次。2016年街道道路总长度为4千米，人均拥有道路长度为0.2米；道路铺装面积60000平方米，人均拥有3平方米。境内有小二型水库7处，大小山塘4020口。2014年，接履桥街道投资900万元对全街道6座电排进行改建换新，全街道农田有效灌溉面积达2806.67公顷。投资420万元，重点整修长塘等小二型水库和85口骨干山塘、堤坝、渠道，进一步增强农业抵御自然灾害的能力。全街道拥有10千伏及以上变电站1个，主变电器2台，高压输电线路3条，总长度102千米。

【财政金融】2016年底，接履桥街道完成生产总值7.14亿元，同比增长7.49%。完成财政总收入895万元，同比增长9.38%。接履桥街道在岗职工年平均工资2650元，同比增加300元。农民人均纯收入12312元，人均增收247元。2016年年底，有农商银行网点1个，邮政储蓄网点1个，主营集邮、长话、国际挂号、国内外邮递、电汇、邮政储蓄、快件等业务，各类存款27000万元，人均存款1.1万元，比上年递增12%。移动、联通、电信公司3家移动电话实现全覆盖。

【文化体育】2016年，接履桥街道有体育场地14处，小游园2处，14个村安装健身体育器材，经常参加体育活动的人数占常住人口的30%。有线电视入户率为40%，村村通工程全覆盖，网络入村率100 %，入户率20%。

【教育卫生】截至2016年年底，接履桥街道有中学1所，小学6所，幼儿园（所）6所，在校学生1221人，专职教师245人，九年制义务教育覆盖率100%。2016年教育经费883.8万元，比2015年增长34%。在职中小学教师具有中级职称126人，高级职称14人。全街道有各类科技人员283人，其中专业技术人才31人，经营管理人才105名，技能人才35人，农村实用人才112人。街道新型农村合作医疗参保人数为25015人，参保率为97.6 %。居民平均期望寿命85岁，其中男性82岁，女性87岁。5岁以下儿童死亡率、婴儿死亡率均为0。农村安全用水率100 %；城街道安全用水率100%。农村卫生厕所率为80 %。固定资产总值1200万元，专业卫生人员49人，其中，中级职称4人，专业技术人员23人，执业医师3人，职业助理医师12人，注册护士9人，平均每千人拥有卫生人员1.88人。

【民生保障】2016年底，城街道最低生活保障74户175人，支出53.6928万元；农村最低生活保障1417户1780人，支出 223.92万元，比2015年增加5.5%；农村五保集体供养38人，支出20.292万元，比2015年增加9.8%，农村五保分散供养209人，支出67.716万元，比2015年增长10.2 %。农村医疗救助147人次，民政部门资助参加合作医疗2167人次，支出16.485万元，比2015年增长21.2%，农村临时性救助131人次，支出3.655万元；自然灾害受灾人数65人，紧急转移13人；农作物受灾面积264公顷，倒塌房屋5间，直接经济损失32.92万元，救灾资金支出26.336万元，比2015年增长31.6%。国家优抚补助各类对象313人，支出132.507万元，比2015年增长12.7%。人均居住面积，城街道为30平方米，农村为40平方米，彩电、空调、冰箱入户率分别为100%、30%、90%。

一、干部名录

说明

1.2016年是换届之年，人员变动幅度非常大，从尊重历史事实的角度出发，结合考虑工作的连续性和衔接性，区人民政府正副区长、区政协主席、检察院检察长、区直单位正职、乡镇长和区内外交流的均以履职到位时间为任职时间。

2.区人大、区政协副职以换届选举的时间为任职时间。

中共零陵区委

书　记：严兴德（2016.01—2016.07）
　　　　唐　烨（2016.08—2016.12）
副书记：唐　烨（2016.01—2016.07）
　　　　吴恢才（2016.07—2016.12）
　　　　龙向洋（2016.01—2016.07）
　　　　盘志元（2016.07—2016.12）
常　委：唐建明（2016.08—2016.12）
　　　　龙　军（2016.08—2016.12）
　　　　周润润
　　　　蒋映群
　　　　彭江辉
　　　　蒋　诚（2016.08—2016.12）
　　　　唐清林（2016.08—2016.12）
　　　　唐会国（2016.08—2016.12）
　　　　汤荣石（2016.01—2016.08）
　　　　李祥军（2016.01—2016.08）
　　　　郑和良（2016.01—2016.08）
　　　　陈志华（2016.01—2016.08）

区人大常委会

主　任：唐荣成
副主任：胡乃湘
　　　　徐海英
　　　　邓建国（2016.08—2016.12）
　　　　胡自力（2016.11—2016.12）
　　　　金长青（2016.11—2016.12）
　　　　卿镇平（2016.01—2016.11）
　　　　汤安权（2016.01—2016.08）

区人民政府

区　长：唐　烨（2016.01—2016.09）
　　　　吴恢才（2016.09—2016.11副区长、代区长；2016.11.28当选为区长）
副区长：龙　军（2016.09—2016.12）
　　　　姚如男
　　　　王小会
　　　　汤安权（2016.08—2016.12）
　　　　何　锋（2016.08—2016.12）
　　　　彭定国（2016.08—2016.12）
　　　　张　恒（2016.08—2016.12）
　　　　盘志元（2016.01—2016.08）
　　　　蒋映群（2016.01—2016.08）

文锡亮（2016.01—2016.08）
邓建国（2016.01—2016.08）
唐会国（2016.01—2016.08）

区政协委员会

主　席：尹玉林（2016.01—2016.08）
李祥军（2016.08—2016.12）
副主席：杨时隽
蒋晓娟
周军松
柏文生（2016.11—2016.12）
欧阳永衡（2016.11—2016.12）
何春玉（2016.01—2016.11）

区人民武装部

部　长：郑和良（2016.01—2016.08）
（2016.08 后暂缺）
政　委：蒋　诚

区人民法院

院　长：何小春

区人民检察院

检察长：冯湘琳（2016.01—2016.08）
杨建国（2016.08—2016.12）

区委党校

校　长：王小军

工业园

书　记：柏文生（2016.01—2016.11）
主　任：唐芙蓉（2016.11 主持全盘工作）

区纪律检查委员会

书　记：周润润

区委办公室

主　任：彭江辉

区委组织部

部　长：李祥军（2016.01—2016.08）
唐清林（2016.08—2016.12）

区委宣传部

部　长：陈志华（2016.01—2016.08）
唐建明（2016.08—2016.12）

区委统战部

部　长：李祥军（2016.01—2016.08）
蒋映群（2016.08—2016.12）

区委台湾工作办公室

主　任：黄渊辉（2016.01—2016.05）
王梅芳（2016.05—2016.12）

区委政法委

书　记：汤荣石（2016.01—2016.08）
唐会国（2016.08—2016.12）

区综治办

主　任：万永平（2016.01—2016.05）
（2016.05 后暂缺）

区维稳办

主　任：杨顺龙

区编委办

主　任：刘亦龙（2016.01—2016.04）
全永红（2016.05—2016.12）

区委老干部局

局　长：杨美娥（2016.01—2016.04）
　　　　黄渊辉（2016.05—2016.12）

区信访局

局　长：李均明（2016.01—2016.05）
　　　　唐国华（2016.05—2016.12）

区史志办

主　任：黎忠广

区档案局

局　长：王增荣（2016.05—2016.12）

区直属机关工委

书　记：崔斯文（2016.01—2016.11）
　　　　（2016.11 后暂缺）

区委接待科

科　长：罗盼生（2016.01—2016.05）
　　　　唐梁明（2016.05—2016.12）

区人大常委会办公室

主　任：韦士玲（2016.01—2016.11）
　　　　盘汉星（2016.11—2016.12）
人大内司委主任：张造杞
人大农业农村委（新成立）主任：
　　　　徐国太（2016.06—2016.12）
人大联工委主任：
　　　　徐国太（2016.01—2016.06）
　　　　盘汉星（2016.06—2016.11）
　　　　唐铭辰（2016.11—2016.12）
人大财经委主任：李嘉斌
人大教科文卫委主任：李海军
人大城环工委（新成立）主任：
　　　　吕祝庆（2016.06—2016.12）

区政协办公室

主　任：蔡建设（2016.01—2016.04）
　　　　（2016.04—2016.11 暂缺）
　　　　崔斯文（2016.11—2016.12）
政协文史委主任：
　　　　郑运德（2016.01—2016.05）
　　　　蒋海琰（2016.05—2016.11）
　　　　文红艳（2016.11—2016.12）
政协提案委主任：陈志君
政协联谊委主任：郭　莹
政协经科委主任：
　　　　黄向红（2016.01—2016.04）
　　　　祝卫华（2016.05—2016.12）

区政府办公室（旅游局、法制办）

主　任：金长青
原区旅游局局长：
　　　　欧学钊(2016.01—2016.05)
原法制办主任：
　　　　李锡华(2016.01—2016.04)

区发展和改革委员会（物价局）

主　任：曾新吉（2016.01—2016.05）
　　　　欧阳永衡（2016.05—2016.12）
原物价局局长：
　　　　郭荣旭（2016.01—2016.05）
书　记：曾新吉（2.16.06—2016.12）

区科技和经济信息委员会

主　任：唐厚荣（2016.05—2016.12）
原区经信委主任：
　　　　王焕辉(2016.01—2016.04)
原科技局局长：

唐甫华(2016.01—2016.05)

区教育局

局　长：胡自力（2016.01—2016.05 负责人）

唐天光（2016.06—2016.12）

区公安局

局　长：王小会

政　委：罗干劲

区监察局

局　长：胡振国

区民政局

局　长：刘启清（2016.01—2016.05，负责人）

龙华国（2016.05—2016.12）

区司法局

局　长：雷亚军（2016.01—2016.04）

罗盼生（2016.05—2016.12）

区财政局

局　长：唐会国（2016.01—2016.05）

黄辉宏（2016.05—2016.12）

区人力资源和社会保障局

局　长：蒋炳忠

区国土分局

局　长：唐朝晖

区住建局

局　长：张国材（2016.01—2016.04）

何　锋（2016.05—2016.12）

区交通运输局

局　长：朱三好（2016.01—2016.04）

成钦炳（2016.05—2016.12）

区水利局

局　长：周文誉（2016.01—2016.04）

欧学钊（2016.05—2016.12）

区农业委员会（区委农村工作办公室）

党组书记：

张九清（2016.01—2016.05 原农业局局长；机构合并后，2016.05—2016.12 任现职）

主　任：邓世福（2016.05—2016.12）

区林业局

局　长：蒋惠民（2016.01—2016.04）

李均明（2016.05—2016.12）

区商务和粮食局

局　长：杜中运（2016.05—2016.12）

原商务局局长：

蒋俊华（2016.01—2016.05）

原粮食局局长：

唐友冰（2016.01—2016.05）

区文体新闻出版局

党组书记：

李立新（2016.01—2016.05 任原文化局局长；原文化局和原体育局合并后，2016.05—2016.12 任现职）

局　长：周可云（2016.05—2016.12）

任原体育局局长：

欧阳波夫（2016.01—2016.05）

区卫生和计划生育委员会

主　任：张子亮

区审计局

局　长：唐厚荣（2016.01—2016.05）
　　　　黄　宾（2016.05—2016.12）

区环保局

局　长：杨顺林（2016.01—2016.05，负责人）
　　　　杨祥林（2016.05—2016.12）

区安全生产监督管理局

党组书记：成珍华（2016.01—2016.05）
　　　　唐高峰（2016.05—2016.12）
局　长：李海波

区统计局

局　长：杨东明（2016.01—2016.04）
　　　　魏　斌（2016.05—2016.12）

区食品药品监督管理局

局　长：黄　河

区城管执法局

局　长：黄　宾（2016.01—2016.05）
　　　　杨宏伟（2016.05—2016.12）

区调纠办

主　任：蒋满柏（2016.01—2016.05）
　　　　（2016.05 后空缺）

区交警大队

大队长：（2016.05 前空缺）
　　　　潘高军（2016.05—2016.12）
政　委：胡仲斌（2016.01—2016.05）
　　　　唐合民（2016.05—2016.12）

区电子政务办

主　任：杨凌河（2016.01—2016.05）
　　　　樊瑞明（2016.05—2016.12）

区政务服务中心

主　任：唐文平

区供销社

主　任：盛国华

区畜牧水产局

局　长：彭善国（2016.01—2016.05）
　　　　唐友冰（2016.05—2016.12）

区房产局

局　长：吕飞荣（2016.01—2016.04）
　　　　罗　博（2016.05—2016.12）

区工业企业改制办（新成立）

主　任：王先杰（2016.07—2016.12）

区商业企业改制办（新成立）

主　任：杨文成（2016.01—2016.11 任原商业事务办主任，2016. 11 任现职）

区市场服务中心

主　任：龙忠民（2016.01—2016.04）
　　　　金国庆（2016.05—2016.12）

区公路局

局　长：石春波（2016.01—2016.05）
　　　　彭善国（2016.05—2016.12）

区城市园林局

局　长：赵　飞

区机关事务服务局

局　长：尹　红

区历史文化名城管理处

主　任：何　锋（2016.01—2016.05）
　　　　杨凌河（2016.05—2016.12）

区政府教育督导室

主任督学：彭建华

区环境卫生管理局

局　长：谢良辉（2016.01—2016.04）
　　　　万永平（2016.05—2016.12）

区公共资源交易中心（2015.12 成立）

主　任：　　　（2016.05 前暂缺）
　　　　段永锋（2016.07—2016.12）

区网格化管理办公室

主　任：　　　（2016.05 前暂缺）
　　　　唐涌波（2016.05—2016.12）

区总工会

主　席：李祥军（2016.01—2016.09）
　　　　唐清林（2016.09—2016.12）
党组书记：谭云波

团区委

书　记：赵　鑫（2016.01—2016.11）
　　　　　　　（2016.11 后暂缺）

区妇联

主　席：　　　（2016.05 前暂缺）
　　　　周艳玉（2016.05—2016.12）

区残联

理事长：蒋翠英（2016.01—2016.04）
　　　　高进展（2016.05—2016.12）

区工商联

主　席：蒋晓娟
党组书记：王孟安（2016.01—2016.04）
　　　　高红荣（2016.05—2016.12）

区侨联

主　席：李永胜（2016.01—2016.04）
　　　　杨祝群（2016.05—2016.12）

区科协

主　席：黄艳华

区文联

主　席：胡明高（2016.01—2016.04）
　　　　　　　（2016.04 后暂缺）

区矿整办

主　任：唐高峰（2016.01—2016.05）
　　　　蒋炎冬（2016.05—2016.12）

区锰资源综合开发公司

经　理：张春华

区统征办

主　任：吕定波（2016.01—2016.05）
　　　　卿旭平（2016.05—2016.12）

区经管局（降格）

局　长：蒋和善（2016.01—2016.04）
　　　　蒋东凌（2016.05—2016.12）

区农机局（降格）

局　长：何金铃（2016.01—2016.05 主持工作）
　　　　唐志亮（2016.05—2016.12）

区农业综合开发办（降格）

主　任：何善华（2016.01—2016.05 主持工作）
　　　　李谨建（2016.05—2016.12）

物资事务办

主　任：吴又专（2016.01—2016.04）

商业事务办

主　任：杨文成（2016.01—2016.11）

二轻事务办

主　任：杨祥林（2016.01—2016.05）

乡镇、街道主要负责人

大庆坪乡

书　记：高红荣（2016.01—2016.04）
　　　　罗丘晖（2016.04—2016.12）
乡　长：罗丘晖（2016.01—2016.04）
　　　　唐宏铁（2016.04—2016.12）

水口山镇

书　记：彭定国
镇　长：金国庆（2016.01—2016.04）
　　　　卿方勇（2016.04—2016.12）

石岩头镇

书　记：吕松燊（2016.01—2016.04）
　　　　黄国梁（2016.04—2016.12）
镇　长：黄国梁（2016.01—2016.04）
　　　　王晓鹏（2016.04—2016.12）

珠山镇

书　记：蒋军民（2016.01—2016.04）
　　　　夏水波（2016.04—2016.12）
镇　长：张青松（2016.01—2016.04）
　　　　唐丁荣（2016.04—2016.12）

梳子铺乡

书　记：胡旭辉（2016.01—2016.04）
　　　　卿铁军（2016.04—2016.12）
乡　长：卿铁军（2016.01—2016.04）
　　　　任佳勇（2016.04—2016.12）

黄田铺镇

书　记：王增荣（2016.01—2016.04）
　　　　秦明明（2016.04—2016.12）
镇　长：秦明明（2016.01—2016.04）

吕定波（2016.04—2016.12）

富家桥镇

书　记：魏　斌（2016.01—2016.04）
　　　　唐海军（2016.04—2016.12）
镇　长：唐海军（2016.01—2016.04）
　　　　张仁和（2016.04—2016.12）

凼底乡

书　记：全永红（2016.01—2016.04）
　　　　谢良辉（2016.04—2016.12）
乡　长：卿方勇（2016.01—2016.04）
　　　　眭国军（2016.04—2016.12）

菱角塘镇

书　记：张　恒（2016.01—2016.04）
　　　　陈丰收（2016.04—2016.12）
镇　长：陈丰收（2016.01—2016.04）
　　　　唐铭辰（2016.04—2016.11）
　　　　赵　鑫（2016.11—2016.12）

邮亭圩镇

书　记：杜中运（2016.01—2016.04）
　　　　张国材（2016.04—2016.12）
镇　长：欧阳永衡（2016.01—2016.04）
　　　　欧阳小婷（2016.04—2016.12）

七里店街道办事处

书　记：杨宏伟（2016.01—2016.04）
　　　　蒋文军（2016.04—2016.12）
主　任：蒋文军（2016.01—2016.04）
　　　　余红兵（2016.04—2016.12）

南津渡街道办事处

书　记：蒋祖华（2016.01—2016.04）
　　　　唐国政（2016.04—2016.12）
主　任：唐国政（2016.01—2016.04）
　　　　罗　鹏（2016.04—2016.12）

徐家井街道办事处

书　记：赵　勇（2016.01—2016.04）
　　　　张青松（2016.04—2016.12）
主　任：唐涌波（2016.01—2016.04）
　　　　胡文祥（2016.04—2016.12）

朝阳街道办事处

书　记：金小文（2016.01—2016.04）
　　　　张　恒（2016.04—2016.12）
主　任：李谨建（2016.01—2016.04）
　　　　唐红鹰（2016.01—2016.04）

石山脚街道办事处（2016.02 设立）

书　记：陈贵林（2016.04—2016.12）
主　任：邓忠明（2016.04—2016.12）

接履桥街道（2016.02 设立）

书　记：宋建春（2016.04—2016.12）
主　任：艾　辉（2016.04—2016.12）

二、统计资料

(一) 2016年零陵区1—12月经济运行简析

2016年全区实现地方生产总值208.25亿元，同比增长6.2%，其中一、二、三次产业分别实现增加值39.97亿元、90.60亿元、77.68亿元，同比分别增长3.6%、2.8%和11.9%。三次产业的比重为19.2:43.5:37.3。第一、二、三产业对经济增长的贡献率分别为11.4%、20.4%和68.2%。

(一) 农业经济平稳增长

2016年，全区粮食作物总播种面积62.94千公顷，比上年减少1.86千公顷，粮食总产量37.09万吨，减少1.7%；蔬菜种植面积26.78千公顷，比上年增加0.02千公顷；水果总产量19.45万吨，同比增长6.0%。牧业生产有较快发展，猪、牛、羊出栏分别为89.47万头、1.32万头和3.03万头，分别增长—1.6%、4.8%和8.2%，家禽出栏1534万羽，减少3.5%。水产品总产量1.94万吨，同比增长5.0%。

(二) 区属工业经济快速增长

2016年，全区规模工业实现增加值41.9亿元，增长2.0%。规模工业总产值99.5亿元，下降18.8%。区属规模以上工业总产值63.0亿元，同比增长18.6%，省市属规模以上工业总产值36.5亿元，同比下降47.4%。规模以上工业中，国有企业产值35.5亿元，下降48.1%，股份制企业产值59.8亿元，增长18.2%，外商及港澳台商投资企业产值2.8亿元，增长14.4%，其他类型企业产值1.4亿元，增长25.7%。

(三) 投资增速稳中趋缓

2016年，完成固定资产投资199.3亿元，比上年增长16.5%。其中，5000万元以上项目投资完成87.7亿元，增长10.0%，5000万元以下项目投资完成100.4亿元，增长24.1%，房地产开发投资11.3亿元，增长7.4%。在项目投资中，其中工业投资78.2亿元，下降—9.2%，技改投资37.1亿元，增长7.0%。全年固定资产投资施工项目405个，增长25.4%，其中新开工项目387个，增长28.1%。

(四) 城乡消费持续繁荣

2016年，全区社会消费品零售总额87.9亿元，同比增长11.7%，其中城镇零售总额68.0亿元，同比增长10.7%，乡村零售总额20.0亿元，同比增长15.4%。按消费形态分，餐饮收入12.8亿元，增长10.5%；商品零售75.1亿元，增长11.9%。

(五) 财政收入再攀新高

2016年，全区财政总收入突破14亿元大关，达到14.1亿元，比上年增加2.0亿元，增长16.5%。其中地方财政收入完成10.8亿元，增长24.7%。税收收入8.6亿元，占总收入的61.2%。财政收入质量保持稳定，全区财政总收入占GDP的比重为6.77%，比上年提高0.51个百分点。

(六) 居民收入稳步增长

2016年，全区全体居民收入20524元，增长9.9%。其中城镇居民收入24572元，增长9.7%；农村居民收入16064元，增长10.0%。

（二）全区主要经济指标

指标	指标	计量单位	1—12 月	
			绝对额	同比增长（%）
地区生产总值	地区生产总值	万元	2082507	6.2
第一产业	第一产业	万元	399730	3.6
第二产业	第二产业	万元	905956	2.8
第三产业	第三产业	万元	776821	11.9
规模工业总产值	规模工业总产值	万元	995455	18.8
规模工业增加值	规模工业增加值	万元	419208	2.0
固定资产投资	固定资产投资	万元	1993453	16.5
社会消费品零售总额	社会消费品零售总额	万元	879291	11.7
财政总收入	财政总收入	万元	140980	16.5
一般预算收入	一般预算收入	万元	108256	18.3
实际到位内资	实际到位内资	亿元	20.0	17.6
实际到位外资	实际到位外资	万美元	10510	12.6
进出口总额	进出口总额	万美元	3464	10.0
金融机构存款余额（比年初增长）	金融机构存款余额（比年初增长）	亿元	181.8	14.9
金融机构贷款余额（比年初增长）	金融机构贷款余额（比年初增长）	亿元	108.1	23.9
金融机构存贷比（比年初增长）	金融机构存贷比（比年初增长）	%	59.5	4.4
全体居民收入	全体居民收入	元	20524	9.9
城镇居民收入	城镇居民收入	元	24572	9.7
农村居民收入	农村居民收入	元	16064	10.0
居民消费价格指数（上年同期为 100）	居民消费价格指数（上年同期为 100）	%	101.5	1.5

（三）规模工业总产值（分行业）1—12 月

指标名称	本月（万元）	本月止累计（万元）	同比增长（%）
总计	96079	995456	–18.8
黑色金属矿采选业	2269	19495	–20.2
农副食品加工业	8749	66249	13.7
食品制造业	1274	16073	60.6
酒、饮料和精制茶制造业	4393	45072	19.6
烟草制品业	19182	342251	–48.9
皮革、毛皮、羽毛及其制品和制鞋业	1040	6903	–7.2
木材加工和木、竹、藤、棕、草制品业	4208	27666	–6.2
家具制造业	3440	29329	69.3
造纸和纸制品业	0	1401	–57.0
印刷和记录媒介复制业	3625	22788	30.5
文教、工美、体育和娱乐用品制造业	1824	10116	–17.0
化学原料和化学制品制造业	3510	18319	60.2
医药制造业	7268	72359	20.1
橡胶和塑料制品业	1971	23911	32.9
非金属矿物制品业	6098	43772	46.1
黑色金属冶炼和压延加工业	8032	77412	–4.3
有色金属冶炼和压延加工业	0	9711	–39.5
金属制品业	1588	7706	–4.8
专用设备制造业	2385	6114	–
汽车制造业	342	4097	6.1
电气机械和器材制造业	4575	43862	–22.0
计算机、通信和其他电子设备制造业	5386	46998	68.4
其他制造业	4322	41539	242.1
电力、热力生产和供应业	348	9202	–6.9
水的生产和供应业	252	3113	4.8

(四)规模工业企业主要产品产量 1—12 月

产品名称	计量单位	本月	本月止累计	同比增长(%)
大米	吨	1886.75	38262.85	11.7
饲料	吨	14464.00	159130.00	13.6
精制食用植物油	吨	2868.42	7259.02	–
饮料酒	千升	187.39	1677.68	39.2
精制茶	吨	30.00	833.00	22.1
卷烟	万支	62000.00	1200000.00	–22.6
箱、包及类似容器	万个	40.00	514.00	16.8
鞋	万双	23.00	121.00	–
人造板	立方米	2454.00	24469.00	–55.8
竹地板	平方米		12067.00	–8.4
家具	件	5204.00	55406.00	1.4
纸制品	吨	610.00	4170.00	–
硫酸(折 100%)	吨	3224.00	34655.00	28.0
中成药	吨	962.45	10546.88	–10.1
塑料制品	吨	1888.00	26483.45	29.8
商品混凝土	立方米	8372.00	137578.00	34.4
生铁	吨	276.56	4264.23	11.5
铁合金	吨	9452.30	90562.91	–18.2
静止式变流器	台	2227162.00	21556475.00	99.5
自来水生产量	万立方米	140	1781	2.1

(五)乡镇办事处规模工业总产值完成情况

乡镇办事处	规模工业总产值(1–12 月)		
	绝对额(万元)	增加额(万元)	同比增长(%)
朝阳	86766	10520	13.8
南津渡	19691	2155	12.3
七里店	82301	5954	7.8
徐家井	–	–	–
水口山	25365	4699	22.7
珠山	58875	–10131	–14.7
黄田铺	9436	4828	104.8
富家桥	42014	–8255	–16.4
菱角塘	4168	–3856	–48.1
邮亭圩	17249	8107	88.7
接履桥	15463	1882	13.9
石岩头	–	–	–
大庆坪	2821	322	12.9
梳子铺	11035	4217	61.9
石山脚	255272	78579	44.5
凼底	–	–	–

（六）乡镇办事处投资完成情况

乡镇办事处	1–12 月 500 万元			
	项目投资额（万元）	同比增长（%）	工业投资（万元）	同比增长（%）
朝　阳	169869	17.0	66590	–3.6
南津渡	96685	–25.4	12308	–57.5
七里店	245263	–3.8	22520	–68.1
徐家井	30658	–35.6	8270	–
水口山	60271	33.2	49311	27.1
珠　山	108373	–2.2	56294	–8.2
黄田铺	84851	–4.5	42450	–9.2
富家桥	88379	–16.4	57296	–26.5
菱角塘	57937	11.9	26164	–3.7
邮亭圩	75829	8.6	54839	4.3
接履桥	93952	12.9	46505	13.2
石岩头	40594	–1.9	30764	–25.7
大庆坪	14025	49.2	9225	119.6
梳子铺	62590	70.4	40670	84.0
石山脚	251477	5.3	167248	–7.3
卤　底	15552	–27.4	5724	–34.1

三、文件选编

中共永州市零陵区委办公室
关于印发《关于在全区党员中开展“两学一做”
学习教育实施方案》的通知

零办发〔2016〕9号

各乡镇、办事处党（工）委，区委各部委，区直机关各单位党组织，省、市驻区有关单位党组织：

《关于在全区党员中开展“两学一做”学习教育实施方案》已经区委研究同意，现予印发，请认真贯彻执行。

中共永州市零陵区委办公室

2016年5月16日

关于在全区党员中开展“两学一做”学习教育实施方案

党中央决定，今年在全体党员中开展“学党章党规、学系列讲话，做合格党员”学习教育(以下简称“两学一做”学习教育)。根据中央和省、市委的部署要求，结合全区实际，现就深入开展“两学一做”学习教育制定如下实施方案。

一、总体要求

1.抓实思想建设。开展“两学一做”学习教育，基础在学，关键在做。要把党的思想建设放在首位，以尊崇党章、遵守党规为基本要求，以用习近平总书记系列重要讲话精神武装全党为根本任务，教育引导广大党员自觉按照党员标准规范言行，进一步坚定理想信念，提高党性觉悟；进一步增强政治意识、大局意识、核心意识、看齐意识，坚定正确政治方向；进一步树立清风正气，严守政治纪律政治规矩；进一步强化宗旨观念，勇于担当作为，在生产、工作、学习和社会生活中起先锋模范作用，为党在思想上、政治上、行动上的团结统一夯实基础，为协调推进“四个全面”战略布局、贯彻落实五大发展理念，打赢脱贫攻坚战，奋力实现“十三五”时期经济社会发展历史性新跨越，夺取全面建成小康社会新胜利，全面建设品质活力和开放、文明、富裕、幸福的新零陵提供坚强政治保证和组织保证。

2.坚持问题导向。开展“两学一做”学习教育要增强针对性，“学”要带着问题学，“做”要针对问题改。全体党员要着力解决好六个方面的突出问题：一是着力解决一些党员理想信念模糊动摇的问题，主要是对共产主义缺乏信仰，对中国特色社会主义缺乏信心；精神空虚，推崇西方价值观念；不信马列信鬼神，热衷于组织、参加封建迷信活动等。二是着力解决一些党员党的意识和党员意识淡化的问题，主要是看齐意识不强，不守政治纪律政治规矩，在党不言党、不爱党、不护党、不为党；看齐意识不强，不守政治纪律政治规矩，口无遮拦、妄议中央大政方针；组织纪律散漫，不按规定参加党的组织生活、不按时交纳党费、不完成党组织分配的任务、不按党的组织原则办事等。三是着力解决一些党员宗旨观念淡薄的问题，主要是利己主义严重，漠视群众疾苦、与民争利、执法不公、吃拿卡要、假公济私、损害群众利益，在人民群众生命财产安全受到威胁时临危退缩等。四是着力解决一些党员精神作风不振，执行能力不强的问题，主要是工作消极懈怠，不作为、慢作为、乱作为、不善为，不会担当、不愿担当、不敢担当，缺乏攻坚拔寨、冲锋陷阵的志气、勇气和锐气，遇矛盾就让，见困难就躲，安于现状、进取心不强等。五是着力解决一些党员道德行为不端的问题，主要是违反社会公德、职业道德、家庭美德，不注意个人品德，贪图享受、奢侈浪费等。六是着力解决一些党员在党风廉政建设方面存在的问题，主要是公私不分，损公肥私、中饱私囊，甚至贪赃枉法；挥霍、挪用甚至贪污集体财物，低价变卖集体资产；套取骗取国家补贴补助款，截留克扣、虚报冒领、贪污私分惠民资金，侵害群众利益等。各级党组织要以解决问题为牵引来开展“两学一做”学习教育，将其同抓好党的群众路线教育实践活动和“三严三实”专题教育的问题整改结合起来，持之以恒纠正“四风”，抓好不严不实突出问题整改，切实整治“为官不为”等群众身边的不正之风，真正使干部正作风、党员受教育、基层增活力、群众得实惠。

3.突出经常性教育。“两学一做”学习教育不是一次活动，要突出经常教育，区分层次，真正把党的思想政治建设抓在日常、严在经常。要以党支部为基本单位，以党员大会、支委会、党小组会和党课“三会一课”等党的组织生活为基本形式，以落实党员教育管理制度为基本依托，克服应付心理、认识偏差和畏难情绪，牢牢把握五个基本原则，即坚持正面教育为主，用科学理论武装头脑；坚持学用结合，知行合一；坚持问题导向，注重实效；坚持领导带头，以上率下；坚持从实际出发，分类指导。各级党组织要针对领导机关、领导班子和党员干部、普通党员的不同情况作出安排，充分发挥党支部自我净化、自我提高的主动性，最大限度激发党员参与热情，把“两学一做”学习教育作为一项重大政治任务组织好、推动好、落实好。

二、主要内容

1.学党章党规。一要逐条逐句通读党章。着眼明确基本标准、树立行为规范，逐条逐句通读《中国共产党章程》，全面理解党的纲领，抄写背诵入党誓词、党的宗旨、党员义务和权利，引导党员尊崇党章、遵守党章、维护党章，坚定理想信念，对党绝对忠诚。处级以上党员领导干部要学深一层，系统学习领悟党章，深刻把握“两个先锋队”的本质和使命，进一步明确“四个服从”的要求，掌握党员领导干部必须具备的六项基本条件。二要认真学习党内法规。全体党员要认真学习《中国共产党廉洁自律准则》《中国共产党纪律处分条例》《中国共产党党员权利保障条例》等，掌握廉洁自律准则规定的“四个必须”“四个坚持”，掌握各类违纪行为的情形和处分规定。处级以上党员领导干部还要认真学习《中国共产党地方委员会工作条例》《中国共产党党组工作条例（试行)》《党政领导干部选拔任用工作条例》《党政机关厉行节约反对浪费条例》等党内法规，重点掌握廉洁自律准则规定的“四个廉洁”“四个自觉”，掌握党纪处分工作原则以及各类违纪行为的情形和处分规定，掌握党的地方委员会和党组的职责、组织原则、运行机制，掌握党政领导干部选拔任用原则、条件、要求。三要学习对照先进典型。要认真学习党的历史，对照革命先辈和焦裕禄、谷文昌、杨善洲、陈运周、蒋孔吉等身边先进典型，领悟敬业修身、奉献为民的真谛；从周永康、薄熙来、徐才厚、郭伯雄、令计划等违纪违法案件和省市区内的一些领导干部违纪违法案件中汲取教训，汲取违法乱纪、贪腐妄为的教训，牢记党规党纪，牢记党的优良传统和作风，养成纪律自觉，守住为人、做事的基准和底线。

2.学系列讲话。全体党员要认真学习《习近平总书记系列重要讲话读本（2016年版)》，主要领会掌握理想信念是精神之“钙”、“中国梦”、“三个自信”、“四个全面”战略布局、五大发展理念、践行社会主义核心价值观、全面从严治党等重要思想和论断。处级以上党员领导干部，还要以《习近平谈治国理政》和《习近平总书记重要讲话文章选编（领导干部读本)》为基本教材，深刻领会习近平总书记关于改革发展稳定、内政外交国防、治党治国治军的重要思想。各单位党委（党组）领导班子成员特别是主要负责同志要把毛泽东同志《党委会的工作方法》作为重要学习内容，真正把握《党委会的工作方法》的基本思想，切实提高决策能力和领导水平。学习习近平总书记系列重要讲话要同学习马克思列宁主义、毛泽东思想、邓小平理论、“三个代表”重要思想、科学发展观结合起来，深刻理解党的科学理论既一脉相承又与时俱进的内在联系，深入领会贯穿其中的马克思主义立场观点方法，坚定中国特色社会主义道路自信、理论自信、制度自信。要把学习贯彻习近平总书记系列讲话精神，同学习贯彻中央、省市区各级重要会议精神结合起来，把学习成效转化为促进零陵加快发展的思路和举措，转化为提高工作效能的实际行动。

3.做合格党员。着眼党和国家事业的新发展对党员的新要求，着眼全区脱贫攻坚、同步小康赋予党员的新使命，引导党员以知促行，勇于担当作为，争做“四讲四有”合格党员。一是讲政治、有信念；二是讲规矩、有纪律；三是讲道德、有品行；四是讲奉献、有作为。特别是要针对不同群体党员的实际情况，教育引导党员立足岗位作贡献，在任何岗位、任何时候、任何情况下都铭记党员身份，积极为党工作，强化党的意识，凸显党员形象，以实际行动把合格的标尺立起来，把做人做事的底线划出来，把党员的先锋形象树起来，时时处处体现信仰信念的力量。

4.做执行表率。着眼增强执行能力、提高执行效率，全面推行党员执行力卡管理，强化结果运用，进一步解决工作热情不高、思想消极懈怠、不担当不作为、服务环境不佳、落实力度不大、执行效率不高等问题，引导和督促广大党员把心思用到事业发展上，把精力集中到执行落实上，汇聚干净干事正能量，推动作风风貌显著转变、责任意识不断提升、担当精神全面强化、执行水平明显增强、服务效能稳步提高，大力营造“加油干、快发展”的干事创业氛围，形成积极进取、落实有力、务实高效的工作新格局。

三、主要措施

1.开展专题学习讨论。坚持集中学习与个人自学相结合，着力抓好中心组、党支部、党小组集中学习，明确自学要求，引导党员搞好自学。各级党组织可编印制作口袋书，运用微信、手机短信、QQ 等平台等，满足党员学习需求。按照“三会一课”制度，党支部委员会和党小组每月组织一次集中学习；不设党小组的，以党支部为单位集中学习。党支部每 2 个月（或 1 个月）召开一次全体党员会议，每次围绕一个专题组织讨论。党员领导干部要参加所在党支部的学习讨论。党员分散、人数较多的党支部，可分组开展学习讨论。重点围绕“四个专题”进行：

专题一（5 月），围绕“讲政治、有信念”开展讨论。重点结合学习《党章》和习近平总书记关于坚持中国特色社会主义“三个自信”、实现中华民族伟大复兴的中国梦等有关重要讲话精神进行深入讨论。重点看能否坚守共产党人信仰信念，自觉向党中央看齐，向党的理论和路线方针政策看齐；能否牢记党的宗旨，践行群众路线，密切与群众的血肉联系；能否正确处理公与私、义与利、个人与组织、个人与群众的关系；能否认真履行党员的义务。

专题二（6-7 月），围绕“讲规矩、有纪律”开展讨论。重点结合学习《关于党内政治生活的若干准则》《中国共产党纪律处分条例》《中国共产党廉洁自律准则》和习近平总书记关于严明党的纪律和规矩、加强党风廉政建设等方面的论述以及有关警示教育典型案例等进行深入讨论。重点看能否严格遵守党的政治纪律、组织纪律、廉洁纪律、群众纪律、工作纪律和生活纪律，能否做到在党规党纪面前知敬畏、守底线。

专题三（8—9 月），围绕“讲道德、有品行”开展讨论。重点结合习近平总书记关于社会主义核心价值观、党员干部道德修养和“好干部”的重要论述等方面进行深入讨论。重点看能否带头践行社会主义核心价值观，能否坚守高尚的道德情操，能否保持积极健康的生活方式。

专题四（10—11 月），围绕“讲奉献、有作为”开展讨论。重点结合学习习近平总书记关于治国理政的新思想新战略、党中央提出的“四个全面”战略布局、“五大发展理念”的重要论述以及加强执行力建设有关概论等进行深入讨论。重点看能否保持良好精神状况、积极为党的事业担当作为，能否立足岗位做贡献、发挥先锋模范作用。

2.开展“执行力+”专题培训。将执行力建设作为党员干部培训的重点，与精准扶贫、美丽乡村建设、基层党建网格化管理等结合起来，突出培训的实效性、针对性。在完成市级举办的“执行力+”专题培训调训任务的基础上，区本级将在北京大学、复旦大学、浙江大学举办 “执行力+”专题培训，培训对象为乡镇、区直单位主要负责同志，部分乡镇、区直单位班子成员，部分优秀的年轻村支部书记等。

3.创新方式讲党课。讲党课一般在党支部范围内进行。党支部要结合专题学习讨论，对党课内容、时间和方式等作出安排。处级以上党员领导干部要在所在党支部讲党课，结合本人分管的工作领域或联系点，到农村、社区、企业、学校等基层单位党支部讲党课。各单位党委（党组）主要负责同志要带头讲党课。乡镇（办事处）党（工）委领导班子成员要为村（社区）、对口联系单位党员讲党课。区委将开展“流动党校”精准送学活动，组织区委党校教师、先进模范到基层一线讲党课。同时，鼓励和指导基层党组织书记、普通党员联系实际讲党课。“七一”前后，党支部要结合开展纪念建党95周年活动，集中安排一次党课。7月中旬全区开展一次优质特色党课评选。讲党课的同志要深入基层开展调研，亲自撰写党课讲稿。要注重运用身边事例、现身说法，强化互动交流、答疑释惑，增强党课的吸引力和感染力。要创新讲党课的载体和方式，通过开辟网络党课、微党课、电视党课等，扩大党课的覆盖面、影响力；探索把党课课堂放在爱国主义教育基地、工业园区、农业产业化基地、警示教育基地甚至田间地头，增强党课的现场感、直观性。

4.召开党支部专题组织生活会。年底前，党支部召开专题组织生活会。支部班子及其成员对照党章党规、对照习近平总书记系列讲话精神、对照职能职责，进行党性分析，查摆在思想、组织、作风、纪律等方面存在的问题。要面向党员和群众广泛征求意见，普遍开展谈心谈话，严肃认真开展批评和自我批评，针对突出问题和薄弱环节提出整改措施。组织全体党员对支部班子的工作、作风等进行评议，执法监管部门及服务行业、窗口单位、农村和社区等基层党组织可邀请服务对象、群众代表对班子履职情况进行满意度测评。党小组可参照党支部要求，召开专题组织生活会。上级党组织要派人参加指导党支部专题组织生活会。

5.开展民主评议党员。结合年底召开的专题组织生活会，以党支部为单位召开全体党员会议，组织党员开展民主评议。对照党员标准，按照个人自评、党员互评、民主测评、组织评定的程序，对党员进行评议。党员人数较多的党支部，个人自评和党员互评可分党小组进行。结合民主评议，支部班子成员要与每名党员谈心谈话。党支部综合民主评议情况和党员日常表现，确定评议等次，对优秀党员予以表扬；对有不合格表现的党员，按照党章和党内有关规定，区别不同情况，稳妥慎重给予组织处置，真正把合格党员的标准树起来、严起来。

6.实行执行力卡管理。在所有党员（含预备党员）中实行执行力卡管理考核，已经纳入领导干部实绩考核、执行力考核的党员领导干部以实绩考核、执行力考核的结果为准，不再重复考核。执行力卡管理考核实行分类量化评分，包括执行情况得分、年度民主评议得分、获奖加分三大类，采取个人填报、党组织审议、公示公开、上报备案的程序进行。考核结果作为评优评先、奖优罚劣的重要依据，对执行力考核评定为“优秀”等次的党员要予以表扬；对“较差”等次的党员，按照党章和党内有关规定，区别不同情况，稳妥慎重给予组织处置。

7.召开“两学一做”专题民主生活会。年底前，全区各级领导班子要以“两学一做”为主题，充分借鉴党的群众路线教育实践活动经验，召开领导班子专题民主生活会，领导班子和领导干部把自己摆进去，查找存在的问题，深入剖析问题根源，提出具体的整改措施。

8.立足岗位作贡献。要在全区广大党员中开展“岗位作贡献、合格见行动、争做执行表率、共建品质活力零陵”主题实践活动，引导和推动不同领域不同行业的党员，立足岗位履职尽责、创先争优，争做合格党员，争做执行表率，争当行业先锋。农村党员要落实党员设岗定责和群众事项代办制度，引导党员在尊老敬老、关爱留守人员，落实基层党建制度，推进精准脱贫和全面小康建设中做合格党员，争当致富能手；社区党员要重点落实服务承诺制度，引导党员在建设“文明社区，和谐家园”、服务居民中做合格党员，争当和谐模范；国有企业、非公有制企业、社会组织党员要落实党员示范岗和党员责任区制度，引导党员在企业生产经营和社会活动中做合格党员，争当兴业典型；机关事业单位党员要重点落实在职党员到社区报到、住宅小区“共驻共建”和直接联系群众制度，引导党员在服务群众、保障发展中做合格党员，争当服务先锋；窗口单位和服务行业党员要重点落实党员挂牌上岗、亮明身份制度，引导党员在为群众提供快捷高效服务中做合格党员，争当敬业标杆；流动党员要重点落实定期联系、汇报思想制度，引导党员在为驻地做贡献、为家乡添光彩中做合格党员，争当文明表率。要引导其他行业党员爱岗敬业、率先垂范。同时，区委倡导全体党员佩戴党徽、亮明身份，在生产、生活、工作和社会活动中发挥示范带头作用。在纪念建党95周年活动中，区委将评选表彰一批优秀共产党员、优秀党务工作者、先进基层党组织、优秀村（社区）党组织书记。全区各单位各行业系统要结合党员实际情况，提出党员发挥作用的具体要求，教育引导党员在任何岗位、任何地方、任何时候、任何情况下都铭记党员身份，立足岗位、履职尽责。

9.领导机关领导干部作表率。党员领导干部要在“两学一做”学习教育中走在前面、深学一层，严格执行双重组织生活制度，以普通党员身份参加所在支部的组织生活，与党员一起学习讨论、一起查摆解决问题、一起接受教育、一起参加党员民主评议。同时，要建立领导干部学习教育联系点，区级党员领导干部分别联系指导1个乡镇（办事处）或区直单位，区直单位领导班子成员分别联系指导1个内设机构或者下级单位的学习教育。乡镇（办事处）党员班子成员分别联系指导2—3个村（社区）或辖区单位。各单位党委（党组）要召开党委（党组）会，专题学习党章党规和习近平总书记系列重要讲话，重温毛泽东同志《党委会的工作方法》，并结合实际组织集中研讨，深化学习效果。

10.夯实学习教育组织基础。整顿软弱涣散基层党组织。各乡镇（办事处）各系统各部门要在对2015年整顿情况进行“回头看”的基础上，开展新一轮软弱涣散基层党组织集中排查整顿工作。要以村、社区为重点，按照10%左右比例倒排，建立区乡村三级台账，实行“一村一策”，采取领导挂点、部门帮扶等方式进行集中整顿。结合并村和村（居）换届工作，优化组织设置，配齐配强班子特别是带头人，健全工作制度，确保“两学一做”学习教育有人抓、有人管。严格党员日常管理。严格执行“三会一课”、组织生活会、党性定期分析、党员民主评议等基本制度，真正使党的组织生活、党员教育管理严起来、实起来。严格推行党员积分制管理，对党员参加组织生活、缴纳党费、履行职责、发挥作用等进行全程记录，作为年度评先评优的重要依据，增强党员的党性意识和责任意识。持续加强和改进非公企业和社会组织党建工作，不断扩大党的组织和工作覆盖。创新流动党员管理，采取单独组建、区域统建、行业联建、驻外共建等方式，建立健全流动党员党组织；实行流动党员组织关系一方隶属、参加多重组织生活的办法，落实流出地党组织跟踪管理、流入地党组织主体管理、有关部门党组织协同管理、办事处社区党组织托底管理责任，确保哪里有党员，哪里就有党的组织和党的活动。

四、组织领导

全区“两学一做”学习教育在区委常委会领导下进行，成立区委“两学一做”学习教育协调小组，由区委组织部牵头组织实施，区纪委、区委办、区委宣传部、区委党校配合做好相关工作。区直机关工委、区非公有制经济组织党工委、区社会组织党工委以及行业系统主管部门要切实履行好督促指导职责。区总工会、团区委、区妇联等群团组织要在深化学习教育中发挥职能作用。区委党校要把“两学一做”学习教育很好地融入干部教育培训之中。

1.强化责任落实。全区各级党组织要把开展“两学一做”学习教育作为一项重大政治任务，尽好责、抓到位、见实效。乡镇（办事处）党（工）委、部门（系统）党委（党组）要发挥关键作用，要结合实际制定具体实施方案，作出部署安排，保障工作力量，加强督促指导把关。基层党委要对所辖党支部进行全覆盖、全过程的现场指导，党委成员至少分工联系指导1个党支部的学习教育，帮助党支部制定学习教育计划，派员参加党支部各项活动，指导党支部开展好执行力卡考核工作。各级各部门党委（党组）书记作为第一责任人，要切实加强领导，保障工作力量，层层传导压力，从严从实抓好学习教育，确保高标准开展、高质量推进。要把组织开展学习教育情况作为基层党建述职评议考核的首要内容，采取明查暗访、听取汇报、随机调研、专项督查等方式，及时了解全区面上活动开展情况，对那些组织不力、问题较多的，要批评教育、实行问责。各乡镇（办事处）、各单位开展学习教育的实施方案和情况，要及时报告区委学习教育协调小组。

2.强化组织保障。区委将通过举办示范班、研讨班和专题培训等形式，对基层党组织书记、组织委员、组织员等党务骨干普遍进行一次轮训，帮助他们掌握工作方法，明确工作要求。各乡镇（办事处）党（工）委、部门（系统）党委（党组）也要采取有效形式，组织基层党组织班子成员进行一次轮训。要认真开展党员组织关系集中排查，摸清“口袋”党员、长期与党组织失去联系党员情况，理顺党员组织关系，努力使每名党员都纳入党组织有效管理，参加学习教育。要加强党内激励关怀帮扶，通过走访慰问、谈心谈话、结对帮扶、设立党内关怀帮扶资金等措施，从思想、工作、生活上关心和爱护党员，激发党员的内生动力，引导党员自觉主动参与学习教育。

3.强化分类指导。各单位党组织特别是乡镇(办事处)、企事业单位等基层党组织要根据不同领域、不同行业、不同单位特点，对学习教育的内容安排、组织方式等提出具体要求，避免学习教育与日常工作脱节。对国有企业、非公有制企业和社会组织党员，可因企制宜、因岗制宜，采取小型、业余、分散等方式，在车间、工地等一线开展学习教育。对农村、社区党员，要通过口头讲解、播放电教片等形象直观的方式帮助学习；驻村第一书记、与村（社区）结对帮扶的区直机关党员可编入村（社区）党组织开展学习教育，发挥带学促学作用。对窗口单位和服务行业党员，可利用休息时间，采取分组、轮班和探索移动课堂等方式开展学习教育。对学校教职工和学生党员，要统筹安排学习教育时间，避免因假期影响或耽误学习。对党员人数少、党员流动性强的党组织，可依托区域化党员服务中心，利用开放式组织生活等方式，组织党员参加学习教育。对流动党员，流入地、流出地党组织要加强协调配合，按照流入地为主的原则，把流动党员编入一个支部，就近就便参加学习教育。对离退休干部职工党员及年老体弱党员，既要体现从严要求，又要考虑实际情况，以送学上门、结对帮学等适当方式组织他们参加学习教育。

4.强化宣传引导。要充分运用电视、报刊、广播、网络、手机等多种媒体，面向全社会广泛宣传“两学一做”学习教育的重大意义，宣传“两学一做”学习教育的做法和成效，加强舆论引导，营造良好氛围。针对党员多样化学习需求，要开发制作形象直观、丰富多样的学习资源，及时推送学习内容。引导党员利用网络自主学习、互动交流，广泛开展面向基层的宣讲活动，扩大学习教育覆盖面。各乡镇（办事处）各单位可根据本乡镇（办事处）本单位条件和党员队伍实际，采取优秀党课评选、网上测试、闭卷考试等方式，检测学习效果。

5.强化统筹结合。坚持围绕中心、服务大局，把开展“两学一做”学习教育与巩固拓展党的群众路线教育实践活动和“三严三实”专题教育成果相结合、与打好精准扶贫攻坚战相结合、与深入开展“纠‘四风’、治陋习”专项整治相结合、与抓好区乡换届相结合、与加强基层党组织建设相结合、与做好改革发展稳定各项工作相结合，推动党员干部提振精气神、展示新作为，在实现后发赶超、同步小康、建设品质活力零陵中走在前列、干在实处，敢于担当、建功立业，为实现“十三五”时期奋斗目标凝聚强大力量。

各乡镇（办事处）各单位党委（党组）要在区委实施方案基础上，结合本乡镇（办事处）本单位实际，进一步细化实化，制定具体实施方案。开展“两学一做”学习教育情况，要及时报告区委学习教育协调小组。

永州市零陵区人民政府关于稳定发展粮食生产的意见

零政发〔2016〕1号

各乡镇人民政府、办事处，区政府有关委局：

为贯彻落实中央、省、市有关稳定发展粮食生产的要求，进一步提高全区粮食综合生产能力和有效供给，加快推进现代农业发展，促进农民持续增收，现就稳定发展粮食生产有关事项通知如下：

一、开展扩双增面行动，确保粮食生产稳定

1.稳定粮食生产面积和总产。围绕“稳定面积、主攻单产、优化品质、提升效益”的总体思路，全力实现“转方式、调结构、稳增长”，2016年，全区粮食播种面积稳定在97万亩以上，粮食总产37万吨以上。

2.推进水稻“压单扩双”。采取集中育秧、机械插秧、规模化种植、社会化服务等有效措施，着力解决双季稻适宜区“一季稻插花”问题，进一步提高双季稻覆盖率，在“一季稻插花”区整乡、整村整建制推进“单改双”，力争2016年全区双季稻播种面积稳定在86万亩以上。

3.挖掘玉米扩面潜力。以发展丘岗旱地玉米为重点，充分利用不具备灌溉条件、易遭干旱、水稻失收风险大的高岸田、天水田、矿区渗漏田扩种玉米。积极引导建立适度规模、产销对接的甜糯玉米生产基地。大力推广玉米高产栽培技术，因地制宜发展玉米间作套种，力争2016年全区玉米播种面积达到3万亩以上。

4.遏制耕地抛荒。建立健全农村土地流转政策和制度，稳定、完善农村土地承包关系，加强对耕地使用的监管，健全“归属清晰、保护严格、流转顺畅”的产权制度，杜绝耕地抛荒。按照“依法、自愿、有偿”的原则，鼓励、引导外出务工和缺劳力、缺技术的农户流转土地承包经营权。坚决制止耕地流转后非农化。

二、开展科技增粮行动，积极推进科技兴粮

1.推进水稻高产创建。整合资源，全面开展水稻高产“整万千百”梯级示范创建工作。区里负责抓好凼底乡双季稻整建制推进和邮亭圩镇邮亭圩片、富家桥镇贤水河沿岸2个万亩双季稻高产创建示范；每个乡镇要抓好1个3000亩的双季稻高产创建示范，每个涉农办事处要抓好1个500亩的双季稻高产创建示范；每个行政村要抓好1个100亩以上的双季稻高产创建示范，力争2016年全区发展以超级稻“种三产四”丰产工程为主的水稻高产创建面积43万亩。高产创建示范片要做到“六个统一”，即统一优良品种、统一播插期、统一水浆管理、统一水稻病虫害专业化防治、统一测土配方施肥、统一推进机械化生产。

2.普及推广科技兴粮新技术。创新农技推广运行机制，动员和组织农技、农机人员深入生产一线，办好高产示范片，种好高产展示田，推广先进适用的新品种、新技术。大力推广超级杂交稻品种，科学选种，搞好搭配。切实抓好水稻重大病虫害防控，大力推广灯光诱杀和性信息素、生物农药、生态调控等水稻病虫害绿色防控技术；大力推进病虫害专业化统防统治，实现水稻高产创建示范片病虫害专业化统防统治全覆盖，2016年推广水稻病虫害专业化统防统治技术40万亩。大力开展早稻专业化集中育秧，普及推广抛秧、机插秧等技术，2016年推广早稻专业化集中育秧5万亩，水稻机插秧22万亩。积极推进测土配方施肥，加强测土配方施肥示范区建设，水稻高产创建示范区测土配方施肥技术实现全覆盖；强化对种粮大户“一对一”个性化施肥指导服务，做到种粮大户全部“按方施肥”，2016年推广测土配方施肥技术75万亩。开展农机与农艺相结合，全面推进粮食生产机械化，机耕、机插、机收综合机械化率要达到63%以上。

三、开展规模增收行动，积极培育新型经营主体

1.培育水稻集中育秧和机械育插秧经营主体。积极培育种粮大户、育插秧专业户（公司）、合作社、基层组织发展为育秧主体，大力推进水稻专业化集中育秧，2016年推广水稻集中育秧面积20万亩，其中早稻专业化集中育秧5万亩，培育壮大育插秧专业户、专业合作社等市场化育秧主体70个以上，推广水稻插秧机100台以上，推广水稻机插秧面积22万亩。

2.扶持发展适度规模经营。建立健全耕地有序流转、规模经营、社会化服务的服务机制，按照“稳定承包权、放活经营权”和“依法、自愿、有偿”的原则，完善出台政策鼓励扶持耕地承包经营权有序流转，发展适度规模经营。加大对种粮大户、家庭农场、农民合作社、农业社会化服务组织等新型粮食生产经营主体的政策扶持和社会化服务，按照湖南省农业“三项补贴”改革试点方案要求，用好农业“三项补贴”的增量资金，统筹用于支持粮食生产适度规模经营。对全区水稻种植面积60亩以上的种植大户、种植水稻面积户平60亩以上农民合作社、种粮为主面积100亩以上的家庭农场、杂交水稻制种面积30亩以上的制种大户实行扶持奖励，名额不限，并在信贷融资、农业保险、信息服务等方面实行政策倾斜。2016年，全区要新发展种粮大户、种粮专业合作社、家庭农场100户以上。

3.扶持发展社会化服务组织。培育和发展农机、植保、农技等专业化服务组织，努力提高种子、植保、农机等装备水平。鼓励农村社会化服务组织开展承租、代育、代耕、代管、代种、代收、烘干、营销等各项服务。2016年，全区要新发展专业化社会化服务组织10家，全区社会化服务面积要达到粮食播种面积的40%以上。

四、加强基础设施建设，改善农田生产条件

1.加强高标准农田建设。严格执行耕地和基本农田保护制度，确保耕地总量不减少，质量有提高。统筹部署农村土地综合整治、农田水利基本建设、新增粮食产能田间工程建设、高标准农田建设、扶贫开发农田设施建设等项目，实行协同规划、分项实施，确保项目建设不重叠、不重复，形成改善农田基础设施条件的合力；加大对农田的提质改造力度，配套建设适应农业机械化生产的机耕道和生产道；加强农田灌溉设施更新改造、水渠清理和山塘清淤，大力改造中低产田，建设一批高产稳产粮田。

2.努力提高耕地质量。认真贯彻《湖南省耕地质量管理条例》，全面开展补充耕地项目全程监管。大力实施土壤有机质提升项目，完成秸秆腐熟还田面积10万亩；积极发展冬季绿肥生产，增施有机肥，提升耕地土壤有机质；改进农田耕作方式，增施石灰，防治土壤酸化；开展土壤重金属污染修复治理示范。

五、开展提质增效行动，确保粮食质量安全

1.深入实施湘米产业工程。重点抓好基地建设、标准化生产规程制定、技术培训、高档优质稻品种推广等工作，积极引导稻米加工龙头企业进行订单生产。2016年，全区发展优质稻种植50万亩以上，其中高档优质稻10万亩，建设高档优质稻标准化生产基地6.5万亩，强化农企结合，高档优质稻全部实行订单生产。

2.强化全程质量监控。按照各级政府对粮食等农产品质量安全负总责的要求，着力开展农业面源污染治理，加强农业投入品监管，加大农业执法力度，加大标准化创建力度，加大粮食质量抽检力度和频次，扩大检测范围，确保粮食质量安全。

六、强化保障措施，确保粮食生产工作落到实处

1.强化行政推动。层层落实粮食生产行政首长负责制，区政府主要领导为粮食生产第一责任人，各乡镇办事处乡镇长（主任）要对区长负责，做到一级抓一级，层层抓落实。区里成立由区长任组长，分管区级领导任副组长，区政府办、区发改委、区农村办、区农业局、区财政局、区农业综合开发办、区水利局、区粮食局、区统计局、区经管局、区农机局等单位主要负责人为成员的区粮食生产工作领导小组。领导小组下设办公室，区农业局局长兼任办公室主任，办公地点设区农业局。各乡镇办事处要成立相应的工作机构。建立区级领导和联系乡镇的区直单位包乡镇办事处，乡镇办事处主要领导亲自抓的工作责任制。乡镇办事处向区人民政府递交粮食生产责任状。粮食生产目标管理纳入乡镇办事处全区经济社会发展综合考核和农业农村工作综合考核评比内容。

2.落实惠农政策。各乡镇办事处要加大中央、省、市、区扶持粮食生产优惠政策的宣传力度，做到家喻户晓。严禁以任何借口、任何形式降低补贴标准、改变补贴用途，确保农业支持保护补贴和农机购置补贴等各项补贴资金及时、足额发放到种粮大户、家庭农场、农民合作社、社会化服务组织等农业生产新型经营主体及种粮农民手中。严格按照政策规定兑现到位，按照“谁种粮，谁受益，种地得补贴，不种地不得补贴”的原则，核实好种粮面积，按“种多少、补多少，种一季、补一季，种双季、补全额”的补贴政策据实补贴。

3.加大粮食生产投入。进一步健全财政支持粮食生产的政策体系，加大对粮食生产的投入，产粮大县（区）的奖励资金全部用于发展粮食生产，具体用于粮食良种和高产栽培技术推广、水稻集中育秧、水稻高产创建、超级杂交稻“种三产四”丰产工程、农机累加补贴及对粮食生产先进乡镇、村、粮食监测点村的奖励及其它粮食生产相关支出。粮食生产先进乡镇设一等奖2名、二等奖3名、三等奖3名，设粮食生产标兵村10名和粮食生产先进村20名；列支24万元对粮食生产监测点村进行奖励；列支50万元用于农机累加补贴。

4.抓好技术指导服务。进一步强化基层农技推广体系建设，健全科技推广协作机制，落实经费保障，全面提升农技推广能力和水平。结合省里开展的百万农民、十万种粮大户、万名农技人员培训工程，在全区开展万名农民、千名种粮大户、百名农技人员大培训。在关键农时季节，组织农技人员深入生产一线，抓好科技指导。加强农业行政执法，维护农民合法权益。

5.强化督促检查考核。区人民政府将进一步加大对粮食生产的考核，由区粮食生产工作领导小组牵头，组织区直相关部门定期和不定期对各乡镇办事处落实中央强农惠农政策和发展粮食生产、制止耕地抛荒、遏制“双改单”情况进行督促检查，对各乡镇办事处、村粮食生产情况进行评估，并建立督查考核末位书面说明制度，督查结果将作为粮食生产先进乡镇、村考核的重要依据。对粮食播种面积和总产任务没有完成区里下达任务，稻田常年连片抛荒2亩以上或零星抛荒超过1‰的乡镇办事处的主要领导实行责任追究，并取消参评粮食生产先进乡镇、村资格。

永州市零陵区人民政府

2016年4月19日

中共永州市零陵区委员会
永州市零陵区人民政府
关于加快推进美丽乡村建设的实施意见

零发〔2016〕5号

（2016—2020年）

为深入贯彻落实《中共中央国务院关于落实发展新理念加快农业现代化实现全面小康目标的若干意见》（中发〔2016〕1号）和《中共湖南省委湖南省人民政府关于加快农业现代化建设确保实现全面小康目标的意见》（湘发〔2016〕1号）以及《中共永州市委永州市人民政府关于加快推进美丽乡村建设的实施意见》（永发〔2016〕1号）精神及区委、区政府建设品质活力零陵的战略部署,大力改善农村生产生活生态环境，努力实现城乡协调发展，加快建成全面小康社会，现就推进全区美丽乡村建设提出如下实施意见。

一、目标任务

按照“科学规划布局美、村容整洁环境美、业兴民富生活美、乡风文明身心美、村稳民安和谐美”要求，积极响应市里“百村示范、千村创建、村村整治”行动，有计划、有步骤地推进全区美丽乡村建设。按照市委、市政府的要求，结合全区实际，计划用5年时间（2016年—2020年）全面完成全区美丽乡村建设任务。具体任务分解如下：

1.每年高标准完成6个美丽乡村示范村建设任务（其中省级一个、市级五个），5年完成30个；

2.用5年时间建成1条美丽乡村旅游精品路线：即从香零山起，至青角井村（异蛇山庄生态园）沿提质改造后的207国道，再沿贤水河风光带至涧岩头村（周家大院），最后一站到达何仙姑村；

3.每年完成全区20%的行政村美丽乡村建设任务，其中乡镇（街道）所在地村庄列入美丽乡村建设计划，建设任务必须在今年内完成。

二、建设原则

1.规划先行。秉承先策划、再规划、后建设的理念，突出规划引领，形成以美丽乡村建设规划为龙头，村庄布局规划、土地利用规划、产业发展规划、农村土地综合整治规划、特色文化村落保护与发展规划和旅游发展规划为基础的“1+6”区域美丽乡村建设规划体系，做到因地制宜、突出特色、切实可行，防止贪大求洋，2016年底，全区所有乡镇、50%以上的行政村完成规划编制，2017年底，所有行政村完成规划编制。原已制定新农村建设规划的行政村要根据美丽乡村建设标准进行完善和提升。

2.乡镇主体。乡镇是美丽乡村建设的实施主体，党政一把手是第一责任人，要紧密结合本地实际，制定美丽乡村建设方案和实施推进的时间表、路线图、任务书，统筹抓好具体组织实施工作。

3.“点线面”结合。按照布点科学、重点突出、串点成线、连线成片、有序推进的要求，把领导办点、重点线路建设和全面推进工作结合起来，联系乡镇（街道）的区级领导和乡镇（街道）党政主要领导要带头办美丽乡村建设示范点，以点带面；所有区直单位都必须参与、支持美丽乡村建设；在铁路、高速公路、国道、省道和景区道路两边，规划建设一批美丽乡村精品线路；所有行政村要全面加强农村环境综合整治、农村建房规范管理等工作。

4.注重特色。因村制宜、突出重点，结合自然地形，依托山水资源、历史文化资源，精心设计载体，形成“一景、一业、一貌、一品”，彰显村庄特色。注重挖掘传统农耕文化、山水文化、人居文化中的丰富内涵，提炼和体现村庄个性魅力。

5.多措并举。美丽乡村建设是一项系统工程，需要破解的难题很多。要多措并举，综合施策，创新建设机制，整合部门资源，破解资金、用地、管理等各种难题。树立经营村庄理念，探索建立共建共享合作机制，积极引进社会工商资本和社会力量投入美丽乡村建设。

6.产业支撑。始终把发展产业夯实经济基础作为美丽乡村建设的工作重点，发挥区位、生态、资源优势，坚持绿色生态发展理念，提倡生态经济化，因地制宜发展特色产业，注重农业、生态、旅游有机结合，促进一二三产业融合发展，坚持保护与开发并重，构建可持续发展的生态经济格局。

7.申报要求。村级集体经济发展较好，主导产业突出；自然景观、人文景观深厚；基础设施较好、交通方便、连点成线、相邻较近并且相对集中在国、省道旁；村支两委班子战斗力强，群众积极性高。

三、建设内容

1.治理农村垃圾。建立“户分类、组定点、村收集、乡镇转运、区处理或区域化处理”的农村垃圾生态无害化处理新模式，改善农村环境卫生状况。2016年，全区的行政村要实现农村垃圾集中收集全覆盖，每个行政村要建设足够数量的垃圾定点收集池（箱），每个乡镇要建有1个以上垃圾转运站，农村垃圾集中收运率达到100%，区里建有垃圾处理中心（站），推进农村垃圾减量化、无害化、全资源化处理。建立政府引导、以村集体和群众为主的农村卫生管护制度，按照每1000名村民配备3名管护人员的比例组建村庄保洁管护队伍，建立农村环境卫生管理长效机制。在有条件的地方，提倡借鉴城市物业管理的理念，建立市场化保洁运作机制。

2.治理农村污水。加大农村卫生厕所改造力度，到2020年底，全区农村卫生厕所普及率达到100%。因地制宜开展生活污水处理，对毗邻城镇的村庄，纳入城市污水收集管网统一处理；在人口集聚村庄建设污水集中处理设施，进行集中处理；对人口相对分散的村落，采用“三池净化”式分散处理；对农家乐污水，建立隔油池纳管治理。加强畜禽水产养殖污染治理，积极淘汰落后养殖产能，开展畜禽养殖废弃物综合利用和病死动物无害化处理示范工程建设，人居范围内家禽家畜实行圈养。到2020年，全区规模养殖场畜禽粪便综合利用率达到70%以上，农村生活污水处理率达到90%以上。积极探索建立社会资本参与农村污水治理的市场化机制。

3.治理农村水环境。强化退耕还林、封山育林等措施，搞好水土流失治理。清淤池塘沟渠，疏通和修复村庄排水系统，实现农村河道池塘水沟无垃圾、水畅其流。加强水库、山塘、河坝、蓄洪区（坝）等水利工程的整治，提高运用效益。深化流域治理，突出生态修复，大力开展生态清洁型小流域建设，整乡整村推进农村河道综合治理，治理投肥养鱼，推广河道池塘水沟生态整治技术，提高水体自我净化能力。抓好农村饮用水源地保护，全面划定饮用水源保护区，加强饮用水源地水质监测。开展农村饮水提质增效，实现由基本满足农村饮水需要向全面提供清洁安全饮水转变。到2020年，全区农村自来水普及率达到80%，水质达标率比2015年提高10个百分点以上。

4.大力完善基础设施。完善农村路网结构，重点解决断头路、重要经济线路和产业线路连通不足的问题，到2020年，基本实现100%的通村、通组公路路面硬化，道路两旁绿化。逐步完善配套服务设施，提高农村公路桥梁抗灾能力和安全畅通水平。加快农村新一轮电网改造，对未改造的农村电网和已进行改造，但因电力需求快速增长出现供电能力不足、供电可靠性较低的农村电网，按照新的建设标准和整体改造时序改造到位，到2020年，力争实现100%的村完成电网改造升级任务，一户一表率达到100%。开展“点亮行动”，在村庄内主巷道和文化活动等公共场所，安装路灯并确保正常使用，到2020年，全区85%以上的行政村完成路灯安装任务并建立长效管护使用机制。推进农村信息化建设，实施网络进村工程，创新“互联网+三农”模式，推进“智慧零陵”建设向乡村、向农业延伸，加大农村综合信息与民生服务站点建设，2016年，全区电视、电话、广播通村率达到100%。

5.大力发展现代农业。在稳定和提高粮食生产的基础上，大力发展果蔬、畜禽水产、油茶、茶叶、烤烟、竹木、药材等特色产业，发展融合二三产业于一体的现代高效生态农业，推进农业产业链整合和价值链提升。有序促进土地向专业种养大户、家庭农场、专业合作社、农业企业等新型农业经营主体流转，发展适度规模经营，提高规模化经营水平。大力推进标准化生产，切实加强园艺作物标准园、畜禽养殖标准化示范场、水产标准化健康养殖示范场建设，着力打造一批农业生产标准化示范基地和知名产品，力争到2020年，主要农产品规模基地标准化覆盖率达到80%以上、“三品一标”农产品覆盖率60%以上。大力发展农业清洁生产，推广应用测土配方施肥、秸秆还田，发展冬季绿肥生产，实施科学用肥，谨慎用药，到2020年实现化肥、农药使用量零增长。完善农民教育培训机制，培养新型职业农民。探索农村集体经济发展有效路径，开发利用集体资源，发展壮大村级集体经济，到2020年，所有行政村集体经济收入达10万元以上。

6.大力发展农村电子商务。抢抓国家实施“互联网+”的战略机遇，不断完善农村电商发展政策和机制，确保与阿里巴巴、甲骨文公司签订的合作协议落地生根。鼓励支持社会资本和工商资本参与农村电子商务平台建设，加快零陵特色农副产品、旅游产品的网上推广销售，为美丽乡村建设发挥积极推动作用。

7.大力发展乡村旅游。推进旅游与农业、生态、文化融合发展，利用农村民居景观、田园风光、山水资源、人文特色，重点打造一批特色旅游小镇和乡村旅游示范村，引导创建30个星级乡村旅游点。充分发掘和利用全区已有的国家级和省级古村落、古民居、古建筑、古树名木和民俗文化等历史文化遗产，把历史文化底蕴深厚的传统村落培育成传统文明和现代文明有机结合的特色文化村。全区建设10个以上景点、园区、美丽乡村相结合的乡村旅游项目，打造乡村旅游品牌。

8.大力美化村庄环境。全面规范村民建房，农村所有新建房屋必须按规划先批后建，清理整治农村违规建房，严厉查处违规私搭乱建行为。加大危旧房改造力度，将美丽乡村建设与农村危旧房改造相结合，拆除村内破旧房和违法建筑，全区争取用三年左右时间，全部完成农村D级以上危房改造任务，80%的行政村废弃空心房处置率达到100%。对村庄内及道路两旁的线杆进行清理，确保线杆竖立和线路架设走向规范，提倡管线下地，做到能并杆的并杆、能隐蔽的隐蔽。大力改变农村房屋“裸墙”现象，对影响村庄美观的外墙和屋顶等进行美化，在2020年建成美丽乡村的30个村实现立面美化全覆盖。加强村庄绿化，以创建生态村为抓手，大力开展村边、宅边、水边、路边“四边”绿化，打造四季有绿有花、季相分明、层次丰富的绿化景观，形成道路河道乔木林、房前屋后果木林、公园绿地休憩林、村庄周围风景林的村庄绿化格局。

9.大力加强乡风文明建设。美丽乡村不仅美在自然，更要美在心灵，美在风尚。将培育和践行社会主义核心价值观贯穿美丽乡村建设全过程，加强诚信教育，倡导契约精神、科学精神，深入开展文明村镇、“星级文明户”、“五好文明家庭”创建，广泛宣传优秀基层干部、道德模范、身边好人等先进事迹，推动形成家庭和睦、民风淳朴、文明有礼、崇德向善、守望相助的乡风民风民俗。大力推进乡村文体活动阵地建设，加强医疗、养老、便民服务中心等公共服务设施建设。在农村社区的不同群体中开展形式多样的各种文明创建活动，丰富农村居民文化生活。

10.大力加强基层组织建设。强化党建引领和带动，选优配强村“两委”班子，把农村基层党组织建设成为美丽乡村建设的坚强战斗堡垒。全面推行“一三五”村级治理模式，扎实推进农村网格化建设，发挥村民委员会、村民议事会、村务监督委员会的作用，落实岗位承诺制、村干部值班和周例会制、为民服务全程代理制、党员管理积分制、“四议两公开”制度，不断提高农村党员队伍管理水平。

四、保障措施

(一)强化组织领导。各级党委、政府要把美丽乡村建设作为推进农村经济社会全面发展的重要载体和主要抓手，坚持党政主要负责人亲自抓。按照区指导、乡（镇）推进的原则，落实区乡主体责任，加快建设步伐。区里成立区委书记为组长，区长为第一副组长，区委副书记为常务副组长，常务副区长、分管副区长等区级领导为副组长，区直有关单位主要负责同志为成员的美丽乡村建设领导小组。领导小组下设办公室，由区农业委党组书记张九清兼任办公室主任、农业委主任邓世福兼任副主任，办公室设区农业委，抽调相关单位3—5名人员集中办公，负责全区美丽乡村建设的政策研究、协调指导、调查调度、督查考核以及日常事务等工作。联系乡镇、街道的区级领导为该乡镇（街道）美丽乡村建设的主要责任人，乡镇（街道）党政主要领导主抓，履行管总职责，配强工作班子力量，制定实施方案，强化责任落实，形成“有制度、有人抓、有投入、有考核”的工作机制，强力推进美丽乡村建设。

（二）强化责任分工。明确区直各相关部门职责，积极参与、指导乡镇（街道）美丽乡村建设工作。

1.区委组织部负责农村党组织和干部队伍建设工作；

2.区委宣传部负责美丽乡村宣传工作；

3.区农业委负责美丽乡村领导小组办公室日常工作与指导农业产业发展；

4.区发改委负责指导全区美丽乡村建设和社会经济发展规划；

5.区财政局负责筹集和整合美丽乡村建设资金；

6.区环保局负责农村污水、垃圾的治理以及饮用水源的保护等工作；

7.区交通运输局负责农村路网和招呼站点的建设；

8.区住建局负责村庄规划、古村落和历史文化名村的保护与开发等工作；

9.区水利局负责农村饮水安全、河道治理等工作；

10.区林业局负责农村绿化及林业产业发展工作；

11.区商务粮食局负责农村电子商务工作；

12.区旅游局负责乡村旅游工作；

13.区城管执法局负责广告、标识的制作；

14.区文明办负责文明户、文明村、文明乡镇的创建工作；

15.区卫计委负责农村卫生室建设；

16.区爱卫办负责农村改厕工作；

17.区供销社负责农村垃圾废旧物回收利用工作；

18.区供电局负责农村电网改造升级工作；

19.区文体新局负责电视、电话、广播全面通村以及农村健身工程的实施等工作；

20.区畜牧水产局负责农村畜禽养殖、粪污排放达标和指导水产标准化健康养殖工作，指导畜牧业发展；

21.区国土资源局资源负责美丽乡村的土地利用规划和土地整理项目的实施、空心房的拆除等工作；

22.区农业开发办负责农业开发项目在美丽乡村的实施；

23.区教育局负责农村幼儿园、小学建设符合教育部门布点规划要求工作；

24.区经管站负责美丽乡村“一事一议”项目的实施工作；

25.区扶贫办负责美丽乡村建设产业扶贫工作；

26.区电信公司、移动公司、联通公司负责农村网络普及工作；

27.区农环办负责美丽乡村村容村貌整治工作。

各责任单位要制定具体的实施方案。

（三）强化资金投入。从2016年起，区财政每年安排1000万元以上专项资金用于推进美丽乡村建设，主要用于区直责任单位、乡镇（街道）、示范村考核奖励和支持美丽乡村项目建设、落实以奖代补等，其中：1、区直单位在考核中获得合格的前8名分别予以奖励3万元共24万元；2、乡镇（街道）在考核中获得合格等次的前6名分别予以奖励5万元共30万元；3、通过当年度考核验收的6个美丽乡村示范村，采用以奖代补形式奖励20万元共120万元；4、非当年市级考核的区级领导和乡镇（街道）党政主要领导办点示范村考核排在前15位的予以奖励10万元的以奖代补，共150万元。以上四项合计奖补资金324万元；5、其他资金主要用于支持美丽乡村重大建设项目，每个市级示范点财政投入100万元。逐年增加美丽乡村建设财政投入，积极向上争取项目资金，按照“渠道不乱、用途不变、各司其职、各记其功”的原则，加大美丽乡村建设财政资金整合力度、社会资金的融资力度，集聚财力用于美丽乡村建设。每年整合项目资金1000万元以上，乡镇（街道）示范点整合资金300万元以上，全区每年总共整合资金2亿元以上用于美丽乡村建设。整合精准扶贫小额贷款，组建形式多样的产业合作社，参与美丽乡村建设。积极建立政策性农业发展担保公司，引导金融机构创新金融产品和服务，扩大林权、土地承包经营权等农村产权抵押贷款试点，探索农村集体经营性建设用地使用权抵押贷款等农村产权抵押融资试点，区里成立农业发展建设投资有限公司，构建美丽乡村建设的融资平台。探索建立市场化、社会化投入机制，按照“谁投资、谁经营、谁受益”的原则，鼓励不同经济成分和各类投资主体以独资、合资、承包、租赁等多种形式参与美丽乡村建设。

（四）强化宣传推介。加强舆论宣传，提高全社会对推进美丽乡村建设重要性的认识。电视、报纸主流媒体以及微信、微博等新媒体要加大对美丽乡村的宣传，开辟美丽乡村建设专栏，每月确定一个重点宣传内容，及时宣传工作中涌现出来的好典型、好做法、好经验，并对美丽乡村建设中的不作为、乱作为现象进行曝光。在乡镇、村庄主要干道、重要地方制作宣传标语、悬挂宣传标识。

（五）强化督查考核。按照“科学合理、操作简便、有所创新”的要求，由区美丽乡村建设领导小组提出考核验收标准。从2016年起，每年组织对美丽乡村建设的考核验收工作。把美丽乡村建设列入乡镇、街道以及相关部门考核和政府绩效考核，加强督促检查，严格考核奖惩，并将考核结果作为相关单位领导班子政绩、干部选拔任用和拨付下年度扶持资金、以奖代补资金的主要依据。具体考核及奖励办法详见附件。

附件：零陵区美丽乡村建设考核办法

中共永州市零陵区委员会

永州市零陵区人民政府

2016年10月7日

关于印发《关于在全区副科级以上党员领导干部中开展“提升三种能力，争当三个模范”活动实施方案》的通知

零发〔2016〕5号
（2016—2020年）

各乡镇党委、街道工委，区直各单位党组织：

《关于在全区副科级以上党员领导干部中开展“提升三种能力，争当三个模范”活动实施方案》已经区委同意，现印发给你们，请结合实际认真贯彻执行。

中共永州市零陵区委办公室

2016年10月13日

关于在全区副科级以上党员领导干部中开展“提升三种能力，争当三个模范”活动实施方案

为将“两学一做”学习教育推向深入，经区委常委会研究决定，在全区副科级以上党员领导干部中开展以“提升抓发展的能力，争当推动发展的模范；提升抓稳定的能力，争当促进和谐的模范；提升廉洁自律的能力，争当干净干事的模范”为主要内容的“三提升三争当”活动，现制定如下实施方案。

一、目的意义

在全区副科级以上党员领导干部中开展“三提升三争当”活动，是区委在深入研究新形势、新情况、新任务的基础上作出的一项重大决策，是丰富“两学一做”学习教育形式、深化学习教育内容的重要载体，是反馈基层意见、回应群众呼声、解决民生问题的现实需要，是创建省级文明城市、创建国家园林城市、创建国家交通模范城市、国家卫生城市管理和顺利推进零陵古城项目建设的重大举措，是打造强有力的干部队伍、提升领导干部执行力的有效途径。开展“三提升三争当”活动，对于推动全区“两学一做”学习教育，增强全区党员领导干部科学发展自觉性和坚定性，密切党群干群关系，转变党员领导干部作风，树立党政机关和干部队伍良好形象，建设品质活力零陵具有十分重要的意义。全区各单位和党员领导干部一定要站在战略和全局的高度，充分认识开展“三提升三争当”活动的重要性和必要性，切实增强责任感和使命感，把这项活动精心组织好、认真落实好、扎实推进好。

二、目标要求

1.提升抓发展的能力，争当推动发展的模范。教育广大党员领导干部牢固树立“党建+”思维、高铁思维、融合思维，把抓发展作为当前的首要任务，把加强项目建设、加快产业发展、优化经济环境作为抓发展的重点任务，深入调研，强化服务，强力推动。全区副科级以上党员领导干部要抢抓政策机遇，做项目建设的推动者；要加快落实步伐，做产业发展的推动者；要转变服务职能，做优化环境的推动者。

2.提升抓稳定的能力，争当促进和谐的模范。教育广大党员领导干部牢固树立“稳定压倒一切”的观念，把抓稳定作为第一责任，努力提高解决社会矛盾的能力，为维护社会稳定、促进社会和谐作出贡献。同时，牢固树立全区稳定工作“一盘棋”的思想，对信访维稳工作要密切配合、支持协助，不搞“事不关己，高高挂起”。全区副科级以上党员领导干部要落实利益诉求机制，做信访调纠的促进者；要落实责任落实机制，做综治维稳的促进者；要落实应急管理机制，做公共安全的促进者。

3.提升廉洁自律的能力，争当干净干事的模范。教育广大党员领导干部牢固树立廉洁自律是“立身之本、处事之道和为政之要”的观念，把严以律己作为品行修养的责任要求，恪守“八项规定”、遵守党纪条规、严守换届纪律，永葆党员干部的政治本色，争当干净干事的模范表率，做新风正气的引导者，做政令畅通的引导者，做良好政治生态的引导者。

三、方法步骤

开展“三提升三争当”活动从2016年10月开始，为期一年。其基本办法是结合工作实际，突出问题导向、突出解决问题，切实做到边学边改、边查边改、边整边改。主要按以下步骤推进“三提升三争当”活动。

1.动员部署阶段。(时间：2016年10月10日至2016年11月10日)。在活动正式启动前，成立领导机构和工作机构；全区各单位各部门制定和完

善活动实施方案；及时召开动员大会，切实搞好思想发动，对整个活动进行周密部署。

2.学习调研阶段。（时间：2016年11月11日至2016年12月31日）。以提升党员领导干部“三种能力”为目标，开展形式多样的学习调研活动。一是推荐一批学习书籍。全区副科级以上党员领导干部根据自己的工作岗位和职责特点，选择部分书籍作为提升“三种能力”的学习读本，学习书籍报党委（党组）备案，学习情况要定期向党委（党组）反馈。二是下基层单位调研。党员领导干部根据各自联系的基层单位和分管的工作，深入基层、深入项目、深入一线开展调查研究，广泛接触基层一线，查存在问题，想工作责任，理发展思路。下基层调研、召开现场会、解决突出问题不少于4次，在学习调研的基础上，每人撰写一篇字数不小于2000字的调研文章。三是外县区学习考察。向全省、全市各项工作的先进单位学习，由分管该项工作的区级领导带队组织相关的党员领导干部到外地学习考察，借鉴其先进成熟经验为我所用，提出和完善全区相关工作的发展规划及有力措施。

3.查摆问题阶段。（时间：2017年元月1日至2017年2月28日）。以党员领导干部职责和所承担的工作任务为基本依据，按照德、能、勤、绩、廉的要求，以工作实绩为重点，查摆自身“三提升三争当”存在的差距和问题。提升抓发展能力主要查找以下方面问题：（1）是否具有强烈的事业心和责任感，工作主动，超前考虑，及时为领导当好参谋，以认真负责的态度做好每一项工作。（2）是否熟悉本职业务，准确理解和把握相关政策，积极参加政治业务学习，对分管的业务能独挡一面，及时解决工作中出现的各种问题，协调好与上级业务部门的关系；遇到复杂问题不拖、不等，主动向分管领导汇报，积极协调解决，难以解决的，及时向有关方面做出解释。（3）是否做到工作效率高、服务质量好，把为基层服务工作落到实处。是否做到服务态度好、工作质量高，基层单位无投诉。（4）是否具有改革创新精神。破除因循守旧思想和畏难发愁情绪，能够全面、辩证地认识问题，用创新和改革的理念指导工作实践。提升抓稳定能力主要查找以下方面问题：（1）是否有全区“一盘棋”的思想，对信访维稳工作积极配合、支持协助，涉及到本单位职能的信访维稳工作是否存在思想厌倦懈怠、工作拖拉推诿、方法简单粗放的问题、是否主动担当、尽职尽责、尽心尽力做好相关工作，是否存在乱开口子、简单花钱买平安的现象。（2）是否认真贯彻执行国家法律、法规和各项方针政策，按要求参加有关法律法规的学习培训，做到学法、懂法、遵纪守法。（3）是否按照规定的职责权限、工作程序和规范要求进行行政执法、办理行政审批事项和履行其它公务，严格执行首接责任制。（4）是否具有热情的服务态度，按照规定的办事程序、时限和规范的服务用语、礼仪接办本职业务、接听咨询电话，接待群众来访，主动为基层、为群众提供及时、便捷、高效的公共服务。（5）接待群众上访能否真诚，群众诉求能否真心解决；遇到矛盾能否主动面对，化解矛盾能否尽心尽力，调处矛盾是否依法稳妥。提升抓廉洁自律能力主要查找以下方面问题：（1）是否按照社会主义核心价值观的要求，加强自身的社会公德和职业道德修养，积极参与机关建设活动，不断改进工作作风，切实做到为民、务实、勤政。（2）是否做到经常深入基层，积极为群众办实事、办好事，处理问题、执行公务做到从实际出发，力戒官僚主义、形式主义。（3）是否廉洁从政，执政为民，自觉用廉政规定和党纪、政纪约束自己，严格自律，不以职、以权谋私，在执行公务中自觉抵制各种不正之风。

4.整改落实阶段（时间：2017年3月1日至2017年6月30日）。针对本单位和党员领导干部个人查摆出来的问题，分类制定出整改措施，落实责任领导和责任部门，一项一项解决，一件一件整改，直至问题成功解决销号。要建立问题整改台账，进行动态管理，每月进行一次梳理，切实提高整改实效。对已经整改落实的项目，进一步做好巩固工作，防止出现反复；对正在整改落实的问题，进一步强化责任，加大工作力度，加强跟踪督查；对尚未完全整改落实到位的问题，尽快明确整改责任部门、责任人员，确保责任到位。

5.巩固提升阶段（时间：2017年7月1日至2017年10月20日）。对“三提升三争当”活动开展经验、做法进行总结，建立巩固“三提升三争当”活动成果的长效机制，促使相关工作的制度化、规范化、科学化。同时，对涌现出来的模范单位和个人进行表彰，并在全区宣传报道其优秀事迹。

四、活动载体

开展“三提升三争当”活动主要以全区各项重点工作为平台，开展七个单项“比学赶超、专项评比”活动。一是项目建设比进度，由区发改委牵头组织；二是中心工作比成效，由区委办牵头组织；三是党建工作比规范，由区委组织部牵头组织；四是窗口单位比服务，由区政务中心牵头组织；五是信访工作比“包案化解”，由区信访局牵头组织；六是干部作风比转变，由区纪委牵头组织；七是带头示范比形象，由区委宣传部牵头组织。区委“三提升三争当”活动领导小组办公室要统筹协调，明确各阶段的目标要求，实行半月一调度，一月一督查，一季一小结，推动七个单项评比活动深入开展。各牵头单位负责将单项评比活动方案细化量化，定期、不定期组织开展督查，并对全区各单位部门相关情况进行汇总，形成文字材料报区委“三提升三争当”活动领导小组办公室，并将有关情况在全区进行通报。

五、组织领导

全区各单位党组织要把开展“三提升三争当”活动作为“两学一做”学习教育的重要实践，作为检验学习教育效果的重要依据，加强领导，精心组织，扎实推进，严防搞形式、走过场。

1.强化领导责任。区委成立“三提升三争当”活动领导小组，由区委书记任组长，区委副书记、区长和区委专职副书记任副组长，其他区委常委任领导小组成员，领导小组下设办公室，由区委常委、组织部长兼任办公室主任。建立联席会议制度，由区委组织部统筹协调，七个单项评比的牵头单位等相关单位参加，每月召开一次联席会议，统筹推进活动开展。各单位党委（党组）主要负责人是本单位开展“三提升三争当”活动的直接责任人，必须切实履行职责，结合本单位的实际，组织制定本单位方案，研究配套措施，切实抓好工作落实。各单位党员领导干部要切实把自己摆进来，带头深入一线、带头提供服务、带头解决问题、带头廉洁自律。

2.加强宣传引导。全区各单位要对开展“三提升三争当”活动进行广泛宣传、全面发动。要充分运用报刊、电视、网站等媒体大力宣传开展“三提升三争当”活动的重要意义，大力宣传“三提升三争当”活动的好做法、好经验，大力宣传各工作岗位涌现出来的好典型，充分发挥先进典型的示范带动效应，增强社会效果，扩大影响范围，营造良好氛围。

3.搞好督查评比。区委将开展“三提升三争当”活动作为经济社会发展综合考核的重要内容和乡镇（办事处）党委（工委）书记、区直单位党组（党委）书记履行基层党建工作责任述职评议的重要内容；将副科以上党员领导干部在“三提升三争当”活动中的现实表现作为评先评优和干部选拔任用的重要依据。区委“三提升三争当”活动领导小组办公室对各单位部门开展“三提升三争当”活动情况进行督促检查，及时掌握进度，通报有关情况。区委将适时组织开展“三提升三争当”活动的总结评比工作，评选一批模范单位和模范人物，由区委给予表彰。

中共永州市零陵区委办公室

中共永州市零陵区委办公室
永州市零陵区人民政府办公室
关于印发《永州市零陵区建制村合并工作实施方案》的通知

零办发〔2016〕1号

各乡镇、办事处，区直机关各单位：

《永州市零陵区建制村合并工作实施方案》已经区委、区人民政府研究同意，现印发给你们，请认真组织实施。

中共永州市零陵区委办公室

永州市零陵区人民政府办公室

2016年2月27日

永州市零陵区建制村合并工作实施方案

为贯彻落实《中共湖南省委湖南省人民政府关于开展乡镇区划调整改革工作的意见》（湘发[2015] 15号）和《中共永州市委永州市人民政府关于开展乡镇区划调整改革工作的实施意见》（永发 [2015] 19号）文件要求，结合全区实际，制定本实施方案。

一、指导思想

以党的十八大、十八届三中、四中、五中全会精神为指导，按照省市乡镇区划调整改革工作的总体要求，进一步夯实农村基层组织，着力优化资源配置，不断提升公共服务能力，切实改善农村生产生活条件，全面加快农村小康建设步伐。

二、目标任务

按照省委省政府和市委市政府的要求，2016年6月底前，全区合并减少203个建制村。

三、工作原则

1.坚持分级负责原则。在区委区政府统一领导下，区乡镇区划调整改革工作领导小组负责建制村合并工作的统筹安排和督促落实。各乡镇（街道）党（工）委、人民政府（办事处）是合村工作的实施主体，负责具体组织实施。

2.坚持合大并强原则。合村方案要综合考虑历史沿革、风俗习惯、人文渊源、河流水系、山脉走向、交通状况、资源分布和产业布局等具体情况，合理确定村级规模。通过建制村的合并，实现优势互补、规模适度、实力增强、班子更优、机制更活的目标。

3.坚持民主集中原则。并村方案由乡镇（街道）人民政府（办事处）提出，经相关村以适当方式召开村民会议通过后上报，经区人民政府批准后组织实施。

4.坚持依法依规原则。合村工作要依照现行有关法律法规和政策进行，坚持农村基本经营制度在内的各项政策不变，国家、集体、个人财产性质不变，依法形成的经济关系不变，建制村改革后自然村名称不变，扶贫村待遇不变。依法保护农村集体经济组织成员的合法权益，依法保护和开发利用历史文化名村、历史文化遗址遗迹和具有地域特色的村庄。

四、合村方式

1.设立城市社区。处于城区规划范围内，集体土地已基本被征收的村，根据城市建设和发展情况，可将建制村改为城市社区。

2.设立乡镇社区。乡镇人民政府驻地村，根据社会治理和公共服务的需要，可将建制村改为乡镇社区。

3.合大并强建制村。根据历史沿革、风俗习惯、人文渊源、河流水系、山脉走向、交通状况、资源分布和产业布局等具体情况，相邻村采取“二合一”或“多合一”形式，合并建制村。

五、工作步骤

1.组织准备阶段（2016年1月1日—1月31日）

一是组织领导。区里已经成立乡镇区划调整改革工作领导小组及其办公室，各乡镇（街道）要成立乡镇区划调整改革工作领导小组及其办公室，由乡镇（街道）党（工）委书记任组长，抽调精干力量到领导小组办公室，具体负责落实合并建制村工作。班子成员和驻村干部要分村包干，责任到人，负责落实合村的具体工作。二是调查研究。各乡镇（街道）要组织专门力量，深入村组农户，调查了解，全面摸清各村的基本情况，包括村组规模、人口户数、自然条件、历史沿革、人文渊源、资源分布、发展思路、集体资产、债权债务、群众意愿和宗族姓氏情况等，为科学制定方案提供第一手资料。三是宣传发动。各乡镇（街道）要组织召开合村工作动员会，并对合村工作人员和村主干进行培训。要通过多种形式的宣传动员，把合村工作政策宣传到位，真正做到家喻户晓，为合村工作营造良好的氛围。四是清产核资。各乡镇（街道）要立即启动所辖村集体“三资”和村干部任期财务清查审计工作，组织专门班子和力量对各村资金、资产、资源进行全面清理核查。自清查之日起，乡镇（街道）在不影响正常开支的情况下，冻结村级所有财务账目、现金、存款，加强对印章、合同洽谈、工程项目实施等工作的监管。清产核资工作完成后，要及时研究制定村集体资产及债权债务处置办法。清产核资后的村级清账资料和档案移交乡镇（街道）管理。

2.意见征求阶段（2016 年 2 月 1 日—3 月 10 日）

①制定合村实施方案。各乡镇（街道）在制定合村方案前，要就并村的基本思路、新村布局、选址、命名、资产及债权债务处置等群众关心的问题广泛听取意见。在充分调查研究和尊重民意的基础上，各乡镇（街道）召开班子会议进行认真研究，科学合理制定本辖区合并建制村实施方案并报区乡镇区划调整改革工作领导小组办公室。②召开村民会议。合并建制村实施方案要经涉及合并的村召开村民会议表决通过。合并建制村实施方案制定后，各乡镇（街道）要组织力量，深入涉及合并的村召开村民会议。召开村民会议应当有本村十八周岁以上村民的过半数，或者本村三分之二以上的户的代表参加，合村方案应当经到会人员的至少过半数通过。同时，可以根据本村实际情况，以户代表签字或者村民小组会议等适当形式召集村民会议。如采取户代表签字形式召集村民会议（在召集户代表签字前，应召开村民代表会议讨论通过），应当至少有本村三分之二的户的代表签字，其中过半数的签字同意，始得通过。

3.报审报批阶段（2016 年 3 月 1 日—2016 年 3 月 31 日）

①申报。各乡镇（街道）合并建制村实施方案经涉及合并的村召开村民会议表决通过后，各乡镇（街道）召开班子会议研究，并于 2016 年 3 月 10 日前向区人民政府递交关于合并建制村的请示以及其他相关资料（包括：合村工作的请示，党（工）委会议纪要和签到名册，村民会议决议，村民会议记录，村民会议签到名册或户代表签字的合村意见表和村民代表会议纪要及签到名册，合村前后有关村地域面积、耕地、人口、户数、党员人数、村“两委”干部等基本情况）。②审批。区乡镇区划调整改革工作领导小组办公室对各乡镇（街道）报送的资料进行审核，经区人民政府批准后，下发批准文件。

4.组织实施阶段（2016 年 4 月 1 日—2016 年 6 月 30 日）

合村方案经区人民政府批复后，由乡镇（街道）党（工）委、人民政府（办事处）组织实施。一是公布实施方案。召开村组干部、党员会议和村民代表会议，公布合村方案，让群众知晓。原村“两委”的印章和牌子由乡镇（街道）统一收回管理。二是组建新村党组织班子。合并后新设立的建制村要根据党员人数等情况及时设立基层党组织（支部、总支部、党委），从原村党组织班子成员或乡镇（街道）机关干部中择优指派新村党组织书记，负责主持新村全面工作。新建制村村民委员会选举前的过渡期间，原建制村村民委员会成员当届的任期不断、享受的补贴不停、继续原建制村的履职，任期至 2016 年 12 月 31 日。新建制村村民委员会选举后，按照《村民委员会组织法》和村民委员会选举工作实施方案的有关规定执行。三是接管集体资产财务和档案。新建制村成立后，根据村集体资产及债权债务处置办法，由乡镇（街道）财政所和经管站负责主持村集体资产财务移交工作。属于原村集体经济组织收益使用和分配的按原范围不变；原村集体经济组织债务按性质分类处理，逐步化解；原学校、村级组织活动场所、集体山林等集体资产一并转入新村资产，统一管理。村级档案由乡镇人民政府（街道办事处）按照档案管理有关规定主持移交工作。四是筹备选举。全面完成村级财务清查和村干部任期财务审计工作，扎实摸底排查，提前做好矛盾问题的整顿化解工作，为顺利完成村级换届选举做好前期准备。

六、保障措施

1.严格落实责任。在区委区政府的领导下，区乡镇区划调整改革工作领导小组安排和部署合并建制村工作，领导小组办公室设区民政局，办公室人员从领导小组成员单位抽调。各乡镇（街道）党（工）委、人民政府（办事处）负责具体组织实施。乡镇（街道）是合村工作的实施主体，负直接责任。区直有关部门按照责任分工，抓好相关配套政策的制定实施、对口指导。区委宣传部负责合村工作的政策宣传、典型推介和舆情管控；区委组织部负责15个合村工作指导组的组建，制定合村工作中进一步加强农村基层党组织建设的相关政策；区委政法委负责制定全区合村工作信访维稳应急预案，处置合村工作中的维稳事件；区财政局负责合村工作的经费保障；区经管局负责制定合村工作中村级“三资”清理处置和财务合并办法，指导清产核资工作；区信访局负责协调处理群众来信来访；区公安分局负责依法查处涉嫌干扰破坏合村工作的人和事；区民政局负责合村工作的上下对接、综合协调和政策答疑；区直其他部门负责合村工作中涉及本部门职责内相关工作的协调处理；区委区政府督查室对全区合并建制村工作情况进行督查督办，督促各乡镇（街道）按照区委区政府的要求和合村工作时间节点整体推进，对落实不到位的严格追究责任。

2.加强工作指导。区委区政府向各乡镇（街道）派驻15个合村工作指导组，每个指导组3—5人，组长由联系乡镇（街道）的区级领导担任，人员由联系该乡镇（街道）精准扶贫的区直单位抽调。合村工作指导组要全程参与所联系乡镇（街道）的合村工作，宣传区划调整改革工作有关政策，动员广大干部群众积极参与合村工作，指导乡镇（街道）科学制定合村方案，指导乡镇（街道）和村两级依法有序开展合村工作，协助做好清产核资工作，帮助做好疑难问题处理、矛盾纠纷化解和信访维稳工作。

3.明确相关政策。一是关于新建制村命名问题。由乡镇（街道）根据历史沿革、人文渊源、发展远景、群众意愿等因素，协调涉及合并的村确定。不能确定的，由区乡镇区划调整改革工作领导小组办公室和区地名办根据地名命名相关规定确定。二是关于新建制村村委会驻地问题。由涉及合并的村协商确定，不能协商确定的，由乡镇（街道）根据历史沿革、人文渊源、发展远景、便民利民等因素确定。三是关于民族村问题。尊重少数民族群众意愿，原则上保留民族村。区划相连的民族村合并，继续保留民族村建制；1个或多个民族村合并到非民族村的，组建新的民族村；毗邻的非民族村并入到民族村的，民族村的牌子保留不变，少数民族人口比例可略低于20%。四是关于公共服务和公益事业问题。原建制村管理的公共服务设施移交新建制村管理，由乡镇（街道）和区直部门管理的，关系不变。村级公共服务和公益事业规划建设，按省市乡镇区划调整改革有关配套政策落实。

4.严明纪律要求。严格政治纪律，严禁党员干部和国家公职人员干扰合村工作，对各类扰乱合村工作的谣言和行为要严肃查处，依法依纪追究责任。对合村工作中出现的问题，要及时研究解决，重大问题及时向上级请示报告。严禁擅离职守、失职渎职；严格财经纪律，加强资金管理，严防国有和集体资产流失，严禁借机突击花钱，转移财物，侵占、挥霍国家和集体资产等违法违规行为；严格廉政纪律，遵守廉政准则，严禁以权谋私。以上情况一经发现，将按相关规定严肃处理。

5.确保社会稳定。全区各级各部门要高度重视村民群众对合村工作的关注度和参与度，做好合村工作的宣传动员和舆论引导工作，积极向干部群众宣讲合村工作的重大意义、目标要求和相关政策，打消干部群众思想顾虑，引导干部群众积极主动参与合村工作。要切实做好矛盾化解和信访接待工作，及时掌握矛盾动向，把矛盾化解在基层。要依法严厉打击制造挑唆煽动群众上访闹事和扰乱社会秩序的人和事，坚决杜绝群体事件发生，确保合村工作顺利推进，社会大局和谐稳定。